郭建勳　注譯
黃俊郎　校閱

新譯

易經讀本

三民書局

刊印古籍今注新譯叢書緣起

劉振強

人類歷史發展，每至偏執一端，往而不返的關頭，總有一股新興的反本運動繼起，要求回顧過往的源頭，從中汲取新生的創造力量。孔子所謂的述而不作，溫故知新，以及西方文藝復興所強調的再生精神，都體現了創造源頭這股日新不竭的力量。古典之所以重要，古籍之所以不可不讀，正在這層尋本與啟示的意義上。處於現代世界而倡言讀古書，並不是迷信傳統，更不是故步自封；而是當我們愈懂得聆聽來自根源的聲音，我們就愈懂得如何向歷史追問，也就愈能夠清醒正對當世的苦厄。要擴大心量，冥契古今心靈，會通宇宙精神，不能不由學會讀古書這一層根本的工夫做起。

基於這樣的想法，本局自草創以來，即懷著注譯傳統重要典籍的理想，由第一部的四書做起，希望藉由文字障礙的掃除，幫助有心的讀者，打開禁錮於古老話語中的豐沛寶藏。我們工作的原則是「兼取諸家，直注明解」。一方面熔鑄眾說，擇善而從；一方面也力求明白可喻，達到學術普及化的要求。叢書自陸續出刊以來，頗受各界的喜愛，使我們得到很大的鼓勵，也有信心繼續推廣這項工作。隨著海峽兩岸的交流，我們注譯的成員，也由臺灣各大學的教授，擴及大陸各有專長的學者。陣容的充實，使我們有更多的資源，整理更多樣化的古籍。兼採經、史、子、集四部的要典，重拾對通才器識的重視，將是我們進一步工作的目標。

古籍的注譯，固然是一件繁難的工作，但其實也只是整個工作的開端而已，最後的完成與意義的賦予，全賴讀者的閱讀與自得自證。我們期望這項工作能有助於為世界文化的未來匯流，注入一股源頭活水；也希望各界博雅君子不吝指正，讓我們的步伐能夠更堅穩地走下去。

新譯易經讀本 目次

周易下經

繫辭上傳

繫辭下傳

說卦傳

序卦傳

導讀

一、《周易》的性質

《周易》是中國最古老的典籍之一，對中國古代的哲學思想、倫理道德、文學藝術乃至自然科學等許多領域，都產生了巨大而深遠的影響。歷代儒家學者，尊它為「羣經之首」，並據以建立他們的宇宙觀和政治倫理體系；許多玄學家和道學家，從中引申出他們的理論依據和生活模式；中國歷史上的大改革家，更幾乎無一例外地從其中得到鼓舞和理論上的支持；甚至在廟會、市集上擺設地攤的算命先生，也要藉助它的形式與智慧，給人以某種神祕的預示和指引。

那麼，作為一部各個學派、各個階層的人們都能接受，都能利用的著作，《周易》究竟具有什麼樣的性質呢？它的內容是什麼呢？在它產生以來的漫長歲月裡，人們出於不同的角度、方法、目的，去解釋、研究、使用它，因而得到了許多不同的結論：或稱為儒家經典，或說是占筮之書，或當做是揭示事物變化規律的哲學著作，或認為是為周厲王出謀畫策而寫作的書。他如「數學模型說」、「預測科學說」等等，更是新說迭起，不一而足。真可謂「仁者見之謂之仁，知者見之謂之知」（〈繫辭上傳〉），至今仍然沒有定論。

筆者認為，由於「《易》道廣大，無所不包」（《四庫全書總目提要》），人們從不同的層面提出各自的看法，自然有一定的道理，但從整體上看，《周易》應當是一部結構和表達方式十分特殊的哲學著作。說它的結構特殊，是因為它共分為彼此不同而又相互聯繫的六十四卦，每一卦由六爻組成，而每一卦、每一爻又都有相應的卦辭、爻辭對卦義、爻義加以解釋，後來又有〈易傳〉進一步對其中的哲理加以闡發，就這樣，由這些卦形符號和各種文辭共同構成了《周易》特殊的體系。說它的表達方式特殊，是因為它不同於一般的哲學著作用抽象、概括的方式來闡述義理，而是透過具體事物的描繪，或用直觀的卦畫來象徵某種道理的。例如同樣是表達禍與福轉化的道理，《老子》云：「禍兮福之所倚，福兮禍之所伏。」《周易》則曰：「同人，先號咷而後笑。」（同人卦九五爻辭）「旅人先笑後號咷。」（旅卦上九爻辭）說它是一部哲學著作，這是因為：首先，《周易》最基本的要素「爻」，亦即「⚊」和「⚋」中，就已包含著哲理，儘管目前關於這些長短橫線具體代表什麼尚無定論，但大都肯定它們是用來象徵「陽」和「陰」的。〈繫辭上傳〉說：「一陰一陽之謂道。」陰陽和合，化生萬物，主宰萬物，正是《周易》思想的核心，沒有陰陽之道便沒有《周易》。其次，由八卦重疊而成的六十四卦，每一卦都分別象徵某一特定環境下的處事方法、人生哲理或自然規律。如乾卦象徵陽剛之氣的發展規律，坤卦象徵陰柔之氣的輔助功用，屯卦揭示事物初創時期的艱苦險難，蒙卦揭示啟發蒙昧的基本原則。而六十四卦又通過巧妙的組合，整體性地反映出對宇宙、社會和人生及事物發展規律的深刻哲理性認識。再次，各卦的六爻往往從不同的層面或不同的階段，揭示同一事物的本質或發展變化規律，如漸卦爻辭：「初六，鴻漸于干……。六二，鴻漸于磐……。九三，鴻漸于陸……。六四，鴻漸于木……。九五，鴻漸于陵……。上九，鴻漸于陸……。」（《周易本義》引胡瑗、程頤曰：「陸，當作逵，謂雲路也。」）六爻以鴻鳥飛行為喻，從初爻開始，經由河岸、磐石、山丘、山木、山林，於上爻到達「雲路」，由低到高，由近而遠，具體地揭示了循序漸進的道理。《周易》的六十四卦，均同此例，祇不過有些卦六爻之間的聯繫表現得不是那麼清晰明瞭而已。總之，《周易》的「古經」部分已蘊涵著豐富的哲理，尤其是對事物變化規律的深刻認識，到後起的〈易傳〉，從各個角度，在本質把握的基礎上，對《周易》「古經」的哲理進行理論上的闡發、提升和引申，使那些本來比較隱晦、深邃的哲理得以昭明，並推而廣之，將整個宇宙、社會、人生全部納入《易》理的涵蓋之內，從而使包括「古經」與「易傳」在內的這部偉大著作，煥發出特殊的思想光華，對中國文化產生持續不斷的深刻影響。

有的學者認為，《周易》是古代的一部卜筮之書，祇有在孔子作〈易傳〉之後，纔發揮出許多哲理來，如《朱子語類》云：「《易》只是卜筮之書，古者則藏於太史太卜以占吉凶，亦未有許多說話。及孔子始取而敷繹為〈文言〉、〈雜卦〉、〈彖〉、〈象〉之類，乃說出道理來。」

無可否認，《周易》的卦形符號和卦爻辭創成之後，其突出的效用就是占筮，《周禮》中所謂「太卜掌『三易』之法」，《左傳》中所謂「遇觀䷓之否䷋」之類的諸多《易》筮史例，均說明《周易》已被廣泛地用於占筮，但占筮為用並不排斥《周易》所具有的豐富哲學內涵，正是由於《周易》爻畫、卦形和卦爻辭中內蘊的深刻哲理，纔使得在位者將它作為預卜吉凶、決定政治軍事如何實施的重要依據；也惟其如此，纔吸引著包括孔子在內的許多後代學者去學習它、研究它，並撰成〈易傳〉來闡發它的哲學內蘊。

概言之，包括〈易傳〉在內的《周易》，是一部結構與表達方式十分特殊的、純中國式的哲學著作，它可用於卜筮而又不限於卜筮，內容十分豐富。

二、《周易》的結構

歷來人們提到《周易》，一般都兼指「古經」和「易傳」兩個部分，〈易傳〉在下文將有專節介紹，這裡先談談《周易》古經部分的結構。

《周易》古經部分包括六十四卦卦形及卦辭、爻辭，自漢代以來，就將它分為上、下兩篇。《周易》上經包括自乾至離共三十卦，下經包括自咸至未濟共三十四卦。現將六十四卦卦形、卦名依次排列如左：

䷀乾　䷁坤　䷂屯　䷃蒙　䷄需　䷅訟
䷆師　䷇比　䷈小畜　䷉履　䷊泰　䷋否
䷌同人　䷍大有　䷎謙　䷏豫　䷐隨　䷑蠱
䷒臨　䷓觀　䷔噬嗑　䷕賁　䷖剝　䷗復
䷘无妄　䷙大畜　䷚頤　䷛大過　䷜坎　䷝離
䷞咸　䷟恆　䷠遯　䷡大壯　䷢晉　䷣明夷
䷤家人　䷥睽　䷦蹇　䷧解　䷨損　䷩益
䷪夬　䷫姤　䷬萃　䷭升　䷮困　䷯井
䷰革　䷱鼎　䷲震　䷳艮　䷴漸　䷵歸妹
䷶豐　䷷旅　䷸巽　䷹兌　䷺渙　䷻節
䷼中孚　䷽小過　䷾既濟　䷿未濟

六十四卦的排列順序，體現了一定的規律性。作為一個完整的符號象徵體系，其中的奧祕我們也許還不能完全領會，但至少有兩項主要的規律已為人們所認識。首先，從整體排列上看，六十四卦從乾、坤兩卦開始，至既濟、未濟終結，明顯地體現了事物在陰陽的制約下產生、發展、遞進、轉化的過程，顯示出相承相受的連續性和發展變化的階段性。〈序卦傳〉對此有較為明晰的闡述。其次，從相承相鄰的兩卦看，大多以卦象相互倒置為次序。例如小畜䷈與履䷉，兩卦相次，它們的卦象是相互顛倒的，即小畜的卦象「䷈」倒轉過來就變成了履卦的卦象「䷉」，反之亦然。這種現象，稱為「反對卦」，孔穎達稱為「覆卦」，來知德稱為「綜卦」，還有人稱為「往來卦」，《周易》六十四卦中有五十六卦是以這種方式兩兩排列的。而乾䷀、坤䷁、頤䷚、大過䷛、坎䷜、離䷝、中孚䷼、小過䷽四組八卦，卦象顛倒而形不變，故以六爻相互變化為次序，即兩卦同位之爻，陰陽互變。如乾之與坤、頤之與大過均兩兩相次，六爻交變。其它四卦亦同。這種現象稱為「正對卦」，或稱為「變卦」、「錯卦」、「伏象」等。《周易》的正對卦與反對卦，體現了物極必反、天道循環的變化觀。

如果說六十四卦構成了《周易》古經這個母系統，那麼，其中的每一卦則為一個個相對獨立而又彼此關聯的子系統。每卦的結構為：首列本卦卦形。卦之六爻，自下而上，依次為初、二、三、四、五、上；爻有陰、陽之分，「⚋」為陰，以「六」稱之；「⚊」為陽，以「九」稱之；將爻的位置與爻的陰陽結合起來，就成了某一爻的稱謂。如訟卦䷅六爻中，自下而上，第一爻為「初六」，第二爻為「九二」，第三爻為「六三」，第四爻為「九四」，第五爻為「九五」，第六爻為「上九」。他卦均同此例。卦形之後為「卦辭」，旨在揭示全卦的總義。卦辭之後為「爻辭」，每卦六則，從初爻開始，分別喻示每一爻的爻義。現以訟卦為例：

䷅訟，有孚窒，惕，中吉；終凶。利見大人，不利涉大川。

初六，不永所事，小有言，終吉。
九二，不克訟，歸而逋，其邑人三百戶，无眚。
六三，食舊德，貞厲，終吉；或從王事，无成。
九四，不克訟，復即命，渝，安貞吉。
九五，訟，元吉。
上九，或錫之鞶帶，終朝三褫之。

每卦除卦形符號外，還有卦辭一則、爻辭六則，《周易》共六十四卦三百八十四爻，故相應地共有六十四則卦辭、三百八十四則爻辭；此外，乾、坤兩卦於六則爻辭之外，分別多出「用九」、「用六」各一則爻辭，所以，有人乃謂爻辭共三百八十六則，其實，「用九」、「用六」之辭與爻辭是有區別的。

六十四卦的卦形，作為一種符號，是對某種道理或規律的暗示；各卦的卦辭、爻辭，作為語言文字，則較為明確地將隱藏在卦形之內的義理揭示出來。卦形與文辭，兩者相互依存配合，共同構成《周易》古經的完整體系和獨特的結構形式。

三、《周易》的名義

對《周易》的名義，歷代學者已經做了許多有意義的考證工作。由於角度不同，得出的結論自然也不一致。

《周易》的「周」，概括先儒之說，主要有二。孔穎達《周易正義》說：「……《周易》稱周，取岐陽地名，《毛詩》云『周原膴膴』是也。又文王作《易》之時，正在羑里，周道未興，猶是殷世也，故題周別於殷，以此文王所演，故謂之《周易》。其猶《周書》、《周禮》題『周』以別餘代。」即以「周」為朝代之名。《周易正義》另引鄭玄說：「《連山》者，象山之出雲，連連不絕；《歸藏》者，萬物莫不歸藏於其中；《周易》者，言《易》道周普，無所不備。」這是以「周」為周普之義。以上兩說均本於〈易傳〉。〈繫辭下傳〉曰：「《易》之興也，其當殷之末世、周之盛德邪？當文王與紂之事邪？」孔穎達當係據此而斷定「周」為朝代名。〈繫辭上傳〉云：「夫《易》廣矣大矣，以言乎遠則不禦，以言乎邇則靜而正，以言乎天地之間則備矣。」鄭玄當係據此而確定「周」為周普之義。

關於《周易》之「易」字的含義，說法尤多。孔穎達《周易正義》說：「夫易者，變化之總名，改換之殊稱。自天地開闢，陰陽運行，寒暑迭來，日月更出，孚萌庶類，亭毒羣品，新新不停，生生相續，莫非資變化之力，換代之功。然變化運行在陰陽二氣，故聖人初畫八卦，設剛柔兩畫，象二氣也；布以三位，象三才也。謂之為『易』，取變化之義。」即以「易」為變易。除此之外，《周易乾鑿度》認為「易」含有簡易、變易、不變三層意思；《說文》從字形的角度解釋說：「日月為易，象陰陽也。」虞翻從之，以日月更迭，交相變易為說；毛奇齡撰《仲氏易》，謂「易」兼有變易、交易、反易、對易、移易五層意義；吳摯甫、尚秉和認為「易」當解為占卜；近人郭沫若據《說文》所言「易」為蜥易的象形文，推測為石龍子，因石龍子善變，故借易字作為變化的象徵；余永梁認為，周代人所創之筮法，與龜卜相較要簡易一些，故名書為「易」；又黃振華撰〈論日出為易〉一文，認為「易」的甲骨文作㫈，這個象形字上半部的尖頂表示太陽，中間的弧線表示海平面或山的弧線，下面三斜劈線表示太陽的光芒，也就是說，「易」為日出，象徵陰陽的變化。此說雖與「日月為易」相近，但卻能給人以啟發。綜上種種說法，雖具體意義有所不同，而歸旨卻基本相似，即大都圍繞著「變易」這一中心旨趣加以闡發。大凡後人考釋古書之名義，都力求與書的內容、意旨相符合。〈繫辭上傳〉云：「聖人設卦觀象，繫辭焉而明吉凶，剛柔相推而生變化。」〈繫辭下傳〉云：「八卦成列，象在其中矣；因而重之，爻在其中矣；剛柔相推，變在其中矣；繫辭焉而命之，動在其中矣。」可見，用「變易」解釋《周易》之「易」，是符合《周易》注重變化運動的義理的。以上諸家之解說，從不同層面去認識《周易》的名義，有助於讀者對這部著作的本旨，尤其是關於變化的規律作宏觀的把握和更全面的認識。今西語翻譯《周易》為*The Book of Changes*，即「變化的書」，亦可幫助讀者對《周易》名義的理解。

筆者在《姚氏學》、《尚氏學》等前人有關《易》著的啟發下，曾撰專文，從詞義、卦形起源、卦圖形式、內在義理等方面對《周易》之「周」進行詳盡考辨，指出將其解釋為「周轉」、「周旋」、「周環」，更符合《周易》的內在義蘊。「周易」即「周轉變化」或「周環運動」，也就是說，《周易》所揭示的，是萬物都沿著一條封閉的圓形軌道不斷地周轉變化(周環運動)的「循環的變化觀」(詳見拙作〈周易之「周」發微〉，載《中國哲學史研究》一九八七年第四期．北京，或可給讀者以參考)。

又古籍稱《周易》，多簡稱《易》，西漢時儒學獨尊，《周易》作為儒學經典列為學官的經書之一，於是學者尊稱為《易經》，又因〈易傳〉合於其中並行，故古籍之《易經》往往包括〈易傳〉。今人為了有所區別，或以《易經》專指《周易》古經，稱《周易》則包括經與傳，這樣較為明確，但混雜的指稱卻依然存在。

四、《周易》的形成過程

關於《周易》的作者和成書年代，歷來說法紛紜，迄今尚無定論。傳統的說法是：伏羲畫八卦；周文王將八卦兩兩相重，演繹成六十四卦，並作卦辭、爻辭；孔子作〈易傳〉。但早在唐以前，就已存在不同的看法。如重卦演卦者，王弼說是伏羲，鄭玄等人說是神農，司馬遷說是文王，孫盛說是夏禹(以上並見孔穎達《周易正義》)。又如卦辭、爻辭的作者，孔穎達《周易正義》便認為卦辭為文王作，爻辭則周公所作。到宋代的歐陽修撰《易童子問》，更對〈易傳〉為孔子作的說法提出了許多疑問。可見，除了對伏羲畫八卦深信不疑外，古人對《周易》其他部分的作者已有異說。近代以降，說法更多，郭沫若、顧頡剛、李鏡池等人紛紛提出自己的看法，要言之，對傳統的說法否定者多而肯定者少。

《漢書・藝文志》謂《周易》一書「人更三聖，世歷三古」，固然不可全信，但終歸向我們透露了一條重要信息：《周易》不是一人、一時所完成的，它有一個較長時期的成書過程。

《莊子・天下》云：「《易》以道陰陽。」《周易》的八卦與六十四卦，都是由陰陽兩爻即「⚋」與「⚊」兩個基本要素所組成，《周易》古經中雖無陰陽字樣，但它通過陰陽的相摩相蕩以構成無窮的變化，這是十分明顯的。因此，陰陽既是《周易》的核心，也是它產生的基礎和起點。我國的陰陽觀念產生很早，《殷虛書契前編》中收有「陽」字，據黎子耀《陰陽五行思想與周易》考證，甲骨文中亦有「陰」字出現。到西周末期，伯陽父論地震時說：「陽伏而不能出，陰迫而不能烝，於是有地震。」（《國語・周語》）已經將「陰」與「陽」作為一對具有明確意義的範疇來使用。然而，陰陽屬於抽象的概念，具有形上性質。「爻也者，效此者也」（〈繫辭下傳〉），爻的作用就在於通過仿效某種有形的東西（器）來象徵陰陽（道），揭示事物變化的規律，於是「⚋」與「⚊」便產生了，它是人們基於對天地、男女、晝夜、寒暑等現象有了單純的直觀，萌發了陰陽觀念，但又無法用文辭進行抽象描述的產物，時代當是十分久遠的。至於最初的爻畫指什麼，說法亦頗多，有男根女陰說、原始文字說、龍馬圖紋說、蓍草說等，但日月的運行與陰陽變化的關係最為密切，而且我國很早就開始了對日月運行的觀測，因此，設想最初的卦畫「⚋」與「⚊」是對日月之影的某種形式的記錄，應當更合理，更令人信服。

爻畫創立了，卦的形成就有了基礎，但這裡也應有一個過程。〈繫辭上傳〉云：「是故《易》有太極，是生兩儀，兩儀生四象，四象生八卦。」兩儀為天地，即陰陽二爻。四象呢？或曰春夏秋冬，或曰金木水火，分歧甚多。魏荔彤《大易通解》說：「伏羲畫卦時，分動靜陰陽為一奇一偶，此乾坤之根柢也；各加一奇一偶，而少陰少陽四象得矣，此即水火之根柢也；再各加一奇一偶，而三畫之卦備，風雷山澤俱成矣。」魏氏認為，畫卦的過程，先有陰爻「⚋」與陽爻「⚊」，其次形成四象，即「⚌」、「⚏」、「⚎」、「⚍」，然後纔在此基礎上畫成三畫的八卦，即：

☰乾　☷坤　☳震　☴巽

☵坎　☲離　☶艮　☱兌

陰陽二爻為基礎，「四象」為中介，乃遂形成八卦，這個過程當較可信。

八卦又稱經卦，據〈說卦傳〉，它們分別代表八種不同的基本物質，即乾為天，坤為地，震為雷，巽為風，坎為水，離為火，艮為山，兌為澤。在後來的《易》理推演和《易》筮運用中，八卦之卦象又不斷擴充，可以象徵八大類型的諸多事物，如乾為天、為健、為父、為君、為馬，坤為地、為順、為母、為眾、為牛等。〈易傳〉又將八卦分為陰、陽兩大類：乾、震、坎、艮為陽卦，坤、巽、離、兌為陰卦。這是因為乾由三陽爻組成，為純陽之卦，震、坎、艮均由一陽爻兩陰爻組成，其爻畫皆為五，為奇數、陽數，故為陽卦；坤由三陰爻組成，為純陰之卦，巽、離、兌均由一陰爻兩陽爻組成，其爻畫皆為四，為偶數、陰數，故為陰卦。

八卦形成之後，人們又將其兩兩相重，構成六十四卦。即每一經卦除與本經卦相重外，還可與其他七個經卦相重而得八個別卦；經卦共八，於是相重而共得六十四卦。六十四卦又稱別卦。從三畫卦到六畫卦，從八經卦到六十四別卦，標誌著《周易》卦形符號體系的建立，也由此而確定了《周易》一書的框架與結構。再後來，又產生了解說這些卦形所蘊涵之義理的卦辭、爻辭，《周易》古經部分乃全部完成。到漢代，學者出於尊孔的心理和學習的方便，又將〈易傳〉合於古經。至此，《周易》這部合卦形符號與文辭為一體的偉大著作終於正式成立，而《周易》的精微義理也由於〈易傳〉的闡發而有所擴展，更顯系統化，從而構成《周易》的理論體系，並對中國的學術文化產生極大的影響。

業師黃壽祺先生、師兄張善文先生曾對《周易》創作的時代與作者有過精審的論述，他們認為，早在西周以前的漫長歲月中，古人就已用類同六十四卦的符號占筮；到殷末周初，經過多時、多人的努力，遂編成卦形體系完整、卦爻辭文句富有形象性的《周易》；〈易傳〉則於春秋、戰國之間由孔門弟子撰成，漢時合於《周易》。《周易》的創作經歷了漫長的過程，是「人更多手，時歷多世」的集體撰成的作品。此一論述，具有歷史的、邏輯的依據，可供讀者們參考。

五、關於〈易傳〉

〈易傳〉是一組從各個不同的角度來解釋《周易》經部文義，闡發《易》理的專題論文。它們分別是：〈文言〉、〈彖傳〉上下、〈象傳〉上下、〈繫辭傳〉上下、〈說卦傳〉、〈序卦傳〉、〈雜卦傳〉，凡七種，共十篇，故漢人又稱為「十翼」，意謂「傳之於經，猶羽翼之於鳥也」。漢人亦稱之為〈易大傳〉。現將〈易傳〉各篇簡敘如左：

(一)〈文言〉：分為前後兩節，詳盡地解說乾、坤二卦的卦爻辭與意旨，故解乾者曰乾文言，解坤者曰坤文言。關於「文言」兩字之義，一般認為，言之無文，行而不遠，故用有文采的語言來修飾乾、坤二卦，這種文辭，即為文言。然六十四卦唯此二卦有文言，這是因為乾、坤二卦為《周易》的門戶，地位最為重要，乾、坤之旨明，則其餘六十二卦之義可循此而得。〈文言〉解經，常偏重政治與人生，而尤重於闡發君子進退出處之道。

(二)〈彖傳〉：隨《周易》上、下經而分為上下兩篇，因而佔「十翼」之二。〈彖傳〉每卦一則，分別解釋六十四卦的卦名、卦辭與全卦大旨。孔穎達《周易正義》引褚氏、莊氏釋「彖」字云：「彖，斷也。斷定一卦之義，所以名為彖也。」值得注意的是，「彖」有二義：一指卦辭，即孔穎達《左傳・襄公九年・疏》所云「《周易》卦下之辭謂之為彖」的「彖辭」；一指

〈易傳〉中的〈彖傳〉。兩者內容相異而名稱相同，最易混淆，故有人又稱卦辭為「大彖」，以為區別。〈彖傳〉闡釋卦名、卦辭、卦義，一般從卦體、卦德、卦象的角度來進行，且多能指明卦中主爻，有時亦有義理的發揮。

(三)〈象傳〉：隨《周易》上、下經而分為上下兩篇，因而亦佔「十翼」之二。〈象傳〉分為兩大類，其中解釋卦象的稱為〈大象傳〉，每卦一則，共六十四則；解釋爻象的稱為〈小象傳〉，每爻一則，加上乾、坤二卦之「用九」與「用六」，共三百八十六則。「象」即為「象徵」、「形象」之義。〈大象傳〉衹釋卦象、卦名與卦義，不釋卦辭，一般是先解釋每卦上下象相重的旨義，再從中推衍、引申出關於政治、人事的象徵意義。如乾卦〈大象傳〉：「天行健，君子以自強不息。」師卦〈大象傳〉：「地中有水，師；君子以容民畜眾。」他卦均同此類。〈小象傳〉則通常用爻象、爻位來解釋爻辭。如屯卦六二爻〈小象傳〉：「六二之難，乘剛也；十年乃字，反常也。」乃是從爻象、爻位的角度對屯卦六二爻辭的解釋。但〈小象傳〉釋爻象，有時不甚明確。

(四)〈繫辭傳〉：因篇幅較長而分為上下兩篇，亦佔「十翼」之二。歐陽修《易童子問》曾說它是「繁衍叢脞之言」，今人亦或云其拖沓重複。今觀〈繫辭傳〉，雖在層次上確有顛倒錯亂之處，但作為我國最早的一部《周易》古經的通論，它有總綱，有細目，其內容論及《周易》作者、成書年代、觀物取象的方法、《易》學的重要作用，並解釋八卦之象，展示《易》筮略例，還穿插解說了多則爻辭等等。總之，它比較全面性地闡發了《周易》古經各方面的內容，有助於後人對經義的理解。尤其重要的是，〈繫辭傳〉在解說《易》理的過程中，有許多創造性的發揮，融入了作者自己的哲學思想，因此，它既是對深微《易》理的揭示，也是對《易》理的發揮與補充。

(五)〈說卦傳〉：是解說乾、坤、震、巽、坎、離、艮、兌八經卦卦象的一篇專論，祇說八卦之象，非說六十四卦之象。文中先述以蓍衍卦的歷史，次言八卦先天、後天兩種方位，然後集中說明八卦的取象特點，文中還羅列了大量的象例。它是後人理解《易》象產生及推衍的重要資料，也是占筮者不可或缺的重要依據。

(六)〈序卦傳〉：主要解說六十四卦的編排順序，揭示各卦間相承的意義。解說所據為各卦卦名，而非卦象。〈序卦傳〉分為兩段，前段解說《周易》上經三十卦編次，後段解說下經三十四卦編次。文中所述各卦依次相承的意義，或表現為正面的發展，或表現為反向的轉化，但整體說來，缺乏一以貫之的邏輯關係。事實上，迄今為止，人們雖然明白《周易》六十四卦的編次絕不是隨意的拼湊，卻依然不能確切而又圓滿地說明前一對卦象與後一對卦象之間的結構關係。

(七)〈雜卦傳〉：不依〈序卦傳〉的順序，而將六十四卦分成三十二組兩兩相對的形式，以極為簡括的文字說明各卦卦義。各組的兩卦之間，其卦形多為相錯（六爻相互交變，又稱正對），或相綜（卦體相互顛倒，又稱反對），其卦旨多為相反。「雜卦」之「雜」，即韓康伯注〈繫辭傳〉所謂「雜糅眾卦，錯綜其義」的意思。它旨在揭明《周易》古經關於事物對待的原理及其變化規律。

以上〈易傳〉凡七種共十篇，舊說為孔子所作，事實上，〈易傳〉解經多牴牾之處，絕非出自一人之手，當然，其中亦體現了孔子的一些觀點與思想。〈易傳〉撰成於春秋、戰國之間，原皆單行，至漢方合於《周易》古經，其始合者，或云西漢費氏，或云東漢鄭玄。自經傳合編本的《周易》在漢代出現，後代學者多依此本研讀，影響十分廣大，遂使〈易傳〉不僅成為人們學習《周易》古經的重要津梁，而且成為《周易》本身的一個組成部分。

六、《周易》的研究

《周易》既為儒家尊為「羣經之首」，又被各家各派、各個社會階層的人們所接受、利用，因而，歷代注解、研究它的著作不斷產生，多達數千種，並形成複雜紛繁的源流派別。《四庫全書總目・經部易類小序》概括自漢至宋代之易學為兩派六宗，至為明晰，其言曰：

> 《左傳》所記諸占，蓋猶太卜之遺法。漢儒言象數，去古未遠也；一變而為京、焦，入於禨祥；再變而為陳、邵，務窮造化，《易》遂不切於民用。王弼盡黜象數，說以老、莊，一變而胡瑗、程子，始闡明儒理；再變而李光、楊萬里，又參證史事，《易》遂日啟其論端。此兩派六宗，已互相攻駁。

此言兩派，即指「象數」與「義理」兩大派別。所謂象數派，是指主要以八卦的眾多卦象和陰陽奇偶之數來解釋《易》理的派別；所謂義理派，是指主要從宇宙、社會和人事的角度來闡發《周易》哲學大義的派別。象數派以漢代諸儒為正宗，盛行於兩漢；魏代王弼以老、莊解《易》，大行於世，自此象數派漸趨衰微，惟唐代李鼎祚《周易集解》多採漢儒及唐象數家之說，使漢《易》餘緒得以流傳；宋代陳摶、邵雍等人出，於是有「先天圖」、「後天圖」、「河圖」、「洛書」等諸圖說，此雖歸於象數一脈而實有創變，是為宋《易》象數；朱熹等取用諸圖，並參以義理，於是乃有與漢《易》相對的「宋《易》」之名；後又有胡瑗、程頤等人專闡儒理，李光、楊萬里等人參證以史事，兩者亦各自成宗。此即漢至宋代兩派六宗的消長概況。元代諸儒，多守程、朱之說，明初亦然；明中葉以後，則有方時化等以禪解《易》者。清儒考據之學興，《易》學大盛，惠棟的《易漢學》即此時重要著作，而宋《易》乃至逐漸消沉。近人有杭辛齋、尚秉和頗得象數之效用，亦自成一家。

近人南懷瑾在兩派六宗的基礎上加以擴充，提出「兩派十宗」之說，兩派為道家《易》學與儒家《易》學；十宗者，一占卜，二災祥，三讖緯，四老莊，五儒理，六史事，七醫藥，八丹道，九堪輿，十星相。此列舉甚詳，然《易》道廣大，無所不包；《易》學紛繁，兩派六宗抑或兩派十宗，均不可能完全概括所有的《易》學內容。尤其近世以來，隨著泰西各種學術思想的傳入和自然科學的普及，人們紛紛將新的方法引入《易》學領域，數學、物理學、天文學、軍事學、預測學等許多學科均與《周易》發生了某些聯繫，遂使《周易》這部古老的著作有了新血液、新體系，煥發出新的生命；而同時也使本來就十分繁複的《易》學呈現出更為紛紜的局面。高明先生撰〈五十年來之易學〉一文，將民國以來五十年的《易》學分為注釋派、論述派、考證派、創新派四大派別，當有助於讀者了解近世的《易》學概況。

以上所述之象數、義理、漢《易》、宋《易》云云，是就其主要的方面而言，並非絕對。大凡後起的學說，對前人之說總有繼承與揚棄之處，故各派各宗之間的互相影響是客觀存在的。例如朱熹的《易》學，就不僅是繼承王弼以來重義理的風氣，同時也採取了陳摶、劉牧、邵雍等人的諸圖之說，他的說《易》，大體上是先明象數，然後說理，也就是朱子自己所說的兩節功夫，因而是象數與義理的結合。此即說明，對《易》學各派不可過於拘泥。況且，自宋以來，力求象數與義理的結合，已成為大多數《易》學家的共識。象數體現為具體的事物與數理，義理則體現為抽象的哲學思想，從象數到義理，從形下到形上，從現實世界的種種可見現象中，去了解關於宇宙、社會和人生的本質及其變化規律，以達到哲學的最高境界，這纔是研習《周易》的正途。

應當提出的是，近年來在長沙馬王堆漢墓出土的《帛書周易》，頗值得注意。《帛書周易》包括六十四卦經文、卷後佚書和〈繫辭〉三個部分。與現行《周易》相比，《帛書周易》的六十四卦卦名不同，卦的排列順序、組合方式、卦爻辭也不同；卷後佚書鈔於六十四卦之後，分為五篇，大都是孔子與其門徒討論卦爻辭含義的問答記錄；帛書〈繫辭〉分上下兩篇，篇幅較通行本〈繫辭〉更長。《帛書周易》的出土對《周易》許多問題的研究將有所裨益。

七、讀《易》的基本知識

如前所述，《周易》是一部十分特殊的哲學著作。它由卦形符號與多種文辭所組成，這是結構的特殊；它多用取物象徵的手法來揭示義理，這是表達方式的特殊；它的時代久遠，而又往往將我們現在看來毫無內在邏輯聯繫的文字連在一起，安置於一個完整嚴密的結構體系之中：這就給後人的閱讀與研究帶來了較大的困難。要消除這個困難，我們不僅必須對前文已作了簡單介紹的陰陽、八卦、六十四卦、卦爻辭、〈易傳〉等有基本的了解，而且還必須借助於前賢的讀《易》經驗與治《易》成果。現將一些有關讀《易》的基本知識分項介紹如左：

(一)八卦取象歌與卦名次序歌：熟悉八經卦的卦形、名稱，以及六十四別卦的名稱、次序，是讀《易》的第一步，朱熹《周易本義》所載兩種歌訣，當有助於我們邁出這一步。

八卦取象歌：

☰乾三連，　☷坤六斷；　☳震仰盂，　☶艮覆盌；

☲離中虛，　☵坎中滿；　☱兌上缺，　☴巽下斷。

卦名次序歌：

乾坤屯蒙需訟師，比小畜兮履泰否。
同人大有謙豫隨，蠱臨觀兮噬嗑賁。
剝復无妄大畜頤，大過坎離三十備。
咸恆遯兮及大壯，晉與明夷家人睽。
蹇解損益夬姤萃，升困井革鼎震繼。
艮漸歸妹豐旅巽，兌渙節兮中孚至。
小過既濟兼未濟，是為下經三十四。

㈡卦時：《周易》的六十四卦，各自象徵某種事物、現象在特定處境中的發展變化規律，伴隨著卦義而存在的這種特定處境，即為「卦時」。六十四卦有六十四種不同的處境，對各卦內部卦義和爻義的理解，必須以所屬那一卦的特定處境為背景與基礎，脫離「卦時」，必致混亂。例如，訟卦象徵爭訟之時的特定處境，那麼，此卦的卦象、爻象、卦辭、爻辭，均與「爭訟」這一事理有關，而不能離此中心去作漫無邊際的分析理解。他卦亦同。

㈢二體：八經卦兩兩相重疊而構成六十四卦，因此，每卦均包括兩個八卦符號。下面的卦稱為下卦，又謂之內卦；上面的卦稱為上卦，又謂之外卦，是為「二體」。上卦與下卦可象徵事物發展的兩個階段，亦可象徵事物所處地位的高低，或所居地域的內外、遠近等情狀。

㈣互體：漢儒將每卦六爻中除去初、上兩爻的中間四爻稱為互體。其中二、三、四爻合成下卦，稱「下互」；三、四、五爻合成上卦，稱「上互」。所謂「互」，是因三、四兩爻為下卦與上卦互相共有，故稱。例如蒙卦☶☵，下坎上艮；中間四爻為互體，二、三、四爻構成「下互卦」為震，三、四、五爻構成「上互卦」為坤。這樣，一卦之中不僅有下卦、上卦，而且還包含互體的兩個卦，遂使《周易》的卦象更顯得複雜多變。

(五)卦主：每卦六爻中為主的那一爻稱為卦主。卦主的類型有二：一為成卦之主，指整個卦賴以構成的那一爻，不論爻位高下，衹要卦義因之而起，即可為卦主；一為主卦之主，指支配全卦的那一爻，此爻往往得位得時，爻德善美，而尤以居五位者為多。由於《周易》六十四卦象徵的情狀異態紛呈，故對卦主的認識當具體分析，不可一概而論，但無論成卦之主或主卦之主，往往都是理解全卦義旨的中心與關鍵，它集中反映了卦象所蘊涵的內容，以及制約著各爻之間的關係。

(六)爻位：《周易》六十四卦每卦均由六爻所構成，六爻自下而上，依次稱初、二、三、四、五、上，六爻分處的等次，稱為爻位。各爻所處的位置及其相互關係，象徵著事物構成的各個層面或事物發展各個階段的複雜情狀，因而，爻位是前人理解卦象、卦義的重要途徑。現將有關爻位的幾項規律簡要介紹如左：

1. 六級爻位自下而上，往往體現著事物由低級向高級漸次發展的過程，即從初爻開始萌發，經過二、三、四爻的進展，於五爻達到圓滿成熟，而於上爻表現為窮極而反。當然，這衹是括其大要，並不能適用於每一卦，因為具體處境不同，制約的因素多樣，不可一概而論。

2.每卦六爻中，初爻、二爻為「地」位，三爻、四爻為「人」位，五爻、上爻為「天」位。天、地、人，謂之「三才」。

3.每卦六爻，有陰陽之分。初、三、五爻為奇，為陽位；二、四、上爻為偶，為陰位。凡陽爻居陽位、陰爻居陰位均稱「當位」或「得正」，凡陽爻居陰位、陰爻居陽位則稱「不當位」或「失正」。當位之爻，一般象徵符合正道，反之則象徵違背正道。但此並非絕對標準，當位不當位祇是吉凶與否的因素之一，且兩者在一定條件下可能相互轉化。王弼《周易略例．辨位》認為，初、上兩爻無陰陽定位，而強調此兩爻不管當位與否，均象徵事物的「始」與「終」。

4.每卦六爻，第二爻為下卦的中位，第五爻為上卦的中位，居於中位的爻謂之「得中」。凡陰爻居二位，陽爻居五位，則謂「得中得正」，是為特別美善的象徵。而在《周易》的爻位中，得中比得正更為重要、更為優越。

5.每卦六爻，所處爻位不同，因而形成較為複雜的關係。凡卦體中陰爻處陽爻之上，構成柔者凌乘剛者、小人凌乘君子之象，則此陰爻相對其下的陽爻而言，便稱為「乘」，爻義多不太好。如幾個陰爻都在一個陽爻之上，則均可稱乘。但陽爻居陰爻之上卻不為乘。凡卦體中陰爻處陽爻之下，構成卑者弱者順承尊者剛者之象，則此陰爻相對其上的陽爻而言，便稱為「承」，亦謂「從」，爻義大略為當位者吉，不當位者不吉。如一陰爻上有多個陽爻，則此陰爻對其上之數陽爻均可稱承。凡卦體中相鄰的兩爻稱為「比」，除初、上兩爻之外，每卦的中間四爻，各自與其上下之爻構成兩對「比」的關係，這種關係既表現為乘、承而又不限於此兩類，它主要象徵事物處於相鄰環境中的種種情狀。每卦的上下兩經卦均有下中上三爻，兩經卦相應之爻構成「同位」，即初與四、二與五、三與上分別同位；同位之爻皆兩兩交感對應，稱為「應」，若陽爻、陰爻相遇，謂之「有應」，象徵和諧有利；若陽與陽、陰與陰相遇，則謂之「無應」，象徵衝突無利。以上四種規律指示爻與爻之間的相互關係，稱為「乘承比應」。

上面我們簡要介紹了一些讀《易》的基本知識，但必須說明的是，「爻位」等說法，雖揭示了卦象、爻象的某些規律，卻不能一以貫之，經不起所有卦例的檢驗；同時，各卦有其具體的環境，有多種制約的因素。所以我們在運用這些知識時，切不可過於死板，否則，便遠離《周易》「變動不居，周流六虛」的精義了。

八、幾種重要的《易》圖

宋代之前的《易》學並無《易》圖，自周敦頤傳陳摶「太極圖」並為之說，漸開《易》圖之例；朱熹更取邵雍諸圖於其《周易本義》，於是更為盛行。這些《易》圖又被後人附會、發明，愈演愈烈，自宋至清，綿延數百年，據說《易》圖多達千種以上，並形成專門的圖書之學。其中有些《易》圖能用簡明的圖形揭示複雜的《易》理，有一定的價值。現將幾種常見而較為重要的《易》圖分別介紹如下：

㈠先天太極圖

太極圖約有三種，即周敦頤的周子太極圖、來知德的來氏太極圖和先天太極圖，而以先天太極圖流傳最廣，其圖如上，常與八卦相配。舊說此圖為天地自然之圖，有太極涵陰陽，陰陽涵八卦自然之妙。據清人胡渭〈易圖明辨〉，此圖環中為太極，兩邊黑白回互，白為陽，黑為陰；黑中白點，為陰中之陽，白中黑點，為陽中之陰。則此圖主要表示陰陽二氣運行、消長的情狀，故有人認為：陰陽已分，已非太極本相，此圖可謂之「兩儀生四象，四象生八卦」之圖，可備一說。

(二)河圖、洛書

河圖

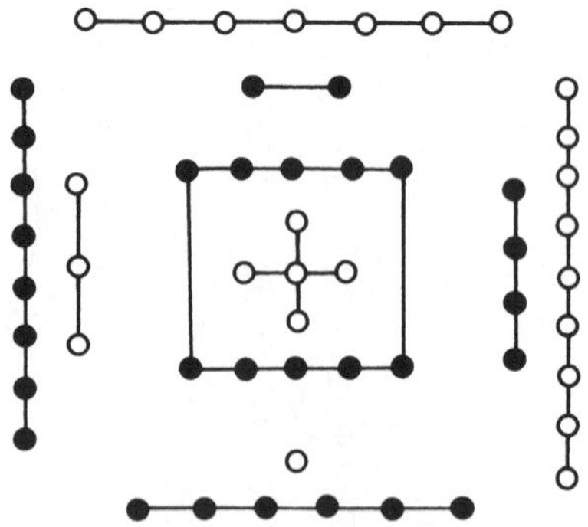

洛書

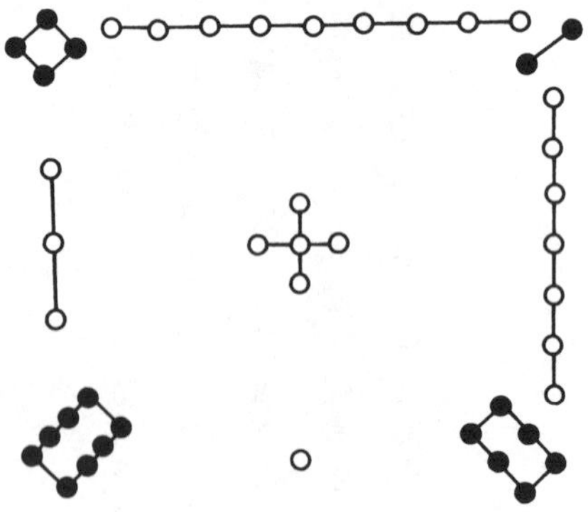

關於河圖、洛書的出現，有種種神奇的說法。相傳伏羲時代，有龍馬出自黃河，背負河圖；有神龜出自洛水，背負洛書；伏羲得後據以畫成八卦。先秦典籍中，確曾有河圖、洛書的記載，然其內容不可考。朱熹《周易本義》卷首載此兩圖，謂取自邵雍所傳，此後遂廣為流傳。現在一般認為，八卦據河圖、洛書而出的說法不可信，而是對〈繫辭上傳〉「河出圖，洛出書，聖人則之」等說法的演繹性解釋。〈繫辭上傳〉云：「天一、地二，天三、地四，天五、地六，天七、地八，天九、地十。」又云：「天數五，地數五，五位相得而各有合。天數二十有五，地數三十，凡天地之數五十有五。此所以成變化而行鬼神也。」「河圖」中白點表奇數、天數，計二十五個；黑點表偶數、地數，計三十個；共五十五個，按照「一六居下，二七居上，三八居左，四九居右，五十居中」的方位排列。黑白點的數目與〈繫辭〉中的說法正相吻合。「洛書」則共四十五個黑白點，按照「戴九履一，左三右七，二四為肩，六八為足，五居中央」的方位排列，其引人注目的特點是，無論縱、橫，還是斜著去數，黑白點相加之和均為十五。今人劉大鈞據此推測，「洛書」是襲鄭玄注《乾鑿度》「《易》一陰一陽合而為十五之謂道」一段文字而造出的。關於河圖、洛書中的方位、數序、陰陽消長之理，朱熹《易學啟蒙》有較詳盡的闡釋，雖多附會，亦可資參考。

(三)先天八卦方位圖

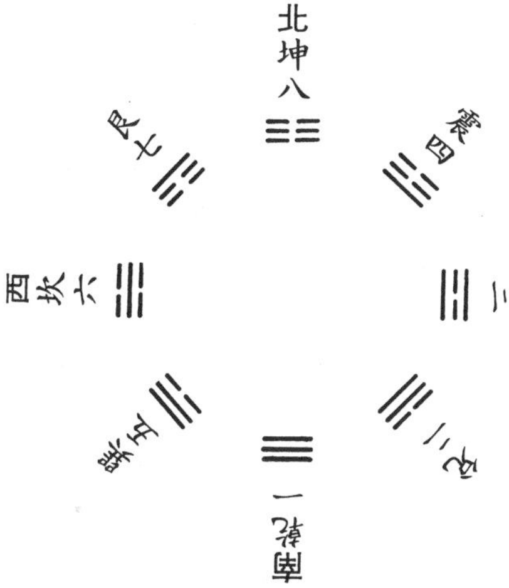

上圖為《周易本義》所載「先天八卦方位圖」，實據邵雍「先天圖」，是宋人為解釋〈說卦傳〉中「天地定位，山澤通氣，雷風相薄，水火不相射；八卦相錯，數往者順，知來者逆」一段文字而造出，故八卦之方位為乾南、坤北，離東、坎西，震東北、巽西南，艮西北、兌東南。又宋人謂此圖方位由伏羲所創，因而又稱為「伏羲八卦方位圖」。

(四)後天八卦方位圖

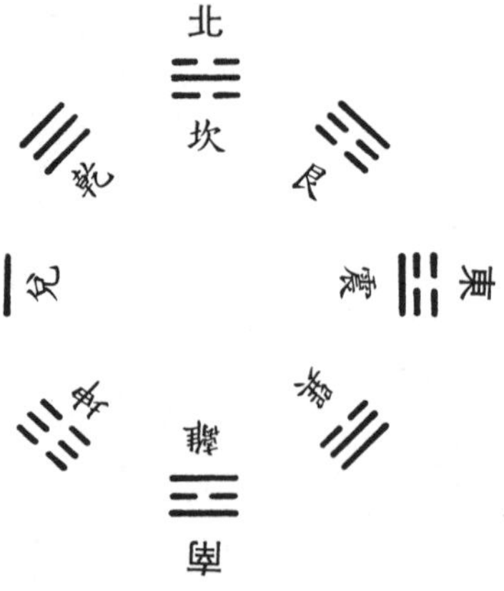

上圖為《周易本義》所載「後天八卦方位圖」，亦為邵雍所傳，旨在解釋〈說卦傳〉中「帝出乎震，齊乎巽，相見乎離，致役乎坤，說言乎兌，戰乎乾，勞乎坎，成言乎艮」一段文字，圖中八卦之方位為震正東、兌正西、離正南、坎正北，稱為「四正卦」；巽東南、坤西南、

乾西北、艮東北，稱為「四隅卦」。宋人謂此圖方位為文王所定，故又稱「文王八卦方位圖」。

按先天八卦圖與後天八卦圖中所示東南西北的方位，與常例正相反對，朱熹認為天是運轉的，故方位也是運動、變化的，或為較合理的解釋。

又尚秉和先生認為，先天方位古已有之，《左傳》中即已備言之，兩漢皆未失傳，乃天地自然之法象，後天方位即由先天方位演變而來，此說可供參考。

(五)十二辟卦方位圖

上圖為「十二辟卦方位圖」，即由六十四卦中的十二個卦，與一年十二個月相配，以揭示

自然界「陰陽消息」的規律。所以，十二辟卦，又稱「月卦」或「消息卦」。據馬國翰《玉函山房輯佚書》，十二辟卦之說產生很早，首見於《歸藏》。「辟」即「主」之義，言此十二卦分別為十二月之主。圖中陽之盈長為「息」，陰之增強為「消」。自復至乾六卦為息卦，復卦僅一陽爻，經由臨、泰、大壯、夬，於乾卦達到六爻純陽，象徵陽氣的逐漸上升；自姤至坤六卦為消卦，姤卦由乾卦純陽始生一陰爻，經由遯、否、觀、剝，於坤卦達到六爻純陰，象徵陰氣的逐漸上升與陽氣的漸消。而圖中的六息卦與六消卦又彼此相承相續，構成一個首尾相銜、循環不已的圓形軌道，以揭示陰陽消長、周而復始的規律，最能體現《周易》循環的變化觀。

九、《周易》的筮法

《周易》可以用來占筮，朱熹甚至說「《易》本為卜筮而作」。《易》筮始終是民間《易》學的一個重要內容，幾千年來綿綿不絕。最近幾年，《易》筮大行，蔚成風氣。據說可以預測重要人物的生死、重大賽事的輸贏，乃至國家的前途命運。於是，《周易》又以筮書的面目而為人們所學用，它究天人之際的精微義理反而遭到埋沒，祗限於在極狹窄的學者圈內被認識，這實在是中國學術的不幸。

筆者認為，《周易》的卦形、卦爻辭本身並不能預決吉凶，但它特殊的結構與表達方式使它具有了模糊性、靈活性、空白性，形成極大的張力，從而給卜筮者提供了想像發揮與靈活解說的廣闊天地，卜筮者可以利用《周易》的這種特性，結合歷代種種有關《易》筮的方法，然後運用自己的知識，通過對已有情況的綜合分析，作出對未來趨勢的判斷。因此，《易》之筮法祇是一種工具，一個中介，預測事物吉凶的某種判斷，最終仍是占筮者自己的意見。這一點讀者當有所認識，然後我們纔介紹《周易》的筮法。

《周易》的筮法，民間多種多樣，唯〈繫辭上傳〉所述用五十根蓍策通過「四營」、「十八變」成一卦的筮法，是古代筮法專門技術的唯一記錄，為歷代《易》學者所遵循，並視為最正規的筮法。現結合《周易本義》所載〈筮儀〉和今人章秋農《周易占筮學》，將此筮法簡介如左：

事先準備蓍策若干，貯於櫝中。卜筮時從櫝中取出蓍策五十根，再用右手將其中的一根放回櫝中。此即大衍之數五十，其用四十有九。接下來，開始演卦。

一變　用四十九策演之如下：

一演　將四十九策任意分為兩部分。此第一營，所謂「分而為二以象兩」。

二演　用左手從右手所持蓍策中取出一策，掛於左手小指間。此第二營，所謂「掛一以象三」。

三演　用右手將左手之策以每四策為一組數之。此第三營之半，所謂「揲之以四以象四時」。

四演　數至最後，或餘一策，或二策，或三策，或四策，取而夾之於左手無名指間。此第四營之半，所謂「歸奇于扐以象閏」。此處之「奇」指餘數。

五演　用左手將右手之策以每四策為一組數之。此第三營之半，所謂「再揲之以四」。

六演　數至最後，或餘一策，或二策，或三策，或四策，取而夾之於左手中指間。此第四營之半，所謂「再扐以象再閏」。

七演　將二演、四演、六演中夾於左手指間之策相合而掛之。此所謂「再扐而後掛」。

至此，一變完畢，除去所掛之策，其餘數祇可能有兩種：或四十四策，或四十策。

二變　以一變所餘之策演之如下：

八演　如一演。

九演　如二演。

十演　如三演。

十一演　如四演。

十二演　如五演。

十三演　如六演。

十四演　如七演。

至此，二變完畢，其餘數祇能是三種：或四十策，或三十六策，或三十二策。

三變　以二變所餘之策演之如一變、二變之程序。

三變完畢，其餘數衹可能是四種：

1.三十六策。以四策為一組可分九組，亦即九揲之數，是為九、為老陽、為可變之陽爻。

2.三十二策。以四策為一組可分八組，亦即八揲之數，是為八、為少陰、為不變之陰爻。

3.二十八策。以四策為一組可分七組，亦即七揲之數，是為七、為少陽、為不變之陽爻。

4.二十四策。以四策為一組可分六組，亦即六揲之數，是為六、為老陰、為可變之陰爻。

以上四種情況可分別畫成初爻：

九	八	七	六
⚊	⚋	⚊	⚋

三變至此而初爻成，每三變而成一爻，由下往上畫，如此十八變而成一卦。卦中凡遇老陽（九）、老陰（六），無論幾爻，均當使陽變陰、陰變陽；所得未變的卦形稱「本卦」，所變的卦形稱「之卦」，占斷時分別依據本卦、之卦產生變動的爻辭解說之。若六爻均變，則取兩卦的卦辭為占；若六爻均為當變之老陽、老陰，則取乾、坤兩卦中的「用九」、「用六」之辭為占；若六爻均為不變之少陽（七）、少陰（八），則以本卦的卦辭為占。

十、注譯凡例

㈠本書以阮刻《十三經注疏》本《周易正義》為底本，如有校改則另注明依據。

㈡本書卷首的「導讀」，既為導示讀者讀《易》的門徑，亦表明了譯注者的學術觀點。

㈢本書的主要內容有：卦旨、原文、章旨、注釋、語譯。

㈣本書的「卦旨」位於每卦卦題之後，卦辭之前，以簡要的文字解釋卦名，概括全卦大義。

㈤本書的「章旨」位於每一條卦辭、〈彖〉辭、〈大象〉、爻辭、〈小象〉之後，〈繫辭上傳〉、〈繫辭下傳〉、〈說卦傳〉、〈序卦傳〉、〈雜卦傳〉等五篇的「章旨」則位於每一段文辭之後，以概括每則文辭的大義。

㈥本書的「注釋」位於「章旨」之後，重在解釋有疑難的詞義，並用「案」語對卦象、爻象與義理加以說明。

㈦本書的「語譯」位於「注釋」之後，用現代白話文翻譯原文，譯文力求符合原文意義。但由於《周易》文辭的特殊性，往往要在原文的基礎上補充某些意思，纔能使譯文曉暢明白，務請讀者留意。

㈧古今注《易》者甚多，眾說紛紜，本書譯注的基本觀點，多依業師黃壽祺先生之說，然亦不排斥他家之善者，間或也有一己的私見。

(九)本書旨在幫助一般讀者更容易了解《周易》，讀懂《周易》，然《周易》的譯注工作本就有相當的難度，且譯注者的學識根底又十分有限，故能否達到上述目的，實難斷言。本書譯注中的不足與謬誤必然存在，期待專家、讀者諸君的批評教正。

郭建勳

一九九五年三月

周易上經

乾卦第一

【卦　旨】此卦為《周易》六十四卦之首，卦體以天為象，爻辭以龍為象，揭示陽剛乃宇宙萬物之本元的重要作用及其發展變化規律；同時勉勵人們效法天的剛健精神，自強不息，奮發向上。

䷀ 乾(ㄑㄧㄢˊ)❶，元(ㄩㄢˊ)❷、亨(ㄏㄥ)❸、利(ㄌㄧˋ)❹、貞(ㄓㄣ)❺。

【章　旨】此卦辭言天體現了初始、通達、和諧、貞正四種德性。

【注　釋】❶乾　卦名。下卦、上卦皆為乾。其象為天，其義為健。孔穎達《正義》云：「此乾卦本以象天，天乃積諸陽氣而成天。」〈說卦傳〉云：「乾，健也。」也就是說，乾以象天，天由陽剛之氣所構成，天主要的特點是強健。因此，在《周易》中，乾、天、陽剛、健，往往有著不可分割的必然聯繫。❷元　始也；根也。指乾卦有純陽之性，故能以陽剛之氣生成萬物。❸亨　通也；通達無阻。言乾卦所象徵的陽剛之氣能促使萬物順利地發展成長。❹利　《正義》引《子夏易傳》云：「利，和也。」義為和諧有利。言天的陽剛之氣能使萬物和諧相處而各得其利。❺貞　正也；貞正堅固。言天的陽剛之氣能使萬物堅固貞正得終。案：這一則卦辭是乾卦的綱領，而乾卦則是整個《周易》的綱領，其餘各卦無不以其為中心而加以闡述、發揮。《周易》作者基於對宇宙自然的直觀體悟，認為陽剛之氣是天的本質元素，它在坤卦所象徵的陰柔之氣的配合之下，運行不息，變化無窮，制約、主宰著萬事萬物。因此，《周易》特別著重陽剛之德。

【語　譯】乾卦，具有初始、通達、和諧、貞正的德性。

初九❶，潛龍❷勿用。

【章　旨】此爻以潛龍為象，說明陽剛尚處於初始階段，須養精蓄銳，等待時機，不可盲動。

【注　釋】❶初九　《周易》中六十四卦的每一卦均由初、二、三、四、五、上六爻組成，順序自下而上。本爻為乾卦最下一爻，故稱「初」。又《周易》占筮之數，以九代表陽，以六代表陰，本爻為陽，故稱「九」。《正義》云：「居第一之位，故稱初；以其陽爻，故稱九。」案：六爻由下而上的排列一反漢民族自上而下的書畫習慣，確為一種特殊的順序；第一爻稱「初」不稱「一」，第六爻稱「上」不稱「六」，亦為一種特殊的稱謂。其實，這裡面體現了對事物變化規律的認識。自下而上的卦畫順序，蘊涵著事物由低漸高、由微而著的發展規律；但這種發展並不是永遠上升的，一旦達到極致，便停止上升，任何事物均是如此。顯然，用「六」來表示上爻是不適宜的，因為它會使人想到還有七、八、九……，不足以恰當地象徵事物發展已達極限的狀況，因此稱「上」而不稱「六」。由初到上，不僅顯示了事物變化處於上升發展階段的情狀，而且通過「上」這個稱謂，預示了事物未來將窮極而下、返歸初始的運動方向。❷潛龍　潛伏隱藏的龍。「初九」一陽在下，故曰潛。龍是古代神話中神奇剛健的神物，最受古人的崇敬，且具有變化莫測、隱現無常的特性，故以其作為乾卦六爻的象徵。李鼎祚《集解》引沈驎士曰：「稱龍者，假象也。天地之氣有升降，君子之道有行藏，龍之為物，能飛能潛，故借龍比君子之德也。」

【語譯】乾卦的初爻，象徵陽剛的蓄積，如同潛伏的龍，暫時不要有所作為。

九二，見❶龍在田❷，利見大人❸。

【章旨】此爻言陽剛漸次增進，時機開始有利。

【注釋】❶見　同「現」。出現。❷田　田野。❸大人　歷來解說頗多，這裡指有德而居上位者。案：卦畫六爻，下面三爻稱內卦，亦稱下卦；上面三爻稱外卦，亦稱上卦。下卦以第二爻為中爻，上卦以第五爻為中爻。本爻為內卦中爻，其象已由潛伏的龍發展為現於田野上的龍，它象徵著陽剛正朝有利的方向發展，充滿著生機與希望。

【語譯】乾卦的第二爻，象徵陽剛的進展，如同出現在田野上的龍，利於見到有德而居上位的人物出現。

九三，君子❶終日❷乾乾❸，夕惕若❹，厲❺无咎❻。

【章旨】此爻言君子當效法天的剛健精神，發憤自強，並且要小心謹慎行事。

【注釋】❶君子　指有道德而居尊位者，與「大人」義近。❷終日　整天。❸乾乾　以本卦卦名重疊，表示健行不止的意思。❹惕若　猶言警惕戒懼。若，語尾助詞，無義。❺厲　危險。❻咎　含有咎害、災病、罪過等義。案：本爻居下卦之上位、上卦之下，其時多危，故須在發憤上進的同時小心謹慎，方能處於險境而無危害。

【語譯】乾卦的第三爻，告誡君子必須整天勤奮不懈，即使夜晚也要警惕戒懼，這樣才能居於險境而避免禍害。

九四，或躍在淵❶，无咎。

【章旨】此爻以龍處淵中為象，說明陽剛在達到最高潮之前的蓄積待發狀況。

【注釋】❶或躍在淵　此句省略了主語「龍」。或，副詞，表示不確定之義。淵，水深處。案：本爻為乾卦第四爻，雖已進入上卦（外卦），但仍居上卦之最下，故與第三爻一樣，是較艱難的爻位。因此，作為陽剛發展過程中的中介，在到達高潮之前，須在已有的基礎上積蓄更大的能量，審時度勢，待機奮進。

【語譯】乾卦的第四爻，象徵陽剛的再度蓄積，或許就像深水中的游龍，時機一到，即可騰躍九天，必無禍害。

九五❶，飛龍在天，利見大人。

【章旨】此爻以飛龍上天為象，說明陽剛已達最完美的境界。

【注釋】❶九五　《周易》中的第五爻居上卦之中，舊說稱之為「君位」，是為最吉、最尊之位。案：乾卦從初爻的潛龍開始演進，到了本爻，乃由第四爻淵中的游龍騰躍而上，一飛沖天，並居高臨下，俯瞰萬物。若譬之個人事業，此爻乃為成功的顛峰狀況；若譬之古代政治，則此爻為君臨天下，萬民景仰的狀況。故孔穎達《正義》云：「言九五陽氣盛至於天，故云飛龍在天，此自然之象。猶若聖人有龍德，飛騰而居天位，德備天下，為萬物所瞻覩，故天下利見此居王位之大人。」

【語譯】乾卦的第五爻，象徵陽剛發展到最充沛、最完美的階段，如同高飛上天的龍，利於看見有德而居上位的人物出現。

上九❶，亢❷龍有悔❸。

【章旨】此爻以龍飛至極點為象，說明陽剛若一味亢進，必將導致盛極而衰的後果。

【注釋】❶上九　《周易》中凡第一爻位的陽爻稱「初九」，第六爻位的陽爻稱「上九」。❷亢　極度；

過甚。《子夏易傳》云：「亢，極也。」❸悔　悔恨。《集解》引王肅曰：「知進忘退，故悔也。」案：月滿則虧，水滿則溢；盛極必衰，物極必反。這是《周易》關於事物運動變化規律的基本認識，故第六爻往往多憂虞之象。本爻已達乾卦的最高位置，高飛窮極，悔吝必生。

【語　譯】乾卦的上爻，象徵陽剛的盛極將衰，就像高飛至極點的龍，必將有所悔恨。

用九❶，見❷羣龍无首，吉❸。

【章　旨】此處以羣龍無首為象，說明雖然剛健有力，也要謙虛持重，不為物先的道理。

【注　釋】❶用九　《周易》六十四卦中，祇有乾、坤兩卦，除六爻外還分別附有「用九」和「用六」。這與《周易》的筮法有關。《周易本義》云：「用九，言凡筮得陽爻者，皆用九，而不用七。蓋諸卦百九十二陽爻之通例也。以此卦純陽居首，故於此發之。而聖人因繫之辭，使遇此卦而六爻皆變者即此占之。」在占筮中，凡得陽爻，其數無外七、九，九可變，七不可變。《周易》之筮法，陽爻用九而不用七，即占其變爻。若筮得六爻均為九時，即以「用九」辭為占。❷見　通「現」。出現。❸吉　吉祥。案：羣龍指六爻皆陽，當此時則六陽皆變，乾變為坤，陽剛變為陰柔，正是陽極生陰的意思。而羣龍均能不爭居首領地位，彼此尊重，和諧自在，則可以柔濟剛，故吉。

【語　譯】用「九」數，如同出現一羣龍，都能不強居首位，必定吉祥。

〈彖〉❶曰：大哉乾元❷，萬物資❸始，乃統❹天。雲行雨施，品❺物流❻形。大明❼終始，六位❽時成❾，時乘六龍❿以御天。乾道⓫變化，各正性命⓬，保合大和⓭，乃利貞。首出庶物⓮，萬國⓯咸⓰寧。

【章旨】此〈彖〉辭闡釋乾卦所象徵的天德和陽剛之氣統率天地萬物的偉大力量和重要作用。

【注釋】❶彖　斷語。《周易》中的〈彖〉辭是統論一卦之義的解說之辭，凡六十四卦所附「〈彖〉曰」均是。〈彖〉又稱〈彖傳〉或〈彖辭傳〉。舊說〈彖〉辭為孔子所作，今人多有疑者。❷乾元　指乾卦所象徵的陽剛之氣，為天地萬物的本元。❸資　憑藉；依靠。❹統　率領。❺品　類別。❻流　流變。❼大明　指太陽，是為宇宙間最光明之物，故稱。❽六位　乾卦的六爻。❾時成　按時位組成。❿六龍　指乾卦六爻。六爻皆取象於龍，或潛、或見、或惕、或躍、或飛、或亢，故曰六龍。⓫乾道　乾卦的法則，也就是陽剛之氣運行的內在規律。⓬各正性命　此句省略主語「萬物」。正，猶言「定」，得到。性命，《正義》云：「性者天生之質，若剛柔遲速之別；命者人所稟受，若貴賤夭壽之屬。」⓭大和　指陰陽會合、沖和的元氣。⓮庶物　萬物。庶，眾多。⓯萬國　指天下萬方。⓰咸　全部。

【語譯】〈彖傳〉說：偉大啊，乾卦所象徵的陽剛之氣！它是開創一切的本元。萬物依靠它而萌生，它統率著大自然。像雲彩的飄行聚散，雨水的降於大地，乃至各類事物的流變而構成一定的形質。光輝燦爛的太陽升降運轉，六爻按照不同的時位組成，就像陽剛之氣按時乘著或潛、或見、或惕、或躍、或飛、或亢的神龍，駕馭著大自然。隨著陽剛之氣有規律的變化，萬物各自得到它們的稟性和特質，並常存和諧的元氣，這才能處於有利的狀況，擁有貞正的生命。它首先創造了世間萬物，使天下萬方全都得到安寧。

〈象〉❶曰：天行健❷，君子以自強不息。

【章旨】此〈象〉辭勉勵君子效法天道，自強不息。

【注釋】❶象 象徵、形象之義。《周易》中的〈象〉辭是闡釋卦象、爻象的文辭。凡六十四卦所附「〈象〉曰」均是。〈象〉又稱〈象傳〉，有〈大象傳〉和〈小象傳〉之分。〈大象〉每卦一則，解釋整卦卦象的象徵意義；〈小象〉每卦六則，分別解釋六爻的爻象。惟乾、坤兩卦各多一則分別解釋「用九」與「用六」。本則即屬解釋乾卦卦象的〈大象傳〉。❷天行健 乾卦以天為象，故稱天。行，運行不停。案：舊說〈象〉辭亦為孔子所作，但今人多有懷疑。本則〈象〉辭闡發乾卦注重剛健的內蘊，並從天人相應的觀點出發，強調人的積極進取。這種精神，構成中華民族文化傳統的一個重要層面，對人們的精神修養產生了巨大影響。

【語譯】〈象傳〉說：乾卦象徵天道運行的剛健而永恆，君子應當效法天道，自我奮發圖強，永不止息。

潛龍勿用，陽❶在下也；見龍在田，德施普也；終日乾乾，反復道❷

也；或躍在淵，進无咎也；飛龍在天，大人造❸也；亢龍有悔，盈❹不可久也；用九，天德❺不可為首也。

【章旨】此〈象〉辭分別解釋各爻與「用九」的象徵意義。

【注釋】❶陽　陽剛之氣。❷反復道　反復，《周易本義》：「重複踐行之意。」道，指合理的行為。❸造　興起；產生。❹盈　滿；過甚。❺天德　指陽剛之德。案：此〈象〉辭為〈小象〉，根據卦象、爻位等說明各爻的象徵意義。

【語譯】初九爻言潛伏的龍，暫時不要有所作為，是因陽氣初生，居於下位；九二爻言龍出現於田野，是因陽剛之德已普遍地施展；九三爻言君子整天勤奮不懈，是因君子當不斷實踐，不使偏差；九四爻言龍待機從淵中躍出，是因審時奮進必無禍害；九五爻言龍飛上天，是因大人將會興起；上九爻言龍飛窮極，必將有所悔恨，是因過於盈滿的狀況，不可能保持太久；用九數，是說陽剛之德須以柔濟之，不能強居首位。

〈文言〉❶曰：元者，善之長❷也；亨者，嘉❸之會❹也；利者，義❺之和也；貞者，事之幹❻也。君子體仁❼足以長❽人，嘉會足以合禮❾，利物足以和義，貞固足以幹事。君子行此四德者，故曰：乾，元、亨、利、貞。

【章　旨】此為〈文言〉的首段，解釋乾卦卦辭。

【注　釋】❶文言　文飾的語言。《周易》中的〈文言〉是解釋乾、坤兩卦的文辭，又稱〈文言傳〉。《正義》引莊氏曰：「以乾、坤德大，故特文飾以為〈文言〉。」舊說〈文言〉為孔子所作，今人多不信此說。❷長　尊長。❸嘉　完美。❹會　聚集。❺義　相宜。❻幹　主幹；根本。❼體仁　以仁為體。❽長　尊長，用如動詞。❾合禮　合乎禮儀。

【語　譯】〈文言〉說：元始，是一切善的尊長；亨通，是完美的聚集；有利，是適宜的和合；貞正，是處事的根本。君子以仁心為本體，故可以當人們的尊長；尋求完美的聚集，故可以合乎禮儀；施利於他物，故可以合乎道義；堅持貞正的操行，故可以處理好事物。君子應當實行這四種美德，所以說：乾，具有元、亨、利、貞的德行。

初九曰「潛龍勿用」，何謂也？子❶曰：「龍德❷而隱者也。不易❸乎世，不成乎名。遯世❹无悶，不見是而无悶。樂則行之，憂則違之。確乎其不可拔❺，潛龍也。」

【章旨】此則〈文言〉解釋初九爻辭，著重闡述不為世俗所累、確然不拔的德性。

【注釋】❶子　孔子。孔子作〈文言〉不可信，但其中或含有他的某些觀點。❷龍德　龍的德性。這是從人事的角度加以發揮。❸易　改變。❹遯世　避世。❺拔　動搖；移易。

【語譯】初九爻辭說「潛伏的龍，暫時不要有所作為」，說的是什麼意思呢？孔子指出：「這是指那些具備像龍一樣剛健的德性而隱藏不露光芒的人。他們不會因世俗的影響而改變志節，也不汲汲於成就功名。避世隱居而不感到苦悶，不為世人所稱許也不感到苦悶。內心感到快樂的事就去做，內心感到煩憂的事就不做。保持堅定貞正、不可動搖的意志，這就是『潛龍』的意義。」

九二曰「見龍在田，利見大人」，何謂也？子曰：「龍德而正中❶者也。庸❷言之信，庸行之謹。閑❸邪存其誠，善世❹而不伐❺，德博而化❻。《易》曰：『見龍在田，利見大人』，君德❼也。」

【章旨】此則〈文言〉解釋九二爻辭，闡述中正誠信、改善世俗的德性。

【注釋】❶正中　此爻居內卦之中位，故曰正中。❷庸　平常。❸閑　防止。❹善世　使世俗變為美好。❺伐　自誇。❻化　感化。指感化世俗。❼君德　言九二爻雖未達君位，但已具備君主之德。

【語　譯】九二爻辭說「龍出現在田野上，利於見到有德而居上位的人物出現」，說的是什麼意思呢？孔子指出：「這是指那些具備像龍一樣剛健的德性而立身中正的人。他們即使是平常的言論也能講信義，即使是平常的行為也能謹慎小心。他們能防止邪惡的誘惑而保持誠摯的心，改善世俗而不因此自誇，以廣博的德業感化天下。《周易》九二爻辭說『見龍在田，利見大人』，就是指君主所應具備的美德。」

九三曰「君子終日乾乾，夕惕若，厲无咎」，何謂也？子曰：「君子進德脩業❶。忠信，所以進德也；脩辭❷立其誠，所以居業❸也。知至至之❹，可與言幾❺也；知終終之❻，可與存❼義也。是故居上位❽而不驕，在下位❾而不憂。故乾乾因其時而惕，雖危无咎矣。」

【章　旨】此則〈文言〉解釋九三爻辭，闡述進德修業、不驕不憂的德性。

【注　釋】❶脩業　修治功業。❷脩辭　修習文辭。❸居業　即修業。❹知至至之　知道該達到的目標，就一定達到它。至，達到。前一「至」字為名詞，後一「至」字為動詞。❺幾　微；徵兆。❻知終終之　知道該終止的時刻，就及時終止它。前一「終」字為名詞，後一「終」字為動詞。❼存　保存。❽居上位　指九三爻居於內卦之上位。❾在下位　指九三爻處於外卦之下。

【語　譯】九三爻辭說「君子整天勤奮不懈，即使夜晚也要警惕戒懼，這樣才能居於險境而避免禍害」，說的是什麼意思呢？孔子指出：「這是說君子必須使德行和功業更加進步、完善的道理。忠誠守信，是增進美德的基礎；研習文辭、確立誠心，則是修治功業的基礎。知道該達到的目標，就一定達到它，這樣的人可與他談論如何把握事物的徵兆；知道該終止的時刻，就及時終止它，這樣的人可與他共同保全道義。因此能處於上位而不驕傲，處於下位而不憂悶。所以能夠整天勤奮不懈而又隨時警惕戒懼，即使居於險境也能避免禍害。」

九四曰「或躍在淵，无咎」，何謂也？子曰：「上下无常❶，非為邪❷也；進退无恆，非離羣也。君子進德脩業，欲及時也，故无咎。」

【章　旨】此則〈文言〉解釋九四爻辭，闡述上下進退，待機而動的德性。

【注　釋】❶上下无常　指九四爻雖已達外卦（上卦），但仍處於可上可下的地位，或進或退，須選擇恰當時機。❷為邪　為了邪惡目的。

【語　譯】九四爻辭說「深水中的游龍，時機一到，即可騰躍九天，必無禍害」，說的是什麼呢？孔子指出：「這是說上升或下降並沒有一定的常規，但絕不以邪惡目的為轉移；進取或退守並無不變的規律，但絕不脫離人羣而自利。君子增進美德、修治功業，要把握有利的時機，所以就沒有什麼禍害了。」

九五曰「飛龍在天，利見大人」，何謂也？子曰：「同聲相應❶，同氣相求❷；水流濕，火就燥，雲從龍，風從虎；聖人作而萬物覩❸。本乎天者親上，本乎地者親下❹，則各從其類也。」

【章　旨】此則〈文言〉解釋九五爻辭，闡述聖人興起，天下相從的道理。

【注　釋】❶應　感應。❷求　求合。❸覩　同「睹」。看見。❹本乎天者親上二句　劉百閔《周易事理通義》：「動物為本乎天者，故首向上，是親乎上；植物為本乎地者，故本向下，是親乎下。」案：此爻為最尊、最中之位，故以「飛龍在天」為象。此則〈文言〉雖列舉了大量同類相從的自然現象，但其中心是「聖人作而萬物覩」。聖人者，大人也；萬物者，天下也。天下人皆樂於見到這樣的大人，正是「利見大人」的闡發。

【語　譯】九五爻辭說「高飛上天的龍，利於看見有德而居上位的人出現」，說的是什麼呢？孔子指出：「這是說聲音相類似的生物彼此感應，氣息相類似的生物彼此求合；水流向潮濕的地方，火燒向乾燥的地方，雲隨從龍飄，風隨從虎動；聖人興起而天下瞻仰；根源於天的動物頭向上，根源於地的植物根向下，各種事物都依其同類而相從。」

上九曰「亢龍有悔」，何謂也？子曰：「貴而无位，高而无民❶，賢人在下位而无輔，是以動而有悔也。」

【章　旨】此則〈文言〉解釋上九爻辭，闡述高居無輔，盲動致悔的道理。

【注　釋】❶高而无民　李鼎祚《集解》引何妥曰：「既不處九五帝王之位，故无民也。」案：此爻位於乾卦極位，故以「亢龍」為象。此則〈文言〉指出地位越高，就越可能孤立；一味亢進，就有可能出現危險。這正是對居上位者的告誡。

【語　譯】上九爻辭說「高飛至極點的龍，必將有所悔恨」，說的是什麼呢？孔子指出：「這是說尊貴而沒有實權地位，高顯而缺乏百姓擁戴，賢明的人都居於下位而無人輔助，因此，假如盲動就必然會有所悔恨。」

潛龍勿用，下❶也；見龍在田，時舍❷也；終日乾乾，行事❸也；或躍在淵，自試❹也；飛龍在天，上治❺也；亢龍有悔，窮❻之災也；乾元用九，天下治也。

【章　旨】此則〈文言〉再次解釋六則爻辭和「用九」之辭，多以人事言之。

【注　釋】❶下　指初九爻處於下位，地位微賤。❷時舍　時勢舒展。舍，通「舒」。❸行事　勤勉於事業。❹試　嘗試。❺上治　居於上位而治理。因九五爻為君位也。❻窮　窮極。

【語譯】初九爻辭「潛龍勿用」，是說處於下位，地位微賤；九二爻辭「見龍在田」，是說時勢舒展，利於上進；九三爻辭「終日乾乾」，是說孜孜不倦，勤於事業；九四爻辭「或躍在淵」，是說審時度勢，待機自試；九五爻辭「飛龍在天」，是說居於尊位，治理天下；上九爻辭「亢龍有悔」，是說窮極過甚，必致災害；乾有元始之德而善用陽九的變化，天下就可獲太平。

潛龍勿用，陽氣潛藏；見龍在田，天下文明❶；終日乾乾，與時偕行❷；或躍在淵，乾道乃革❸；飛龍在天，乃位乎天德❹；亢龍有悔，與時偕極❺；乾元用九，乃見天則❻。

【章旨】此則〈文言〉亦解釋六則爻辭和「用九」之辭，多以氣候言之。

【注釋】❶文明　文彩顯明。❷偕行　一起前行。❸革　變革。❹天德　天之美德。❺極　極點；極限。❻天則　天之法則。即陽極轉陰一類的自然規律。

【語譯】初九爻辭「潛龍勿用」，是說陽氣未發，潛藏於下；九二爻辭「見龍在田」，是說陽氣彌天，文彩昭明；九三爻辭「終日乾乾」，是說隨時奮發，健行不止；九四爻辭「或躍在淵」，是說天道轉化，將有變革；九五爻辭「飛龍在天」，是說居於尊位，類似天德；上九爻辭「亢龍有悔」，是說隨時運行，達到極限；乾有元始之德而善用陽九的變化，就體現了自然的法則。

乾元者，始而亨者也；利貞者，性情❶也。乾始能以美利利天下❷，不言所利，大矣哉！大哉乾乎！剛健中正，純粹精也❸；六爻發揮，旁通❹情也；時乘六龍，以御天也；雲行雨施，天下平也。

【章旨】此則〈文言〉又一次解釋乾卦卦辭，讚美乾卦所象徵的陽剛之氣乃天地萬物之本元的作用。

【注釋】❶性情　本性與內情。❷以美利利天下　用美好的利益施利於天下。前一「利」字為名詞，後一「利」字為動詞。❸純粹精也　絲精為純，米精為粹。因六爻均純陽，故稱。❹旁通　《本義》：「猶言曲盡。」

【語譯】所謂「乾元」，是說乾卦所象徵的陽剛之氣，是首創天地萬物並使之亨通發展的本元；所謂「利貞」，是說和諧貞正，是陽剛之氣所固有的本性和內情。乾卦所象徵的陽剛之氣在其初始階段，就能以美好的利益施利於天下，而又不說出它有利於天下的功績，它的品德真偉大啊！偉大充沛的陽剛之氣啊！它剛強勁健、持中守正，具有純粹不雜的德性；它藉助乾卦的六個爻位，曲盡萬事萬物發展的情理；就像它按時乘著或潛、或見、或惕、或躍、或飛、或亢的神龍駕馭著大自然；它使雲彩運行不已，雨水降下大地，天下因而獲得太平。

君子以成德❶為行❷，日❸可見之行也。潛之為言也，隱而未見❹，行而未成，是以君子弗用也。

【章　旨】此則〈文言〉又解釋初九爻辭。

【注　釋】❶成德　成就德業。❷行　行動。❸日　每天。❹見　通「現」。出現。

【語　譯】君子把成就德業作為行動的目的，這是每天都可以表現出來的行為。初九爻辭所說的「潛」，就是講還處於隱潛的狀況，沒有顯現出來，行事尚不能成功，因此君子暫時不要有所作為。

君子學以聚❶之，問以辯❷之，寬以居❸之，仁以行之。《易》曰「見龍在田，利見大人」，君德也。

【章　旨】此則〈文言〉解釋九二爻辭。

【注　釋】❶聚　指知識的積累。❷辯　通「辨」。辨別。❸居　處也。指待人處世。

【語　譯】君子努力學習來積累知識，仔細發問來明辨疑難，用寬厚的態度待人處世，用仁愛的胸懷指導行為。《周易》乾卦九二爻辭說「見龍在田，利見大人」，就是講為君者所應具備的美德。

九三重剛❶而不中❷，上不在天，下不在田❸，故乾乾因其時而惕，雖危无咎矣。

【章　旨】此則〈文言〉解釋九三爻辭。

【注　釋】❶重剛　陽剛太重。❷不中　不居中位。❸上不在天二句　九五爻辭「飛龍在天」，九二爻辭「見龍在田」，九三則處於兩爻之間。

【語　譯】九三爻陽剛太重，位不居中，上未達於天，下未立於田，所以不僅要勤奮不懈，還要隨時警惕戒懼，這樣纔能處於險境而無禍害。

九四重剛而不中，上不在天，下不在田，中不在人❶，故或❷之。或之者，疑之也，故无咎。

【章　旨】此則〈文言〉解釋九四爻辭。

【注　釋】❶中不在人　〈繫辭下傳〉云：「《易》之為書也，廣大悉備。有天道焉，有人道焉，有地道焉，兼三才而兩之。」即說《周易》每卦的六爻中，上爻、五爻代表天，四爻、三爻代表人，二爻、初爻代表地。天、地、人，謂之三才。乾卦中的九三、九四兩爻，本來同為人道，但九三近九二，緊靠地，正是人道；而九四上近天，遠離地，非人所居。故云「中不在人」。❷或　指九四爻辭「或躍在淵」中的「或」，表示不確定之義。

【語　譯】九四爻陽剛太重，位不居中，上未達於天，下未立於田，中未處於人，所以說「或」。所謂「或」，就是說要抱著疑惑的態度審察形勢，待機而動，這樣纔能免遭禍害。

夫❶大人❷者，與天地合其德，與日月合其明，與四時❸合其序，與鬼神合其吉凶。先天❹而天弗違，後天❺而奉❻天時。天且❼弗違，而況於人乎？況於鬼神乎？

【章　旨】此則〈文言〉解釋九五爻辭。

【注　釋】❶夫　發語詞，無義。❷大人　指九五爻辭「利見大人」中的「大人」。❸四時　指春生、夏長、秋收、冬藏。❹先天　先於天象。❺後天　後於天象。❻奉　遵循。❼且　尚且。

【語　譯】九五爻辭所說的「大人」，他的功德與天地的覆載相契合，他的明察與日月的普照相契合，他的施政與春夏秋冬的時序相契合，他的賞罰與鬼神的福善禍惡相契合。他先於天象行事，上天也不會違背；他後於天象行事，亦能遵循天時。天尚且不能違背他，何況是人呢？何況是鬼神呢？

亢❶之為言也，知進而不知退，知存而不知亡，知得而不知喪。其❷唯聖人乎！知進退存亡，而不失其正者，其唯聖人乎！

【章　旨】此則〈文言〉解釋上九爻辭。

【注　釋】❶亢　指上九爻辭「亢龍有悔」中的「亢」。❷其　大概，語氣副詞。

【語　譯】上九爻辭所說的「亢」，是講祇知道進取，卻不知道退守；祇知道存在，卻不知道終將衰亡；祇知道獲得，卻不知道喪失。大概祇有聖人纔明瞭事理吧！懂得事物進取、退守、存在、衰亡之理，而又不失正道的人，大概祇有聖人吧！

坤卦第二

【卦　旨】此卦為《周易》六十四卦之次，卦體以地為象，其性質為柔順，揭示陰柔之氣與乾卦所代表的陽剛之氣既相對立、又相依存的關係；同時，強調陰柔在依順、配合陽剛，促進事物生成、發展的過程中所產生的重要作用。坤卦緊隨乾卦之後，正是體現天尊地卑、陰陽和合的意旨。

䷁　坤❶，元、亨，利牝馬❷之貞。君子有攸❸往，先迷，後得主❹，利。西南得朋，東北喪朋❺。安貞❻，吉。

【章　旨】此卦辭言地體現了隨從天的柔順德性。

【注　釋】❶坤　卦名。下卦、上卦皆為坤。其象為地，其義為順。《說文》云：「坤，地也，《易》之卦也。」〈說卦傳〉云：「坤，順也。」❷牝馬　雌馬。❸攸　所。❹先迷二句　先於君主，就會迷失方向；後於君主，則會得到君主的賞識。坤之與乾，猶地之與天、臣之與君、妻之與夫，故強調其順從、輔助的德性。❺西南得朋二句　高亨《周易古經今注》云：「宜往西南，勿往東北，蓋西南得朋，東北喪朋。」因西南炎熱為陽，東北寒冷為陰。坤為陰，陰得陽則吉，陰遇陰則凶，故言西南得朋，東北喪朋。朋，朋友。一說朋貝，即錢幣。❻安貞　安順貞正。案：坤卦與乾卦一樣，具備元、亨、利、貞四德，但利、貞二德與乾卦有所不同。乾卦的利貞是無條件的，無所不利、無所不貞。坤卦的利貞，則以順從陽剛之氣為前提，如同雌馬順從雄馬、臣子輔助君主，這樣纔能陰陽相濟，獲得利貞；倘若不守坤卦陰柔之正道，則不得利貞，必將導致「迷」、「喪朋」的結局。

【語　譯】坤卦，具有初始、通達的德性，如果像柔順的雌馬追隨健行的公馬一樣，守著陰柔的正道，必將有利。君子有所行動，如果先於君主，就會迷失方向；如果後於君主，就能得到君主的賞識而吉利。往西南將得到朋友，往東北將失去朋友。安順貞正，就能獲得吉祥。

〈彖〉❶曰：至❷哉坤元，萬物資生，乃順承天。坤厚載物，德合无疆❸。含弘❹光大，品物咸亨。牝馬地類，行地无疆，柔順利貞。君子攸行，先迷失道，後順得常❺。西南得朋，乃與類行；東北喪朋，乃終有慶❻。安貞之吉，應❼地无疆。

【章　旨】此〈彖〉辭闡釋坤卦所象徵的地德與陰柔在配合天德與陽剛上所表現的柔順之性。

【注　釋】❶彖　〈易傳〉本來各自成篇，後人將〈彖傳〉與〈象傳〉分別附於經文之後，遂成定制。故現行《周易》，祇有乾卦先是卦辭、爻辭，然後是〈彖傳〉、〈象傳〉、〈文言〉，經傳不混；自坤卦開始的六十三卦，〈彖傳〉與〈象傳〉，都分散附於每一則卦辭與爻辭之後。故此則〈彖〉辭與下面的〈大象〉緊附於坤卦卦辭之後。❷至　至極。❸无疆　兼指空間的無涯與時間的無盡。❹弘　大。❺常　久。指恆久的吉祥。❻乃終有慶　此言雖東北喪朋，但行至終極，將轉往西南而得朋。慶，喜慶。❼應　應合。

【語　譯】〈彖傳〉說：美好至極啊，坤卦所象徵的陰柔之氣！它配合陽剛構成開創一切的本元。萬物依靠它而萌生，它柔順地稟承天道的法則。坤卦就像大地的深厚而承載著萬物，德合天道而久遠無窮。它含有弘大、光明的品德，使各類事物都能亨通生長。雌馬與大地具有類似的德性，在無邊的大地上行走，它溫柔和順、吉利貞正。君子有所行動，如果先於君主，就會迷失道路；如果後於君主，就能得到恆久的吉祥。往西南將得到朋友，可與同類一起前行；往東北將喪失朋友，但終究也會獲得喜慶。安順貞正而獲得吉慶，這與廣大無邊的大地的德性正相應合。

〈象〉曰：地勢坤❶，君子以厚德❷載物。

【章　旨】此〈象〉辭勉勵君子效法地道，厚德載物。

【注　釋】❶坤　順。尚秉和《周易尚氏學》云：「蓋坤古文作巛，而巛為順之假字，故宋、王皆讀巛為順。」❷厚德　使德行增厚。厚，用如動詞。案：本則〈象〉辭是解釋坤卦卦象的〈大象傳〉，以闡發彰明卦象中隱涵的哲理。以下各卦均仿此。

【語　譯】〈象傳〉說：大地的氣勢和順，君子應當效法地的德性，增厚美德，承載萬物。

初六❶，履❷霜，堅冰至。

【章　旨】此爻以霜、冰為喻，說明陰氣雖微，但正在發展壯大。

【注　釋】❶初六　此爻居坤卦最下一爻，故稱「初」，此爻又為陰爻，故稱六。詳見乾卦「初九」注。❷履　踩。案：此爻以霜、堅冰等自然現象的依次出現，根據季節氣候的變化，說明陰氣始凝、漸次進展的狀況。

【語　譯】坤卦的初爻，象徵陰氣的始微將盛，如同踩在微霜之上，而大地凝結堅冰的日子即將到來。

〈象〉❶曰：履霜堅冰，陰始凝也；馴❷致其道，至堅冰也。

【章　旨】此則〈小象傳〉解釋坤卦初六爻象。

【注　釋】❶象　此〈象〉辭為〈小象〉，是附於各卦（除乾卦）每一爻之後，用以解釋爻象的文辭。詳見乾卦象辭注。❷馴　順；順從。

【語　譯】〈象傳〉說：初六爻辭言「踩在微霜之上，而大地凝結堅冰的日子即將到來」，是說陰氣開始凝結；祇要順從它發展的規律，就會到達結成堅冰的季節。

六二，直❶、方❷、大❸，不習❹，无不利。

【章　旨】此爻言大地端直方正、寬廣博大的德性。

【注　釋】❶直　端直。❷方　方正。❸大　博大。❹習　學習，包含有經驗的意思。案：《周易》作者由大地平直、四方、廣闊的外觀引申到它端直、方正、博大的德性。從初六陰氣的初起發展到六二，陰氣已呈飽滿充沛狀態，故能充分體現大地的特性。又因此爻居下卦之中，兼處陰位，得中正之勢，故不習亦無不吉利。

【語　譯】坤卦的第二爻，言大地具有端直、方正、博大的德性，即使不學習，也沒有什麼不吉利。

〈象〉曰：六二之動❶，直以❷方也；不習无不利，地道❸光❹也。

【章　旨】此則〈小象傳〉解釋六二爻象。

【注　釋】❶動　運動。指陰氣的不斷發展。❷以　而，連詞。❸地道　大地的德性。❹光　廣博。

【語譯】〈象傳〉說：六二爻時陰氣的運動已趨向於充沛飽滿，足以體現大地端直而方正的特性；所謂「不學習也沒有什麼不吉利」，這是因為大地的德性廣博。

六三，含章❶可貞，或❷從❸王事，无成有終❹。

【章旨】此爻言地德雖光彩華美，猶須輔助君王，勿以成功為己有。

【注釋】❶章　華美的文彩。形容陰氣發展至六三更為充沛，使大地煥發出更華美的德性。❷或　表示不確定之義，猶言擇時而動。❸從　這裡指輔助。❹无成有終　功成而不居，必有好結果。終，指好的結果。

【語譯】坤卦的第三爻，言大地蘊含光輝的美德，可以固守正道；在適當的時機輔助君主的事業，功成而不居，必能得到好結果。

〈象〉曰：含章可貞，以❶時發❷也；或從王事，知❸光❹大也。

【章旨】此則〈小象傳〉解釋六三爻象。

【注釋】❶以　根據。❷發　發揮。❸知　通「智」。❹光　廣博。

【語譯】〈象傳〉說：六三爻辭言「大地蘊含光輝的美德，可以固守正道」，是說應當根據時機發揮作用；言「在適當時機輔助君主的事業」，是說智慧廣博遠大。

六四，括囊❶，无咎无譽。

【章旨】此爻言大地具有謹慎、穩重的德性。

【注釋】❶括囊　束緊口袋。案：陰氣發展至六四，已處於不中不正之位，然地有持重之德，猶如緊束口袋，謹慎小心，故能無咎無譽。

【語譯】坤卦的第四爻，言像束緊的袋子一樣謹慎，就可以處於險境而既無災害，亦無稱譽。

〈象〉曰：括囊无咎，慎不害也。

【章旨】此則〈小象傳〉解釋六四爻象。

【語譯】〈象傳〉說：六四爻辭言「像束緊的口袋一樣就可免遭災害」，是說小心謹慎就可以沒有禍患。

六五，黃裳❶，元吉❷。

【章　旨】此爻言處於尊位而能保持謙下之德，即能獲得大吉。

【注　釋】❶黃裳　《正義》云：「黃是中之色，裳是下之飾。」黃為中央的正色，象徵中道與尊貴；裳為下身的服飾，象徵謙下的品德。❷元吉　大吉。案：此爻居君位，坤為臣道，故此爻為臣中極貴者。尊貴而能謙下，故得大吉。

【語　譯】坤卦的第五爻，言穿上黃色下裳，獲得大吉。

〈象〉曰：黃裳元吉，文❶在中也。

【章　旨】此則〈小象傳〉解釋六五爻象。

【注　釋】❶文　溫文。與威武相對，以喻坤德。

【語　譯】〈象傳〉說：六五爻辭言「穿上黃色下裳，獲得大吉」，是說溫文謙順的美德自然蘊含在其中。

上六，龍戰❶於野，其血玄黃❷。

【章　旨】此爻言陰氣由極盛開始轉化，陽氣產生，陰陽二氣相交合而生成萬物。

【注　釋】❶戰　接；交合。《說文》云：「《易》曰：『龍戰於野。』戰者，接也。」❷玄黃　青蒼色和黃色，為天地之色。案：此爻純從象徵的角度說理。龍象徵陽剛之氣，它的出現，顯示著發展到極致的陰氣開始轉向衰弱；同時，萌生的陽氣與陰氣兩相交合，開始了創造、促成萬物的又一輪循環。隨著陰、陽二氣的消長和交合，萬物乃得以大生廣生，生生不已。《尚氏學》云：「其血玄黃者，言此血為天地所和合，故能生萬物也。」顯然，這裡反映了《周易》陰陽相推，循環不已的觀點。

【語　譯】坤卦的上爻，象徵陰極陽生、陰陽交合，就像龍在原野上交合，它們的血青黃相雜。

〈象〉曰：龍戰於野，其道窮也。

【章　旨】此則〈小象傳〉解釋上六爻象。

【語　譯】〈象傳〉說：上六爻辭言「龍在原野上交合」，說明純陰之道已發展到了盡頭。

用六❶，利永❷貞。

【章　旨】此處言陰陽相濟，可獲吉祥。

【注　釋】❶用六　《周易》六十四卦中，唯乾、坤兩卦除六爻外，還分別附有「用九」和「用六」。這與《周易》的筮法有關。《本義》云：「用六，言凡得陰爻者，皆用六而不用八，亦通例也。以此卦純陰而居首，故發之。遇此卦而六爻俱變者，其占如此辭。」在占筮中，凡得陰爻，其數無外六、八。六可變，八不可變。詳見乾卦「用九」注。❷永　長久。案：乾卦「用九」以陽極生陰，乾變為坤；坤卦「用六」以陰極生陽，坤變為乾。此正反映了《周易》以陰陽變易為核心、以剛柔相濟為旨歸的思想。

【語　譯】用「六」數，陰陽相濟，有利而可得永久的貞正。

〈象〉曰：用六永貞，以大終❶也。

【章　旨】此則〈小象傳〉解釋用六之象。

【注　釋】❶以大終　與陽剛相合為歸宿。以，與。大，指陽剛。陽大而陰小。

【語　譯】〈象傳〉說：坤卦用六辭言「長久的貞正」，是說陰柔的發展，當以與陽剛的相合為歸宿。

〈文言〉❶曰：坤至柔而動也剛，至靜而德方❷，後得主而有常❸，含萬物而化光❹。坤道其順乎！承❺天而時行❻。

【章旨】此則〈文言〉解釋坤卦卦辭。

【注釋】❶文言 《周易》中解釋乾、坤兩卦的文辭。詳見乾卦「文言」注。❷方 布於四方。❸常 恆久。❹光 廣大。❺承 順承。❻時行 隨四時而行。

【語譯】〈文言〉說：坤卦所象徵的陰氣與大地，其性質是極柔順的，但變動時卻顯出剛健；其形態是極安靜的，但柔美之德卻布於四方；追隨在君主之後，故能得到君主的賞識而保有恆久的吉利；包容一切、化育萬物，而德澤廣大。坤卦的性質是多麼柔順啊！順承天的規律，隨著四時而運行。

積善之家，必有餘慶❶；積不善之家，必有餘殃。臣弒❷其君，子弒其父，非一朝一夕之故，其所由來者漸❸矣，由辯❹之不早辯也。《易》曰：「履霜，堅冰至。」蓋言順❺也。

【章旨】此則〈文言〉解釋初六爻辭，闡述防微杜漸的道理。

【注釋】❶餘慶 多餘的喜慶。言喜事甚多。❷弒 下殺上曰弒。❸漸 逐漸。❹辯 通「辨」。明辨；辨別。❺順 遵循。

【語譯】積累善行的人家，一定有充裕的喜慶；積累惡行的人家，一定會遺留下禍殃。臣子殺害他的君主，兒子殺害他的父親，決不是一朝一夕突發的緣故，它所產生的原因是從平時逐漸積累而來，是由於不及早加以明辨的結果。《周易》坤卦初六爻辭：「踩在微霜上，而大地凝結堅冰的日子即將到來。」是說事物的發展總會遵循一定的順序與方向。

直其正也，方其義❶也。君子敬以直內❷，義以方外❸，敬義立而德不孤❹。直、方、大，不習无不利。則不疑其所行也。

【章　旨】此則〈文言〉解釋六二爻辭，闡述內心恭敬正直、處事方正適宜的道理。

【注　釋】❶義　正當而適宜。❷直內　使內心正直。直，用如動詞。❸方外　使行為方正。外，指應接外物，即處理事物；外是相對內而言。❹不孤　即不小，大的意思。孤，單也；小也。猶言狹窄。

【語　譯】六二爻辭所謂「直」，是說大地品性正直；所謂「方」，是說大地能使萬物得宜。君子應當效法地德，以恭敬持重來端正自己的心志，以正當適宜來規範外在的行為；恭敬、適宜一旦確立，就能使美德廣博而不狹窄。六二爻辭言「端直、方正、博大，不學習也沒有什麼不吉利」，那是說對自己的所作所為不必疑慮。

陰雖有美，含之以從王事，弗敢成❶也。地道也，妻道也，臣道也。

地道无成而代❷有終❸也。

【章　旨】此則〈文言〉解釋六三爻辭，闡述以陰輔陽、以柔輔剛的道理。

【注　釋】❶成　把成功歸為己有。❷代　代替。指替天服務。❸終　善終；好結果。

【語　譯】陰氣雖然自有美德，卻含藏不露來輔助君王的事業，而不敢把成功歸為己有。這是說：地順天的道理，妻從夫的道理，臣事君的道理。地順天而行的道理，就是功成不居，替天服務，必有好結果。

天地變化，草木蕃❶；天地閉❷，賢人隱。《易》曰：「括囊，无咎无譽。」蓋言謹也。

【章　旨】此則〈文言〉解釋六四爻辭，闡述為人謹慎的道理。

【注　釋】❶蕃　茂盛。❷閉　閉塞。

【語　譯】天地運行變化，草木便蓬勃生長；天地閉塞，賢人便隱退躲藏。《周易》坤卦六四爻辭言「束緊口袋，既無災害，亦無稱譽」，就是說為人要謹慎。

君子黃中通理❶，正位居體❷，美在其中，而暢於四支❸，發❹於事業，美之至也。

【章　旨】此則〈文言〉解釋六五爻辭，闡述內美必表現於外的道理。

【注　釋】❶黃中通理　此言六五爻居上卦中位，尊貴中正，通達而有文理。黃，中央的正色。理，文理。❷正位居體　猶言「體居正位」。❸支　通「肢」。❹發　表現。

【語　譯】君子的品德尊貴中正，通達而有文理，身處中正的位置，美德蘊含在內心，卻能舒展到四肢，表現在事業上，真是美到了極點啊！

陰疑❶於陽必戰。為其嫌❷於无陽也，故稱龍焉；猶未離其類❸也，故稱血焉。夫❹玄黃者，天地之雜也，天玄而地黃。

【章　旨】此則〈文言〉解釋上六爻辭，闡述陰極陽生、陰陽交合的義理。

【注　釋】❶疑　同「凝」。❷嫌　《說文》：「不平於心也，从女，兼聲。」指嫌恨、遺憾之義。❸類　同類。這裡指與陰相配合的陽氣。❹夫　發語詞，無義。

【語　譯】陰氣凝結於陽氣之中，必然相互交合。因為上六時陰氣極重而嫌恨沒有一點陽氣，所以爻辭中稱「龍」以象徵陰極陽生的轉機；因為仍未離開與它相配合的陽氣，所以爻辭中稱「血」以象徵陰陽的交合。爻辭中所謂「玄黃」，那是說天地陰陽相混雜的顏色，天為青蒼色，地為黃色。

屯卦第三

【卦旨】此卦卦名「屯」，義為初生的草木，其性質為艱難。揭示事物處於草創、初生階段的艱難情狀，但同時也認為，創業雖難，祇要積聚力量、謹慎行事，遵循正確的道路，就可以逐漸變弱為強，爭取到光輝的前景。

䷂　屯❶，元、亨、利、貞，勿用❷有攸往，利建侯❸。

【章旨】此卦辭言事物初生、草創之時，艱難困頓，雖有通達貞正之性，亦不宜輕舉妄動。

【注釋】❶屯　卦名。下卦為震，上卦為坎。屯卦具有初生與艱難的雙重意義，這可以從以下幾方面來認識：首先，從字的本義上看，屯字的象形為，乃植物破土萌生的形狀，故《說文》曰：「屯，難也，象屮木之初生，屯然而難。」〈序卦傳〉亦云：「屯者，物之始生也。」由字形的草木初生之態而引申到事物初生的艱難。其次，從卦象看，屯下卦為震，上卦為坎；震義為動，坎義為險；動於險中，必有艱難。

又云：震象徵雷，坎象徵水，雷壓於水底，無法馳騁天宇，欲衝破障礙並非易事，故云難。再次，從卦的排列順序上看，乾、坤兩卦之後，緊接著即為屯卦，這是因為乾、坤象徵天地，隨著天地陰陽的交合，萬物開始生長，乃以屯卦繫乾、坤之後，正如〈序卦傳〉所言：「有天地然後萬物生焉，盈天地之間者唯萬物，故受之以屯。屯者，盈也；屯者，物之始生也。」❷勿用　猶言不宜。❸建侯　建立諸侯。案：屯卦雖與乾卦一樣有初始、通達、和諧、貞正的四種德性，但乾之四德無所不包，無所不往；而屯卦處於初生艱難之時，不宜隨意行動，應當建立諸侯，固其根本，漸次發展成長，方可得利。

【語　譯】屯卦象徵初生的艱難情狀，雖有初始、通達、和諧、貞正的德性，但也不宜隨意前行，如先建立諸侯必將有利。

〈彖〉曰：屯，剛柔始交而難生❶。動乎險中❷，大亨貞❸。雷雨❹之動滿盈，天造草昧❺，宜建侯而不寧❻。

【章　旨】此〈彖〉辭闡釋屯卦所象徵的初生艱難的義理。

【注　釋】❶難生　猶言生難。初生的艱難。❷動乎險中　屯之下卦為震，震義為動；上卦為坎，坎義為險；動而遇險，故曰動乎險中。❸大亨貞　要得到大亨通，必須保持貞正的德行。❹雷雨　屯之下卦震為雷，上卦坎為雨。❺草昧　草創之始；冥昧之時。❻不寧　不要貪圖安寧。

【語　譯】〈彖傳〉說：屯卦，象徵陽剛與陰柔開始交合而初生艱難的情狀。在危險的情況下運動發展，要得到大亨通的前景，必須保持貞正的德行。雷雨交加震動不已，充滿宇宙，如同天始創萬物的冥昧時期，此時王者宜於建立諸侯，固其根本，切不可貪圖安寧。

〈象〉曰：雲雷❶，屯。君子以經綸❷。

【章　旨】此〈象〉辭勉勵君子於事業初創之時，努力發憤，勤於經營。

【注　釋】❶雲雷　屯卦下震為雷，上坎為雲，雲在雷上，將雨未成，故有初始艱難之象。此處之「雲雷」與〈彖傳〉之以「雷雨」釋屯難之象，角度略異，其旨則同。❷經綸　即謂「治絲」。此處以治絲比喻治國。織絲的縱線為經，青的絲繩為綸。

【語　譯】〈象傳〉說：烏雲密布，雷聲震動，這就是屯卦初始艱難的象徵。君子在事業的草創時期，應當努力經略天下大事。

初九，磐桓❶，利居貞❷，利建侯。

【章　旨】此爻以徘徊流連為喻，說明不可輕進的道理。

【注　釋】❶磐桓　同「盤桓」。指徘徊流連的樣子。❷居貞　保持貞正的德行。案：此爻為屯卦初爻，一陽初動，雖有生機，但力量不夠，故有進退難定之象。

【語譯】屯卦的初爻，象徵進退難定，徘徊流連的情狀，保持貞正的德行必將有利，王者建立諸侯、固其根本，亦必將有利。

〈象〉曰：雖磐桓，志行正也；以貴下賤❶，大得民也。

【章旨】此則〈小象傳〉解釋屯卦初九爻象。

【注釋】❶以貴下賤　以尊貴之身而居低下之位。

【語譯】〈象傳〉說：雖然初九爻辭言「徘徊流連」，但其心志品行卻是端正的；能以尊貴的身分而居於低下之位，必能大得民心。

六二，屯如，邅如❶。乘馬班如❷，匪寇❸，婚媾。女子貞不字❹，十年乃字。

【章旨】此爻以乘馬求婚與女子十年方嫁為喻，說明面對困頓，須堅定信心，以待時而動的道理。

【注釋】❶邅如　難行不進之貌。此言六二處「屯難」之時而能柔順中正，不冒然輕進。❷班如　馬排列之狀。❸匪寇　不是強盜。匪，通「非」。❹字　女子出嫁。案：此爻以陰居下卦之中，為女子之象；九五爻以陽居上卦之中，為男子之象。乘馬求婚者即指九五爻。兩爻相應正如男女相悅，本可嫁娶，但上有三、四兩陰「阻格」，下有初九一陽相逼，六二爻面臨如此局勢，唯有耐心等待，方可遂其所願，故云「十年乃字」。

【語　譯】屯卦的第二爻，象徵在艱難困頓的情況下彷徨不前。那些騎馬的人排列著紛紛而來，他們不是強盜，而是前來求婚的人。女子守貞而不急於出嫁，寧願等上十年纔嫁給自己喜歡的人。

〈象〉曰：六二之難，乘剛❶也；十年乃字，反常❷也。

【章　旨】此則〈小象傳〉解釋六二爻象。

【注　釋】❶乘剛　指六二為陰爻，卻居於初九陽爻之上。❷反常　返回正常狀況。反，同「返」。

【語　譯】〈象傳〉說：六二的艱難困頓，是因為它以陰柔而居於陽剛之上；六二爻辭言「十年纔出嫁」，是說保持貞正，最後必能回到正常狀況。

六三，即❶鹿无虞❷，惟入于林中，君子幾❸，不如舍❹，往吝❺。

【章　旨】此爻以捕鹿無人相助為喻，說明若無輔佐，則不可冒進的道理。

【注　釋】❶即　就；追捕。❷虞　古代掌管山林禽獸的官員。❸幾　指見機而行。❹舍　捨棄。❺吝　憾惜。〈繫辭上傳〉云：「悔吝者，憂虞之象也。」

【語　譯】屯卦的第三爻，象徵無助不可冒進，如同追捕野鹿沒有虞人的幫助，徒然空入叢林之中，這時君子應當相機行事，不如捨棄它，如果堅持前往，必將帶來憾惜。

〈象〉曰：即鹿无虞，以從禽❶也；君子舍之，往吝，窮❷也。

【章　旨】此則〈小象傳〉解釋六三爻象。

【注　釋】❶從禽　追捕禽獸。❷窮　困窘。

【語　譯】〈象傳〉說：六三爻辭言「追捕野鹿沒有虞人的幫助」，是說貪於追捕禽獸；言「君子不如捨棄它，如果堅持前往，必將帶來憾惜」，是說冒昧前行，將招致困窘。

六四，乘馬班如，求婚媾❶；往吉，无不利。

【章　旨】此爻以乘馬求婚為喻，說明禮賢下士，可得吉祥的道理。

【注釋】❶求婚媾　此言六四以陰居上卦之初，初九以陽居下卦之初，兩爻相應如男女之相匹配，故言婚媾。案：此爻居於上卦，地位尊貴，能以上求下，取剛濟柔，將有利於打破艱難局面，有利於事業的發展。

【語譯】屯卦的第四爻，象徵禮賢下士，就像騎馬紛紛前往求婚配，去了必得吉祥，沒有什麼不利。

〈象〉曰：求而往，明也。

【章旨】此則〈小象傳〉解釋六四爻象。

【語譯】〈象傳〉說：六四爻為了求賢而前往，是明智的行為。

九五，屯❶其❷膏❸。小，貞吉；大，貞凶。

【章旨】此爻言在艱難之時，恩澤的施予必須限制在一定的範圍之內。

【注釋】❶屯　指屯難困頓的狀況。❷其　語氣助詞。❸膏　膏澤，用如動詞。案：九五爻為屯卦的君位，得中得正，本應膏澤天下，施恩於民，但處於屯難困頓的情況，祇能控制在一定的範圍內，假如超過限度，造成基礎的虧損，反而可能帶來凶險的結果。

【語譯】屯卦的第五爻，言君子處於屯難困頓之時，應當在一定的範圍內膏澤天下。施恩的範圍適當縮小，且能保持貞正之性，必獲吉祥；但如果施恩的範圍太大，虧損了根本，那麼即使能保持貞正，也可能帶來凶險的結果。

〈象〉曰：屯其膏，施未光❶也。

【章旨】此則〈小象傳〉解釋九五爻象。

【注釋】❶光　廣博。

【語譯】〈象傳〉說：九五爻辭言「處於屯難困頓之時應當在一定的範圍內膏澤天下」，是說施恩還不能太廣博。

上六，乘馬班如，泣血漣如❶。

【章旨】此爻以泣血為喻，說明初創時的艱難局面即將扭轉之前的極端困頓。

【注釋】❶漣如　流淚不止之狀。案：此爻居屯卦最上一爻，初創的艱難已發展至極點，難極而易，局面即將出現轉機，但此時正如黎明前的黑暗、臨產前的巨痛，故有「泣血漣如」之象。

【語　譯】屯卦的上爻，象徵艱難局面即將扭轉之前的極端困頓，如同騎馬的人排列著紛紛去尋找出路，卻祇能傷心而不停地流下血淚。

〈象〉曰：泣血漣如，何可長也？

【章　旨】此則〈小象傳〉解釋上六爻象。

【語　譯】〈象傳〉說：上六爻辭言「傷心而不停地流下血淚」，但這種情景又怎會持續長久呢？

蒙卦第四

【卦　旨】此卦卦名「蒙」，義為蒙昧幼稚，旨在從「教」與「學」兩方面，揭示如何消除蒙昧，開啟智力，進行教化的道理。其中的某些觀點，成為我國古代教育思想與教學原則的重要淵源。

䷃　蒙❶，亨。匪我❷求童蒙❸，童蒙求我。初筮❹告，再三瀆❺，瀆則不告。利貞。

【章　旨】此卦辭言啟迪蒙昧幼稚須有正確的方法。

【注　釋】❶蒙　卦名。下卦為坎，上卦為艮。義為蒙昧幼稚。〈序卦傳〉云：「蒙者，蒙也，物之穉也。」從卦象看，蒙卦下坎為水，上艮為山，水被山所阻隔；但水最終將沖破山的阻隔，滲透並流出，故有漸啟蒙昧之義。❷我　指啟蒙之師。從爻位說，即九二爻。九二爻以陽居下卦之中，得中得正，故云。❸童蒙　指蒙昧幼稚的兒童。從爻位說，即六五爻。六五爻以陰居上卦之中，下應九二，正合「童蒙求我」之象。❹筮　本義指古代用蓍草占卜吉凶的方法，這裡指問疑求答。❺瀆　褻瀆；冒犯。這裡指不遵順序而亂問。案：蒙卦與屯卦是相對應的卦，又稱綜卦、覆卦、往來卦、反對卦。也就是將卦象反覆過來的情況。如屯卦為䷂，下震上坎，反覆過來，就變成了䷃，而成為下坎上艮的蒙卦。以下各組綜卦均如此。

【語　譯】蒙卦象徵啟發蒙昧，具有亨通的德性。不是我去求蒙昧的幼童來受教，而是蒙昧的幼童來求教於我。初次來問疑就告知他，如果接二連三地濫問而瀆亂順序，就不再告知他了。保持貞正的品德，必將有利。

〈彖〉曰：蒙，山下有險，險而止❶，蒙。蒙，亨，以亨行時中❷也；匪我求童蒙，童蒙求我，志應❸也；初筮告，以剛中❹也；再三瀆，瀆則不告，瀆蒙❺也；蒙以養❻正，聖功❼也。

【章　旨】此〈彖〉辭闡釋蒙卦關於啟迪蒙昧的道理。

【注　釋】❶山下有險二句　言蒙卦下卦為坎，坎為險；上卦為艮，艮為山，為止；遇險而止，進退無主，是為蒙昧之象。❷時中　合時而適中。❸志應　志趣相互感應。❹剛中　指九二爻以陽爻而居於下卦之中。比喻啟蒙之師剛嚴有方。❺瀆蒙　瀆亂了啟迪蒙昧的正常順序。❻養　培養。❼聖功　指聖人教化的功德。

【語　譯】〈彖傳〉說：蒙卦象徵啟迪蒙昧，就像高山之下有險阻，遇險而止，這正是蒙昧之象。卦辭言「啟迪蒙昧，亨通」，是因為蒙師具有亨通之德而行為合時適中；言「不是我去求蒙昧之童來受教，而是蒙昧之童來求教於我」，是說雙方的志趣互相能感應；言「初次問疑就告知他」，是說蒙師具有陽剛之氣，行為適中；言「接二連三地濫問而瀆亂順序，就不再告知他」，是說攪亂了施教的程序。透過啟迪蒙昧來培養純正的品行，這就是聖人教化的功德。

〈象〉曰：山下出泉❶，蒙，君子以果行❷育德。

【章　旨】此〈象〉辭勉勵君子果決自己的行為，堅持不懈，培育美德。

【注　釋】❶山下出泉　蒙卦下坎為水，上艮為山，故云「山下出泉」。❷果行　使行為果決。果，用如動詞。

【語　譯】〈象傳〉說：高山下流出泉水，這就是啟迪蒙昧的象徵。君子應當具有果決的行為，堅持不懈，培育美好的德行。

初六，發❶蒙，利用刑人❷，用說❸桎梏❹，以往吝。

【章旨】此爻言啟發蒙昧幼稚，應當樹立榜樣，但開始時不能操之過急。

【注釋】❶發 啟發。❷刑人 樹立榜樣教育人。刑，通「型」。典型；楷模。用如動詞。❸說 通「脫」。脫離；解除。❹桎梏 木製刑具，此處指心靈的蒙蔽。案：此爻居蒙卦第一爻，啟蒙剛開始，不能急於求成，故云「以往吝」。

【語譯】蒙卦的初爻，象徵啟發蒙昧幼稚的初始階段，用樹立楷模的方法教育人將有利，使人解除心靈的蒙蔽；但急於前往卻可能帶來憾惜。

〈象〉曰：利用刑人，以正法❶也。

【章旨】此則〈小象傳〉解釋初六爻象。

【注釋】❶正法 端正法則。

【語譯】〈象傳〉說：初六爻辭言「用樹立楷模的方法教育人將有利」，是為了端正法則。

九二，包蒙❶，吉。納婦❷，吉；子克家❸。

【章　旨】此爻象徵九二陽剛居中，如同蒙師為求教的幼童所環繞，必定吉祥。

【注　釋】❶包蒙　被蒙童所環繞。此謂九二以陽剛居下卦之中，被初、三、四、五諸陰爻包圍，如老師處於學生之中。❷納婦　娶妻。此言九二爻與上卦中爻六五陰陽相應，故有納婦之象。❸克家　能夠治理家事。家，用如動詞。

【語　譯】蒙卦的第二爻，象徵蒙師被幼童所環繞，吉祥。就像娶了妻子，吉祥；生下孩子能夠治理家事。

〈象〉曰：子克家，剛柔節❶也。

【章　旨】此則〈小象傳〉解釋九二爻象。

【注　釋】❶剛柔節　此言九二以陽剛居下卦之中，六五以陰居上卦之中，兩爻相應接。節，通「接」。

【語　譯】〈象傳〉說：九二爻辭言「生下兒子能夠治理家事」，那是陽剛與陰柔相應接的結果。

六三，勿用❶取❷女，見金夫❸，不有躬❹，无攸利。

【章　旨】此爻言身處蒙昧幼稚而急於求進，必將不利。

【注釋】❶勿用　不宜；不要。❷取　通「娶」。❸金夫　剛健的男子，這裡指上九爻。《正義》曰：「見金夫者，謂上九；以其剛陽，故稱金夫。」❹躬　自身。指自身的禮節。案：此爻乃從受啟發者的角度而言。「女」指六三，為蒙昧之童；「金夫」指上九。六三本可與上九相配，但凌乘九二陽剛，且不中不正，如見金夫而自往求之，則有不利之象。意謂蒙昧之童在啟蒙過程中，不可急於求進。

【語譯】蒙卦的第三爻，言不宜娶這樣的女子，她一味追求那剛健的男子，而不顧自身的禮節，這樣急於求進，必將無所利。

〈象〉曰：勿用取女，行不順也。

【章旨】此則〈小象傳〉解釋六三爻象。

【語譯】〈象傳〉說：六三爻辭言「不宜娶這樣的女子」，是說她急於前行，必定不順利。

六四，困蒙❶，吝。

【章旨】此爻言幼童被蒙昧所困惑，將有所憾惜。

【注釋】❶困蒙　困於蒙昧。案：此爻為陰爻，居上卦之下，且為上下陰爻所隔，有遠離蒙師而困於蒙昧之象。

【語譯】蒙卦的第四爻，象徵幼童困於蒙昧，必將有所憾惜。

〈象〉曰：困蒙之吝，獨遠實❶也。

【章旨】此則〈小象傳〉解釋六四爻象。

【注釋】❶獨遠實　陽實陰虛，此處「實」指九二爻。因此卦初、三均近九二，六五與九二為正應，唯六四獨自遠離九二，故云。此象徵幼童遠離蒙師。

【語譯】〈象傳〉說：六四爻辭言「困於蒙昧，必將有所憾惜」，是說幼童獨自遠離啟蒙之師。

六五，童蒙❶，吉。

【章旨】此爻言幼童正在順利地接受啟蒙。

【注釋】❶童蒙　幼童接受啟蒙。蒙，用如動詞。案：此爻以陰居尊位，能下求教於九二，有謙虛之德，故吉。

【語譯】蒙卦的第五爻，象徵幼童正在順利地接受啟蒙，吉祥。

〈象〉曰：童蒙之吉，順以巽❶也。

【章旨】此則〈小象傳〉解釋六五爻象。

【注釋】❶巽 謙遜。《說文通訓定聲》云：「巽，叚借為愻。」愻即「遜」。

【語譯】〈象傳〉說：六五爻辭言「幼童順利地接受啟蒙，吉祥」，是說他具有順從而謙虛的美德。

上九，擊蒙❶，不利為寇，利禦寇。

【章旨】此爻言蒙昧幼稚的狀況即將突破，但仍須採取較溫和的方式，不能過於暴烈。

【注釋】❶擊蒙 打破蒙昧狀況。案：此爻居蒙卦最上位，蒙昧狀況即將打破，但有過於暴烈之象。「為寇」、「禦寇」，喻啟蒙方式的暴烈與溫和。

【語譯】蒙卦的上爻，象徵蒙昧幼稚的狀況即將突破，但如果採取像當強寇一樣過於暴烈的方式，將會不利，而採取像抵禦強寇那樣相對溫和的方式，必將有利。

〈象〉曰：利用禦寇，上下順❶也。

【章　旨】此則〈小象傳〉解釋上九爻象。

【注　釋】❶順　順應。案：此言上不用過於暴烈的方式，下能達到突破蒙昧的目的，故云「上下順」。

【語　譯】〈象傳〉說：上九爻辭言「採取像抵禦強寇那樣相對溫和的方式，必將有利」，是說這樣纔可使上下的意志順應和諧。

需卦第五

【卦　旨】此卦卦名「需」，義為等待，揭示任何事物的發展都有一個過程，須耐心等待時機，適時而動的道理。

䷄　需❶，有孚❷，光❸亨，貞吉，利涉大川❹。

【章　旨】此卦辭言祇要心懷誠信，耐心等待時機，必能克服艱難險阻，獲得吉祥。

【注　釋】❶需　卦名。下卦為乾，上卦為坎。詞義為等待。〈象傳〉云：「需，須也。」《正義》云：「需者，待也。」❷孚　誠信。❸光　廣大。❹利涉大川　此處以大川比喻艱難險阻。言心懷誠信，則可渡艱險而獲利。

【語　譯】需卦象徵等待時機，祇要心懷誠信，就能開創廣大亨通的前景，保持貞正可獲吉祥，有利於像渡過大河那樣的克服艱難險阻。

〈彖〉曰：需，須❶也；險在前❷也，剛健❸而不陷❹，其義不困窮矣。需，有孚，光亨，貞吉，位乎天位，以正中也❺。利涉大川，往有功也。

【章旨】此〈彖〉辭闡釋需卦的卦象和爻象，及其象徵等待時機、克服艱險、取得成功的道理。

【注釋】❶須　期待；等待。❷險在前　需卦下卦為乾，是主卦；上卦為坎，坎象徵險，故云「險在前」。❸剛健　指下卦乾，乾體剛健。❹不陷　不陷入險境。言乾遇坎險而能通。❺位乎天位二句　指九五爻以陽居尊位，得中得正。案：孔穎達《正義》指出〈彖傳〉釋卦有三種體例：一種是直取象而釋卦德，一種是直取爻而釋卦德，一種是兼象、爻而釋卦德，此卦〈彖傳〉即第三種體例。

【語譯】〈彖傳〉說：需卦象徵等待時機；就像艱險橫阻在前，秉著剛強勁健而不陷入險境，這樣，自然就不會困頓窮窘了。卦辭言「需卦象徵等待時機，祇要心懷誠信，就能開創廣大亨通的前景，保持貞正可獲吉祥」，是說九五爻以陽剛處於尊位，得中得正。言「有利於渡過大河」，是說一直前往，必能克服艱險，獲得成功。

〈象〉曰：雲上於天❶，需；君子以飲食宴樂。

【章旨】此〈象〉辭言君子當暫且飲食安樂，蓄積體力、調劑精神，勿有所為，以待機而動。

【注釋】❶雲上於天　需卦下卦為乾，乾為天；上卦為坎，坎為雲；故有雲上於天之象。雲飄天上，待時而降雨，象徵等待時機。

【語譯】〈象傳〉說：雲聚集在天上，這就是等待時機的象徵。君子應當暫時飲食安樂，以等待時機。

初九，需于郊❶，利用恆❷，无咎。

【章旨】此爻言在等待之始，必須培養久待的恆心，不可妄動。

【注釋】❶郊　城邑之外。❷恆　恆心。案：此爻為下乾初爻，離上卦坎險最遠，故以郊外為喻。又此爻為需卦之始，爾後將有較長的等待時間，故強調有恆心。

【語譯】需卦的初爻，象徵等待剛剛開始，就像在遠離危險的郊外等待，保持恆心必將有利，沒有禍害。

〈象〉曰：需于郊，不犯難❶行也；利用恆，无咎，未失常❷也。

【章旨】此則〈小象傳〉解釋初九爻象。

【注釋】❶犯難　冒著險難。難，指上卦坎險。《正義》云：「難在於坎，初九去難既遠，故待時在於郊。」❷常　恆常的道理。

【語譯】〈象傳〉說：初九爻辭言「在郊外等待」，是說不冒著險難急於前行；言「保持恆心必將有利，沒有禍害」，是說沒有違背恆常的道理。

九二，需于沙❶，小有言❷，終吉。

【章旨】此爻言在將有險難的情況下等待，祇要靜待不躁，也能終致吉祥。

【注釋】❶沙　沙洲。❷言　閒言。指他人的指責。案：此爻為下乾中爻，相對初九而言，離上卦坎險又接近了一步，就像在離水不遠的沙洲上等待；處此地位，雖未至於患害，但還是稍受他人指責。

【語譯】需卦的第二爻，象徵持續的等待，就像在較近危險的沙洲上等待，將稍受他人閒言的指責，但最後必將獲得吉祥。

〈象〉曰：需于沙，衍❶在中❷也；雖有小言，以終吉❸也。

【章　旨】此則〈小象傳〉解釋九二爻象。

【注　釋】❶衍　寬衍；寬綽。❷中　內心。❸終吉　他本或作「吉終」。

【語　譯】〈象傳〉說：九二爻辭言「在沙洲上等待」，是說心中寬綽不躁；故言「雖然稍受他人閒言指責，但堅持下去，最後必獲吉祥」。

九三，需于泥❶，致❷寇至。

【章　旨】此爻言在瀕臨險難的情況下等待，必須格外慎重，否則將招致危害。

【注　釋】❶泥　泥濘。❷致　招致。案：此爻為下乾上爻，已緊臨上卦坎險，就像在水邊的泥濘中等待；且九三以陽剛居下卦之上，有亢進之象，故云不慎將招致強寇。強寇，比喻危害。下卦三爻，均對上卦坎險取象，故分別以需于郊、需于沙、需于泥為喻；從第四爻開始，則以坎卦本身的象徵來說理了。

【語　譯】需卦的第三爻，象徵更長久的持續等待，就像在瀕臨危險的泥濘中等待，稍不慎重，將招致像強寇一樣的危害到來。

〈象〉曰：需于泥，災在外❶也；自我致寇，敬慎❷不敗也。

【章旨】此則〈小象傳〉解釋九三爻象。

【注釋】❶災在外　指九三爻緊臨坎險，災害就在身外。❷敬慎　恭敬謹慎。

【語譯】〈象傳〉說：九三爻辭言「在泥濘中等待」，是說災難就在身邊；言「自己招致強寇」，是說祇有恭敬謹慎地等待，纔能不致失敗。

六四，需于血❶，出自穴❷。

【章旨】此爻言在極為艱險的情況下等待，必須冷靜堅強，纔能從險境中脫出。

【注釋】❶血　血泊。喻形勢的極度險惡。❷穴　陷穴。案：此爻是就上卦坎險本身而言。六四處上坎之下，是極險之地，但因此爻陰柔得正，入於險中能冷靜等待，方能從險穴中脫出。故有化險為夷之義。

【語譯】需卦的第四爻，象徵等待已進入極為艱險的階段，就像在血泊中等待，必須冷靜堅強，方可從險境中脫出。

〈象〉曰：需于血，順以聽❶也。

【章旨】此則〈小象傳〉解釋六四爻象。

【注釋】❶聽　聽從；聽命。

【語譯】〈象傳〉說：六四爻辭言「在血泊中等待」，是說能冷靜順從，聽命於時勢。

九五，需于酒食❶，貞吉。

【章旨】此爻言等待到一定時機，當有所行動，施澤於民。

【注釋】❶酒食　喻德澤。《周易學說》引王逢曰：「酒食，德澤之謂也。」案：此爻以陽剛居於君位，得中得正，且等待已久，事物的發展已出現轉機，為君者應當見機而作，膏澤天下。

【語譯】需卦的第五爻，象徵等待的轉機已經出現，為君者應當將德澤如同美酒佳肴一樣施給人民，保持貞正的德性可獲吉祥。

〈象〉曰：酒食貞吉，以中正也。

【章旨】此則〈小象傳〉解釋九五爻象。

【語譯】〈象傳〉說：九五爻辭言「將德澤如同酒食一樣施給人民，保持貞正可獲吉祥」，是說九五爻以陽剛居君位，得中得正。

上六，入于穴，有不速之客❶三人❷來，敬之，終吉。

【章　旨】此爻言等待到達極限之時，雖處於險穴之中，但祗要有幫助者，亦能終獲吉祥。

【注　釋】❶不速之客　未經邀請的客人。速，召；邀請。❷三人　指下乾的三個陽爻。案：此爻居需卦最上一爻，「需」極而轉躁，故有入穴之象；然有下乾三陽前來相助，而上六又能敬待之，則可安然渡過坎險，完成等待的轉折。

【語　譯】需卦的上爻，象徵等待已達極限，陷入了險境之中，有三個未經邀請的客人前來，祗要恭敬地對待他們，終歸能獲吉祥。

〈象〉曰：不速之客來，敬之終吉，雖不當位❶，未大失也。

【章　旨】此則〈小象傳〉解釋上六爻象。

【注　釋】❶不當位　處於不妥當的位置。

【語　譯】〈象傳〉說：上六爻辭言「有未經邀請的客人前來，恭敬地對待他們，終歸能獲吉祥」，是說上六雖然處於不妥當的位置，但最後不會有太大的損失。

訟卦第六

【卦　旨】此卦卦名「訟」，義為爭訟，揭示爭訟必須加以控制，如果爭訟不已，必將導致不利結局的道理。其中反映了避免爭訟，以和為貴的思想。

䷅

訟❶，有孚窒❷，惕❸，中吉；終凶❹。利見大人❺，不利涉大川。

【章　旨】此卦辭言爭訟乃由誠信被窒塞而產生，如果窮爭不已，將有凶險。

【注　釋】❶訟　卦名。下卦為坎，上卦為乾。詞義為爭訟、爭辯。《說文》曰：「訟，爭也。」❷窒　窒塞。❸惕　警惕；戒懼。❹終凶　始終爭訟不止將有凶險。❺大人　判決爭訟的大人，指九五爻。案：此卦辭從卦象、爻象的角度進行闡發：「中吉」，言九二爻以陽剛居中，故吉；「終凶」，言上九爻窮爭不已，故凶；「大人」，言九五爻以陽剛居君位，可決爭訟；「大川」，言上乾下坎，有以剛乘險之象。大川，喻凶險。

【語　譯】訟卦象徵爭訟，是由於誠信被窒塞纔引起爭訟，倘若心中能夠有所戒懼，堅持中正而不偏頗，可獲吉祥；若窮爭不止，則將導致凶險。去謁見公正的大人以解決爭訟將有利，此時去涉越凶險將不利。

〈彖〉曰：訟，上剛下險❶，險而健，訟。訟，有孚窒，惕，中吉，剛來而得中❷也；終凶，訟不可成❸也；利見大人，尚中正❹也；不利涉大川，入于淵❺也。

【章　旨】此〈彖〉辭闡釋訟卦的卦象和爻象，及其所象徵的不可窮爭的道理。

【注　釋】❶上剛下險　指訟卦上乾為剛，下坎為險，以剛臨險則爭訟。❷剛來而得中　指九二爻以陽剛居於下卦之中。❸成　成功。此言上九窮爭不能成功。❹尚中正　崇尚中正。中正指九五爻，為決訟之「大人」。❺淵　深淵。言上乾以剛犯險，若一味爭訟，將有入淵之危。

【語　譯】〈彖傳〉說：訟卦象徵爭訟，就像上面是陽剛，下面是坎險，臨險而強健，這正是爭訟之象。卦辭言「爭訟是由於誠信被窒塞纔引起，倘若心中有所戒懼，堅持中正而不偏頗，可獲吉祥」，是說陽剛前來而能處於適中的位置；言「窮爭不止，必將導致凶險」，是說窮爭不能獲得成功；言「謁見公正的大人以解決爭訟將有利」，是說能崇尚中正之道；言「涉越凶險將不利」，是說窮爭不已將陷入深淵之中。

〈象〉曰：天與水違行❶，訟；君子以作事謀始❷。

【章旨】此〈象〉辭告誡君子行事先謀，以避免爭訟。

【注釋】❶天與水違行　指訟卦上乾為天，下坎為水，天道西轉，水流東注，互相乖違，正是衝突而產生爭訟的象徵。❷作事謀始　指在行事之始先考慮周密，以免爭訟。

【語譯】〈象傳〉說：天道運轉與水流方向相違背而行，這就是衝突而產生爭訟的象徵。君子應當在行事之前，先進行周密的考慮，以避免爭訟。

初六，不永❶所事❷，小有言，終吉。

【章旨】此爻言不要長久地糾纏於爭訟。

【注釋】❶永　長久。❷所事　指爭訟之事。案：此爻以陰柔居訟卦之初，有柔順之性，乃能退而不久爭，故雖稍受指責，而最後能獲吉祥。又云：初六與九四相應，九四陽剛氣盛，以言語相犯，但初六能退避之，終能免於長爭不已而獲吉。

【語譯】訟卦的初爻，象徵退避而不長久地糾纏於爭訟，雖然稍受閒言的指責，但終能獲得吉祥。

〈象〉曰：不永所事，訟不可長也；雖小有言，其辯明也。

【章旨】此則〈小象傳〉解釋初六爻象。

【語譯】〈象傳〉說：初六爻辭言「不長久地糾纏於爭訟」，是說爭訟是不可長久的；言「雖然稍受閒言指責」，是說經過辯說終可明白是非。

九二，不克❶訟，歸而逋❷，其邑❸人三百戶，无眚❹。

【章旨】此爻言爭訟應當適可而止，如此方可免禍。

【注釋】❶克　勝。❷逋　逃跑。❸邑　城邑。❹眚　災禍。案：此爻以陽剛居下卦之中，與上乾九五爻無應，而兩陽相對，造成爭訟；又因九二地位低下，爭訟失利。但由於九二能權衡形勢，及時停止爭訟，逃歸於僅有三百戶的小城邑，不與九五爭鋒，故能免遭禍患。

【語譯】訟卦的第二爻，象徵爭訟失利而及時中止，就像馬上逃跑回來，避隱於祇有三百戶人家的小城邑之中，這樣纔可不遭禍患。

〈象〉曰：不克訟，歸逋竄也；自下訟上❶，患至掇❷也。

【章　旨】此則〈小象傳〉解釋九二爻象。

【注　釋】❶自下訟上　指居於下位的九二爻與居君位的九五爻爭訟。❷掇　通「輟」。中止。言九二能及時躲避，故禍患雖來而終能止息。

【語　譯】〈象傳〉說：九二爻辭言「爭訟失利，馬上逃竄回來」，是說居於下位卻與在上者爭訟，禍患臨頭，幸虧及時退避方得止息。

六三，食舊德❶，貞厲，終吉；或從王事，无成❷。

【章　旨】此爻言不可爭訟，而當守舊業，從王事。

【注　釋】❶食舊德　指享受過去的俸祿。❷无成　指功成而不居。案：此爻以陰柔處下卦之上位，有無能力爭訟、祇可守舊業之象，故宜持正防危，輔助君王，且功成也不能歸為己有。

【語　譯】訟卦的第三爻，象徵無能爭訟，祇可安享過去的俸祿，應當保持貞正以防止危險，這樣終將獲得吉祥；或輔佐君王的事業，即使功成也不據為己有。

〈象〉曰：食舊德，從上❶吉也。

【章　旨】此則〈小象傳〉解釋六三爻象。

【注　釋】❶從上　指六三爻以陰柔居下，上承陽剛。

【語　譯】〈象傳〉說：六三爻辭言「安享過去的俸祿」，是說順從長上可獲吉祥。

九四，不克訟，復❶即命❷，渝❸，安貞吉。

【章　旨】此爻言改變爭訟的初衷，可獲吉祥。

【注　釋】❶復　回復。❷即命　就於正理。即，就。命，正命；正理。❸渝　改變。案：此爻以陽剛居上乾之下位，先與初六爭訟，後因初六明理而退，九四於「不克訟」之後，能歸就正理，改變爭訟的初衷，故能獲吉祥。

【語　譯】訟卦的第四爻，象徵爭訟失利，便回過頭來就於正理，改變一味爭訟的初衷，安心保持貞正的德性，可獲吉祥。

〈象〉曰：復即命，渝，安貞不失也。

【章　旨】此則〈小象傳〉解釋九四爻象。

【語譯】〈象傳〉說：九四爻辭言「回過頭來就於正理，改變一味爭訟的初衷」，是說安守貞正，就可避免損失。

九五，訟❶，元吉。

【章旨】此爻言能明斷爭訟，必獲大吉。

【注釋】❶訟　此處指判決爭訟。案：此爻以陽剛居君位，故有明斷曲直之象。

【語譯】訟卦的第五爻，象徵判決爭訟，祇要明斷曲直，必獲大吉。

〈象〉曰：訟，元吉，以中正也。

【章旨】此則〈小象傳〉解釋九五爻象。

【語譯】〈象傳〉說：九五爻辭言「判決爭訟，必獲大吉」，是說九五爻能居中位、持貞正。

上九，或錫❶之鞶帶❷，終朝❸三褫❹之。

【章　旨】此爻言以爭訟取祿位，最後亦將失去。

【注　釋】❶錫　通「賜」。賜予。❷鞶帶　大帶，古代用以束衣的帶子。此處喻高官厚祿。❸終朝　終日；一天之內。❹褫　奪；剝奪。案：此爻以陽剛居訟卦的最上位，氣盛而強爭，或能憑爭訟之勝而取得祿位，卻終被褫奪。此卦誡人止息爭訟、平和相處的意旨於斯可見。

【語　譯】訟卦的上爻，象徵恃強爭訟，或許能夠得到高官厚祿的賞賜，但一天之中卻多次被褫奪。

〈象〉曰：以訟受服，亦不足敬也。

【章　旨】此則〈小象傳〉解釋上九爻象。

【語　譯】〈象傳〉說：憑爭訟而得到祿位，這不值得尊敬。

師卦第七

【卦　旨】此卦卦名「師」，義為兵眾，揭示用兵必須善擇主將，嚴明軍紀，堅守正道，纔能取得勝利，否則必招致凶險的道理。其中也反映了不可輕易動用師旅的思想。

䷆ 師❶，貞，丈人❷吉，无咎。

【章　旨】此卦辭言以老謀深算者為將，必獲吉祥。

【注　釋】❶師　卦名。下卦為坎，上卦為坤。詞義為兵眾。《本義》云：「師，兵眾也。」❷丈人　指年長而老謀深算者。又《子夏易傳》作「大人」，於義亦可通。

【語　譯】師卦象徵兵眾，堅守正道，由老謀深算者擔任主將，必獲吉祥，而無禍害。

《彖》曰：師，眾也；貞，正也。能以眾正❶，可以王❷矣。剛中而應❸，行險而順❹，以此毒❺天下，而民從之，吉又何咎矣！

【章　旨】此《彖》辭闡釋師卦的卦辭和卦象，及其堅守正道以用兵的道理。

【注　釋】❶以眾正　率領兵眾堅守正道。以，率領。正，用如動詞。❷王　統治天下。用如動詞。❸剛中而應　指九二爻以陽剛居於下卦之中，且與六五爻有應。❹行險而順　指九二爻雖處坎險之中，但既得中而有應，故能順應天理、君道與人情。❺毒　此處指用武力平定。案：九二為師卦之主爻，故《彖傳》釋之以明卦象。

【語　譯】《彖傳》說：師，是指兵眾；貞，是說堅守正道。能夠率領部屬堅持正道，就可以君臨天下了。剛健居中而與上相應，雖行於危險之中而能順合天理、君道人情，憑此用武力平定天下，老百姓必會服從他，這樣自然可獲吉祥，又有什麼禍害呢！

〈象〉曰：地中有水❶，師；君子以容民畜眾。

【章　旨】此〈象〉辭勉勵君子效法師道，廣容百姓。

【注　釋】❶地中有水　師卦下坎為水，上坤為地，是為「地中有水」之象。案：此〈象〉辭強調君子容民，旨在保證充足的兵源，故朱熹《本義》云：「水不外於地，兵不外於民，故能養民則可以得眾矣。」

【語　譯】〈象傳〉說：大地裡面貯藏著水源，這就是兵眾的象徵；君子應當廣容百姓，積聚兵源。

初六，師出以律❶，否臧❷凶。

【章　旨】此爻言師出須有嚴明的紀律。

【注　釋】❶律　指軍紀。❷否臧　猶言不善、不良。案：此爻為師卦之始，象徵兵眾初出，故特別強調軍紀。

【語譯】師卦的初爻，象徵兵眾初出，必須嚴明軍紀，紀律不良，必將招致凶險。

〈象〉曰：師出以律，失律凶也。

【章旨】此則〈小象傳〉解釋初六爻象。

【語譯】〈象傳〉說：初六爻辭言「兵眾初出必須嚴明軍紀」，是說喪失紀律必致凶險。

九二，在師❶，中吉，无咎，王三錫❷命。

【章旨】此爻言主將持中不偏，可獲吉祥。

【注釋】❶在師　猶言視師、率師。❷錫　通「賜」。賜予。案：九二爻為師卦的唯一陽爻，且居下卦之中而有應，為主將之象。

【語譯】師卦的第二爻，象徵主將統率兵眾，持中不偏，必獲吉祥，而無禍害，君主多次賜予重任。

〈象〉曰：在師中吉，承天寵❶也；王三錫命，懷❷萬邦也。

【章　旨】此則〈小象傳〉解釋九二爻象。

【注　釋】❶天寵　君主的寵愛。指九二與六五有應，承受六五的恩寵。❷懷　懷服，用如動詞。

【語　譯】〈象傳〉說：九二爻辭言「主將統率兵眾，持中不偏，必獲吉祥」，是說他承受君主的寵愛；言「君主多次賜予重任」，是說他能輔助君主，使萬國懷服。

六三，師或❶輿❷尸，凶。

【章　旨】此爻言貪功冒進，必致凶險。

【注　釋】❶或　表示可能但不必然。❷輿　本義為車，此處用如動詞，猶言用車載。案：此爻以陰柔居下卦之上，下乘陽剛，不中不正，上無陽應，有勢孤力單而又貪功躁進之象，因致凶險。這是警戒不可輕易動用師旅。

【語　譯】師卦的第三爻，象徵兵眾貪功躁進，有可能用車載著屍體歸來，有凶險。

〈象〉曰：師或輿尸，大❶无功也。

【章　旨】此則〈小象傳〉解釋六三爻象。

【注釋】❶大　作程度副詞，義為「十分」、「非常」。

【語譯】〈象傳〉說：六三爻辭言「兵眾有可能用車載著屍體歸來」，是說躁進根本不可能成功。

六四，師左次❶，无咎。

【章旨】此爻言兵眾撤退靜處，必無禍害。

【注釋】❶左次　猶言撤退。案：六四爻居上卦之始，處境維艱，但柔順得正，能見難而退，待時而動，必能避免禍害。

【語譯】師卦的第四爻，象徵兵眾撤退靜處，如此必無禍害。

〈象〉曰：左次无咎，未失常❶也。

【章旨】此則〈小象傳〉解釋六四爻象。

【注釋】❶常　謂用兵的常道。

【語譯】〈象傳〉說：六四爻辭言「兵眾撤退可免禍害」，是說如此用兵不失常道。

六五，田有禽❶，利執❷；言❸，无咎。長子❹帥師；弟子❺輿尸。貞凶。

【章　旨】此爻言見犯乃擊、善擇主將的用兵之道。

【注　釋】❶禽　泛指禽獸。❷執　捕捉。❸言　指旁人的閒言。❹長子　年長而有經驗的人，猶言卦辭中的「丈人」，指九二爻。❺弟子　猶言幼稚無德的人，指六三、六四兩爻。案：此爻居師卦君位，爻辭以禽獸入田喻外敵的侵犯，如此則可出擊；又以九二為長子，六三、六四為弟子，說明選擇主將的重要。足可體現《周易》關於戰爭的思想原則。

【語　譯】師卦的第五爻，象徵興兵與擇將。如果外敵像禽獸進入田野一樣來侵犯，果斷出擊必將有利；即使有閒言閒語，亦無禍害。委任年長而有經驗者，可以統帥兵眾；委任幼稚無德者，就會用車載著屍體大敗而回。要保持貞正以防凶險。

〈象〉曰：長子帥師，以❶中行❷也；弟子輿尸，使不當也。

【章　旨】此則〈小象傳〉解釋六五爻象。

【注　釋】❶以　因為。❷中行　言九二爻居中得正，其行不偏。

【語譯】〈象傳〉說：六五爻辭言「任命年長而有經驗者，可以統率兵眾」，是因為他的行為適中不偏；言「委任幼稚無德者，將車載屍體大敗而回」，是因為用人不當而造成的。

上六，大君❶有命，開國❷承家❸，小人勿用。

【章旨】此爻言班師回朝，論功行賞。

【注釋】❶大君　指天子。❷開國　建立諸侯。❸承家　承受大夫之職。案：此爻居最上位，既有戰爭結束、班師回朝之象，亦有天子行賞之象。《正義》云：「上六處師之極，是師之終竟也。大君謂天子也，言天子爵命此上六，若其功大，使之開國為諸侯；若其功小，使之承家為卿大夫；小人勿用者，言開國承家須用君子，勿用小人也。」

【語譯】師卦的上爻，象徵班師行賞，天子頒布命令，功大者封為諸侯，功小者封為卿大夫，小人則不予任用。

〈象〉曰：大君有命，以正❶功也；小人勿用，必亂邦也。

【章旨】此則〈小象傳〉解釋上六爻象。

【注釋】❶正　猶言區別、評定。

【語　譯】〈象傳〉說：上六爻辭言「天子頒布命令」，是為了論功行賞；言「小人不予任用」，是說任用小人必定會使國家陷入危亂。

比卦第八

【卦　旨】此卦卦名「比」，義為親比，揭示上下之間、彼此之間應當親密相依、友好相處的道理，但同時也反對無原則、無選擇的親比。其中尤其強調下對上的親附與順從，反映了古代以尊卑長幼為出發點的倫理原則。

䷇ 比❶，吉。原❷筮❸，元❹永❺貞，无咎。不寧方❻來❼，後夫❽凶。

【章　旨】此卦辭言在上者當發揚美德，增強凝聚力；在下者當積極親附，不要猶豫。

【注　釋】❶比　卦名。下卦為坤，上卦為坎。詞義為親比，即親密相依。❷原　本為古代卜法，孔穎達《正義》釋為「窮其情」，即研究情況。❸筮　本為卜筮之筮，孔穎達《正義》釋為「決其意」，即作出判斷。❹元　大，用如動詞。擴大；發揚。❺永　長久。❻方　多方；各方。❼來　前來親附輔助。❽後夫　後來的人。案：此卦的九五爻乃唯一的陽爻，且得中得正，為全卦的主爻，有在上者之象，當發揚美德，使各陰爻均前來親附，故得無咎。或曰「後夫」指上六。

【語　譯】比卦象徵親比，親密相依則獲吉祥。在上者應當研究情況，作出決斷，發揚長久貞正的美德，必無禍害。不獲安寧者多方前來親比依附，後來的人將致凶險。

〈彖〉曰：比，吉也；比，輔也，下❶順從也。原筮，元永貞，无咎，以剛中❷也。不寧方來，上下❸應也。後夫凶，其道窮❹也。

【章　旨】此〈彖〉辭闡釋比卦卦辭的卦象及其親比之道。

【注　釋】❶下　指初、二、三、四諸陰爻。❷剛中　指九五爻以陽剛居上卦之中。❸上下　指九五爻與諸陰爻。❹其道窮　指上六爻處比卦之終極，親比之道已達窮盡。

【語　譯】〈彖傳〉說：親比，必獲吉祥；親比，是輔助的意思，意指在下者對上能順從親附。卦辭言「研究情況，作出決斷，發揚長久貞正的美德，必無禍害」，是因為在上者剛健持中。言「不獲安寧者多方前來親比依附」，是說在上者和在下者能相互應合。言「後來的人將致凶險」，是說親比之道已經到了窮途末路。

〈象〉曰：地上有水❶，比；先王以建萬國，親❷諸侯。

【章旨】此〈象〉辭指出親比對於立國治天下的重要作用。

【注釋】❶地上有水　比卦下坤為地，上坎為水，為「地上有水」之象。❷親　親附，用如動詞。

【語譯】〈象傳〉說：大地之上有水，兩者親密無間，這就是親比的象徵；先王憑此分封宗室功臣而建立萬國，使諸侯親附。

初六，有孚❶比之❷，无咎。有孚盈缶❸，終來❹有它吉❺。

【章旨】此爻言誠心親比於上，終得大吉。

【注釋】❶有孚　心懷誠信。❷之　指九五爻，喻在上者。❸盈缶　充滿瓦缸。此言誠信積累之豐。❹終來　猶言後來、最終。❺它吉　其他的吉慶。猶「餘慶」。案：此爻為親比之初，且距九五爻最遠，但能充滿誠信，積極親比於上，最後可獲吉祥。

【語譯】比卦的初爻，象徵親比之始，心懷誠信親比於上，必無禍害。如果誠信的積累充沛，就像雨水充滿了瓦缸，最後必將有其他的吉慶。

〈象〉曰：比之初六，有它吉也。

【章旨】此則〈小象傳〉解釋初六爻象。

【語譯】〈象傳〉說：比卦的初六爻，將有其他的吉慶。

六二，比之自內❶，貞吉。

【章旨】此爻言從內部親比於上，可獲吉祥。

【注釋】❶內 內部。案：此爻居內卦之中，得中得正，上與九五有應，故得吉祥。

【語譯】比卦的第二爻，象徵從內部親比於上，保持貞正可獲吉祥。

〈象〉曰：比之自內，不自失❶也。

【章旨】此則〈小象傳〉解釋六二爻象。

【注釋】❶自失 自犯過失。《尚氏學》謂失同「佚」，言自內親比於上，不敢安逸。

【語譯】〈象傳〉說：六二爻辭言「從內部親比於上」，是說不曾自犯過失。

六三，比之匪人❶。

【章旨】此爻言不可親比不該親近的人。

【注釋】❶匪人　不該親比的人。匪，通「非」。案：此爻以陰居陽位，失位無應，處下卦之上，有盲目親比之象。爻辭雖未明吉凶，其告誡之意卻顯而易見。《本義》云：「陰柔不中正，承乘皆陰，所比皆非其人之象，其占大凶，不言可知。」

【語譯】比卦的第三爻，象徵親比了不該親比的人。

《象》曰：比之匪人，不亦傷乎？

【章旨】此則〈小象傳〉解釋六三爻象。

【語譯】〈象傳〉說：六三爻辭言「親比不該親比的人」，這不是很可悲嗎？

六四，外比之❶，貞吉。

【章旨】此爻言從外親比於上，可獲吉祥。

【注釋】❶外比之　指六四爻居於外卦，陰柔得正，上承九五，故有外比得吉之象。

【語譯】比卦的第四爻，象徵從外親比於上，保持貞正可獲吉祥。

〈象〉曰：外比於賢❶，以從上也。

【章旨】此則〈小象傳〉解釋六四爻象。

【注釋】❶賢　賢君。指九五。

【語譯】〈象傳〉說：在外親比於賢君，是說能順從長上。

九五，顯比❶，王用三驅❷，失前禽❸，邑人❹不誡❺，吉。

【章旨】此爻言君主光明無私的親比之道。

【注釋】❶顯比　光明無私地親比。顯，光明。此言九五爻以陽剛居中，處比卦之君位，有與眾爻光明無私地親比之象。❷三驅　指圍獵中三方驅圍而網開一面，比喻願來親比者接受，不願親比者任其離去，不加強制。此正體現了順其自然、光明無私的親比之道。❸前禽　前方的禽獸。❹邑人　指九五爻的屬下。❺誡　警告。案：邑人不加警告，說明九五的部屬亦了解網開一面的意義。

【語譯】比卦的第五爻，象徵君主光明無私的親比，就像君王圍獵時驅圍三方、網開一面，聽任前方的禽獸離去一樣，親比與否聽其自然，君王的部屬亦不加警告，必定吉祥。

〈象〉曰：顯比之吉，位正中也；舍逆❶取順❷，失前禽也；邑人不誡，上使中❸也。

【章旨】此則〈小象傳〉解釋九五爻象。

【注釋】❶逆　違逆。指不願與君主親比的人。❷順　順從。指願意與君主親比的人。❸使中　使其下屬保持中道。

【語譯】〈象傳〉說：九五爻辭言「光明無私地親比可獲吉祥」，是因為君主居位端正適中；捨棄違逆的人，得到順從的人，就像「聽任前方的禽獸離去」一樣；言「君王的部屬不加警戒」，說明君主能使下屬保持中道。

上六，比之无首❶，凶。

【章旨】此爻言親比而不積極，將致凶險。

【注釋】❶无首　猶言不領先。案：此爻居比卦之終，親比的態度不積極，親比之道已窮，故有凶。上六即卦辭所言之「後夫」。

【語譯】比卦的上爻，象徵不能及早親比於人，將致凶險。

〈象〉曰：比之无首，无所終也。

【章旨】此則〈小象傳〉解釋上六爻象。

【語譯】〈象傳〉說：上六爻辭言「不能及早親比於人」，是說這樣一定不會有好結果。

小畜卦第九

【卦旨】此卦卦名「小畜」，義為小有畜養，揭示事物發展過程中，處於輔助、低下的一方，在一定範圍之內，對處於主導、長上一方的畜養的道理。

䷈　小畜❶，亨；密雲不雨❷，自我❸西郊❹。

【章旨】此卦辭言小畜之道須控制在適宜的範圍之內。

【注　釋】❶小畜　卦名。下卦為乾，上卦為巽。詞義為畜養、蓄止、蓄聚。「小」者，為陰、為下，亦為大小之小。本卦六四爻以唯一之陰爻而居五陽爻之間，乃為主爻，其象為以陰畜陽、以下畜上、以小畜大。《周易》中陽健為主，陰柔為輔，陰畜陽，輔畜主，其道畢竟有限，故云小畜。❷密雲不雨　此卦下乾為天、上巽為風，風吹雲聚，故有天畜密雲之象；然此雲來自西郊，西為陰方，陰動陽靜，陰先陽偶，不順不和，故雖有雲而不降雨。此以密雲不雨比喻以陰畜陽的基本狀況：聚雲則順，為雨則違；作為輔助，祇能給主導方面提供適當的條件（密雲），而最終的決策或結局（雨），則須由主導即陽剛去決定。這正是「小畜」的道理。❸我　指主爻六四。❹西郊　城西郊外。西為陰方。

【語　譯】〈小畜〉卦象徵小有畜養，亨通；雲氣從西郊外湧來密集，卻不降雨。

〈彖〉曰：小畜，柔得位而上下應之❶，曰小畜。健而巽❷，剛中而志行❸，乃亨。密雲不雨，尚往❹也；自我西郊，施未行❺也。

【章　旨】此〈彖〉辭闡釋小畜卦的卦象、爻象及其義理。

【注　釋】❶柔得位而上下應之　指六四爻以陰居第四爻，且與上下諸陽爻有應，故曰得位而有應。❷健而巽　指下卦乾健和上卦巽順。❸剛中而志行　剛中，指九二與九五以陽剛居下卦、上卦之中。志行，指志向的施行。❹尚往　指陽氣尚在發展上行。❺施未行　指陽與陰的交合始施而未暢行。

【語　譯】〈彖傳〉說：小有畜養，是因陰柔得其位而且上下陽剛與它應合，所以說小有畜養。

小畜卦下剛健而上謙順，陽剛居中而志向將能實行，所以說「亨通」。卦辭言「濃雲密集卻不降雨」，是說陽氣尚在發展上行；言「雲氣從我方城西郊湧來」，是說陽與陰的交合剛剛施展而未暢行。

〈象〉曰：風行天上❶，小畜；君子以懿❷文德。

【章　旨】此〈象〉辭勉勵君子效法小畜卦象，美化文德。

【注　釋】❶風行天上　小畜卦下乾為天，上巽為風，為「風行天上」之象。❷懿　美而善。用如動詞。
案：此卦風行天上的原始卦象，有文彩煥美的含義，故〈大象〉勉君子效之以懿文德。

【語　譯】〈象傳〉說：風在天上運行，這就是小有畜養的象徵；君子應當效此而美化人文德業。

初九，復❶自道❷，何其咎？吉。

【章　旨】此爻言不靠畜養而復返自身，可免禍獲吉。

【注　釋】❶復　復返。❷道　指下乾的天道，亦即陽剛之道。案：此爻以陽剛居小畜卦的初爻，與六四有應，為被六四畜養之象，但此爻初動，陽氣不足，中有二、三爻相隔，畜養難得；且陽為陰所畜養，終不可大成，唯有復返於天道，依靠自身陽剛的力量，方能獲吉。

【語　譯】小畜卦的初爻，象徵不靠畜養而復返自身的陽剛之道，有什麼禍害呢？必獲吉祥。

〈象〉曰：復自道，其義❶吉也。

【章　旨】此則〈小象傳〉解釋初九爻象。

【注　釋】❶義　合宜。指復返自身之道的做法合宜。

【語　譯】〈象傳〉說：初九爻辭言「復返自身的陽剛之道」，是說這種做法合宜，故獲吉祥。

九二，牽❶復，吉。

【章　旨】此爻言受初九的影響而復返自身，獲吉。

【注　釋】❶牽　牽連；影響。案：本爻以陽剛居下卦之中，本欲上行接受六四的畜養，但因相鄰之爻初九的影響而亦復返自身陽剛之道。

【語　譯】小畜卦的第二爻，象徵受影響而復返自身的陽剛之道，可獲吉祥。

〈象〉曰：牽復在中❶，亦不自失❷也。

【章　旨】此則〈小象傳〉解釋九二爻象。

【注　釋】❶中　指九二居下卦之中。❷不自失　不失去自身的陽剛之道。

【語　譯】〈象傳〉說：九二爻辭言「受影響而復返陽剛之道」，居守中位，說明也沒有喪失自身的立場。

九三，輿說輻❶，夫妻反目❷。

【章　旨】此爻言接受畜養，不靠自身力量，必致反目。

【注　釋】❶輿說輻　車輪與輻條相脫離。說，通「脫」。❷反目　反目相視。指衝突乖戾。案：此爻居下卦之上，本多憂虞之兆，且比近六四，乃為其所畜養，兩者構成「輿輻」、「夫妻」的關係，但九三處六四之下，仰承畜養而受其所制，終將造成脫離、反目的結局。又案：下乾三陽爻均有不宜受畜養之象，原因在於：此三爻均處六四之下，陽剛若喪失其主導地位而依靠陰柔的畜養，則失「小畜」之道，此時宜自畜陽德，歸依自身的力量；而一旦陽德充沛，居六四之上（如九五），以主導者的身分接受其輔助性的畜養，則合「小畜」之道而吉祥了。這裡充分表現了《周易》尊陽抑陰的思想。

【語　譯】小畜卦的第三爻，象徵完全接受畜養，其結局將猶如車輪與車輻相脫離，丈夫與妻子相離異。

〈象〉曰：夫妻反目，不能正❶室也。

【章旨】此則〈小象傳〉解釋九三爻象。

【注釋】❶正　規正，用如動詞。

【語譯】〈象傳〉說：九三爻辭言「夫妻反目離異」，是說缺乏能力規正其妻室。

六四，有孚，血去❶惕出❷，无咎。

【章旨】此爻言心懷誠信以畜養長上，可免禍害。

【注釋】❶血去　從血泊中離開。指脫離危險。❷惕出　從憂懼中脫出。案：此爻以陰居四位，凌乘下乾三陽，且上比九五，猶臣之伴君，唯誠信畜養長上，避免犯陽之過，纔能合於「小畜」之道，脫離險禍。

【語譯】小畜卦的第四爻，象徵心懷誠信以畜養長上，如此將脫離危險，掃除憂懼，免遭禍害。

〈象〉曰：有孚惕出，上❶合志也。

【章　旨】此則〈小象傳〉解釋六四爻象。

【注　釋】❶上　指九五爻。

【語　譯】〈象傳〉說：六四爻辭言「心懷誠信則可免除憂懼」，是說這樣能與長上的心意相合。

九五，有孚❶攣如❷，富以❸其鄰❹。

【章　旨】此爻言君主應當對下報以誠信，並同享富貴。

【注　釋】❶有孚　指對六四的誠心畜養報以誠信。❷攣如　牽繫之狀。如，語尾助詞，無義。此言九五與六四誠信相連。❸以　與。❹鄰　指六四。案：此爻為君位，得中得正，位尊陽盛，有高居於上而俯受六四輔助畜養之象，此為「小畜」的最佳狀況，能受其畜養而不受其制約，而陰陽亦得以完美和合，共享富貴。

【語　譯】小畜卦的第五爻，象徵君主對臣屬的誠心畜養報以誠信，彼此誠心相連，與其近鄰共享富貴。

〈象〉曰：有孚攣如，不獨富也。

【章　旨】此則〈小象傳〉解釋九五爻象。

【語　譯】〈象傳〉說：九五爻辭言「君主與臣屬彼此誠心相連」，是說他不獨享富貴。

上九，既雨❶既處❷，尚德載❸；婦貞厲❹，月幾望❺；君子征❻凶。

【章　旨】此爻言「小畜」之道已達終極，君子當積德載物，不可輕率行動。

【注　釋】❶既雨　已經下雨。❷處　止；停止。❸尚德載　重視積德載物。❹貞厲　保持貞正以防危險。❺幾望　接近月圓。幾，接近。望，陰曆十五日。❻征　行動。案：此爻義可從三層來理解。「小畜」義主密雲不雨，至上九「既雨」，則為「小畜」之道已窮盡之象，此時上九雖居六四之上，仍不宜依靠陰柔的畜養，而當立足自身，以陽德載物，這是第一層；月幾望，為陰氣即將極盛之象，婦亦陰，此戒陰不可盛滿，小有畜養，不能超越範圍，這是第二層；處此上九「小畜」終極之時，君子不可輕率行動，這是第三層。

【語　譯】小畜卦的上爻，象徵「小畜」之道已達終極，就像雲氣密集已經降雨，畜養已經可以停止，此時應當重視積德載物；婦人須保持貞正以防危險，如同月亮將圓而不過於盈滿；此時君子如輕率行動，必致凶險。

〈象〉曰：既雨既處，德積載也；君子征凶，有所疑❶也。

【章旨】此則〈小象傳〉解釋上九爻象。

【注釋】❶疑 疑忌。

【語譯】〈象傳〉說：上九爻辭言「密雲已降雨，畜養已停止」，是說君子應當積德載物；言「君子如輕率行動必致凶險」，是說盲目進取將引起別人的疑忌。

履卦第十

【卦旨】此卦卦名「履」，義為履踐、行走，揭示為人處世必須小心謹慎、循禮而動，方能免危無害的道理。其中體現了「如臨深淵，如履薄冰」的傳統行為準則。

䷉ 履❶，履虎尾❷，不咥❸人，亨。

【章旨】此卦辭言循禮而行，雖危可通。

【注釋】❶履 卦名。下卦為兌，上卦為乾。詞義為履踐、行走。又引申為行為的準則與儀禮，故《爾雅·釋言》曰：「履，禮也。」案：阮刻本《周易正義》中無此「履」字，當為後人傳寫所脫，觀〈彖〉

辭可知，故此補上。❷履虎尾　行走在老虎尾巴之後。❸咥　咬。案：此卦上乾為純陽，赫赫剛健，故有虎之象；又上乾為陽，下兌為陰，陰下陽上，合於《周易》陽陰尊卑之義。故下兌以陰緊隨上乾純陽之後，能遵循尊卑之禮，守其柔順之道，乃得如履虎尾行而不為虎所傷，雖危無害，可致亨通。

【語　譯】履卦象徵履踐、行走，在老虎尾巴之後小心謹慎地行走，虎也不咬人，亨通。

〈彖〉曰：履，柔履剛❶也；說❷而應乎乾❸，是以履虎尾，不咥人，亨。剛中正❹，履帝位❺而不疚❻，光❼明也。

【章　旨】此〈彖〉辭闡釋履卦的卦辭、卦象及其義理。

【注　釋】❶柔履剛　指下兌以陰柔而追隨於上乾陽剛之後。或曰柔指六三。❷說　同「悅」。下卦兌為悅。或曰此指六三，六三為此卦主爻，且與上九有應。❸乾　指上卦乾。❹剛中正　指九五爻以陽剛居五，得中得正。❺帝位　指九五居君位。❻疚　慚愧。❼光　廣博。

【語　譯】〈彖傳〉說：履踐，意思是柔順者追隨於強健者之後小心謹慎地行走；以和悅去應合居於上位的強健者，所以〈彖〉辭說「在老虎尾巴之後小心謹慎地行走，虎也不咬人，亨通」。而強健者能夠持中守正，即使踐履天子之位也不必內心慚愧，因為他具有廣博昭明的德性。

〈象〉曰：上天下澤❶，履；君子以辯❷上下，定❸民志。

【章旨】此〈象〉辭勉勵君子辨別名分，定正民志。

【注釋】❶上天下澤　履卦下兌為澤，上乾為天，為「上天下澤」之象。❷辯　通「辨」。辨別。❸定　定正。案：此卦天在上、澤在下的卦象，合於上下尊卑自然之理，故引申為人的行為應當遵循的準則禮儀。

【語譯】〈象傳〉說：天在上澤在下，這就是行為合禮的象徵；君子效此而辨別尊卑上下，安定百姓的心志。

初九，素❶履，往无咎。

【章旨】此爻言以樸實的態度行事，必無禍害。

【注釋】❶素　樸實。案：此爻居履卦之初，須守其卑下樸實之禮以行事，方得無咎。

【語譯】履卦的初爻，象徵樸實地踐履行事，向前邁進而無所禍害。

〈象〉曰：素履之往，獨❶行願❷也。

【章旨】此則〈小象傳〉解釋初九爻象。

【注釋】❶獨　專一。❷願　指樸實行事的意願。

【語譯】〈象傳〉說：初九爻辭言「樸實地踐履行事而向前邁進」，是說能專一地奉行自己的意願。

九二，履道❶坦坦❷，幽人❸貞吉。

【章旨】此爻言以幽靜平淡的態度行事，可獲吉祥。

【注釋】❶道　道路。❷坦坦　寬闊平坦。❸幽人　指幽靜恬淡、不汲汲於功名的人。

【語譯】履卦的第二爻，象徵在寬闊平坦的大道上行走，幽靜恬淡的人保持貞正可獲吉祥。

〈象〉曰：幽人貞吉，中❶不自亂也。

【章旨】此則〈小象傳〉解釋九二爻象。

【注釋】❶中　指九二居下卦之中。

【語譯】〈象傳〉說：九二爻辭言「幽靜恬淡的人保持貞正可獲吉祥」，是說能持中不偏而不自亂心志。

六三，眇❶能視，跛能履，履虎尾，咥人，凶。武人❷為于大君❸。

【章　旨】此爻言不自量力而妄為盲動，必致凶險。

【注　釋】❶眇　瞎一隻眼。此處指瞎眼。❷武人　指僅有武力而缺乏美德的人。❸大君　偉大的君王。案：此爻為下卦之上爻，以陰居二陽之上，失中失正，有暴烈妄行、不自量力之象，故爻辭以眇、跛、咥人等為喻，以明其行事乖戾，必招凶險。

【語　譯】履卦的第三爻，象徵不自量力而盲目踐履行事，就像眼瞎了希望能看見、腿瘸了希望能走路、走在老虎尾巴之後而被咬傷一樣，必致凶險。這也像僅有武力而缺乏美德的人卻想成為偉大的君主一樣。

〈象〉曰：眇能視，不足以有明也；跛能履，不足以與行也；咥人之凶，位不當❶也；武人為于大君，志剛❷也。

【章　旨】此則〈小象傳〉解釋六三爻象。

【注　釋】❶位不當　指六三以陰居陽位。❷志剛　指六三陰居陽位。心志太過剛烈。

【語　譯】〈象傳〉說：六三爻辭言「眼瞎了卻希望能看見」，是說實際上缺乏足夠的目力；言「腿瘸了卻希望能走路」，是說實際上不足以遠行；言「猛虎咬人的凶險」，是說六三所居之位不適當；言「僅有武力而缺乏美德的人卻想成為偉大的君主」，是說六三的心志太過剛烈。

九四，履虎尾，愬愬❶，終吉。

【章　旨】此爻言以恐懼謹慎的態度行事，終可獲吉。

【注　釋】❶愬愬　恐懼謹慎的樣子。案：此爻居履上卦之始，不得位而近於君，故有「履虎尾」之危，但九四以陽居陰位，能柔順小心地行事，終可獲吉。

【語　譯】履卦的第四爻，象徵在危險中踐履行事，就像走在老虎尾巴之後一樣，但祇要保持恐懼謹慎的心理，最後將獲吉祥。

〈象〉曰：愬愬終吉，志行也。

【章　旨】此則〈小象傳〉解釋九四爻象。

【語　譯】〈象傳〉說：九四爻辭言「恐懼謹慎地行事，終獲吉祥」，是說他的志向可以實現。

九五，夬❶履，貞厲。

【章　旨】此爻言以果決貞正的態度行事，可免危厲。

【注　釋】❶夬　果決；果斷。案：此爻以陽剛居於君位，得中得正，剛健充沛，故可大膽果決地行事；然九五以剛居剛，有剛烈自負之象，爻辭乃戒其守持貞正，不可剛愎自用。

【語　譯】履卦的第五爻，象徵大膽果決地踐履行事，守持貞正，可免危厲。

〈象〉曰：夬履貞厲，位正當❶也。

【章　旨】此則〈小象傳〉解釋九五爻象。

【注　釋】❶位正當　指九五以陽爻居陽位，得正適當。

【語　譯】〈象傳〉說：九五爻辭言「果決地踐履行事，守持貞正，可免危厲」，是因為居位得正適當。

上九，視履❶考祥❷，其旋❸元吉。

【章　旨】此爻言總結經驗，當返歸初始，以樸實的態度行事，如此可獲大吉。

【注　釋】❶視履　回顧整個履卦各爻的現象。❷考祥　考察禍福得失的徵祥。考，考察。祥，吉凶的徵兆。❸旋　指旋轉而返歸起點的初爻。案：此爻居履卦之終，陽居陰位，能冷靜地總結全卦各爻的得失，而以返歸初爻「素履」為最佳。其中明顯地反映了《周易》力戒滿盈過甚的思想和由起點到極點，再由極點返歸起點此一物極必反的循環變化觀念。

【語　譯】履卦的上爻，象徵回顧踐履之道、考察各爻得失的徵祥之後，決定返歸初始，以樸實的態度行事，如此則可獲大吉。

〈象〉曰：元吉在上，大有慶也。

【章　旨】此則〈小象傳〉解釋上九爻象。

【語　譯】〈象傳〉說：得到大吉，高居上位，說明他大有吉慶。

泰卦第十一

【卦　旨】此卦卦名「泰」，義為通泰，揭示事物的各個方面由於相互的交通應合而走向亨通的道理，以及陰陽對待、物極必反、泰極否來的哲理。

䷊ 泰❶，小往❷大來❸，吉，亨。

【章　旨】此卦辭言陰往陽來互相應合，可致亨通。

【注　釋】❶泰　卦名。下卦為乾，上卦為坤。詞義為通泰。❷小往　指坤居外卦，坤為陰、為小。❸大來　指乾居內卦，乾為陽、為大。案：此卦乾天在下而坤地在上，似乎有背常理，然從變化運動的角度看，陰陽互變是常有的現象，坤陰由下而往，乾陽自上而來，故卦辭言「小往大來」。而正是在這種陰陽往來、天地相盪的溝通之中，實現了本卦所象徵的通泰之道。

【語　譯】泰卦象徵通泰，柔小者由下而往，剛大者自上而來，吉祥，亨通。

〈彖〉曰：泰，小往大來，吉，亨。則是天地交❶而萬物通也，上下交❷而其志同也。內陽❸而外陰❹，內健而外順，內君子而外小人；君子道長❺，小人道消❻也。

【章　旨】此〈彖〉辭闡釋泰卦卦辭、卦象及其天地交泰的義理。

【注　釋】❶天地交　指泰卦下乾與上坤相交合。❷上下交　與「天地交」義同。❸內陽　泰卦內卦為乾陽。以下「內健」、「內君子」均指此。❹外陰　泰卦外卦為坤陰。以下「外順」、「外小人」均指此。❺長　增長。❻消　消損。

【語　譯】〈彖傳〉說：卦辭言「通泰，柔小者由下而往，剛大者自上而來，吉祥，亨通」，這是說天地相互交合而萬物生長暢通，上下相互交合而人們的志向協同。也就是說：陽剛者居內而陰柔者居外，強健者居內而柔順者居外，君子居內而小人居外；此時君子之道逐漸增長，而小人之道逐漸消損。

〈象〉曰：天地❶交，泰；后❷以財❸成天地之道，輔相❹天地之宜❺，以左右❻民。

【章　旨】此〈象〉辭勉勵君主效法泰之卦德，治國安民。

【注釋】❶天地　指泰卦下乾為天，上坤為地。❷后　君主。❸財　通「裁」。原義為剪裁衣服，這裡指安排。❹輔相　輔助。相，扶持；輔佐。❺宜　適當。❻左右　猶言調理。或曰為「佐佑」，保育的意思，亦通。

【語譯】〈象傳〉說：天地交感應合，這就是通泰的象徵；君主應當效此而裁成天地寒暑生殺的常道，輔助天地化育萬物的正理，以調理天下百姓。

初九，拔茅❶茹❷，以❸其彙❹，征❺吉。

【章旨】此爻言與同類相交前行，可獲通泰。

【注釋】❶茅　茅草。❷茹　柔軟的根相牽連。❸以　與。❹彙　同類相聚。❺征　前行。案：此爻以陽居初位，陽氣未盛，且為通泰之始，故以茅草之根相連為喻，說明初爻當與二、三兩陽爻協同前行，方可通泰而無往不利。

【語譯】泰卦的初爻，象徵與同類相交前行，就像拔起茅草，它們的根互相牽連一樣，與其同類總是聚集在一起，如此前往，必致通泰吉祥。

〈象〉曰：拔茅征吉，志在外❶也。

【章　旨】此則〈小象傳〉解釋初九爻象。

【注　釋】❶志在外　指初九的志向在於向外發展。

【語　譯】〈象傳〉說：初九爻辭言「拔起茅草根相連，與同類前行可獲吉祥」，是說他的志向在於向外發展。

九二，包❶荒❷，用馮❸河；不遐遺❹，朋亡❺，得❻尚❼于中行❽。

【章　旨】此爻言胸懷廣闊，守持中道，可越險獲通泰。

【注　釋】❶包　包含；包容。❷荒　極遠大。❸馮　通「淜」。涉越；渡過。此處以渡河比喻跨越險阻。❹不遐遺　即不遺遐。指心胸廣大，不遺棄遠方的人。遐，遠也。❺朋亡　指不結交朋黨。亡，同「無」。❻得　能夠。❼尚　重視。❽中行　指九二爻居下卦之中。案：此爻以陽剛居下卦之中，上與五有應，剛健充沛，處通泰之盛時，故有心胸開闊，既不遺棄遠者，又不結黨偏私的中庸美德。

【語　譯】泰卦的第二爻，象徵胸懷廣闊，如同天地能包容八荒，因此能涉越險阻，獲得通泰；既不遺棄遠方的人，也不結黨偏私，能夠重視行為的適中。

〈象〉曰：包荒，得尚于中行，以光❶大也。

【章　旨】此則〈小象傳〉解釋九二爻象。

【注　釋】❶光　廣博。

【語　譯】〈象傳〉說：九二爻辭言「如同天地包容八荒」，「能夠重視行為的適中」，是說他有廣大的胸襟。

九三，无平不陂❶，无往不復❷；艱貞❸，无咎；勿恤❹其孚❺，于食❻有福。

【章　旨】此爻言通泰可以轉化為閉塞，唯有保持貞正與誠信，才能免禍而獲得食祿。

【注　釋】❶陂　斜坡。❷復　返回。❸艱貞　在艱難中保持貞正。❹恤　憐惜；憂慮。❺其孚　保持他的誠信。❻食　食祿。案：此爻居下乾之終，陽剛達到極盛，盛極必衰，開始向上坤轉化，處於此上下卦的轉折點，應當充分認識通泰將逐漸走向閉塞的趨向，故爻辭以「无平不陂，无往不復」比喻泰否相互轉化的規律，並告誡艱而貞正，守其誠信，以保通泰。

【語　譯】泰卦的第三爻，象徵通泰即將轉化為閉塞，就像平地不可能沒有斜坡，過往者不可能沒有返回一樣；在艱難中保持貞正，可免禍害；不要過於憂慮，祇要保持誠信，自然會得到食祿而有福慶。

〈象〉曰：无往不復，天地際❶也。

【章　旨】此則〈小象傳〉解釋九三爻象。

【注　釋】❶天地際　指九三居下乾之終、上坤之下，猶如處於天與地之間。

【語　譯】〈象傳〉說：九三爻辭言「過往的事物不可能沒有返回」，是因為九三處於天與地之間。

六四，翩翩❶，不富以其鄰❷，不戒❸以孚。

【章　旨】此爻言通泰轉化之際，當不求富貴而保誠信。

【注　釋】❶翩翩　鳥飛翔之狀。此言六四翩飛下降，以與初九溝通相應而求泰。❷不富以其鄰　不與其鄰爭求富貴。鄰，指六五。❸不戒　無須告誡。案：此爻以陰居上卦之初，陽剛變為陰柔，通泰之道開始衰落，此時當不求與六五同得富貴，而要保其柔順之性，下求與初九的應合，自保其誠信之心。

【語　譯】泰卦的第四爻，象徵翩翩向下以求通泰，不與其鄰居爭求富貴，無須告誡也要自存誠信。

〈象〉曰：翩翩不富，皆失實❶也；不戒以孚，中心願❷也。

【章　旨】此則〈小象傳〉解釋六四爻象。

【注　釋】❶失實　失去殷實。因《周易》中以陰虛為不富，故稱。❷中心願　內心的願望。

【語　譯】〈象傳〉說：六四爻辭言「翩翩向下而不求富貴」，是說殷實都已失去；言「無須告誡也要自存誠信」，是說內心要有這樣的意願。

六五，帝乙❶歸妹❷，以祉❸元吉。

【章　旨】此爻言以尊貴之位而下求賢者，可得大吉。

【注　釋】❶帝乙　商紂王之父。❷歸妹　猶言嫁女。歸，女子出嫁。妹，少女之稱。❸祉　福，此處用如動詞。案：此爻居尊位，乃以古代帝王之女出嫁，比喻六五下應九二之爻，兩爻陰陽相應，上下交通，為通泰至美之象。

【語　譯】泰卦的第五爻，象徵尊貴者下應賢者以求通泰，就像帝乙下嫁其女一樣，因此而得到福澤，大獲吉祥。

〈象〉曰：以祉元吉，中❶以行願也。

【章　旨】此則〈小象傳〉解釋六五爻象。

【注　釋】❶中　指六五爻居上卦之中。

【語　譯】〈象傳〉說：六五爻辭言「因此而得到福澤，大獲吉祥」，是說六五居中不偏，並能實現求賢的意願。

上六，城復❶于隍❷，勿用師❸，自邑❹告命❺，貞吝。

【章　旨】此爻言泰極否來，當弭兵省誥，以防憾惜。

【注　釋】❶復　通「覆」。崩塌。❷隍　城池。即護城河。❸師　軍隊。❹邑　減損。❺告命　誥命；訓誥政令。案：此爻居泰卦最上位，泰極而否來，故以「城復于隍」喻之。此時不可妄動，唯謹慎自守，方可不致憾惜。

【語　譯】泰卦的上爻，象徵泰極否來，就像城牆崩塌於護城河中，此時不可動用軍隊，應自行減省訓誥政令，守持貞正以防更大的憾惜。

〈象〉曰：城復于隍，其命亂矣。

【章旨】此則〈小象傳〉解釋上六爻象。

【語譯】〈象傳〉說：上六爻辭言「城牆崩塌於護城河中」，是說政令已經陷入混亂。

否卦第十二

【卦旨】此卦卦名「否」，義為閉阻，揭示上下不交、陰陽不合，事物處於閉阻不通的情況下，如何應對自保的道理，以及否極必然泰來的發展規律。

䷋ 否❶，否之匪人❷，不利君子貞❸，大往❹小來❺。

【章旨】此卦辭言陰陽不交而形成不利於君子正道的閉阻不通局面。

【注釋】❶否　卦名。下卦為坤，上卦為乾。詞義為閉阻不通。案：阮刻本《周易正義》中無此「否」字，或謂後人傳寫所脫，觀〈象〉辭可知，故此補上。❷否之匪人　即否之於匪人，指不應當閉阻的人卻遭到閉阻。匪，通「非」。❸不利君子貞　指閉阻不利於君子的正道。❹大往　指乾居外卦，乾為陽、為大。❺小來　指坤居內卦，坤為陰、為小。案：此卦坤地在下而乾天在上，似乎正合常理，然陽向上而往，陰向下而來，兩相背離，不能相交，造成閉塞不通，猶如自然界萬物不能順利生長，人事上君臣不能相互溝通等等。然而，在《周易》中，泰、否也不是絕對的，泰卦未必全吉，否卦未必全凶。祇要自守貞正、適時適位，否時可泰，反之則泰時亦可否。此中道理讀者當自留意。

【語　譯】否卦象徵閉阻，不應閉阻者卻遭到閉阻，這不利於君子的正道，剛大者向上而往，柔小者向下而來。

〈彖〉曰：否之匪人，不利君子貞，大往小來。則是天地不交❶而萬物不通也，上下不交❷而天下无邦也。內陰❸而外陽❹，內柔而外剛，內小人而外君子；小人道長，君子道消也。

【章　旨】此〈彖〉辭闡釋否卦卦辭、卦象及天地、上下不通而造成閉阻的道理。

【注　釋】❶天地不交　指否卦上乾與下坤相背離。❷上下不交　與「天地不交」義同。❸內陰　否卦的內卦為坤陰。以下「內柔」、「內小人」均指此。❹外陽　否卦的外卦為乾陽。以下「外剛」、「外君子」均指此。

【語　譯】〈彖傳〉說：卦辭言「不應閉阻者卻遭到閉阻，這不利於君子的正道，剛大者向上而往，柔小者向下而來」，這是說天地不相互交合而萬物生長不暢通，上下不相互交合而天下不成邦國。也就是說：陰柔者居內而陽剛者居外，柔順者居內而強健者居外，小人居內而君子居外；此時小人之道逐漸增長，而君子之道逐漸消損。

〈象〉曰：天地不交，否；君子以儉德辟❶難，不可榮以祿❷。

【章旨】此〈象〉辭勉勵君子以儉德避難，不求榮祿。

【注釋】❶辟　通「避」。❷榮以祿　求榮謀祿。榮、祿，均用如動詞。

【語譯】〈象傳〉說：天地不交感應合，這就是閉阻的象徵；此時君子應當以節儉之德避開危難，而不可追求榮華，謀取利祿。

初六，拔茅茹，以其彙❶，貞吉，亨。

【章旨】此爻言與同類共守貞正，可免閉阻而得通泰。

【注釋】❶拔茅茹以其彙　此兩句注釋與泰卦初九爻相同。案：此爻取象與得吉均與泰卦初九同，其內涵卻有所區別：彼處泰之始，此居否之初，此其一；彼同類者為三陽，均強健者，此同類者為三陰，均柔弱者，此其二；彼主上進發展而得通，此主退處自守而得吉，此其三。

【語　譯】否卦的初爻，象徵與同類共守貞正，就像拔起茅草，它們的根互相牽連一樣，與其同類總是聚集在一起，這樣守持貞正，可獲吉祥，亨通。

〈象〉曰：拔茅貞吉，志在君也。

【章　旨】此則〈小象傳〉解釋初六爻象。

【語　譯】〈象傳〉說：初六爻辭言「拔起茅草根相連，與同類退守貞正，可獲吉祥」，是說他退守的心志是為了君上。

六二，包承❶。小人吉，大人否，亨。

【章　旨】此爻言包容下者、仰承尊者，可獲亨通。

【注　釋】❶包承　在下能包容初六與六三，向上能順承九五。案：此爻居下卦之中，以陰處陰位，與上則應於九五，故在此小人吉、大人否之時，能容下承上，漸獲亨通。

【語　譯】否卦的第二爻，象徵在小人吉祥、大人閉阻的情形下，能夠包容卑下者，順承尊者，如此則可漸漸變為亨通。

〈象〉曰：大人否，亨，不亂羣也。

【章　旨】此則〈小象傳〉解釋六二爻象。

【語　譯】〈象傳〉說：六二爻辭言「大人閉阻而漸獲亨通」，是說能夠不為羣小所亂。

六三，包❶羞❷。

【章　旨】此爻言倚仗尊者而妄為，終致羞辱。

【注　釋】❶包　包容。❷羞　羞辱。案：此爻處下卦之終，不中不正，然與上九有應，為尊者所包容，乃倚上而盲動妄為，終致羞辱。爻辭雖未明吉凶，而其結果可知也。

【語　譯】否卦的第三爻，象徵倚仗尊者的包容而盲動妄為，終致羞辱。

〈象〉曰：包羞，位不當❶也。

【章　旨】此則〈小象傳〉解釋六三爻象。

【注　釋】❶位不當　指六三以陰居三位，不中不正。

【語　譯】〈象傳〉說：六三爻辭言「倚仗尊者的包容而妄為，必致羞辱」，是因為它居位不正當。

九四，有命❶，无咎，疇❷離❸祉。

【章　旨】此爻言閉阻之道將轉，眾人依附將得福。

【注　釋】❶命　指扭轉閉阻之道的天命，或言九五的君命。❷疇　通「儔」。眾類。指下卦諸陰。❸離　依附。案：此爻居於下卦進入上卦之初，閉阻之道將有所扭轉，此天命所寄，故小人亦可依附之而獲福。

【語　譯】否卦的第四爻，象徵上天有命，閉阻之道將有所扭轉，沒有禍害，同類依順之亦將得福。

〈象〉曰：有命无咎，志行也。

【章　旨】此則〈小象傳〉解釋九四爻象。

【語　譯】〈象傳〉說：九四爻辭言「上天有命，閉阻之道將有所扭轉，沒有禍害」，是說他的志向將可實現。

九五，休❶否，大人吉；其亡❷其亡，繫❸于苞❹桑。

【章旨】此爻言閉阻之道已休止，但仍須不忘危亡。

【注釋】❶休　休止。❷其亡　或有危亡。為自警之辭。❸繫　繫結。❹苞　叢生。案：此爻以陽居五位，得中得正，故能休止閉阻的局面，乃為大人的事業。而處此休否轉泰之時，仍當不忘危亡，方能順利完成向泰的轉變。

【語譯】否卦的第五爻，象徵閉阻之道的休止，此時大人可獲吉祥，但要時時提醒自己：或有危亡，或有危亡，就能像繫結於叢生的桑樹一樣安泰。

〈象〉曰：大人之吉，位正當❶也。

【章旨】此則〈小象傳〉解釋九五爻象。

【注釋】❶位正當　指九五居中而得正。

【語譯】〈象傳〉說：九五爻辭言「大人可獲吉祥」，是因為九五居位中正得當。

上九，傾❶否，先否後喜。

【章旨】此爻言閉阻之道傾覆，將先否後喜。

【注釋】❶傾 傾覆。案：此爻居否卦的最上位，閉阻之道窮極而傾，故有先否後喜之象。

【語譯】否卦的上爻，象徵閉阻之道的傾覆，先前雖有閉阻，而後通泰喜樂。

〈象〉曰：否終則傾，何可長也！

【章旨】此則〈小象傳〉解釋上九爻象。

【語譯】〈象傳〉說：閉阻之道達到終極必將傾覆，怎麼可能保持長久呢！

同人卦第十三

【卦旨】此卦卦名「同人」，義為和同於人，揭示人與人之間應當保持一種和諧融洽的關係，而不要偏私偏愛，甚至互相攻訐爭鬥的道理，對中國傳統文化中的「大同」理想具有深刻影響。

䷌ 同人❶，同人于野❷，亨，利涉大川❸，利君子貞。

【章　旨】此卦辭言廣闊無私地和同於人，可得亨通。

【注　釋】❶同人　卦名。下卦為離，上卦為乾。詞義為和同於人、會同眾人。案：阮刻本《周易正義》中無此「同人」二字，或曰後人傳寫所脫，觀〈彖〉辭可知，故此補上。❷野　原野。此處以原野的無遮無攔與寬廣比喻和同於人的廣闊無私、光明磊落。❸利涉大川　涉越大河將有利。此處以涉川比喻涉越險阻。案：同人卦下離為火，上乾為天，火光明而向上，與天應，則為同人之象；又六二與九五有應，五陽共會一陰，亦為同人之象。

【語　譯】同人卦象徵和同於人，在廣闊無障的原野上和同於人，亨通，像渡過大河一樣涉越險阻將有利，君子守持貞正將有利。

〈彖〉曰：同人，柔得位得中而應乎乾❶，曰同人。同人曰：同人于野，亨，利涉大川。乾行❷也。文明❸以健❹，中正而應❺，君子正也。唯君子為能通❻天下之志。

【章　旨】此〈彖〉辭闡釋同人卦卦名、卦辭、卦象及其義理。

【注　釋】❶柔得位得中而應乎乾　指六二以陰居陰位，處下卦之中，且與九五爻同志相應。❷乾行　強健的乾道得以施行。因九五爻能下應六二而構成同人之象，使同人之道成立。❸文明　指下離為火，如文彩光明。❹健　指此卦上乾。❺中正而應　指六二、九五兩爻均得中得正，且相互有應。❻通　會通。

【語譯】〈彖傳〉說：所謂和同於人，是說陰柔者居於正位、守持中道而且能與陽剛者相應合，這就是和同於人。同人卦辭言「在廣闊無障的原野上和同於人，亨通，像渡過大河一樣涉越險阻將有利」，是說乾道的和同之心得以施行。文彩光明而又強健，守持中正而又相互應合，這是君子施行正道的表現。祇有正人君子纔能會通天下人的心志。

〈象〉曰：天與火❶，同人；君子以類族❷辨物❸。

【章旨】此〈象〉辭勉勵君子團結同類，辨別事物。

【注釋】❶天與火　指同人卦下離為火，上乾為天。❷類族　聚集同類而成族。❸辨物　辨別事物以求其可和同者。案：此〈大象〉以火性炎向上，與天之性相同來解釋「同人」的義理。

【語譯】〈象傳〉說：天與火接近，這就是和同於人的象徵；君子應當效此而團結同類，辨別事物以求可和同者。

初九，同人于門❶，无咎。

【章旨】此爻言和同身邊的人，可免禍害。

【注釋】❶門　門口。此以門口比喻生活於身邊的人。案：此爻居同人卦之始，與身邊的人保持一種和諧的關係，乃是「同人」之道的第一步。

【語譯】同人卦的初爻，象徵和同身邊的人，如此必無禍害。

〈象〉曰：出門同人，又誰咎也！

【語譯】〈象傳〉說：出門而和同身邊的人，誰又會有禍害呢？

【章旨】此則〈小象傳〉解釋初九爻象。

六二，同人于宗❶，吝。

【章旨】此爻言僅和同宗親之人，必致憾惜。

【注釋】❶宗　宗族；宗親。案：此爻為同人卦唯一之陰爻，五陽皆欲與之和同，但此爻與九五有應，為僅與親近者和同而缺乏廣闊胸襟之象；偏愛偏私，故曰吝。

【語譯】同人卦的第二爻，象徵僅與宗親之人和同，如此必致憾惜。

〈象〉曰：同人于宗，吝道也。

【章旨】此則〈小象傳〉解釋六二爻象。

【語譯】〈象傳〉說：六二爻辭言「僅與宗親之人和同」，這是導致憾惜的由來。

九三，伏戎❶于莽❷，升其高陵❸，三歲不興❹。

【章旨】此爻言與人和同當以順合，不可強爭。

【注釋】❶伏戎　埋伏軍隊。❷莽　草莽。❸高陵　高山。❹不興　不敢興兵爭戰。案：此卦唯六二爻一陰，五陽均欲與其和同，九三亦不例外，然六二與九五有應而親密，九三又居下卦之終，陽處陽位，性甚剛烈，故有與九五興兵爭鬥、強行與六二和同之象。但九三相對九五，力弱位卑，雖屢加窺視，終不敢興兵。

【語譯】同人卦的第三爻，象徵與尊者強爭和同之人，就像埋伏軍隊在草莽之間，又登上高山不斷窺視，但三年也不敢興兵交戰。

〈象〉曰：伏戎于莽，敵剛❶也；三歲不興，安行也。

【章　旨】此則〈小象傳〉解釋九三爻象。

【注　釋】❶剛　指九五以陽居尊位，剛健充盈。

【語　譯】〈象傳〉說：九三爻辭言「埋伏軍隊在草莽之間」，是說對手剛健充盈，太過強大；言「三年不敢興兵交戰」，是說它最後祇能採取安於本位的行動。

九四，乘❶其墉❷，弗克❸攻，吉。

【章　旨】此爻言強爭和同於人而能知過自退，可獲吉祥。

【注　釋】❶乘　登上。❷墉　城牆。❸弗克　不能。案：此爻以陽剛居上卦之初，不中不正，乘九三之上，有越過城牆，與九三爭強和同於六二之象，但九四陽居陰位，有知過自退之象，故能最終獲吉。

【語　譯】同人卦的第四爻，象徵登上城牆，強爭和同於人，但不能攻克而能自退，如此可獲吉祥。

〈象〉曰：乘其墉，義弗克也；其吉，則困❶而反則❷也。

【章　旨】此則〈小象傳〉解釋九四爻象。

【注釋】❶困　指不能攻克而陷入困頓。❷反則　轉而依循正道。則，正確的原則。

【語譯】〈象傳〉說：九四爻辭言「登上城牆」，它的本義是說不能攻克；所謂「獲得吉祥」，是因為它在陷入困頓的情況下能轉而依循退守的正道。

九五，同人，先號咷❶而後笑，大師❷克❸相遇。

【章旨】此爻言先悲後喜，志同者得以遇合。

【注釋】❶號咷　大哭。❷大師　大軍。❸克　戰勝。案：此爻陽剛中正，居於尊位，與六二相應，但下有九三、九四或伏戎、或乘墉，欲與強爭，故先不得和同而號咷，後克敵致勝，得以和同而笑。

【語譯】同人卦的第五爻，象徵與人和同，起先不能達到願望而痛哭，後來如願以償而歡笑，大軍獲勝，志同者終於能夠相遇合。

〈象〉曰：同人之先❶，以中直❷也；大師相遇，言相克也。

【章旨】此則〈小象傳〉解釋九五爻象。

【注釋】❶先　是「先號咷而後笑」的省略。❷中直　中正。指九五爻居位得中得正。

【語譯】〈象傳〉說：九五爻辭言「和同於人，先大哭而後歡笑」，是因為它居位得中，行為正直；言「大軍相遇合」，是說戰勝了敵手。

上九，同人于郊❶，无悔。

【章旨】此爻言得不到和同的人，但勿爭亦可無悔。

【注釋】❶郊　城外為郊。案：此爻為同人卦的極位，同人之道已經窮盡，且與下無應，故有處於城外，難覓同志之象；雖然如此，上九處此窮極之位，而能克制爭勝之心，避免內爭，乃得無悔。又卦辭「同人于野」之「野」，比郊更遠，乃就其廣大無私取象；此爻之「郊」則就其處於城之外取象，是其區別。

【語譯】同人卦的上爻，象徵在城郊之外和同於人，得不到志同者，但不參與內爭，可無悔恨。

〈象〉曰：同人于郊，志未得也。

【章旨】此則〈小象傳〉解釋上九爻象。

【語譯】〈象傳〉說：上九爻辭言「在城郊之外和同於人」，是說和同之志未能實現。

大有卦第十四

【卦　旨】此卦卦名「大有」，義為大獲所有，揭示在昌盛富有的情況下如何善處的道理；同時也指出，政治昌明、和同於人與大有局面的出現及維持有著必然的關聯。

䷍ 大有❶，元亨。

【章　旨】此卦辭言大獲所有，可得亨通。

【注　釋】❶大有　卦名。下卦為乾，上卦為離。詞義為大獲所有。案：〈序卦傳〉曰：「與人同者，物必歸焉，故受之以大有。」可見，「大有」主要是就物資的富庶而言，故《周易集解》引虞翻注，釋「大有」為「大富有」。從卦象看，下乾為天，上離為火為日，日在天上，臨照四海，萬物得以蕃盛生長，欣欣向榮，此物之可得大有；又六五爻以一陰居尊位，眾陽皆應之，猶如君王擁有天下，德澤萬民，此民心之可得大有。要言之，大有物利，亦須大有民心，和同於人，此「大有」之義，也是立身齊家治國的根本。

【語　譯】大有卦象徵大獲所有，大得亨通。

〈彖〉曰：大有，柔得尊位大中❶，而上下應之❷，曰大有。其德剛健❸而文明❹，應乎天❺而時行❻，是以元亨。

【章旨】此〈彖〉辭闡釋大有卦卦名、卦辭、卦象及其義理。

【注釋】❶柔得尊位大中　指六五以陰柔居君位，處上卦之中。❷上下應之　指六五之上下陽爻均與其應合。❸剛健　指此卦下乾。❹文明　指上離為火，如文彩光明。❺應乎天　指六五與下乾九二有應。❻時行　按時序行動。

【語譯】〈彖傳〉說：所謂大獲所有，是說陰柔者居於尊貴之位，高貴而守持中道，而且上下陽剛均能與其應合，這就是大獲所有。它的德性剛強勁健而又文彩光明，順應上天的規律按時序行動，因此說「大得亨通」。

〈象〉曰：火在天上❶，大有；君子以遏❷惡揚❸善，順天休命❹。

【章旨】此〈象〉辭勉勵君子懲惡揚善，順應休美天命。

【注釋】❶火在天上　指大有卦下乾為天，上離為火。❷遏　遏止。❸揚　褒揚；發揚。❹順天休命　順應休美的天命。休，美好。案：此〈大象〉以火高在天上，照見萬物之眾多，並能洞見萬物之善惡來解釋「大有」之義。

【語譯】〈象傳〉說：火光高照於天上，這就是大有所獲的象徵；君子應當效此而遏止邪惡，褒揚善良，順應上天美好的使命。

初九，无交❶害，匪❷咎，艱❸則无咎。

【章　旨】此爻言不與人和同將不利，懂得艱難可免禍害。

【注　釋】❶无交　不與人交往和同。指初九與九四無應。❷匪　通「非」。❸艱　指懂得「大有」局面開創的艱難。案：此爻處「大有」之始，以陽居下，與上無應，有坐享「大有」之成，不願與人交往和同以求發展之象，故爻辭誡之不可安享其成，當思「大有」局面的來之不易。

【語　譯】大有卦的初爻，象徵安享其成而不與人交往和同，雖有害而不致成為災禍，但祗有明白「大有」局面開創的艱難，纔能真正免遭禍害。

〈象〉曰：大有初九，无交害也。

【章　旨】此則〈小象傳〉解釋初九爻象。

【語　譯】〈象傳〉說：大有卦的初九爻，是說不與人交往和同將不利。

九二，大車以載❶，有攸往❷，无咎。

【章旨】此爻言所獲有者極富，以此發展事業，必無禍害。

【注釋】❶大車以載　形容所獲有者甚多，正當「大有」之盛時。❷有攸往　有所前往。指發展事業。攸，所。案：此爻以陽剛處下卦之中，上應六五，有輔弼大臣見信於君上，任重道遠之象，故以大獲所有的雄厚基礎而前往，可致無咎。

【語譯】大有卦的第二爻，象徵所獲有者甚富，須用大車來承載，憑此而有所前往，必無禍害。

〈象〉曰：大車以載，積❶中❷不敗也。

【章旨】此則〈小象傳〉解釋九二爻象。

【注釋】❶積　指積聚甚富。❷中　指九二居中位。

【語譯】〈象傳〉說：九二爻辭言「用大車來承載」，是說它積聚甚富，居中不偏，因而不致危敗。

九三，公❶用❷亨❸于天子，小人弗克。

【章　旨】此爻言王公向天子獻上所大有者，可得信任。

【注　釋】❶公　王公。❷用　以；憑。指憑著財物的貢獻。❸亨　同「享」。宴饗。案：此爻以陽剛居下卦之終，有公侯之位，當此大獲所有、士民富庶之時，王公諸侯應當及時將所需之物貢獻給天子；而六五以陰居君位，也能謙虛下士，宴饗王公諸侯。「公用亨于天子」，明確地反映了西周前期的政治狀況。又「小人弗克」者，是對陽剛甚盛的九三之告誡，誡其忠於王室，不可據大有之富，背離天子而為小人。

【語　譯】大有卦的第三爻，象徵在大有所獲之時，王公諸侯憑著財物的貢獻而享受天子的宴饗，小人是不能這樣的。

〈象〉曰：公用亨于天子，小人害也。

【章　旨】此則〈小象傳〉解釋九三爻象。

【語　譯】〈象傳〉說：九三爻辭言「王公諸侯憑著財物的貢獻而享受天子的宴饗」，如果是小人大有收穫，則必致禍害。

九四，匪❶其彭❷，无咎。

【章　旨】此爻言大獲所有之時自守而不過盛，可得無咎。

【注釋】❶匪 通「非」。❷彭 盛多；盛大。程頤《易傳》曰：「盛也。」案：此爻以陽剛居六五之下，有恃剛僭上之嫌，然陽居陰位，還不算是過於盛氣凌人，故無咎。又此爻正當大獲所有、物用富庶之時，須防奢侈浮華、過於鋪張的弊病，故誡其「匪其彭」。此爻之旨實含以上兩層意義。

【語譯】大有卦的第四爻，象徵大有所獲之時能自守而不過盛，如此必無禍害。

〈象〉曰：匪其彭，无咎，明辯❶晳❷也。

【章旨】此則〈小象傳〉解釋九四爻象。

【注釋】❶辯 通「辨」。❷晳 通「哲」。明智。

【語譯】〈象傳〉說：九四爻辭言「自守而不過盛，必無禍害」，是因為它具有明辨事理、謹慎持身的智慧。

六五，厥❶孚交如❷，威如，吉。

【章旨】此爻言以誠信和同於人、確立威嚴，可獲吉祥。

【注釋】❶厥 其，代詞。❷如 語尾助詞，無義。下句「威如」之「如」同。案：此爻以陰柔居君位，柔順謙虛，居中不偏，故能於大有昌盛之世，仍以誠信交往和同於人，並以誠確立其威嚴之勢，乃得吉。

【語　譯】大有卦的第五爻，象徵尊者於大有昌盛之世，仍能以誠信交接和同於人，確立其威嚴，如此可獲吉祥。

〈象〉曰：厥孚交如，信❶以發❷志也；威如之吉，易❸而无備❹也。

【章　旨】此則〈小象傳〉解釋六五爻象。

【注　釋】❶信　誠信。❷發　啟發。❸易　平易；簡易。❹无備　無須防備戒懼。指六五威嚴之確立，不以冷酷的方式，而是使人在無須戒懼的狀況中自然而然地確立。

【語　譯】〈象傳〉說：六五爻辭言「尊者以誠信交接和同於人」，是說用自己的誠信去啟發他人的誠心；言「確立威嚴可獲吉祥」，是說透過行為的平易，讓他人在無須戒懼的狀況下自然而然地感到敬畏。

上九，自天祐❶之，吉无不利。

【章　旨】此爻言居極位而戒驕自守，可獲天祐而得吉。

【注釋】❶祐 祐助。案：此爻居本卦最上位，正當「大有」之道盛極轉衰之時，處位維艱。但與其比鄰的六五爻，心懷誠信，和同於人，上九祇要抑其剛健，下順六五，報其誠心，可獲天祐，長保富有而得吉。

【語譯】大有卦的上爻，象徵居極位而能戒驕自守，可獲來自上天的祐助，吉祥而無所不利。

〈象〉曰：大有上吉，自天祐也。

【章旨】此則〈小象傳〉解釋上九爻象。

【語譯】〈象傳〉說：大有卦上九爻的吉祥，是因為有來自上天的祐助。

謙卦第十五

【卦旨】此卦卦名「謙」，義為謙虛，揭示立身處世必須恭敬合禮、屈己下人、謙讓而不自滿的道理。卦中六爻，皆吉或利，為《周易》中所罕見，可見謙德的重要。

䷎ 謙❶，亨，君子有終❷。

【章　旨】此卦辭言君子保持謙虛美德，可得亨通。

【注　釋】❶謙　卦名。下卦為艮，上卦為坤。詞義為謙虛、謙讓、謙退。❷有終　指始終保持謙虛美德。

案：謙卦內艮為止、外坤為順，內心能抑止、外表能柔順，此即謙虛之象。

【語　譯】謙卦象徵謙虛，亨通，君子能始終保持謙虛的美德。

〈彖〉曰：謙，亨。天道❶下濟❷而光明，地道卑而上行❸。天道虧盈❹而益❺謙，地道變盈而流❻謙，鬼神害盈而福❼謙，人道惡❽盈而好謙；謙尊而光，卑而不可踰❾：君子之終也。

【章　旨】此〈彖〉辭闡釋謙卦卦辭及保持謙德的重大意義。

【注　釋】❶天道　天的法則。❷下濟　向下周濟萬物。❸上行　向上運行。❹虧盈　使滿盈虧損。❺益　增益。❻流　廣布充實。❼福　施福於，用如動詞。❽惡　憎惡。❾踰　超越。案：此則〈彖傳〉闡釋謙卦格外鄭重。可謂讚揚備至，表現了儒家對謙虛之德的高度重視。同時，其中的思想，與老子「以退為進」、「柔弱勝剛強」、「高以下為基」等原則與觀念，亦有其相通之處。

【語　譯】〈彖傳〉說：謙卦的卦辭言「謙虛，可得亨通」，這是說天的法則是向下周濟萬物，光明普照天下；地的法則是位處卑下而地氣向上運行；天地溝通，陰陽和合，所以說「亨通」。

天的法則是減損盈滿者，增益謙虛者；地的法則是改變盈滿者，充實謙虛者；鬼神的法則是危害盈滿者，施福謙虛者；人類的法則是憎惡盈滿者，喜歡謙虛者。謙虛者若位居尊貴，他的道德更顯光明；即使位居卑下，他的道德也不可超越。所以卦辭言「君子能始終保持謙虛的美德」。

〈象〉曰：地中有山❶，謙；君子以裒❷多益寡，稱❸物平施❹。

【章　旨】此〈象〉辭勉勵君子取多益寡，量物平施。

【注　釋】❶地中有山　指謙卦下艮為山，上坤為地，猶山在地之中。❷裒　通「捊」。引取。❸稱　權衡。❹平施　公平地施與。案：山為高者、盈滿者，地為卑者、不足者，謙卦的卦象，山居下而地處上，是為抑高舉下、取滿盈益不足之象。取多益寡、稱物平施，是謙德的引申和更高層次的闡發，它對漢民族心理——文化結構的作用不可忽視。

【語　譯】〈象傳〉說：地中有山，這就是謙虛的象徵；君子當效此而取多餘以補不足；權衡事物，公平施與。

初六，謙謙君子，用❶涉大川❷，吉。

【章　旨】此爻言君子憑謙虛之德，可涉越險阻。

【注　釋】❶用　以；憑。指以謙虛之德。❷涉大川　喻指涉越險阻。案：此爻以陰居初位，有柔順謙虛之象。

【語　譯】謙卦的初爻，象徵謙謙有禮的君子，他憑此而像渡河一樣的涉越險阻，可獲吉祥。

〈象〉曰：謙謙君子，卑以自牧❶也。

【章　旨】此則〈小象傳〉解釋初六爻象。

【注　釋】❶牧　約束。

【語　譯】〈象傳〉說：初六爻辭言「謙謙有禮的君子」，是說能用謙卑的心來約束自己的行為。

六二，鳴❶謙，貞吉。

【章　旨】此爻言謙德名聲外聞時，須守持貞正。

【注　釋】❶鳴　聲名外聞。案：此爻以陰處下卦之中，柔順中正，有謙虛之德，名聲遠播之象；然此時更要守持貞正，力戒自滿，方可獲吉。

【語譯】謙卦的第二爻，象徵謙虛的美德，名聲遠揚，此時仍須守持貞正，方可獲吉。

〈象〉曰：鳴謙，貞吉，中❶心得也。

【章旨】此則〈小象傳〉解釋六二爻象。

【注釋】❶中　指六二居於下卦之中。

【語譯】〈象傳〉說：六二爻辭言「謙虛之德名聲遠揚，守持貞正可獲吉祥」，是說居位持中，內心純正，故可得吉祥。

九三，勞❶謙，君子有終，吉。

【章旨】此爻言君子始終保持勤勞謙虛，可獲吉祥。

【注釋】❶勞　勤勞。案：此爻乃本卦唯一的陽爻，居下卦之終，剛毅強健而承應於上六，猶勤勞而又謙虛，君子能始終堅持此道，可獲吉祥。

【語譯】謙卦的第三爻，象徵勤勞而又謙虛，君子始終堅持如此，可獲吉祥。

〈象〉曰：勞謙君子，萬民服❶也。

【章　旨】此則〈小象傳〉解釋九三爻象。

【注　釋】❶服　服從。案：此爻居下卦的高位，又是唯一的陽爻，故有萬民仰服之象。

【語　譯】〈象傳〉說：九三爻辭所謂勤勞而謙虛的君子，必然會得到萬民的仰服。

六四，无不利，撝❶謙。

【章　旨】此爻言發揮謙虛美德，將無所不利。

【注　釋】❶撝　發揮。案：此爻辭為「撝謙，无不利」的倒裝。此爻以陰居陰位，處上卦的最下位，無論對上的六五還是對下的九三，均能發揮其謙卑之德，故無所不利。

【語　譯】謙卦的第四爻，象徵發揮謙虛之德，如此則無往不利。

〈象〉曰：无不利，撝謙，不違則❶也。

【章　旨】此則〈小象傳〉解釋六四爻象。

【注　釋】❶則　指謙虛的原則。

【語　譯】〈象傳〉說：六四爻辭言「發揮謙虛之德，則無往不利」，是由於不違背謙虛的原則。

六五，不富以其鄰❶，利用❷侵伐❸，无不利。

【章　旨】此爻言謙下而不求富貴，以此征伐驕逆，無所不利。

【注　釋】❶不富以其鄰　不與其鄰爭求富貴。鄰，指上六。❷用　以；憑。指憑謙下不求富貴的品德。❸侵伐　征伐。案：此爻以陰居上卦之中，以柔處尊位，能居尊貴之位而保持謙下之德，不與比鄰爭求富貴；同時，處尊位者，還擔負著廣施謙德於天下的重任，故有征伐驕逆之象。

【語　譯】謙卦的第五爻，象徵謙下而不與其鄰爭求富貴，憑此美德從事征伐，必將無所不利。

〈象〉曰：利用侵伐，征不服❶也。

【章　旨】此則〈小象傳〉解釋六五爻象。

【注　釋】❶不服　指不服從者。

【語譯】〈象傳〉說：六五爻辭言「憑此美德從事征伐，必將有利」，是說要征討驕橫不服從的人。

上六，鳴謙，利用行師❶，征邑❷國。

【章旨】此爻言謙德名聲遠播，可憑此興兵討逆。

【注釋】❶行師　動用軍隊。❷邑　大夫的封邑。案：此爻的「鳴謙」與六二的「鳴謙」不同處在於：上六居高鳴於下，而六二居內鳴於外。又驕逆總是與謙和相對立而存在，欲存謙道，必去驕逆，故〈大象傳〉有「裒多益寡，稱物平施」之說，而六五、上六兩爻也有興師征伐之象。

【語譯】謙卦的上爻，象徵謙虛美德名聲遠播，憑此興兵、征伐那些驕逆不服的城邑與諸侯國，將有利。

〈象〉曰：鳴謙，志未得❶也；可用行師，征邑國也。

【章旨】此則〈小象傳〉解釋上六爻象。

【注釋】❶未得　未能完全實現。

【語　譯】〈象傳〉說：上六爻辭言「謙虛美德名聲遠播」，是說志向還未完全實現；所謂「可憑此而興兵」，是說要征伐驕逆不服的城邑和諸侯國。

豫卦第十六

【卦　旨】此卦卦名「豫」，義為悅逸安樂，揭示樂須眾樂、而非獨樂，以及適性而樂，不可窮歡極樂的道理，其中多含樂極生悲、豫逸亡身的告誡。

䷏　豫❶，利建侯❷行師❸。

【章　旨】此卦辭言眾樂之時，可開創事業，討逆安民。

【注　釋】❶豫　卦名。下卦為坤，上卦為震。詞義為歡樂、安樂、和樂。❷建侯　建立諸侯。指開創王業，進行全面治理。❸行師　興兵討逆安民。案：豫卦下坤為順，上震為動，順性而動，物各得其所而悅樂。從卦象可知，「順性」二字至關重要，違性而動則將走向悅樂的反面。

【語　譯】豫卦象徵悅樂，此時建立諸侯、興兵討逆安民必將有利。

〈彖〉曰：豫，剛應❶而志行❷，順以動❸，豫。豫，順以動，故天地如之❹，而況建侯行師乎？天地以順動，故日月不過❺，而四時不忒❻；聖人以順動，則刑罰清而民服。豫之時義❼大矣哉！

【章旨】此〈彖〉辭闡釋豫卦卦名、卦象及順時順性的重要性。

【注釋】❶剛應　指豫卦九四為卦中唯一陽爻，與卦中諸陰爻相應合。❷志行　志向得以施行。指陰陽相應合，為眾樂之象，故可志行。❸順以動　指豫卦下坤為順，上震為動，乃順性而動之象。❹之　代詞，指「順以動」的情況。❺過　過失。❻忒　差錯。❼時義　指順時而動的意義。

【語譯】〈彖傳〉說：悅樂，是因為陽剛者與陰柔者相互應合，志向得以施行，同時又能順性而動，所以說「悅樂」。悅樂，是因為順性而動，所以連天地的運轉也像這一樣，何況是建立諸侯、興兵討逆的事呢？天地順時而動，所以日月的運行不會出現過失，而四季的更替也不會出現差錯；聖人順性而動，那就能夠使刑罰律令清明，而天下百姓悅服。豫卦所包含的順時而動的意義是多麼重大啊！

〈象〉曰：雷出地奮❶，豫；先王以作樂❷崇❸德，殷❹薦❺之上帝，以配祖考❻。

【章　旨】此〈象〉辭讚美先王作樂崇德、祭天享祖的功績。

【注　釋】❶雷出地奮　指豫卦下坤為地，上震為雷，猶雷聲迸發，大地振奮。❷樂　音樂。❸崇　尊崇；讚頌。❹殷　豐盛。指盛大的典禮。❺薦　進獻。❻祖考　猶言祖先。考，父死曰考。案：雷聲迸發而使大地振奮，乃陰陽應合和樂之象，〈大象傳〉由此而引申出先王作樂之義，並闡明音樂在遠古愉悅人神、盛讚功德的重要作用。

【語　譯】〈象傳〉說：雷聲迸發，使大地振奮，這就是「悅樂」的象徵；先代君王效此而制作音樂以讚頌功德，透過盛大的典禮進獻給天帝，並用以配享歷代祖先。

初六，鳴❶豫，凶。

【章　旨】此爻言耽於安樂的名聲傳於外，將致凶險。

【注　釋】❶鳴　聲聞於外。案：此爻以陰居陽位，上與九四有應而得強援，故有過分悅樂，名聲遠揚之象。如此則「凶」者，正寓生於憂患，死於安樂之誡也。

【語　譯】豫卦的初爻，象徵耽於安樂的名聲遠聞於外，如此必致凶險。

〈象〉曰：初六鳴豫，志窮凶也。

【章旨】此則〈小象傳〉解釋初六爻象。

【語譯】〈象傳〉說：初六爻辭言「耽於安樂的名聲遠聞於外」，說明享樂之心已達窮極，故有凶險。

六二，介❶于❷石，不終日❸，貞吉。

【章旨】此爻言保持耿介貞正，不沉溺於安樂，可獲吉祥。

【注釋】❶介　耿介。❷于　作「如」解。❸不終日　不整日。指不整天沉溺於安樂之中，而是適可而止。案：此爻以陰居下卦之中，柔順中正，當上下均沉於安樂之時，能保持耿介之性，而不隨從流俗，故能得吉。

【語譯】豫卦的第二爻，象徵品性耿介如堅石，不整天沉溺於安樂之中，守持貞正可獲吉祥。

〈象〉曰：不終日，貞吉，以中正❶也。

【章旨】此則〈小象傳〉解釋六二爻象。

【注釋】❶中正　指六二爻以陰居中，得中得正。

【語譯】〈象傳〉說：六二爻辭言「不整天沉溺於安樂之中，守持貞正可獲吉祥」，是因為它居中不偏，處位正當。

六三，盱❶豫，悔；遲❷，有❸悔。

【章旨】此爻言曲意媚上以求悅樂，必致悔恨。

【注釋】❶盱　《說文》曰：「張目也。」王弼《周易注》釋為「睢盱」，《集解》引向秀曰：「睢盱，小人喜悅佞媚之貌也。」❷遲　指悔悟太晚。❸有　通「又」。案：此爻不中不正，上緊承九四陽剛，有迎合尊上，獻媚求樂之象。

【語譯】豫卦的第三爻，象徵曲意媚上以求悅樂，將有悔恨；如果悔悟太晚，又必有更大的悔恨。

〈象〉曰：盱豫有悔，位不當也。

【章　旨】此則〈小象傳〉解釋六三爻象。

【語　譯】〈象傳〉說：六三爻辭言「曲意媚上以求悅樂，將有悔恨」，是因為它的處位不正當。

九四，由❶豫，大有得；勿疑，朋盍❷簪❸。

【章　旨】此爻言悅樂有正當理由，可與友朋同樂。

【注　釋】❶由　由來；理由。指正當的理由。❷朋盍　友朋聚合。朋，指本卦諸陰爻。盍，合。❸簪　古代用以束頭髮的管狀飾物。案：此爻為本卦唯一陽爻，上承六五垂青，兼得眾陰的應合，故其悅樂自有理由，並能與眾同樂。

【語　譯】豫卦的第四爻，象徵悅樂自有正當理由，將大有所得；不必懷疑，可與友朋聚合，如同頭髮被簪子束在一起一樣的交歡同樂。

〈象〉曰：由豫，大有得，志大行也。

【章　旨】此則〈小象傳〉解釋九四爻象。

【語譯】〈象傳〉說：九四爻辭言「悅樂自有正當理由，將大有所得」，是說志向將大獲施行。

六五，貞疾❶，恆❷不死。

【章旨】此爻言貞正而防佚樂，可免滅亡。

【注釋】❶貞疾　守持貞正以防疾病。此處「疾」即沉於安樂之病，猶枚乘〈七發〉中記楚太子「久耽安樂，日夜無極」所引起「百病咸生」的後果。❷恆　長久。案：此爻以陰柔居尊位，下恃九四，有沉樂忘憂、不思奮進之象；然六五居中不偏，若守持貞正，尚可不死。

【語譯】豫卦的第五爻，象徵必須守持貞正以防耽於安樂之病，如此纔能長久不致滅亡。

〈象〉曰：六五貞疾，乘剛❶也；恆不死，中❷未亡也。

【章旨】此則〈小象傳〉解釋六五爻象。

【注釋】❶乘剛　指六五凌乘九四陽剛之上。❷中　指六五居於上卦之中。

【語譯】〈象傳〉說：六五爻辭言「守持貞正以防耽於安樂之病」，是說此病乃由於陰柔凌乘陽剛所造成；言「長久不致滅亡」，是因為它居中不偏而不致滅亡。

上六，冥豫❶成，有渝❷无咎。

【章旨】此爻言一味縱樂者須改過從善。

【注釋】❶冥豫　猶言昏天黑地放縱行樂。冥，晦暗。❷渝　改變。案：此爻居豫卦最上位，有極樂、縱樂之象，故爻辭誡其改變態度，以防樂極生悲。

【語譯】豫卦的上爻，象徵昏天黑地放縱行樂的情形已經形成，祇有改變這種態度，纔能免致禍害。

〈象〉曰：冥豫在上❶，何可長也？

【章旨】此則〈小象傳〉解釋上六爻象。

【注釋】❶在上　指上六居本卦最上位。

【語譯】〈象傳〉說：「昏天黑地放縱行樂」而居於極位，悅樂怎能長久呢？

隨卦第十七

【卦旨】此卦卦名「隨」，義為隨從、隨順，揭示立身處世必須誠信守正、隨時而動、擇善而從的道理，並強調隨從、隨順當以堅持正道為基礎和前提。

䷐

隨❶，元、亨、利、貞❷，无咎。

【章旨】此卦辭言隨順之道具有元、亨、利、貞四德。

【注釋】❶隨　卦名。下卦為震，上卦為兌。詞義為隨從、隨順、隨和。❷元亨利貞　參見乾卦卦辭譯注。案：隨卦下震為動，上兌為悅，此動彼悅，有樂意隨從之義。

【語譯】隨卦象徵隨順，具有初始、通達、和諧、貞正的德性，沒有禍害。

〈彖〉曰：隨，剛來而下柔❶，動而說❷，隨。大亨貞，无咎，而天下隨時❸。隨時之義大矣哉！

【章　旨】此〈彖〉辭闡釋隨卦卦名、卦辭、卦象及「隨時」的大義。

【注　釋】❶剛來而下柔　指震為陽剛而居於陰柔的兌之下。❷動而說　指下震為動，上兌為悅。說，同「悅」。❸隨時　隨順適宜的時機。

【語　譯】〈彖傳〉說：隨順，是因為陽剛者前來而謙居於陰柔之下，同時行動就能使人愉悅順從，所以說「隨順」。卦辭言「大為亨通，守持貞正，沒有禍害」，是說天地萬物都能隨順於適宜的時機。隨順於適宜時機的意義是多麼重大啊！

〈象〉曰：澤中有雷❶，隨；君子以嚮晦❷入宴息❸。

【章　旨】此〈象〉辭勉勵君子隨時而作息。

【注　釋】❶澤中有雷　指隨卦下震為雷，上兌為澤，猶澤中有雷。❷嚮晦　即嚮晚，將近黑夜之時。❸宴息　安息；休息。案：雷鳴於大澤中，大澤隨從雷聲而振動，〈大象傳〉由此而引申出君子隨時作息之義。

【語　譯】〈象傳〉說：大澤中有雷鳴，大澤隨從雷聲而振動，這就是「隨順」的象徵；君子效此而隨著嚮晚時候的到來入室安息。

初九，官❶有渝❷，貞吉；出門交❸有功。

【章　旨】此爻言官場失意，當守持貞正，隨順於眾。

【注　釋】❶官　主管職事的官位。❷渝　變化。指宦途的波折。❸交　交往。指交往隨順於眾人。案：此爻居本卦之初，與上無應，有職位低下、宦途不利之象；但此時若能守正道而出門與人交往，擴大接觸面，以隨順於眾人，則可改變局面，獲得成功。

【語　譯】隨卦的初爻，象徵官場多有波折，守持貞正可獲吉祥；出門交往隨順於眾人將獲成功。

〈象〉曰：官有渝，從正吉也；出門交有功，不失也。

【章　旨】此則〈小象傳〉解釋初九爻象。

【語　譯】〈象傳〉說：初九爻辭言「官場多有波折」，是說必須隨從正道方可獲致吉祥；言「出門交往隨順於眾將獲成功」，是說這樣就不會有過失。

六二，係❶小子❷，失丈夫❸。

【章　旨】此爻言隨順於人當善擇對象，並心正專一。

【注　釋】❶係　附從；隨順。❷小子　猶言小人。指初九爻。❸丈夫　剛健德高者。指九五爻。案：此爻以陰居下卦之中，上與九五相應，本可得一偉丈夫而為佳配，卻因心不專一，輕率地附從於就近的初九，故有附小人而失丈夫之象。

【語譯】隨卦的第二爻，象徵不善擇交，附從隨順於小人，卻失去了偉丈夫。

〈象〉曰：係小子，弗兼與❶也。

【章旨】此則〈小象傳〉解釋六二爻象。

【注釋】❶兼與　多方同時兼顧相與。

【語譯】〈象傳〉說：六二爻辭言「附從隨順於小人」，是說不能多方兼顧而相與。

六三，係丈夫❶，失小子❷。隨❸有求得，利居❹貞。

【章旨】此爻言向上附從隨順於偉丈夫，將有求必得。

【注釋】❶丈夫　指九四爻。❷小子　指六二爻。❸隨　指隨順於九四。❹居　處；自處。案：此爻為陰柔，上無陽剛之應，下與初九有六二阻隔，故有失小子而附從近鄰九四之象；然此爻與九四非正應，故雖隨順之而有求必得，仍須自處貞正，方可有利。

【語譯】隨卦的第三爻，象徵向上附從隨順於偉丈夫，而失去小人。隨順剛健的偉丈夫將有求必得，但仍須自處貞正方能有利。

〈象〉曰：係丈夫，志舍下❶也。

【章旨】此則〈小象傳〉解釋六三爻象。

【注釋】❶下　指居於下位的初九爻。

【語譯】〈象傳〉說：六三爻辭言「附從隨順於偉丈夫」，是說決心要捨棄在下的小人。

九四，隨❶有獲，貞凶。有孚在道❷以❸明，何咎？

【章旨】此爻言隨順君上將有所獲，但當守持貞正、誠信合道，以免凶災。

【注釋】❶隨　指隨順九五。❷在道　合於正道。❸以　而，連詞。案：此爻強健剛毅，地位接近九五之尊，故隨順君主而有獲；但以強臣而處君王之側，稍有不慎，則將招致猜忌而生禍患，故誡其守正合道，以避凶災。

【語譯】隨卦的第四爻，象徵隨順君主，將有所獲，但須守持貞正以防凶險。心懷誠信、合乎正道、而又光明磊落，怎會有災害呢？

〈象〉曰：隨有獲，其義凶也；有孚在道，明❶功也。

【章旨】此則〈小象傳〉解釋九四爻象。

【注釋】❶明　昭明；表明。

【語譯】〈象傳〉說：九四爻辭言「隨順君主將有所獲」，是說其中的意義含有凶險；言「心懷誠信，合乎正道」，是說這可以表明它的功績。

九五，孚于嘉❶，吉。

【章旨】此爻言被眾人所信任，可獲吉祥。

【注釋】❶孚于嘉　被眾多美善之人所信任。孚，信任。于，表被動。嘉，美善。指美善之人。案：此爻陽剛得中得正，處於君位而有應，乃有天下景仰、萬民追隨、至善至美之象，故得吉祥。

【語譯】隨卦的第五爻，象徵被眾多美善之人所信任，吉祥。

〈象〉曰：孚于嘉，吉，位正中❶也。

【章　旨】此則〈小象傳〉解釋九五爻象。

【注　釋】❶正中　指此爻居位得中得正。

【語　譯】〈象傳〉說：九五爻辭言「被眾多美善之人所信任，吉祥」，是因為居位中正不偏。

上六，拘❶係之，乃從維❷之。王用亨于西山❸。

【章　旨】此爻言對於分裂者，可強行使其隨順。

【注　釋】❶拘　拘禁。❷維　束縛。❸王用亨于西山　指君主因強制歸順之功成而宴享於西山。王，指九五。用，因而。亨，同「享」。宴享。案：此爻居隨卦的極位，隨順之道窮，故有不願隨順，被九五拘禁方從之象。

【語　譯】隨卦的上爻，象徵不願隨順，必須拘禁強制它，這纔順從而被束縛。君主因而宴享於西山。

〈象〉曰：拘係之，上窮也。

【章　旨】此則〈小象傳〉解釋上六爻象。

【語　譯】〈象傳〉說：上六爻辭言「拘禁強制它」，是因為居於極位，隨順之道已經窮盡了。

蠱卦第十八

【卦　旨】此卦卦名「蠱」，義為惑亂，揭示如何匡正惑亂，革除積弊，治理亂世的道理，其中亦體現了終則有始、亂則須治的規律。

䷑ 蠱❶，元亨，利涉大川；先甲三日，後甲三日❷。

【章　旨】此卦辭言匡除惑亂，將亨通有利。

【注　釋】❶蠱　卦名。下卦為巽，上卦為艮。詞義為蠱亂、蠱惑、蠱害。此卦象徵匡除惑亂，實為除蠱之道。❷先甲三日二句　指考察由亂轉治之前的情狀，並推求由亂轉治之後的措施。甲，為天干之首，其序為甲、乙、丙、丁、戊、己、庚、辛、壬、癸，在天干中，甲為其始，故寓有〈彖傳〉所謂「終則有始」、亂將轉治的意義。案：蠱卦下巽為順，上艮為止，上止而下順，則惑亂。又〈序卦傳〉云：「以喜隨人者必有事，故受之以蠱。蠱者，事也。」過於隨，則將流於亂，亂則當治理，故此卦亦有「匡除惑亂」之義。

【語　譯】蠱卦象徵匡除惑亂，大獲亨通，像涉過大河一樣的涉越險阻將有利；應當考察將出現轉機的甲日前三天的情狀，並推求甲日後三天的治理措施。

〈彖〉曰：蠱，剛上❶而柔下❷，巽而止❸，蠱。蠱，元亨而天下治也。利涉大川，往有事❹也。先甲三日，後甲三日，終則有始，天行❺也。

【章旨】此〈彖〉辭闡釋蠱卦卦名、卦辭、卦象及終則有始的義理。

【注釋】❶剛上　指艮為陽卦而居上。❷柔下　指巽為陰卦而居下。❸巽而止　指下巽為順，上艮為止。❹有事　有所作為。❺天行　指天道運行的規律。

【語譯】〈彖傳〉說：匡除惑亂，陽剛在上而陰柔居下，馴順而能抑止，這就是匡除惑亂的象徵。匡除惑亂，大得亨通而天下重獲治理。卦辭言「像涉過大河一樣的涉越險阻將有利」，是說將前往而有所作為。言「考察將出現轉機的甲日前三天的情狀，並推求甲日後三天的治理措施」，是說任何事物在終結後必有新的開始，這是天道運行的規律。

〈象〉曰：山下有風❶，蠱；君子以振❷民育德。

【章旨】此〈象〉辭勉勵君子賑濟百姓，培育美德。

【注　釋】❶山下有風　指蠱卦下巽為風，上艮為山，猶山下有風。❷振　賑濟。案：風向山吹，山上草木果實散亂，是為惑亂敗壞之象；當此之時，君子必須有所作為，匡除惑亂，以振民育德，從而使亂轉向治。

【語　譯】〈象傳〉說：山下有風吹起，這就是「匡除惑亂」的象徵，君子應當效此而賑濟百姓，培育美德。

初六，幹❶父之蠱，有子，考❷无咎，厲終吉。

【章　旨】此爻言後輩能匡除父輩的弊亂，雖險而終吉。

【注　釋】❶幹　匡正；除去。《廣雅》曰：「正也。」❷考　已故之父，亦可稱老父為考。案：本卦除「上九」外，各爻均以幹父或母之蠱為象，可見其意旨在如何匡除前人遺留的積弊與惑亂。此爻居於初位，為治救弊亂之始，積重難返，故有「厲」；又子能立志除父之弊，前途光明，故終可得吉。

【語　譯】蠱卦的初爻，象徵匡除父輩造成的弊亂，有這樣的兒子，父親亦無禍害，雖有凶險，但最後必能獲得吉祥。

〈象〉曰：幹父之蠱，意承❶考也。

【章旨】此則〈小象傳〉解釋初六爻象。

【注釋】❶承　繼承發揚。

【語譯】〈象傳〉說：初六爻辭言「匡除父輩造成的弊亂」，是說他的意願在於繼承發揚父輩的事業。

九二，幹母之蠱，不可貞❶。

【章旨】此爻言匡除母親的惑亂，當審慎行動。

【注釋】❶不可貞　猶言不可幹則守持貞正。案：此爻以陽剛而處陰位，居下卦之中，有剛而能柔之象，故能於匡除母親的惑亂而因其性陰辟不從時，不致強硬過甚而傷害親情，於是暫守貞正以待時機。又幹母之蠱與幹父之蠱有所不同，可見，匡除惑亂也要根據對象，採取適宜的措施，纔是正確的方法。

【語譯】蠱卦的第二爻，象徵匡除母親的惑亂，在還未到可以匡除的時候，要守持貞正以待時機。

〈象〉曰：幹母之蠱，得中❶道也。

【章旨】此則〈小象傳〉解釋九二爻象。

【注釋】❶中 指此爻居於下卦之中。

【語譯】〈象傳〉說：九二爻辭言「匡除母親的惑亂」，是說能夠掌握剛柔適中的原則。

九三，幹父之蠱，小❶有悔，无大咎。

【章旨】此爻言匡除父輩弊亂，雖稍有悔亦當果行。

【注釋】❶小 猶「稍」。案：此與上無應，故小有悔；然此爻以陽居陽位，處下卦之終，正道直行，雖小有悔恨，若能犯難以進，果斷匡除父輩積弊，終無大咎。

【語譯】蠱卦的第三爻，象徵匡除父輩造成的弊亂，雖然稍有悔恨，但終無重大的禍害。

〈象〉曰：幹父之蠱，終无咎也。

【章旨】此則〈小象傳〉解釋九三爻象。

【語譯】〈象傳〉說：九三爻辭言「匡除父輩造成的弊亂」，是說這樣終無禍害。

六四，裕❶父之蠱，往見吝。

【章旨】此爻言匡除父輩之弊太過鬆緩，必致憾惜。

【注釋】❶裕　寬裕；鬆緩。案：此爻以陰柔居陰位，過於柔弱，不能大刀闊斧以匡父之弊，長此以往，寬延順容，必致憾惜。

【語譯】蠱卦的第四爻，象徵不能積極地匡除父輩所造成的弊亂，長此以往，必造成憾惜。

〈象〉曰：裕父之蠱，往未得也。

【章旨】此則〈小象傳〉解釋六四爻象。

【語譯】〈象傳〉說：六四爻辭言「不能積極地匡除父輩所造成的弊亂」，是說長此以往必無所收穫。

六五，幹父之蠱，用❶譽。

【章旨】此爻言匡除父輩的弊亂而得到稱譽。

【注釋】❶用　因而。案：此爻以陰柔處尊位，下與九二有應，有匡除父輩之弊而獲稱譽之象。

【語譯】蠱卦的第五爻，象徵匡除父輩所造成的弊亂，因而受到稱譽。

〈象〉曰：幹父用譽，承以德❶也。

【章旨】此則〈小象傳〉解釋六五爻象。

【注釋】❶承以德　猶言「以德承之」。

【語譯】〈象傳〉說：六五爻辭言「匡除父輩所造成的弊亂」，是說要用美德來繼承先人的事業。

上九，不事❶王侯，高尚❷其事❸。

【章旨】此爻言時不可為，則不事王侯，超然世外。

【注釋】❶事　從事。❷高尚　認為高尚，意動用法。❸事　行為。案：此爻居本卦之終，匡除惑亂已達窮極，故宜澹泊世事，抱道守志，以待來日。

【語譯】蠱卦的上爻，象徵匡除惑亂已達窮極，不再從事王侯的事業，以自己澹泊的行為為高尚。

〈象〉曰：不事王侯，志可則❶也。

【章旨】此則〈小象傳〉解釋上九爻象。

【注釋】❶則 效法，用如動詞。

【語譯】〈象傳〉說：上九爻辭言「不再從事王侯的事業」，說明這種志向值得效法。

臨卦第十九

【卦旨】此卦卦名「臨」，義為監臨，揭示在上者對下進行治理時，必須彼此溝通、運用智慧、敦厚容眾，而不能依靠巧言誘騙的道理。是為儒家的治人之術。

䷒ 臨❶，元、亨、利、貞❷。至于八月有凶❸。

【章旨】此卦辭言監臨之道具有元、亨、利、貞四德，但亦有盛極而衰的危險。

【注釋】❶臨 卦名。下卦為兌，上卦為坤。詞義為監臨，有以尊蒞卑、以上撫下之意，故高亨《周易古經今注》云：「本卦臨字，皆指臨民而言。」❷元亨利貞 參見乾卦卦辭譯注。❸至于八月有凶 《禮記・月令》云：「是月也，殺氣浸盛，陽氣日衰。」故以時令喻指盛極而必衰。

【語譯】臨卦象徵監臨，具有初始、通達、和諧、貞正的德性，但到了陽氣日衰的八月將有凶險。

〈彖〉曰：臨，剛❶浸❷而長，說而順❸，剛中而應❹。大亨以正，天之道也；至于八月有凶，消不久❺也。

【章旨】此〈彖〉辭闡釋臨卦卦名、卦辭和卦象。

【注釋】❶剛 指初九、九二兩陽爻。❷浸 逐漸。❸說而順 指下兌為悅，上坤為順。說，同「悅」。❹剛中而應 指九二爻以陽剛居下卦中位，上與六五有應。❺消不久 指監臨之道漸消，不可保持長久。

【語譯】〈彖傳〉說：臨卦象徵監臨，此時陽剛逐漸增長，和悅而溫順，剛健者居中而上下應合。卦辭言「大為通達而貞正」，說明它符合天道的規律。言「到了陽氣日衰的八月將有凶險」，是說監臨之道終將消亡，不能保持長久。

〈象〉曰：澤上有地❶，臨；君子以教思无窮❷，容保民无疆❸。

【章旨】此〈象〉辭勉勵君子施行教化，包容保護百姓。

【注釋】❶澤上有地　指臨卦下兌為澤，上坤為地。❷教思无窮　不斷地考慮教育百姓之事。❸容保民无疆　包容、保護百姓以至於無窮。案：澤卑地高，有高下相臨之象，故言君子當教化容保百姓。

【語譯】〈象傳〉說：水澤之上有大地，這就是「監臨」的象徵，君子當效此而不斷考慮如何教化百姓，永遠包容保護百姓。

初九，咸❶臨，貞吉。

【章旨】此爻言以陽剛純正的感召之力而施以監臨，可獲吉祥。

【注釋】❶咸　感應；感召。《廣雅·釋言》：「咸，感也。」案：此爻居於初位，地位卑下，但它以陽處陽位，有陽健純正之德，且與六四相互感應，故雖處卑位而能以其剛健人格的感召力使六四服從。

【語譯】臨卦的初爻，象徵憑著感召力而施以監臨，保持貞正可獲吉祥。

〈象〉曰：咸臨，貞吉，志行正❶也。

【章　旨】此則〈小象傳〉解釋初九爻象。

【注　釋】❶正　指初九爻陽居陽位，得正。

【語　譯】〈象傳〉說：初九爻辭言「憑著感召力而施以監臨，保持貞正可獲吉祥」是因為心志行為端正。

九二，咸臨❶，吉，无不利。

【章　旨】此爻言以陽剛中和的感召力施以監臨，而無不利。

【注　釋】❶咸臨　此爻為陽爻，上與六五有應，此與初九同。然相對而言，九二陽剛增長而漸盛，且居下卦的中位，故其感召之力更顯充沛。

【語　譯】臨卦的第二爻，象徵憑著感召力而施以監臨，吉祥，沒有什麼不利。

〈象〉曰：咸臨，吉，无不利，未順命❶也。

【章　旨】此則〈小象傳〉解釋九二爻象。

【注　釋】❶未順命　不委順於命運。指九二不苟且於位卑的命運，而是堅持以陽剛中和之德的感召力施以監臨。

【語　譯】〈象傳〉說：九二爻辭言「憑著感召力而施以監臨，吉祥，沒有什麼不利」，是因為不願委順於命運的結果。

六三，甘❶臨，无攸利。既憂❷之，无咎。

【章　旨】此爻言以甜言巧語監臨於人，無所利。

【注　釋】❶甘　指甜言巧語。❷憂　憂懼。案：此爻居下卦最高之位，有臨人之象；然其過於柔弱，不中不正，又為下兌的主爻，兌者，悅也。故此爻臨人，不由中正之道，而欲以甜言巧語取悅誘騙眾人，故無所利。

【語　譯】臨卦的第三爻，象徵以甜言巧語監臨於人，沒有什麼好處。假如已經有所瞭解而對此憂懼，就沒有禍害。

〈象〉曰：甘臨，位不當❶也；既憂之，咎不長也。

【章　旨】此則〈小象傳〉解釋六三爻象。

【注 釋】❶位不當 指六三以陰爻居三位，失中失正。

【語 譯】〈象傳〉說：六三爻辭言「以甜言巧語監臨於人」，是因為它居位不正當；言「已經對此保持憂懼」，是說禍害絕不會太長久。

六四，至❶臨，无咎。

【章 旨】此爻言極為親近地監臨於人，必無禍害。

【注 釋】❶至 極為親近。案：此爻居上卦之下，陰柔得正，與下卦緊密相鄰，有親近眾人之象。

【語 譯】臨卦的第四爻，象徵極為親近地監臨眾人，如此必無禍害。

〈象〉曰：至臨，无咎，位當❶也。

【章 旨】此則〈小象傳〉解釋六四爻象。

【注 釋】❶位當 指六四以陰爻居陰位，得正當之位。

【語 譯】〈象傳〉說：六四爻辭言「極為親近地監臨眾人，必無禍害」，是因為它居位正當。

六五，知❶臨，大君❷之宜❸，吉。

【章旨】此爻言以明智監臨於人，可獲吉祥。

【注釋】❶知　通「智」。❷大君　偉大的君主。❸宜　適宜。案：此爻居本卦尊位，以柔處中，下應九二，有任用剛健大臣作為輔佐，以君臨天下之象，此正可看出治人的明智之術，最為適宜。

【語譯】臨卦的第五爻，象徵以明智監臨眾人，這是偉大君主最適宜的治理方法，吉祥。

〈象〉曰：大君之宜，行中❶之謂也。

【章旨】此則〈小象傳〉解釋六五爻象。

【注釋】❶中　指六五位居上卦之中。

【語譯】〈象傳〉說：六五爻辭言「這是偉大君主最適宜的治理方法」，是說行事能夠遵循中道。

上六，敦❶臨，吉，无咎。

【章　旨】此爻言以敦厚之心監臨於人，必無禍害。

【注　釋】❶敦　敦厚。案：此爻居臨卦的極位，其道將窮，然上六性柔順，德敦厚，臨人有道，故能免禍獲吉。

【語　譯】臨卦的上爻，象徵以敦厚仁惠之心監臨眾人，吉祥，沒有禍害。

〈象〉曰：敦臨之吉，志在內❶也。

【章　旨】此則〈小象傳〉解釋上六爻象。

【注　釋】❶志在內　心志繫於轄區內的百姓。指上六其性敦厚，關心所監臨範圍內的百姓。

【語　譯】〈象傳〉說：上六爻辭言「以敦厚之心監臨眾人，吉祥」，是因為心志繫於轄區內的百姓。

觀卦第二十

【卦　旨】此卦卦名「觀」，義為觀察瞻仰，揭示美好事物感化人心的重要意義，以及自我省察修美德行、觀察下情以正其道、培養遠大政治眼光的道理。

䷓ 觀❶，盥而不薦❷，有孚顒若❸。

【章　旨】此卦辭言觀仰盛大祭典，將喚起觀禮者誠信肅穆的感情。

【注　釋】❶觀　卦名。下卦為坤，上卦為巽。詞義為觀察、瞻仰、省察。❷盥而不薦　參與祭祀的盥洗，而不親身參加薦祭。盥，古人在祭祀之前洗手，以示尊敬。薦，祭祀時奉獻祭品。❸顒若　嚴正之狀。若，語助詞。案：盥洗，已具敬重之心，觀禮者雖不親自參與薦獻，其美好的感情卻已被喚醒。這裡強調的正是美盛事物的教化作用。

【語　譯】觀卦象徵觀仰，加入祭祀前的盥洗，然後在旁觀仰盛大的典禮而不參與薦獻，卻自然能喚起觀禮者心中那種誠信肅穆的感情。

〈彖〉曰：大觀❶在上，順而巽❷，中正❸以觀天下❹。觀，盥而不薦，有孚顒若，下觀而化也。觀天之神道❺，而四時不忒❻；聖人以神道設教❼，而天下服矣。

【章　旨】此〈彖〉辭闡釋觀卦卦名、卦辭、卦象及教化天下的義理。

【注　釋】❶大觀　宏大的景觀。❷順而巽　指觀卦下坤為順，上巽為巽。巽，謙遜。❸中正　指觀卦九五爻得中正之位。九五為本卦主爻。❹觀天下　供天下之人觀仰。❺神道　神妙的規律。❻忒　差錯。❼設教　設立教化。案：〈彖〉辭強調在上者以美德供天下觀仰，並引申出神道設教而天下服的普遍原則，正體現了中國古代文化中，政治與教化緊密結合、不可分割的重要特點。

【語　譯】〈彖傳〉說：宏大的景觀出現在高處，溫順而謙遜，中和而剛正，其美德足以供天下人瞻仰。卦辭言「觀仰祭典，盥洗後並不參與薦獻，卻自然能喚起觀禮者心中誠信肅穆的感情」，是說在下者經由觀仰可以受到感化。觀仰自然界運行的神妙規律，體會四季更替不差的原則，因此聖人效法自然的神妙規律來設立教化，而使天下的人服從。

〈象〉曰：風行地上❶，觀；先王以省方❷觀民❸設教。

【章　旨】此〈象〉辭讚美先王巡察四方，觀民風而設立教化。

【注　釋】❶風行地上　指觀卦下坤為地，上巽為風。❷省方　巡察四方。❸民　民風民俗。案：風吹大地，遍及萬物，〈大象傳〉由此卦象而引申出先王省方觀民設教的義理。此正可與《論語》所言「君子之德風，小人之德草，草上之風，必偃」互相發明。又〈彖傳〉中「神道設教」是在上者以美德教化百姓，〈象傳〉中「觀民設教」則是省察下情以教化百姓，兩者均據「風行地上」的觀卦卦象而闡發。

【語　譯】〈象傳〉說：風在大地上吹拂，這就是「觀仰」的象徵，先代君王效此而巡察四方，觀察民情來設立教化。

初六，童觀❶，小人无咎，君子吝。

【章旨】此爻言識見淺陋，君子將有憾惜。

【注釋】❶童觀　像幼童一樣看待事物。指識見淺陋，眼光不遠大。案：此爻陰柔處下位，遠離九五爻，缺乏才識，不能高瞻遠矚，故於小人雖無禍，而於擔當重任的君子則為不足，因致憾惜。

【語譯】觀卦的初爻，象徵如同幼童一樣看待事物，這樣對於小人固然無禍害，但對於君子來說，卻必將造成憾惜。

〈象〉曰：初六童觀，小人道也。

【章旨】此則〈小象傳〉解釋初六爻象。

【語譯】〈象傳〉說：初六爻辭言「像幼童一樣看待事物」，說明這是小人的淺見之道。

六二，闚❶觀，利女貞❷。

【章旨】此爻言褊狹地觀察事物，祇利於女子的貞正。

【注釋】❶闚　同「窺」。從門縫或孔穴中觀察。指所見褊狹，不能全面地看待事物。❷利女貞　利於女子守持貞正。案：此爻雖得中正而與九五有應，但陰柔處下，終究不如陽剛能洞察天下，猶如婦女深居閨中，僅能從門縫中窺視戶外事物，視野所限，難以全面，故祇利於女子守正，而於男子，則必不利。

【語譯】觀卦的第二爻，象徵從縫隙中褊狹地觀察事物，這祇利於女子守持貞正。

〈象(ㄒㄧㄤˋ)〉曰(ㄩㄝ)：闚(ㄎㄨㄟ)觀(ㄍㄨㄢ)，女(ㄋㄩˇ)貞(ㄓㄣ)，亦(ㄧˋ)可(ㄎㄜˇ)醜(ㄔㄡˇ)❶也(ㄧㄝˇ)。

【章旨】此則〈小象傳〉解釋六二爻象。

【注釋】❶可醜　可引為羞恥。案：此指眼光褊狹，於女子尚可，於男子則可恥。

【語譯】〈象傳〉說：六二爻辭言「褊狹地窺視事物，祇利於女子守持貞正」，是說這對於男子當引為羞恥。

六(ㄌㄨˋ)三(ㄙㄢ)，觀(ㄍㄨㄢ)我(ㄨㄛˇ)生(ㄕㄥ)❶，進(ㄐㄧㄣˋ)退(ㄊㄨㄟˋ)❷。

【章旨】此爻言當省察自我行為，以決定未來的進退。

【注釋】❶生　生平。指以往生活的行為。❷進退　或前進或後退。指對未來生活的選擇。案：此爻處下卦的極位，與上九有應，已近九五之尊，但又陰柔失正，其位多憂懼，可進亦可退，故於此時當省察以往，相機審時，以決定未來的進退出處。

【語　譯】觀卦的第三爻，象徵認真省察自我的行為，以決定前進或後退。

〈象〉曰：觀我生，進退，未失道也。

【章　旨】此則〈小象傳〉解釋六三爻象。

【語　譯】〈象傳〉說：六三爻辭言「省察自我的行為，以決定前進或後退」，是說還沒有喪失正道。

六四，觀國之光❶，利用賓❷于王。

【章　旨】此爻言瞻仰王朝的盛德，作王之賓客將有利。

【注　釋】❶光　指廣大的盛德。❷賓　用如動詞，作賓客。案：此爻柔順得正，上承九五之尊，猶瞻仰賢君包容天下的盛德，並蒙君恩，為君王座上之賓而效力於君王，其吉可知。

【語　譯】觀卦的第四爻，象徵瞻仰王朝廣大的盛德，作君王的賓客將有利。

〈象〉曰：觀國之光，尚❶賓也。

【章旨】此則〈小象傳〉解釋六四爻象。

【注釋】❶尚　尊重。

【語譯】〈象傳〉說：六四爻辭言「瞻仰王朝的廣大盛德」，是說君王能夠尊重賓客。

九五，觀我生❶，君子无咎。

【章旨】此爻言受人瞻仰並省察自我行為，君子無禍。

【注釋】❶觀我生　此辭雖與六三同而義有所區別。九五以陽剛居中而得正，猶賢君省察自己的行為，培養美德，作為榜樣，以供天下人瞻仰，教化百姓。故有示德於人與省察自我的雙重意義。

【語譯】觀卦的第五爻，象徵受人瞻仰並省察自我行為，這樣君子必無禍害。

〈象〉曰：觀我生，觀民❶也。

【章旨】此則〈小象傳〉解釋九五爻象。

【注釋】❶觀民　觀於民。即為民所瞻仰。

【語譯】〈象傳〉說：九五爻辭言「省察自我的行為」，這是為了以美德為百姓所瞻仰。

上九，觀其❶生，君子无咎。

【章旨】此爻言在上者意識到為人所注目，可得無咎。

【注釋】❶其　它的。指上九。案：此爻居本卦的極位，觀道將窮，此時當了解自己所處的地位為眾人所注目，纔能修養品德，以免禍害。

【語譯】觀卦的上爻，象徵人們都觀仰它的行為，祇有體認到這一點，君子纔能免除禍害。

〈象〉曰：觀其生，志未平❶也。

【章旨】此則〈小象傳〉解釋上九爻象。

【注釋】❶志未平　指心志仍然不能安逸。案：志未平，意在告誡以美德感化天下為久長之業，而非易事。

【語譯】〈象傳〉說：上九爻辭言「人們都觀仰它的行為」，這是說心志仍然不可安逸。

噬嗑卦第二十一

【卦　旨】此卦卦名「噬嗑」，義為咬合，揭示施用刑罰必須確定法令、明察果斷、剛柔並濟的道理，體現了中國早期關於法治的思想原則。

䷔ 噬嗑❶，亨，利用獄❷。

【章　旨】此卦辭言噬嗑之道亨通而利於施用刑法。

【注　釋】❶噬嗑　卦名。下卦為震，上卦為離。詞義為咬合。❷用獄　施用刑法。案：朱熹《周易本義》從本卦卦形的角度認為，此卦上下兩爻均為陽爻而實，中間六二、六三、六五三爻均為陰爻而虛，上下實而中虛，為頤口之象；而九四以一陽爻而隔於其中，猶口中有物，口中有物，勢必咬而食之，吞食口中之物，嘴必合攏，故卦名為噬嗑。那麼咬合與施刑之間又有何聯繫呢？社會上一切的爭端訟獄，皆因人與人之間情意阻隔，不能溝通而起，若能咬斷中間阻隔之物，去掉障礙，而後合之，則可使雙方溝通而止息爭端。故此卦以咬合而喻施刑決獄。

【語　譯】噬嗑卦以咬合象徵施刑，亨通，有利於施用刑法。

〈彖〉曰：頤❶中有物，曰噬嗑，噬嗑而亨。剛柔❷分，動而明❸，雷電❹合而章❺。柔得中❻而上行，雖不當位❼，利用獄也。

【章旨】此〈彖〉辭闡釋噬嗑卦卦名、卦辭、卦象和爻象。

【注釋】❶頤　上下顎之間的部位。這裡指口腔。❷剛柔　下震陽卦為剛，上離陰卦為柔。❸動而明　下震為動，上離為明。❹雷電　下震為雷，上離為火為電。❺章　通「彰」。昭明。❻柔得中　指六五以陰柔居上卦之中，此爻為本卦主爻。❼不當位　指六五爻陰居陽位，位不當。

【語譯】〈彖傳〉說：口腔中有物，所以叫噬嗑，咬斷阻梗之物而合攏嘴巴，因而上下相連亨通。陽剛與陰柔上下分別，下運動而上光明，就像震雷與閃電交合而理更彰明。此時柔順者居於中位而向上奮進，雖然不合正位，但能以中道寬容處世，仍然有利於施用刑法。

〈象〉曰：雷電❶，噬嗑；先王以明罰勑法❷。

【章旨】此〈象〉辭讚美先王申明刑罰，端正法律。

【注釋】❶雷電　指本卦下震為雷，上離為火為電。❷明罰勑法　申明刑罰，端正法律。勑，正。案：雷動而威，電閃而明，用刑之道，亦須以法明示天下，並以權威行之。故〈大象傳〉由雷電相合而引申出明罰勑法之義。

【語　譯】〈象傳〉說：雷與電交合，這就是咬合的象徵，先代君王效此而申明刑罰，端正法令。

初九，屨❶校❷滅❸趾❹，无咎。

【章　旨】此爻言對初犯者稍加懲戒，可得無咎。

【注　釋】❶屨　本義為鞋，用如動詞，穿。❷校　木製刑具，此處指腳桎之類。❸滅　損傷。❹趾　腳趾。案：此爻為噬嗑卦之始，對於初犯的人，當施以寬緩之刑，只須給犯者戴上腳桎，以示懲戒，使其悔改，不能過於急迫。

【語　譯】噬嗑卦的初爻，象徵給初犯者戴上腳桎一類的刑具，僅僅損傷他的腳趾，以示懲戒，這樣必無禍害。

〈象〉曰：屨校滅趾，不行也。

【章　旨】此則〈小象傳〉解釋初九爻象。

【語　譯】〈象傳〉說：初九爻辭言「給初犯者戴上腳桎，損傷他的足趾」，是為了使他不重犯過失。

六二，噬膚❶，滅鼻，无咎。

【章旨】此爻言施刑順利，雖稍過甚，亦無禍害。

【注釋】❶噬膚 咬破皮膚。案：此爻柔順處中，得正，因而決獄公正中允，處置罪犯，如同咬脆柔的皮膚一樣順利；又因本爻居於初九陽剛之上，治剛勁者須以重刑，故施以滅鼻的嚴刑，此雖稍過而無咎。

【語譯】噬嗑卦的第二爻，象徵施刑治獄如咬破皮膚一樣順利，雖然施用了毀傷鼻子的嚴刑，但也沒有禍害。

〈象〉曰：噬膚，滅鼻，乘剛❶也。

【章旨】此則〈小象傳〉解釋六二爻象。

【注釋】❶乘剛 指此爻凌乘於初九陽剛之上。

【語譯】〈象傳〉說：六二爻辭言「施行治獄如咬破皮膚一樣順利，施用毀傷鼻子的嚴刑」，這是因為它凌乘治理的是剛勁的對象。

六三，噬腊肉❶，遇毒❷。小吝，无咎。

【章　旨】此爻言位不正而施刑，將招致怨毒憾惜。

【注　釋】❶腊肉　堅硬的肉。❷毒　怨毒。案：此爻以陰爻而居陽位，且不得中道，位不中正而施刑治獄，則如咬堅硬的肉一樣，難以下手，治獄不順，則必招致怨毒不服。幸得此爻乘九四之陽而下不乘剛，故祇得小吝而無咎。

【語　譯】噬嗑卦的第三爻，象徵施刑治獄如咬堅硬的肉一樣不順利，將遇上怨毒不滿。但終究祇有小的憾惜，而沒有禍害。

〈象〉曰：遇毒，位不當❶也。

【章　旨】此則〈小象傳〉解釋六三爻象。

【注　釋】❶位不當　指六三爻以陰而居陽位，且不得中。

【語　譯】〈象傳〉說：六三爻辭言「將遭到怨毒不滿」，是因為居位不適當。

九四，噬乾胏❶，得金矢❷，利艱貞，吉。

【章　旨】此爻言果斷剛直地施刑治獄，可得吉。

【注　釋】❶胏　帶骨的肉脯。程頤《易傳》云：「乾肉而兼骨，至堅難噬者也。」❷金矢　金喻剛，矢喻直。案：此爻處上卦之始，六五之下，其位多艱，多受掣肘，其治獄如噬乾胏，很棘手；但此爻陽剛正直，能在艱難中堅持正道，秉公執法，依理斷獄，故可獲吉祥。

【語　譯】噬嗑卦的第四爻，象徵施刑治獄如咬帶骨的乾肉一樣艱難，但具備金屬箭矢那樣的剛直品性，利於在艱難中堅持貞正，可獲吉祥。

〈象〉曰：利艱貞，吉，未光❶也。

【章　旨】此則〈小象傳〉解釋九四爻象。

【注　釋】❶光　廣博。

【語　譯】〈象傳〉說：九四爻辭言「利於在艱難中堅持貞正，可獲吉祥」，是說胸襟還不夠廣大。

六五，噬乾肉❶，得黃金❷，貞厲，无咎。

【章　旨】此爻言剛柔相濟，以中道施刑治獄，無咎。

【注釋】❶乾肉　乾硬的肉。❷黃金　黃為中和之色，金為剛強之物，此喻中和而剛強。案：此爻以陰柔處尊位，因柔弱而施刑不順，但能堅持中道，剛柔相濟，守持貞正以防危險，可得無咎。

【語譯】噬嗑卦的第五爻，象徵施刑治獄如咬乾硬的肉一樣不順利，但具備黃金那樣中和而剛強的品性，守持貞正以防危險，必無禍害。

〈象〉曰：貞厲，无咎，得當❶也。

【章旨】此則〈小象傳〉解釋六五爻象。

【注釋】❶得當　指六五居中，得適當的治獄之道。

【語譯】〈象傳〉說：六五爻辭言「守持貞正以防危險，必無禍害」，是因為運用適中恰當的施刑治獄之道。

上九，何❶校❷滅耳，凶。

【章旨】此爻言施刑治獄過於酷烈，必致凶險。

【注釋】❶何　通「荷」。戴上。❷校　此處指木枷之類刑具。案：此爻以陽剛居本卦的極位，有施刑過烈之象。古代犯人的木枷一般戴在脖頸上，現在卻加厚木枷，以致毀傷耳朵，顯然太過暴烈，治獄不能持平，必致凶險。

【語譯】噬嗑卦的上爻，象徵施刑治獄過於酷烈，給犯人戴上木枷，甚至毀傷了他的耳朵，這樣必招致凶險。

〈象〉曰：何校滅耳，聰不明❶也。

【章旨】此則〈小象傳〉解釋上九爻象。

【注釋】❶聰不明　聽力不好。指濫施酷刑是由於偏聽偏信所造成。

【語譯】〈象傳〉說：上九爻辭言「施用戴上木枷毀傷耳朵的酷刑」，那是施刑者偏聽偏信的結果。

賁卦第二十二

【卦旨】此卦卦名「賁」，義為文飾，揭示剛柔相雜而成文、社會以禮儀構成文明的道理，並體現了文以輔質、崇尚淳樸自然之美的觀點。

䷕ 賁❶，亨，小利有攸往。

【章　旨】此卦辭言文飾之道將亨通而小有利。

【注　釋】❶賁　卦名。下卦為離，上卦為艮。詞義為文飾。案：賁卦下離為明，上艮為止，用文明的禮儀，使每個人止於一定的分際，這就是社會生活的文飾；有實際內質，又輔以文飾，故得亨通；小利者，因文飾雖美，也祇是實質的附屬，並不能改變事物的本質，故不能得大利。

【語　譯】賁卦象徵文飾，亨通，有所前往將獲小利。

〈彖〉曰：賁，亨，柔來而文剛❶，故亨；分剛上而文柔❷，故小利有攸往。剛柔交錯❸，天文也；文明❹以止❺，人文❻也。觀乎天文，以察時變❼；觀乎人文，以化成天下❽。

【章　旨】此〈彖〉辭闡釋賁卦卦辭、卦象及剛柔相雜成文、在人事上以文明化成天下的義理。

【注　釋】❶柔來而文剛　以柔順之德來文飾剛強。本卦下離陰卦為柔，上艮陽卦為剛。❷剛上而文柔　剛強在上而文飾柔順。剛指上艮，柔指下離。❸剛柔交錯　此四字據郭京《周易舉正》補。❹文明　指離卦，離為明。❺止　指上艮，艮為止。❻人文　人類的文明。指文章、禮義等。❼時變　時序的變化。❽化

成天下　教化而促成天下昌明。

【語　譯】〈象傳〉說：文飾，亨通，柔順前來文飾剛強，所以亨通；而剛強分居於上，亦文飾柔順，所以說「有所前往將獲小利」。剛強與柔順交相錯雜，這是天上的文飾；文章燦明而止於禮義，這是人類的文明。觀察天上的文飾，可以察知時序的變化；觀察人類的文明，可以推行教化促成天下昌明。

〈象〉曰：山下有火❶，賁；君子以明庶政❷，无敢折獄❸。

【章　旨】此〈象〉辭勉勵君子治民當以修明政務，而盡量避免訟獄。

【注　釋】❶山下有火　指本卦下離為火，上艮為山。❷庶政　日常政務。❸折獄　斷理訟獄。案：山為草木百物所生之地，火在下而上照，物類皆被其光明，故〈大象傳〉由此引申出以光明政治德化百姓之義。又「未敢折獄」，一般說法為不敢以文飾決訟獄，其實是指避免訟獄，天下無訟，百姓和睦，正是光明政治的最高境界。

【語　譯】〈象傳〉說：山下有火照耀，這就是文飾的象徵，君子當效此而修明日常政務，以教化百姓，盡量避免運用斷理訟獄的手段。

初九，賁其趾❶，舍車而徒❷。

【章旨】此爻言文飾必須符合身分，不能追求華飾。

【注釋】❶賁其趾　文飾他的腳趾。❷舍車而徒　捨棄華麗的車子而徒步行走。案：此爻當文飾之始，地位卑下，不敢一味追求華飾，故僅賁其趾，趾為人體低下者，正與其身分相符；華麗的車子，則非卑下者所當乘，故捨而徒行。這裡正反映了以禮制化成天下的思想。

【語譯】賁卦的初爻，象徵卑下者祇文飾他的腳趾，捨棄華麗的車子而徒步行走。

〈象〉曰：舍車而徒，義弗乘也。

【章旨】此則〈小象傳〉解釋初九爻象。

【語譯】〈象傳〉說：初九爻辭言「捨棄華麗的車子而徒步行走」，是說憑他的身分不應該乘坐華麗的車子。

六二，賁其❶須❷。

【章旨】此爻言柔下者當文飾剛上者，以廣尊者之德。

【注釋】❶其 剛上者，指九三爻。❷須 同「鬚」。毛在口邊稱髭，在兩頰稱髯，在頤（即下顎）稱鬚。案：此爻陰柔中正，與上之九三接近，雙方均在下卦而無應，於是六二承九三而輔之，可相得益彰。鬚為陽剛之物，且在人體上部，故以此喻指九三。

【語譯】賁卦的第二爻，象徵柔下者文飾尊者的美鬚。

〈象〉曰：賁其須，與上❶興❷也。

【章旨】此則〈小象傳〉解釋六二爻象。

【注釋】❶上 指九三爻。❷興 起；行動。

【語譯】〈象傳〉說：六二爻辭言「文飾尊者的美鬚」，是說將輔助尊者一起行動。

九三，賁如❶，濡❷如，永貞吉。

【章旨】此爻言雖得文飾潤澤，仍須守持貞正。

【注釋】❶如 語尾助詞，無義。❷濡 潤澤。案：此爻陽剛得正，與六二親比，得陰柔的文飾與潤澤，陰陽和合，是為美者；然此爻與六二畢竟不是正應，故仍須永守貞正，方能獲吉。

【語　譯】賁卦的第三爻，象徵他得到陰柔的文飾與潤澤，但仍須長久地守持貞正，方可獲吉祥。

〈象〉曰：永貞之吉，終莫之陵❶也。

【章　旨】此則〈小象傳〉解釋九三爻象。

【注　釋】❶莫之陵　即「莫陵之」。陵，陵辱。

【語　譯】〈象傳〉說：九三爻辭言「長久地守持貞正可獲吉祥」，是說始終沒有誰能陵辱他。

六四，賁如，皤❶如，白馬翰如❷；匪寇，婚媾❸。

【章　旨】此爻言文飾以素淨為貴，陰陽交合為佳。

【注　釋】❶皤　素白。❷翰如　白淨的樣子。❸匪寇二句　不是強寇，而是前來求婚配者。指與六四相應的初九。案：此爻陰柔得正，居上卦之始，故文飾以素白為尚，且此爻與初九為正應，初九亦捨車而棄其華麗，兩者志趣相合，故爻辭勉其前往，與初九交合。寇，指九三，九三隔於六四與初九之間，使六四產生疑懼。

【語譯】賁卦的第四爻，象徵文飾崇尚素淨，全身是那麼白淨，連所騎的白馬也那麼白；前來的不是強寇，而是來求婚配的佳偶。

〈象〉曰：六四，當位疑❶也；匪寇，婚媾，終无尤❷也。

【章旨】此則〈小象傳〉解釋六四爻象。

【注釋】❶當位疑　謂此爻居四，處多疑之位。❷无尤　沒有怨尤。指雖有九三阻隔，但果敢前往，終可如願而與初九交合。

【語譯】〈象傳〉說：六四，正處於多疑的位置；爻辭言「前來的不是強寇，而是求婚配的佳偶」，是說雖有阻隔，卻終究沒有怨尤。

六五，賁于丘園❶，束帛❷戔戔❸。吝，終吉。

【章旨】此爻言尊者文飾敬重隱逸之士，終必獲吉。

【注釋】❶丘園　山丘園圃，喻指隱逸之士。❷束帛　一束絲帛。指贈送隱士的禮物。❸戔戔　很微薄的樣子。案：此爻以陰柔得中而居君位，為勤賢之君，故能尊敬山林隱士，文飾而成其美名；所贈之禮雖微薄，然正體現了不求華靡的美德，符合隱者澹泊之志。吝者，因其無應也。

【語　譯】賁卦的第五爻，象徵文飾居於山丘園圃中的隱逸之士，以成其美名，並相贈以一束微薄的絲帛作為禮物。雖然有所憾惜，但終將獲得吉祥。

〈象〉曰：六五之吉，有喜也。

【章　旨】此則〈小象傳〉解釋六五爻象。

【語　譯】〈象傳〉說：六五爻辭所言「終獲吉祥」，是說為君者能文飾尊重隱逸之士，必將有喜慶。

上九，白賁❶，无咎。

【章　旨】此爻言以質樸無華修飾自身，可得無咎。

【注　釋】❶白賁　以質樸無華的白色修飾之。案：此爻居賁卦文飾的極位，賁道反歸於素樸。不用文飾，更顯其自然真趣，故得無咎。

【語　譯】賁卦的上爻，象徵以質樸無華的白色修飾自身，沒有禍害。

〈象〉曰：白賁，无咎，上得志❶也。

【章旨】此則〈小象傳〉解釋上九爻象。

【注釋】❶上得志　指上九居虛高之位，能領悟一切，不求華飾，返歸真樸，故曰得志。

【語譯】〈象傳〉說：上九爻辭言「以質樸無華的白色修飾自身，沒有禍害」，說明上九已實現其心志。

剝卦第二十三

【卦旨】此卦卦名「剝」，義為剝落，揭示陰盛陽衰，小人得勢、君子困頓之時，應當守正防凶，以待來日的道理。同時，也揭示了事物剝極將復、不利局面終將轉化的客觀規律。

䷖ 剝❶，不利有攸往。

【章旨】此卦辭言小人得勢時，君子不要有所行動。

【注釋】❶剝　卦名。下卦為坤，上卦為艮。義為剝落、浸蝕。案：《集解》引鄭玄曰：「陰氣侵陽，上至於五，萬物零落，故謂之剝也。五陰一陽，小人極盛，君子不可有所之，故不利有攸往也。」鄭玄據卦象釋卦辭，十分清楚。

【語　譯】剝卦象徵剝落，有所前往將不利。

〈彖〉曰：剝，剝也，柔變剛❶也。不利有攸往，小人長❷也。順而止❸之，觀象❹也。君子尚❺消息❻盈虛❼，天行❽也。

【章　旨】此〈彖〉辭闡釋剝卦卦名、卦辭、卦象及事物轉化的義理。

【注　釋】❶柔變剛　指本卦五個陰爻剝奪改變陽剛。❷小人長　小人勢力盛長。小人，指五個陰爻。❸順而止　指本卦下坤為順，上艮為止。❹觀象　觀察卦象。❺尚　崇尚。❻消息　消失生長。❼盈虛　盈滿虧虛。❽天行　天的運行規律。

【語　譯】〈彖傳〉說：剝，就是剝落，即陰柔正在剝奪改變陽剛的意思。卦辭言「有所前往將不利」，是因為此時小人勢力盛長。君子應當順應時勢而停止行動，觀察卦象就能明白。君子崇尚事物消失生長、盈滿虧虛的轉化哲理，因為這是天運行的規律。

〈象〉曰：山附於地❶，剝；上以厚下安宅❷。

【章　旨】此〈象〉辭勉勵在上者厚待百姓，穩固基礎。

【注　釋】❶山附於地　指本卦下坤為地，上艮為山。❷厚下安宅　厚待治下的百姓，安固基礎。宅，住宅。喻指事業的基礎。案：山本高踞於地上，現頹附於地，顯然已遭剝落浸蝕，故〈大象傳〉由此引申出不可妄動，而要厚下安宅、穩固基業，以待轉機的義理。

【語　譯】〈象傳〉說：高山頹附在大地之上，這就是剝落的象徵，在上者應當效此而厚待治下百姓，穩固基礎。

初六，剝牀❶以❷足❸，蔑❹，貞凶。

【章　旨】此爻言基礎遭剝落時，須守持貞正以防凶險。

【注　釋】❶牀　用以安人的器具，喻指事物的基礎。❷以　介詞。猶言「于」。❸足　牀足。❹蔑　通「滅」。毀滅。案：此爻以陰居剝卦之初，陰剝落陽，從下面開始，而漸次上升，故剝牀而先始於牀足。

【語　譯】剝卦的初爻，象徵剝落大牀先剝落牀足，基礎遭到毀滅，此時應當守持貞正以防凶險。

〈象〉曰：剝牀以足，以滅下❶也。

【章　旨】此則〈小象傳〉解釋初六爻象。

【注　釋】❶下　指下部基礎。

【語　譯】〈象傳〉說：初六爻辭言「剝落大牀先剝落牀足」，是說將先毀滅下部基礎。

六二，剝牀以辨❶，蔑，貞凶。

【章　旨】此爻言剝落加劇時，仍須守正以防凶險。

【注　釋】❶辨　牀幹；牀身與牀足結合之處。案：此爻處下坤之中，猶如牀足與牀身之間的牀幹，初六已剝牀足，此爻剝及牀幹，陰柔剝落陽剛已進一步加劇。

【語　譯】剝卦的第二爻，象徵剝落大牀已發展到牀幹，陽剛進一步遭到剝奪，此時仍須守正以防凶險。

〈象〉曰：剝牀以辨，未有與❶也。

【章　旨】此則〈小象傳〉解釋六二爻象。

【注　釋】❶與　相與應合者。指六二爻與上無應。

【語譯】〈象傳〉說：六二爻辭言「剝落大牀已發展到牀幹，陽剛進一步遭到剝蝕」，這是因為它上無相與應合者。

六三，剝之❶，无咎。

【章旨】此爻言雖處剝落之時，但依靠陽剛之應，可無咎。

【注釋】❶剝之　尚秉和《周易尚氏學》認為「之」字是衍文。案：此爻處陽位，上與上九陽剛應合，故雖處剝落之時，其體已消剝成陰，但其內仍含陽質，故能靠陽剛應合之力而得無咎。又荀爽認為，眾陰皆剝陽，而六三獨應於上，無剝害陽剛之意，是以無咎。（《周易集解》引）

【語譯】剝卦的第三爻，象徵雖處剝落之時，而能與上之陽剛相應，故得無咎。

〈象〉曰：剝之，无咎，失上下❶也。

【章旨】此則〈小象傳〉解釋六三爻象。

【注釋】❶失上下　指脫離上之六四與下之六二，而獨與上九陽剛相應。

【語譯】〈象傳〉說：六三爻辭言「雖處剝落之時而得無咎」，是因為它能脫離上下群陰而獨應陽剛。

六四，剝牀以膚❶，凶。

【章　旨】此爻言基礎遭徹底剝落，將危及人體而致凶。

【注　釋】❶膚　皮膚。案：王肅曰：「在下而安人者牀也，在上而處牀者人也。坤以象牀，艮以象人，牀剝盡以及人身，為敗滋深，害莫甚焉。」此爻處上卦之初，從初六剝牀足開始，至此已將基礎徹底剝落，危及人身，故言凶。

【語　譯】剝卦的第四爻，象徵剝落大牀已盡，將危及人體而致凶險。

〈象〉曰：剝牀以膚，切近災也。

【章　旨】此則〈小象傳〉解釋六四爻象。

【語　譯】〈象傳〉說：六四爻辭言「剝落大牀已盡，將危及人體」，是說已迫近災禍了。

六五，貫魚❶以宮人❷寵❸，无不利。

【章　旨】此爻言剝極將復，此時親近陽剛，無所不利。

【注　釋】❶貫魚　貫串在一起的魚。此指五個陰爻，魚為陰物，故以之為象。❷以宮人　率領後宮的嬪妃。❸寵　求寵愛於君王。君王指上九。案：此爻以陰居五陰爻之首，剝蝕陽剛已達極點，事物已出現轉機，此爻緊承上九陽剛，故能放棄剝陽之道，率嬪妃求寵以親近於陽剛，故曰無不利。

【語　譯】剝卦的第五爻，象徵剝道窮盡而將復，此時就像貫串魚一樣率領眾嬪妃求寵以親近剛健君王，將無所不利。

〈象〉曰：以宮人寵，終无尤❶也。

【章　旨】此則〈小象傳〉解釋六五爻象。

【注　釋】❶尤　過失。

【語　譯】〈象傳〉說：六五爻辭言「率領眾嬪妃求寵以親近剛健君王」，是說這樣將終歸沒有過失。

上九，碩果❶不食❷，君子得輿❸，小人剝廬❹。

【章　旨】此爻言陽剛並未剝蝕殆盡，正面力量有可能迅速發展，但仍須警惕小人的干擾。

【注　釋】❶碩果　碩大的果實。指上九。❷不食　未遭吃食。❸輿　車。❹廬　房屋。案：此爻以一陽而獨居本卦的極位，未被吃食，猶碩果獨存，亦為未來陽剛的復興與發展留下了種子，奠定了基礎，可見正義是不可能被邪惡完全滅絕的。但陽剛的復興與否仍有一定條件：若君子居於上位，則如得乘飛馳的車子，能迅速發展；若小人居於上位，則不僅剝足、剝辨、剝膚，還要剝及房屋，那麼，連安身之所、僅存之果亦將失去。可見《周易》作者的深誡。

【語　譯】剝卦的上爻，象徵陽剛並未被剝蝕殆盡，就像碩大的果實未被吃食一樣，如君子當位，事業將如同乘車一樣迅速發展；但若是小人當位，那麼，連賴以容身的房屋也將被剝落了。

〈象〉曰：君子得輿，民所載也；小人剝廬，終不可用也。

【章　旨】此則〈小象傳〉解釋上九爻象。

【語　譯】〈象傳〉說：上九爻辭言「君子當位如得乘飛馳之車」，是因為百姓所愛戴的關係；言「小人當位將使房屋也剝落」，說明小人終究不可任用啊！

復卦第二十四

【卦　旨】此卦卦名「復」，義為回復，揭示陰氣消退，陽剛正氣逐漸回復，天地生生不已的必然規律，以及此時應當復善趨仁、堅持正道，不可迷入歧途的道理。

䷗ 復❶，亨。出入无疾❷，朋❸來无咎。反復其道❹，七日來復❺。利有攸往。

【章　旨】此卦辭言陽剛正氣回復順暢，有所前往將有利。

【注　釋】❶復　卦名。下卦為震，上卦為坤。詞義為回復、來復。《周易集解》引何妥云：「復者，歸本之名。羣陰剝陽，至於幾盡，一陽來下，故稱反復；陽氣復反，而得交通。故云『復，亨』也。」❷出入无疾　指陽氣內生外長均無疾害，回復十分順暢。❸朋　朋友。指陽爻初九。初九一陽初動上復，羣陰引為朋友。陰陽交合，故得無咎。❹反復其道　反轉復歸於陽剛正道。❺七日來復　王弼《周易注》認為陽氣始於被剝盡之後，至陽氣來復，共歷七日。又侯果以「十二消息卦」（參見本書「導讀」中「十二辟卦方位圖」）為說，認為陽氣自五月姤卦䷫消，至十一月復卦䷗復生，共歷七卦、七月（《周易集解》引）。《詩經・豳風》稱月為日，故云「七日來復」。近人宋祚胤認為：「從復卦出發，通過一度循環，又回到復卦初九，恰好是經歷了七個爻位，這就是七日來復。」《周易新論》其他說法還很多，茲不贅述。案：剝、復兩卦為往來卦，亦稱綜卦。剝卦揭示陽剛正氣逐漸被剝蝕的過程，但仍留有上九一陽碩果不食；復卦則描述陽剛逐漸回復的情形。兩卦的運動軌跡構成一個完整的變化週期，典型地反映了《周易》關於陰陽消長、循環不已的變化觀。

【語譯】復卦象徵回復，亨通。此時陽剛正氣內生外長順暢無害，剛健朋友前來而沒有禍害。陽氣將反轉復歸於陽剛正道，七日必將回復到來。此時有所前往必將有利。

〈彖〉曰：復，亨，剛反❶，動而以順行❷，是以出入无疾，朋來无咎。反復其道，七日來復，天行❸也。利有攸往，剛長❹也。復，其見❺天地之心乎？

【章旨】此〈彖〉辭闡釋復卦卦辭、卦象，並認為陽剛正氣的回復體現了天道的規律。

【注釋】❶剛反　陽剛回復。指初九一陽回復上升。❷動而以順行　指本卦下震為動，上坤為順。❸天行　天道運行的規律。❹剛長　陽剛逐漸增長。❺見　通「現」。

【語譯】〈彖傳〉說：卦辭言「回復，亨通」，是說陽剛正在回復；陽剛運動向上而順暢通行，所以說「內生外長順暢無害，剛健朋友前來而沒有禍害」。言「陽氣將反轉復歸於陽剛正道，七日必將回復到來」，因為這是天道運行的規律。言「有所前往必將有利」，因為此時陽剛正在逐漸增長。陽剛回復，那是體現了天地生生不已的用心吧？

〈象〉曰：雷在地中❶，復；先王以至日❷閉關❸，商旅不行。后❹不省方❺。

【章旨】此〈象〉辭讚美先王休養生息，以求發展。

【注釋】❶雷在地中　指復卦下震為雷，上坤為地，猶雷在地中。❷至日　冬至之日。或曰冬至在十一月，本卦為十一月之卦，故云至日。❸閉關　掩閉關隘，以讓國人休息。❹后　君主。❺省方　省察四方。案：雷在大地之中，尚未迸發，因此時陽剛初復萌動，正在蓄積力量，故〈大象傳〉引申出君主採取休養生息，不輕易行動，以利進一步發展的政策。

【語譯】〈象傳〉說：雷伏於大地之中，這就是回復的象徵；故先代君王效此而在冬至之日掩閉關隘，以讓國人休息，商賈旅人不出行。君主自己也不去巡察四方。

初九，不遠復❶，无祇❷悔，元吉。

【章　旨】此爻言起步不遠即回復正道，可得大吉。

【注　釋】❶不遠復　指初九以一陽處羣陰之下，是復道之始，故有起步不遠即回復之象。❷祇　據尚秉和考證，祇為「祗」之誤，指災病。

【語　譯】復卦的初爻，象徵起步不遠就回復正道，這樣必無災病，而且還有大的吉祥。

〈象〉曰：不遠之復，以脩身也。

【章　旨】此則〈小象傳〉解釋初九爻象。

【語　譯】〈象傳〉說：初九爻辭言「起步不遠就回復正道」，說明它善於修美自身。

六二，休❶復，吉。

【章　旨】此爻言向美善回復，可獲吉祥。

【注　釋】❶休　美。案：此爻得位居中，親比於初九陽剛，就像親仁下賢，趨向美善，故得吉祥。

【語　譯】復卦的第二爻，象徵向美善回復，必獲吉祥。

〈象〉曰：休復之吉，以下仁❶也。

【章旨】此則〈小象傳〉解釋六二爻象。

【注釋】❶下仁　俯就仁德君子。仁，指初九。

【語譯】〈象傳〉說：六二爻辭言「向美善回復必獲吉祥」，是因為它能夠俯就仁德君子。

六三，頻❶復，厲无咎。

【章旨】此爻言被動勉強地回復正道，危險而無禍害。

【注釋】❶頻　尚秉和《周易尚氏學》認為是古文「顰」字，皺眉之狀。王弼亦注為「頻蹙之貌」。案：此爻不中不正，承乘皆陰，亦無應助，故有皺眉勉強回復之象。回復勉強，故有厲，但畢竟能回復，因得無咎。

【語譯】復卦的第三爻，象徵皺著眉頭勉強回復正道，這樣將有危險，但終究沒有禍害。

〈象〉曰：頻復之厲，義无咎也。

【章　旨】此則〈小象傳〉解釋六三爻象。

【語　譯】〈象傳〉說：六三爻辭言「皺眉勉強回復將有危險」，但它畢竟能回復美善，應該是沒有禍害的。

六四，中行❶獨❷復。

【章　旨】此爻言回復正道應當堅持中正、果敢行動。

【注　釋】❶中行　居中行正。指此爻處五個陰爻之中，其位得正。❷獨　獨自。案：此爻居五陰之中，且唯其與初九有應，故有中行獨復之象。爻辭雖無吉凶斷語，其吉自明。

【語　譯】復卦的第四爻，象徵居中行正，獨自果敢地回復善道。

〈象〉曰：中行獨復，以從道也。

【章　旨】此則〈小象傳〉解釋六四爻象。

【語　譯】〈象傳〉說：六四爻辭言「居中行正，獨自果敢地回復善道」，是說它能遵從正道。

六五，敦❶復，无悔。

【章旨】此爻言敦厚篤誠地回復善道，可得無悔。

【注釋】❶敦　敦厚。案：此爻以陰柔居尊位，處上卦之中，有敦厚向善之象，故雖失位無應，亦能無悔。《周易集解》引侯果云：「坤為厚載，故曰敦復；體柔居剛，無應失位，所以有悔；能自考省，動不失中，故曰無悔矣。」

【語譯】復卦的第五爻，象徵敦厚篤誠地回復善道，必無悔恨。

〈象〉曰：敦復，无悔，中❶以自考❷也。

【章旨】此則〈小象傳〉解釋六五爻象。

【注釋】❶中　指此爻居上卦之中。❷自考　自我考省。

【語譯】〈象傳〉說：六五爻辭言「敦厚篤誠地回復善道，必無悔恨」，是說它居中不偏而能自我考省啊。

上六，迷復❶，凶，有災眚❷。用行師❸，終有大敗，以❹其國君凶。

至于十年不克❺征。

【章旨】此爻言回復善道時陷入迷途，將致禍患。

【注釋】❶迷復　猶言迷於復，在回復之時誤入迷途。❷眚　眼病。比喻禍患。❸行師　動用軍隊。指進行戰爭。❹以　與；連及。❺克　能。案：此爻陰柔不正，居復卦之極位，下無應，上無承，有迷誤不善回復之象，以此用兵，必造成深重災難，危及國君，甚至十年還難恢復國力。

【語譯】復卦的上爻，象徵回復善道時陷入迷途，必有凶險，有災殃禍患。若用於行兵作戰，終將遭到大敗，還要連及國君遭到凶險。甚至直到十年之久，尚不能恢復國力，無法征討他國。

〈象〉曰：迷復之凶，反君道❶也。

【章旨】此則〈小象傳〉解釋上六爻象。

【注釋】❶反君道　違反國君之道。

【語譯】〈象傳〉說：上六爻辭言「回復善道時陷入迷途，必有凶險」，因為違反了做國君的規律。

无妄卦第二十五

【卦　旨】此卦卦名「无妄」，義為不妄為，揭示立身處世必須順應自然，堅持正道，不可妄想、妄為的道理，同時對吉凶禍福之深不可測亦有所反映。

䷘　无妄❶，元、亨、利、貞❷，其匪❸正有眚❹，不利有攸往。

【章　旨】此卦辭言不妄為則亨通，不守正道將致禍患。

【注　釋】❶无妄　卦名。下卦為震，上卦為乾。詞義為不妄為、不妄想、不虛妄。❷元亨利貞　參見乾卦卦辭譯注。❸匪　通「非」。不。❹眚　眼病。比喻禍患。案：陳夢雷《周易淺述》云：「按〈序卦〉：『復則不妄矣，故受之以无妄。』復者，反于道也。既復于道，合于正理而无妄矣，无妄所以次復也。」言復於正道後，故得無妄。從卦象看，本卦下震上乾，內動外健，猶天威下行，故萬物不敢妄為；又下震為動，上乾為天，順天而動，自然而行，故言無妄。《釋文》引馬融、鄭玄等之說，訓妄為「望」，謂無妄即不存奢望之義，亦可參考。

【語　譯】无妄卦象徵不妄為，具有初始、通達、和諧、貞正的德性，如果不守正道將有禍患，有所前往將不利。

〈彖〉曰：无妄，剛自外❶來而為主於內❷，動而健❸，剛中而應❹。大亨以正，天之命❺也；其匪正有眚，不利有攸往，无妄之往❻，何之❼矣？天命不祐❽，行矣哉？

【章旨】此〈彖〉辭闡釋无妄卦卦名、卦辭、卦象和爻象。

【注釋】❶外　指外卦乾，乾為剛。❷內　指內卦震，震乃陽卦，亦為剛。❸動而健　指下震為動，上乾為健。❹剛中而應　指九五爻以陽剛居上卦之中，並與六二有應。❺命　教命。❻无妄之往　處萬物無妄之時，卻要隨意前往。❼何之　去哪裡，意謂無路可走。之，動詞。❽祐　護祐。

【語譯】〈彖傳〉說：不妄為，是說陽剛從外前來而在內擔任主宰，震動而強健，陽剛者處於中位而下有相應配合，故萬物不敢妄為。卦辭言「大得通達而貞正」，因為這是上天的教命；言「不守正道將有禍患，有所前往將不利」，是因為處萬物不妄為之時而冒然前往，哪會有路可走呢？上天的教命不予護祐，怎能這樣妄行呢？

〈象〉曰：天下雷行❶，物與❷无妄；先王以茂❸對時❹，育萬物。

【章旨】此〈象〉辭讚美先王以權威配合天時，養育萬物。

【注釋】❶天下雷行　指无妄卦下震為雷，上乾為天，猶雷行於天下。❷與　相與。❸茂　盛。指天雷震動的強盛威力，喻君權之威。❹時　天時。案：雷霆運行於天下，萬物震懾而不敢妄動，〈大象傳〉由此引申出「以茂對時，育萬物」的義理。

【語　譯】〈象傳〉說：天下雷聲運行，萬物震懾，都不敢妄為，這就是不妄為的象徵；故先代君王效此而用強盛的權威配合天時，養育萬物。

初九，无妄，往❶吉。

【章　旨】此爻言不妄為，前往可獲吉祥。

【注　釋】❶往　前往。案：此爻以陽剛之體，處陰柔之下，有謙恭無妄、剛毅正直之象，故往必獲吉。

【語　譯】无妄卦的初爻，象徵不妄為，如此前往必獲吉祥。

〈象〉曰：无妄之往，得志也。

【章　旨】此則〈小象傳〉解釋初九爻象。

【語　譯】〈象傳〉說：初九爻辭言「不妄為而前往」，是說必能實現進取的心志。

六二，不耕穫❶，不菑❷畬❸，則利有攸往。

【章旨】此爻言務實而不作妄想，有所前往將有利。

【注釋】❶不耕穫　不會在耕種之時便希求收穫。下句「不菑畬」的結構同。❷菑　開墾僅一年的瘠田。這裡用如動詞。❸畬　指已耕作多年的良田。用如動詞。案：此爻柔順中正，上與九五相應，有順應天道自然，本分務實，不敢妄想妄為之象，故言有利。

【語譯】无妄卦的第二爻，象徵務實而不作妄想，就像不會在耕種之時就希求收穫，不會在開墾瘠田之時就希求良田一樣，具備了這種精神，有所前往就必將有利。

〈象〉曰：不耕穫，未富也。

【章旨】此則〈小象傳〉解釋六二爻象。

【語譯】〈象傳〉說：六二爻辭言「不會在耕種之時就希求收穫」，是說沒有虛妄地求取富貴。

六三，无妄之災❶，或❷繫之牛❸，行人之得❹，邑人之災。

【章　旨】此爻言雖不妄為，有時卻也會遇上飛來之禍。

【注　釋】❶无妄之災　雖不妄為也招致災禍。以下三句即為無妄之災的具體事例。❷或　有人。指非本邑之人，即牛之主人。❸繫之牛　猶言「繫牛」。之，語助詞，無義。❹行人之得　猶言「行人得之」。之，指牛。案：此爻陰居陽位，處下卦之終，失正躁動，雖不妄為，亦可能招致橫禍，蒙受不白之冤。又爻辭言无妄亦或致災，似表現出對不測之禍的憂思與困惑。

【語　譯】无妄卦的第三爻，象徵雖不妄為也可能招致災禍，就像有人將牛繫在城邑，被過路的人把牛牽走了，結果無辜的城邑中人卻橫遭飛來的冤枉之災。

〈象〉曰：行人得牛，邑人災也。

【章　旨】此則〈小象傳〉解釋六三爻象。

【語　譯】〈象傳〉說：六三爻辭言「過路人牽走了別人的牛」，是說這樣城邑中的人將橫遭飛來的冤枉之災。

九四，可貞❶，无咎。

【章　旨】此爻言守正而不妄為，可無禍害。

【注釋】❶可貞　能夠守持貞正而不妄為。案：此爻居於鄰近君主的危險之地，下無應者，本有禍害，但陽居陰位，能謙恭奉君，守持貞正，不敢妄為，故終得無害。

【語譯】无妄卦的第四爻，象徵守持貞正而不妄為，可無禍害。

〈象〉曰：可貞无咎，固❶有之也。

【章旨】此則〈小象傳〉解釋九四爻象。

【注釋】❶固　本來。

【語譯】〈象傳〉說：九四爻辭言「能夠守持貞正可無禍害」，因為本來就有貞正的德性。

九五，无妄之疾❶，勿藥有喜。

【章旨】此爻言不妄為而得疾病，不妄用藥而將自癒。

【注釋】❶无妄之疾　不妄為而偶染小病。案：此爻陽剛得中正，居无妄之主，下與六二相應，雖偶患小疾，亦必無害，故無須用藥而自然消解。

【語譯】无妄卦的第五爻，象徵不妄為而偶得小病，不要用藥亦會自癒，並有喜慶。

〈象〉曰：无妄之藥，不可試❶也。

【章旨】此則〈小象傳〉解釋九五爻象。

【注釋】❶不可試　不可試用藥物。言無妄之疾，不治自癒；如妄自試藥，反將致凶，因藥是治有妄的，無妄之時則不可用藥。

【語譯】〈象傳〉說：九五爻辭言「不妄為而偶得小病，無須用藥」，因為不能妄意試用藥物啊。

上九，无妄，行❶有眚，无攸利。

【章旨】此爻言雖不妄為，仍當謹慎靜處以免禍。

【注釋】❶行　指大的行動。案：此爻陽剛居无妄卦的極位，天下無妄之道將窮極而衰，並逐漸轉向有妄之世，此時當靜處以求自保，不要有大的作為和行動。

【語譯】无妄卦的上爻，象徵雖不妄為，也不能有大的行動，否則將招致禍患，沒有什麼好處。

〈象〉曰：无妄之行，窮❶之災也。

【章　旨】此則〈小象傳〉解釋上九爻象。

【注　釋】❶窮　窮極。指此爻居本卦的極位。

【語　譯】〈象傳〉說：上九爻辭言「雖不妄為，若有大行動必致禍患」，那是因為無妄之道已達窮極而有災禍。

大畜卦第二十六

【卦　旨】此卦卦名「大畜」，義為大為蓄積、蓄止，揭示君子當蓄積陽剛正氣與美德、畜養崇尚賢人，以及行其所當行、止其所當止的道理。

䷙

大畜❶，利貞❷。不家食❸吉，利涉大川。

【章　旨】此卦辭言畜養賢人，守持貞正，將獲吉祥。

【注　釋】❶大畜　卦名。下卦為乾，上卦為艮。詞義為大為蓄積、畜養、蓄止。小畜卦乃以陰畜陽，此卦上下均陽卦，以陽畜陽，故曰大畜。❷利貞　守持貞正將有利。❸不家食　不使賢人在家中自食。指畜養任用賢人，使之食祿於朝廷。

【語　譯】大畜卦象徵大為蓄積，此時守持貞正將有利。不讓賢人在家中自食，而使之食祿於朝廷，可獲吉祥，此時像渡過大河一樣涉越險阻將有利。

〈彖〉曰：大畜，剛健❶篤實❷輝光❸，日新❹其德。剛上❺而尚賢❻，能止健❼，大正❽也。不家食吉，養賢也；利涉大川，應乎天也。

【章　旨】此〈彖〉辭闡釋大畜卦卦名、卦辭、卦象及其尚賢、養賢的義理。

【注　釋】❶剛健　指下乾陽剛勁健。❷篤實　指上艮厚重充實。❸輝光　指大畜卦上下皆陽，其德光明。❹新　用如動詞。❺剛上　指上九以陽剛居上位。❻尚賢　崇尚賢人。❼止健　指此卦下乾為健，上艮為止，謂能蓄止規正強健者。❽大正　至大的正道。

【語　譯】〈彖傳〉說：大為蓄積，是說陽剛勁健、厚重充實，具有光明的德性，並天天蓄積，使其美德自新。此時陽剛者居於上位而能崇尚賢人，又能蓄止規正強健者，這是至大的正道。卦辭言「不讓賢人在家中自食，而使之食祿於朝廷，可獲吉祥」，是說應當畜養賢人；言「像渡過大河一樣涉越險阻將有利」，是因為行動應合於天道的規律啊。

〈象〉曰：天在山中❶，大畜；君子以多識前言往行❷，以畜其德。

【章旨】此〈象〉辭勉勵君子效法前賢，蓄積美德。

【注釋】❶天在山中　指大畜卦下乾為天，上艮為山，猶天在山之中。❷前言往行　前賢的言論與事跡。

案：《集解》引向秀曰：「止莫若山，大莫若天，天在山中，大畜之象。」天為最廣大者，卻包藏於大山之中，此為大有蓄積之象，故〈大象傳〉引申出多識前言往行，以畜其德的義理。

【語譯】〈象傳〉說：天包藏於大山之中，這就是大為蓄積的象徵；故君子應當效此而多多記取前賢的言論與事跡，來蓄積培養自己的美德。

初九，有厲，利已❶。

【章旨】此爻言被蓄止時，當暫停勿進，以防危險。

【注釋】❶已　停止。案：此爻居大畜卦之初，陽德卑微，輕進必有危險，而為六四爻所蓄止，此時當暫停勿進，自蓄其德，方得有利。

【語譯】大畜卦的初爻，象徵輕進將有危險，接受蓄止，暫停勿進將有利。

〈象〉曰：有厲則已，不犯災也。

【章　旨】此則〈小象傳〉解釋初九爻象。

【語　譯】〈象傳〉說：初九爻辭言「有危險則暫停勿進」，是說不可冒著危險輕進。

九二，輿❶說❷輹❸。

【章　旨】此爻言被蓄止時，當果斷地止其所當止。

【注　釋】❶輿　車輪。❷說　通「脫」。脫離。❸輹　通「輻」。輻條。案：車輪與輻條相脫離，則車不再前行。此言九二以陽剛處下卦之中，為六五所蓄止，故能於前進之中自度其勢，果斷停止，自蓄其德以待來日。

【語　譯】大畜卦的第二爻，象徵果斷地讓車輪與輻條相脫離，接受蓄止而不再前行。

〈象〉曰：輿說輹，中❶无尤❷也。

【章　旨】此則〈小象傳〉解釋九二爻象。

【注　釋】❶中　指九二居下卦之中。❷尤　過錯。

【語　譯】〈象傳〉說：九二爻辭言「果斷地讓車輪與車輻相脫離」，是說居中而不冒進，所以不會有過錯。

九三，良馬逐❶，利艱貞❷。曰❸閑❹輿衛❺，利有攸往。

【章旨】此爻言蓄積已廣，可以前行，但仍須謹慎。

【注釋】❶逐 奔逐。❷艱貞 牢記艱難，守持貞正。❸曰 語氣詞，無義。❹閑 熟練。❺輿衛 指駕車與防衛的技能。案：此爻為下乾的最上位，畜陽德已充沛，可以施展才用而前行，但三位多艱，恐有剛健過甚而躁進之失，故誡其知艱守正，不忘防衛。

【語譯】大畜卦的第三爻，象徵畜德已充沛，可以乘駿馬奔馳前行，但仍須牢記艱難、守持貞正纔有利。要不斷熟練駕車與防衛的技能，有所前往必將有利。

〈象〉曰：利有攸往，上❶合志也。

【章旨】此則〈小象傳〉解釋九三爻象。

【注釋】❶上 指上九爻。

【語譯】〈象傳〉說：九三爻辭言「有所前往將有利」，是因為與在上者的心志相合。

六四，童牛之牿❶，元吉。

【章　旨】此爻言對輕進者及早加以蓄止，可獲吉祥。

【注　釋】❶童牛之牿　猶言牿之童牛。童牛，尚未長出角的小牛。牿，加於牛角上以防傷人的橫木，此處用如動詞。案：童牛喻初九，六四居上艮之初，能蓄止初九的輕進；又蓄止當施於尚未造成惡果之前，故有以牿蓄止小牛之象，如此則較為容易。

【語　譯】大畜卦的第四爻，象徵對輕進者及早加以蓄止，就像將木牿束縛在小牛的頭上，將大有吉祥。

〈象〉曰：六四元吉，有喜也。

【章　旨】此則〈小象傳〉解釋六四爻象。

【語　譯】〈象傳〉說：六四爻辭言「將大有吉祥」，是說及時蓄止輕進者，將有喜慶。

六五，豶豕❶之牙，吉。

【章　旨】此爻言蓄止制約剛猛躁進之勢，可獲吉祥。

【注　釋】❶豶豕　閹割過的豬。案：公豬閹割之後，其凶猛已除，其牙乃不足懼。此言六五居上艮之中，能蓄止九二之陽剛躁進，如制約公豬，抑其躁性。

【語　譯】大畜卦的第五爻，象徵蓄止陽剛者的躁進之勢，就像制約閹割過的公豬之牙，可獲吉祥。

〈象〉曰：六五之吉，有慶也。

【章　旨】此則〈小象傳〉解釋六五爻象。

【語　譯】〈象傳〉說：六五爻辭言「可獲吉祥」，是說能蓄止制約陽剛者的躁進之勢，必有喜慶。

上九，何❶天之衢❷，亨。

【章　旨】此爻言在上者能蓄積萬物，必得亨通。

【注　釋】❶何　通「荷」。負荷；擔當。❷衢　四通八達的大路。案：此爻居大畜卦的最高位，能自蓄其德並蓄積萬物，故如擔當天衢，必能亨通暢達。

【語　譯】大畜卦的上爻，象徵大為蓄積萬物，就像擔當通天的大路，必將亨通暢達。

〈象〉曰：何天之衢，道大行也。

【章　旨】此則〈小象傳〉解釋上九爻象。

【語　譯】〈象傳〉說：上九爻辭言「擔當通天的大路」，是說蓄聚萬物之道大得通行。

頤卦第二十七

【卦　旨】此卦卦名「頤」，義為頤養，揭示生活的供養應當立足自身、遵循正道，以及聖人君子當力求養人、養賢，乃至養天下的道理。

䷚ 頤❶，貞吉❷。觀頤，自求口實❸。

【章　旨】此卦辭言應當遵循正道以自求頤養。

【注釋】❶頤　卦名。下卦為震，上卦為艮。詞義為口腮，引申為頤養。❷貞吉　守持貞正可獲吉。❸口實　口中所需的食物。指生存所需之養。案：《周易》鄭康成注云：「頤者，口車輔（即口腮）之名也。震動於下，艮止於上，口車動而上，因輔嚼物以養人，故謂之頤。頤，養也。」又或認為，頤卦的卦形，如張開的口，上下牙齒相對，食物由口進入人體，供給養料，故有養之義。觀此卦六爻，下卦三爻均凶，而上卦三爻均吉，這是為什麼呢？陳夢雷《周易淺述》云：「六爻下震動，多言求人之養，求養者多不正，故多凶；上艮止，多言養人，養人者多得正，故多吉。此全卦六爻之大旨也。」可見，求養與養人不正與正，與吉凶有密切聯繫。

【語譯】頤卦象徵頤養，守持貞正可獲吉祥。觀察頤養的現象，就可以知道憑自身得到口中食物的道理。

〈彖〉曰：頤，貞吉，養正❶則吉也；觀頤，觀其所養❷也；自求口實，觀其自養也。天地養萬物，聖人養賢以及萬民。頤之時❸大矣哉！

【章旨】此〈彖〉辭闡釋頤卦卦辭及養賢以及萬民的重大意義。

【注釋】❶養正　以正道頤養。❷所養　所頤養的規律。❸時　時宜。

【語譯】〈彖傳〉說：卦辭言「頤養，守持貞正可獲吉祥」，是說以正道頤養就能吉祥；言「觀察頤養的現象」，是說了解事物頤養的規律；言「憑自身得到口中的食物」，是說了解事物自我頤養的方法。天地頤養萬物，聖人亦養育賢人以及萬民百姓。頤養的時宜是多麼弘大啊！

〈象〉曰：山下有雷❶，頤；君子以慎言語，節飲食。

【章旨】此〈象〉辭勉勵君子謹慎言語，節制飲食。

【注釋】❶山下有雷　指頤卦下震為雷，上艮為山，猶山下有雷。案：雷動於下，山止於上，下動上止，為口嚼食物之象，〈大象傳〉由此引申出慎言語以養德、節飲食以養身的義理。

【語譯】〈象傳〉說：山下有震雷響動，這就是頤養的象徵；故君子效此而謹慎言語以養德，節制飲食以養身。

初九，舍爾靈龜❶，觀我朵頤❷，凶。

【章旨】此爻言捨棄自我明德，貪欲求食，必致凶險。

【注釋】❶靈龜　神靈明驗的龜兆。此喻初九陽剛的明德。❷朵頤　垂下口腮。指進食的樣子。朵，下垂。案：此爻本陽剛而具明德，卻捨之而觀看別人進食，欲求養於人，養身不得其道，是言凶。又或謂「爾」指初九，「我」指六四，初九以陽剛而求養於陰柔，故凶。

【語譯】頤卦的初爻，象徵捨棄你靈龜一般的明德，卻觀看我垂腮進食，欲求養於人，這樣必致凶險。

〈象〉曰：觀我朵頤，亦不足貴也。

【章旨】此則〈小象傳〉解釋初九爻象。

【語譯】〈象傳〉說：初九爻辭言「觀看我垂腮進食」，是說欲求養於人的態度不值得看重啊！

六二，顛頤❶，拂經❷于丘頤❸，征❹凶。

【章旨】此爻言求養於下而不養其上，必致凶險。

【注釋】❶顛頤　倒過來向下求取頤養。指六二求養於初九，失頤養之正道。❷拂經　違反常道。指六二本當上養五，但卻與五無應，故曰拂經。❸丘頤　猶言「頤丘」，即頤養在上者。丘，高的山丘，喻在上者。❹征　前行。案：此爻柔順中正，卻下求初九，上失頤養的本分，故言凶。

【語譯】頤卦的第二爻，象徵倒過來向下求取頤養，又違反了奉養在上者的常理，前行必有凶險。

〈象〉曰：六二征凶，行失類❶也。

【章旨】此則〈小象傳〉解釋六二爻象。

【注釋】❶類　法則。

【語譯】〈象傳〉說：六二爻辭言「前行必有凶險」，是因為它的行為有失頤養的常道。

六三，拂頤，貞凶❶，十年勿用，无攸利。

【章旨】此爻言違反頤養的常理，須謹防凶險。

【注釋】❶貞凶　守持貞正以防凶險。案：此爻陰居陽位，失中不正；處下震之極，將不求自養而求養於上的行為發展到極點，故爻辭誡其守正防凶，十年不可輕易行動。

【語譯】頤卦的第三爻，象徵違背了頤養的常道，當守持貞正以防凶險，十年之久不可輕易行動，否則必定沒有什麼好處。

〈象〉曰：十年勿用，道大悖❶也。

【章　旨】此則〈小象傳〉解釋六三爻象。

【注　釋】❶悖　違背。

【語　譯】〈象傳〉說：六三爻辭言「十年之久不可輕易行動」，是因為它與頤養的常道嚴重違背。

六四，顛頤，吉。虎視眈眈❶，其欲逐逐❷，无咎。

【章　旨】此爻言求養於下並養人，能遂其願而吉祥。

【注　釋】❶虎視眈眈　像老虎睜眼注視。眈眈，凶狠注視之狀。又《說文》曰：「眈，視近而志遠也。」此言初九剛猛不馴，如虎視眈眈。❷逐逐　相繼不絕。此指六四求養的意願將不斷實現。案：六二顛頤而凶，六四顛頤乃吉，這是為什麼呢？六二下求養於初九，不是正應；六四與初九則為正應，且六四居上卦之初，處養人之位，所蓄未豐，理當下求養於初九，再用以養人，故得吉。即使初九如虎視般難以馴服，但終究仍能不斷獲得頤養而無咎。

【語　譯】頤卦的第四爻，象徵倒過來向下求取頤養並以養人，吉祥。雖然在下者剛猛不馴如同老虎眈眈而視，它求養的意願仍能不斷得到滿足，沒有禍害。

〈象〉曰：顛頤之吉，上❶施光❷也。

【章　旨】此則〈小象傳〉解釋六四爻象。

【注　釋】❶上　指六四居上位。❷光　廣博。

【語　譯】〈象傳〉說：六四爻辭言「倒過來向下求取頤養並以養人，吉祥」，是因為它居於上位，施惠廣博啊！

六五，拂經，居❶貞吉，不可涉大川。

【章　旨】此爻言違反在上者養萬民的常道，守正方可得吉。

【注　釋】❶居　猶言「守」。案：此爻居於君位，本當養賢以及萬民，但它陰柔無實，失正而下無應，祇能依靠上九之養並兼養天下，故曰拂經。但此爻柔順處中，故能守正而獲吉。柔居君位，不能大有作為，故不可涉險難。

【語　譯】頤卦的第五爻，象徵在上者違反了頤養萬民的常道，守持貞正可獲吉祥，但不能像渡過大河一樣去涉越險阻。

〈象〉曰：居貞之吉，順以從上❶也。

【章　旨】此則〈小象傳〉解釋六五爻象。

【注　釋】❶上　指上九。

【語　譯】〈象傳〉說：六五爻辭言「守持貞正可獲吉祥」，是因為它能柔順地依從於上九陽剛。

上九，由頤❶，厲❷吉，利涉大川。

【章　旨】此爻言天下賴其頤養，知防險可獲吉祥。

【注　釋】❶由頤　猶言「由之以頤」。依賴它而獲得頤養。❷厲　猶言「知厲」。知危殆。案：此爻居頤卦之極，陽剛充沛，處君位的六五賴上九之養而得養萬民，故實際上天下乃賴上九所頤養。然上九處無位之位，而其地位淩駕於君王，故須知危防險，方能獲吉，涉越險阻以濟蒼生。

【語　譯】頤卦的上爻，象徵天下依賴它獲得頤養，知危防險可獲吉祥，像渡過大河一樣涉越險阻將有利。

〈象〉曰：由頤，厲吉，大有慶也。

【章　旨】此則〈小象傳〉解釋上九爻象。

【語　譯】〈象傳〉說：上九爻辭言「天下依賴它獲得頤養，知危防險可獲吉祥」，是說這樣它將大有喜慶。

大過卦第二十八

【卦　旨】此卦卦名「大過」，義為大有所過，揭示事物發展過程中陽剛主導一方過於強盛、陰柔附屬一方過於衰弱時，應當盡力調整，使之剛柔相濟、主輔平衡的道理。

䷛ 大過❶，棟❷橈❸，利有攸往，亨。

【章　旨】此卦辭言陽剛過於強盛，前往整治將有利。

【注　釋】❶大過　卦名。下卦為巽，上卦為兌。詞義為大有所過、大為過度。❷棟　棟樑。❸橈　通「撓」。彎曲。案：陽剛為大，本卦四個陽爻居中，過於強盛，故曰大過。孔穎達《周易正義》曰：「四陽在中，二陰在外，以陽之過越之甚也。」大過卦的卦形，中間陽實而強，兩端陰虛而弱，正如棟樑彎曲之狀，故言「棟橈」。陽過強而陰過虛，乃事物之不正常狀態，故當前往整治，改變大過局面，方得亨通。

【語　譯】大過卦象徵大有所過，就像棟樑中間過強兩端過弱而彎曲，此時果斷前往整治將有利，如此方得亨通。

〈彖〉曰：大過，大者❶過也；棟橈，本末❷弱也。剛過而中❸，巽而說行❹，利有攸往，乃亨。大過之時大矣哉！

【章旨】此〈彖〉辭闡釋大過卦卦名、卦辭、卦象。

【注釋】❶大者　指陽剛。陽剛為大，陰柔為小。❷本末　樹的尾和首，指初六和上六兩個陰爻。❸剛過而中　指九二、九五兩爻陽剛而分居下卦、上卦的中位。❹巽而說行　指大過卦下巽為順，上兌為悅，下順上悅，可前行整治大過的狀況。說，同「悅」。

【語譯】〈彖傳〉說：大有所過，是說陽剛過於強盛；卦辭言「棟橈彎曲」是因為它的兩端過於柔弱。陽剛過於強盛時能夠適中，巽順和悅地前往整治，所以說「有所前往將有利，可得亨通」。整治大有所過的時宜是多麼重大啊！

〈象〉曰：澤滅木❶，大過；君子以獨立不懼，遯世❷无悶。

【章旨】此〈象〉辭勉勵君子獨立不懼，遯世無悶。

【注釋】❶澤滅木　指大過卦下巽為木，上兌為澤，猶大澤淹沒樹木。滅，沒。❷遯世　逃避世俗。案：澤本是潤養樹木者，卻淹沒樹木，則太過甚，〈大象傳〉由此引申出君子處於大有所過的非常時期，應當獨立勇毅，努力拯救，即使為世俗所棄，也不苦悶的義理。

【語譯】〈象傳〉說：大澤淹沒了樹木，這就是大有所過的象徵；君子處於此時，應當獨立勇毅、毫不畏懼地去整治，即使為世俗所棄而隱遯也不苦悶。

初六，藉❶用白茅❷，无咎。

【章旨】此爻言大過之時，鄭重地事奉剛上者，可無咎。

【注釋】❶藉　襯墊。❷白茅　茅草的一種。古代祭祀時以白茅墊在裝有祭品的禮器下面，表示敬重和虔誠。案：此爻以陰柔居下，上有四個陽爻，當此陽剛過於強盛之時，惟有肅恭誠心，如藉用白茅祭祀一樣地事奉在上的陽剛，方可無咎。

【語譯】大過卦的初爻，象徵大有所過之時，必須鄭重地事奉陽剛尊者，就像用潔白的茅草襯墊禮器，虔誠地祭祀一樣，這樣才能沒有禍害。

〈象〉曰：藉用白茅，柔在下❶也。

【章旨】此則〈小象傳〉解釋初六爻象。

【注釋】❶柔在下　指初六以陰柔居本卦最下位。

【語譯】〈象傳〉說：初六爻辭言「用潔白的茅草襯墊禮器」，是因為初六柔順而居於下位。

九二，枯楊生稊❶，老夫得其女妻❷，无不利。

【章旨】此爻言過盛的陽剛與陰柔相濟結合將有利。

【注釋】❶稊　通「荑」。新生的嫩芽。❷女妻　年少的妻子。案：枯楊、老夫喻陽剛過盛的九二，女妻喻初六。九二居四個陽爻的最下，為過甚之始；與上無應而比近初六，故與初六陰陽相親。九二雖陽剛過盛，卻又陽居陰位，處下卦之中，因而能與初六結合，如枯楊生稊、老夫娶少妻，得陰陽調合，補救大過，重顯生氣，故無不利。

【語譯】大過卦的第二爻，象徵過盛的陽剛與陰柔結合，就像枯槁的楊樹重生嫩芽，年老的男子娶得年少之妻，這樣將無所不利。

〈象〉曰：老夫女妻，過❶以相與❷也。

【章　旨】此則〈小象傳〉解釋九二爻象。

【注　釋】❶過　過於強盛。❷相與　相互親近。

【語　譯】〈象傳〉說：九二爻辭言「年老的男人娶得年少之妻」，是說它雖然過於強盛，卻能與初六陰柔相互親近。

九三，棟橈，凶❶。

【章　旨】此爻言陽剛太過強盛而不知補救，必致凶險。

【注　釋】❶凶　凶險。案：此爻陽居陽位，處下卦之極，恰如棟樑的中間部分，陽剛格外過盛，如此而不知補救，中體愈剛而本末愈弱，必致凶險。

【語　譯】大過卦的第三爻，象徵陽剛太過強盛，就像棟樑中間過強兩端過弱而彎曲，這樣必致凶險。

〈象〉曰：棟橈之凶，不可以有輔❶也。

【章　旨】此則〈小象傳〉解釋九三爻象。

【注　釋】❶輔　輔助。指上六。《周易集解》引虞翻曰：「本末弱，故橈，輔之益橈，故不可以有輔。陽以陰為輔也。」

【語　譯】〈象傳〉說：九三爻辭言「棟橈凶險」，說明它的強盛不能再加輔助了。

九四，棟隆❶，吉；有它❷，吝。

【章　旨】此爻言自損剛質而使陰陽平衡，可獲吉祥。

【注　釋】❶棟隆　使棟樑已彎曲向下的兩端隆起。❷它　其他變故。案：此爻居上卦之始，且陽處陰位，雖然陽剛已過盛，但內含柔性，故能果斷自損過盛之勢，以使棟樑的本末隆起而趨於平衡，乃得吉；又此爻與初六有應，然此時已使棟隆，若再應初六，則將過柔，反而有損於整治大過之狀，故言有它，將吝。

【語　譯】大過卦的第四爻，象徵盡力遏止過盛之剛而使陰陽平衡，就像使已經彎曲的棟樑兩端重新隆起一樣，可獲吉祥；但若有其他變故，則將造成憾惜。

〈象〉曰：棟隆之吉，不橈乎下也。

【章　旨】此則〈小象傳〉解釋九四爻象。

【語　譯】〈象傳〉說：九四爻辭言「使已經彎曲的棟樑兩端重新隆起」，是說它不再使棟樑向下彎曲，以求平衡。

九五，枯楊生華❶，老婦❷得其士夫❸，无咎无譽。

【章　旨】此爻言盡力求取陰陽調和，雖為勉強，亦可無咎無譽。

【注　釋】❶華　花。❷老婦　指上六。❸士夫　強壯的丈夫，指九五。案：此爻居四個陽爻的最上之位，陽剛過盛之極，故有「士夫」之象；然此爻又居上卦之中，有中正調和陰陽以補救大過之心，因與下無應，故親比上六，上六處本卦之終，已經衰老，剛健的九五勉強與其配合。因力求陰陽調和，故無咎；但老壯相配終不適，故無譽。

【語　譯】大過卦的第五爻，象徵力求盛陽與衰陰的調和，就像枯槁的楊樹重新開花，衰老的婦女得配強壯的丈夫，既無禍害，亦無稱譽。

〈象〉曰：枯楊生華，何可久也？老婦士夫，亦可醜也。

【章　旨】此則〈小象傳〉解釋九五爻象。

【語　譯】〈象傳〉說：九五爻辭言「枯槁的楊樹重新開花」，生機怎能長久呢？言「衰老的婦女得配強壯的丈夫」，也是可醜的事情啊。

上六，過涉❶滅頂❷，凶，无咎。

【章旨】此爻言不量力而求改變陽剛過盛局面，必凶。

【注釋】❶過涉　涉水過於深。❷滅頂　淹沒頭頂。案：此爻處本卦之終，又為陰爻，雖下比於九五，竭力取陽濟陰，試圖改變大過狀況，但終因力量不足而致凶，如同盲目下河涉水，不知深淺而遭滅頂之災。但它有積極救時的勇氣與精神，從這個意義上說，結局雖凶而無咎。故朱熹《周易本義》曰：「然於義為无咎矣，蓋殺身成仁之事。」

【語譯】大過卦的上爻，象徵不量力而求改變陽剛過盛的狀況，將如涉水過深以致淹沒頭頂一樣，招致凶險，但對它積極救時的精神來說，則沒有禍害。

〈象〉曰：過涉之凶，不可咎也。

【章旨】此則〈小象傳〉解釋上六爻象。

【語譯】〈象傳〉說：上六爻辭言「涉水過深以致淹沒頭頂而招致凶險」，這對它積極救時的精神是不能形成禍害的。

坎卦第二十九

【卦　旨】此卦卦名「坎」，義為險陷，揭示處於險難困頓之時，應當堅定剛毅、心懷誠信、謹慎其行，以逐步排除險難，走出困境，以及善用險阻以守其國的道理。

䷜習坎❶，有孚❷，維❸心亨❹，行有尚❺。

【章　旨】此卦辭言處於重重險陷，祇要心懷誠信，前行將有功。

【注　釋】❶習坎　重重險陷。習，重疊。或謂「閑習」的意思。坎，卦名。下卦為坎，上卦亦為坎。因上下皆坎，故言習坎。坎，詞義為險陷。孔穎達《正義》云：「諸卦之名，皆於卦上不加其字，此坎卦之名特加習者，以坎為險難，故特加習名。」❷有孚　心懷誠信。❸維　語助詞，無義。❹心亨　內心亨通。❺尚　崇尚。案：本卦上下皆坎，卦形為一陽陷於二陰之中，而且兩相重疊，象徵重重險陷；而「坎」中為陽爻，陽實在中，猶中有孚信，以至誠之心排除險難而前往，則必能行有尚。

【語　譯】坎卦象徵重重險陷，祇要心懷誠信，內心亨通，勇往直前必能受人崇尚。

〈彖〉曰：習坎，重險也。水流而不盈❶，行險而不失其信❷。維心亨，乃以剛中❸也。行有尚，往有功❹也。天險不可升❺也，地險山川丘陵也，王公設險以守其國，險之時用❻大矣哉！

【章旨】此〈彖〉辭闡釋坎卦卦名、卦辭、卦象以及誠信剛中以越險、利用險難以守國的義理。

【注釋】❶水流而不盈　坎象為水、為坎，水流坎中而不盈滿，船不能濟，險猶在也。❷信　即卦辭中所言「有孚」。❸剛中　指九二、九五兩爻均以陽剛居於上下卦的中位。❹有功　指成功地度過險難。❺升　升越。❻用　功用。案：此〈彖〉辭是從如何越險與如何用險兩方面論述的。

【語譯】〈彖傳〉說：習坎，是說重重險陷。水雖流注而不盈滿，行於險境而不失去它的誠信。卦辭言「內心亨通」，是因為陽剛居中而不偏；言「勇往直前必受人崇尚」，是說前往必能成功地度過險難。天上的險阻不可升越，地上的險阻亦有山川丘陵，因此國君王侯設置險阻以守衛他們的國家。險陷的因時而發揮功用是多麼重大啊！

〈象〉曰：水洊❶至❷，習坎；君子以常❸德行，習❹教事❺。

【章旨】此〈象〉辭勉勵君子常持美德，勤於政教。

【注　釋】❶水洊　水再次流。指坎卦上下皆坎，坎為水，猶水再次流。洊，再。❷至　到來。❸常　恆常，用如動詞。❹習　重。指不斷地做，「勤於」的意思。又或謂「熟習」之義。❺教事　政教之事。案：水再次流來，即不斷流來，〈大象傳〉由此而引申出恆保美德、勤於政教的義理。可見，這裡所強調的是「重習」而非「坎險」，它與〈彖傳〉的解說有不同的角度。

【語　譯】〈象傳〉說：水不斷地流來，這就是重重險陷的象徵；故君子效此而恆久保持美好的品德行為，並勤於政教之事。

初六，習坎，入于坎窞❶，凶。

【章　旨】此爻言陷於險陷深處，將致凶險。

【注　釋】❶窞　坎中的小穴。即陷中之陷。案：此爻以陰柔而處重坎的最下，與上無應而失正，猶跌入陷阱深處而無力自拔，亦無外援，故凶。

【語　譯】坎卦的初爻，象徵處於重重險陷，而又跌進坎陷的深處，必遭凶險。

〈象〉曰：習坎入坎，失道凶也。

【章　旨】此則〈小象傳〉解釋初六爻象。

【語譯】〈象傳〉說：初六爻辭言「處於重重險陷而又跌進坎陷深處」，是說它有失正道而致凶險。

九二，坎有險，求小得❶。

【章旨】此爻言處於險陷，不可操之過急，當逐步脫險。

【注釋】❶小得　小有所得。指稍有進展。案：此爻處兩陰之間，有陷於坎險之象；又以陽剛居中，故能不亢不躁，先求小得，漸謀脫險。

【語譯】坎卦的第二爻，象徵陽剛者在坎陷中遭遇險難，此時當先求小有所得，再逐步謀求脫險。

〈象〉曰：求小得，未出中❶也。

【章旨】此則〈小象傳〉解釋九二爻象。

【注釋】❶中　指險陷之中。

【語譯】〈象傳〉說：九二爻辭言「先求小有所得」，是說它尚未脫出險陷之中。

六三，來❶之坎坎❷，險且枕❸，入于坎窞，勿用。

【章旨】此爻言處於險陷時，當先求自保以待時機。

【注釋】❶來 猶言來往。❷坎坎 險陷重重之狀。❸枕 通「沈」。深也。案：此爻以陰處上下坎之間，故有入於重重坎險之象，此時惟勿用，以自保為上策。

【語譯】坎卦的第三爻，象徵來往均處於重重坎險之中，險而深，落進險陷深處，此時不宜施展才用，而當自保以待時機。

〈象〉曰：來之坎坎，終无功也。

【章旨】此則〈小象傳〉解釋六三爻象。

【語譯】〈象傳〉說：六三爻辭言「來往均處於重重坎險之中」，說明它終究不能取得度過險難的功效。

六四，樽酒❶，簋貳❷，用缶❸，納❹約❺自牖❻，終无咎。

【章旨】此爻言處於險陷時，誠心求取強援之助，可免咎。

【注釋】❶樽酒　一杯酒。樽，杯。❷簋貳　兩碗飯。簋，盛飯的器皿。❸缶　瓦製器具。❹納　交給；獻給。❺約　簡約。指簡約的食物。❻牖　窗戶。案：此爻亦以陰柔處上下坎之中，但陰居陰位得正，承比九五陽剛，故己雖無力脫險，卻能以其誠心，向陽剛尊者獻上簡約的食物，以求強援之助，乃終無咎。

【語譯】坎卦的第四爻，象徵處於險陷時，用瓦器盛著一杯酒、兩碗飯，從窗戶裡把簡約的食物獻給在上者，以求強援之助，終將沒有禍害。

〈象〉曰：樽酒簋貳，剛柔❶際❷也。

【章旨】此則〈小象傳〉解釋六四爻象。

【注釋】❶剛柔　指九五陽剛與六四陰柔。❷際　相接。

【語譯】〈象傳〉說：六四爻辭言「用一杯酒、兩碗飯獻給在上者」，是說陽剛與陰柔互相交接。

九五，坎不盈❶，祗❷既平❸，无咎。

【章　旨】此爻言逐步積累，必能填滿險陷而無咎。

【注　釋】❶盈　填滿。❷祇　通「坻」。小丘。❸平　鏟平。案：此爻陽剛中正，居於君位，剛毅執著，故雖仍處險陷，但小丘已鏟平，即將越過險難，是以無咎。

【語　譯】坎卦的第五爻，象徵即將度過險難，雖然險陷尚未填滿，但小丘已經鏟平，必無禍害。

〈象〉曰：坎不盈，中❶未大也。

【章　旨】此則〈小象傳〉解釋九五爻象。

【注　釋】❶中　指九五居上卦之中。

【語　譯】〈象傳〉說：九五爻辭言「險陷尚未填滿」，說明它雖居中位，但平險之功尚未光大。

上六，係❶用徽纆❷，寘❸于叢棘❹，三歲不得❺，凶。

【章　旨】此爻言深陷坎險，如囚於牢獄，必致凶險。

【注　釋】❶係　捆縛。❷徽纆　均為繩索，三股曰徽，兩股曰纆。❸寘　同「置」。囚禁。❹叢棘　古代監獄外圍上叢生的荊棘，這裡代指牢獄。❺不得　不能解脫。案：此爻以陰柔居坎卦之極位，入陷極深，就像被繩索捆縛，囚禁在牢獄之中，三年不得解脫。

【語　譯】坎卦的上爻，象徵深陷坎險，就像被繩索捆縛，囚禁於牢獄之中，三年不能解脫，凶險。

〈象〉曰：上六失道，凶三歲也。

【章　旨】此則〈小象傳〉解釋上六爻象。

【語　譯】〈象傳〉說：上六有失越險的正道，所以爻辭言「凶險三年不能解脫」。

離卦第三十

【卦　旨】此卦卦名「離」，義為附麗，揭示世間萬物均有所依附，而人類社會的依附應當柔順謹慎、遵循正道的道理。與坎卦以剛中為主相對，此卦乃以柔中為宜。

䷝ 離❶，利貞，亨。畜❷牝牛❸吉。

【章　旨】此卦辭言附麗之道，以貞正柔順為吉祥。

【注釋】❶離　卦名。下卦為離，上卦亦為離。詞義為附麗、依附；又有「光明」之義。❷畜　畜養。❸牝牛　母牛。案：離之卦形，是一陰附於兩陽之間，故有附麗之義；又離為日、為火，日須依附於天空，火須依附於燃燒的物體，亦有依附之義。陰附於陽、弱附於強，須遵循正道，方得亨通；母牛為溫順的動物，比喻柔順的德性。

【語譯】離卦象徵附麗，守持貞正將有利，而得亨通。像畜養母牛一樣培養柔順的德性，可獲吉祥。

〈彖〉曰：離，麗❶也，日月麗乎天，百穀草木麗乎土。重明❷以麗乎正，乃化❸成天下。柔❹麗乎中正❺，故亨，是以畜牝牛吉也。

【章旨】此〈彖〉辭闡釋離卦卦名、卦辭、卦象及萬物均有所附麗的義理。

【注釋】❶麗　附麗。❷重明　指離卦上下皆離，離為明，猶明相重。❸化　教化。❹柔　指六二、六五兩陰爻。❺中正　指六二、六五兩爻得中處正。

【語譯】〈彖傳〉說：離，意指附麗，就像太陽、月亮附麗於天空，穀類草木附麗於土地。雙重的光明附麗於正道，因而教化以促成天下昌明。柔順者附麗於適中正道，所以卦辭言「亨通」，所以又言「像畜養母牛一樣培養柔順的德性，可獲吉祥」。

〈象〉曰：明兩作❶，離；大人以繼❷明照于四方。

【章　旨】此〈象〉辭讚美大人將光明的美德施展於天下。

【注　釋】❶明兩作　指離卦上下皆離，猶光明兩次升起。作，產生；升起。❷繼　持續不斷。案：光明不斷升起，〈大象傳〉乃引申出大人以明德普施於四方的義理。可見這裡強調的是離卦「重明」的象徵意義，而不是附麗之義，這與〈彖傳〉的角度有所不同。

【語　譯】〈象傳〉說：光明接連升起，這就是離卦的象徵，大人效此而持續不斷地將光明的美德普施於四方。

初九，履❶錯然❷，敬之，无咎。

【章　旨】此爻言履行附麗之事，須井然有序，謹慎恭敬。

【注　釋】❶履　履行。指履行附麗之事。❷錯然　錯落有致。形容有條理。案：此爻以陽剛處離卦之初，地位低下，故履行依附於上的事，能錯然而恭敬，可得無咎。

【語　譯】離卦的初爻，象徵履行附麗之事，能錯落有序，態度恭敬，如此則可免禍害。

〈象〉曰：履錯之敬，以辟❶咎也。

【章旨】此則〈小象傳〉解釋初九爻象。

【注釋】❶辟 通「避」。避免。

【語譯】〈象傳〉說：初九爻辭言「履行附麗之事能錯落有序而恭敬」，是為了避免禍害啊！

六二，黃❶離，元吉。

【章旨】此爻言以中正的態度附麗強者，可得大吉。

【注釋】❶黃 黃色為中央正色。案：此爻以陰柔處下卦之中，且居陰位得正，故以黃色為喻，言六二能以中和正直之道附麗於陽剛強者，可得元吉。

【語譯】離卦的第二爻，象徵以中和正直之道附麗於強者，可得大吉。

〈象〉曰：黃離元吉，得中❶道也。

【章旨】此則〈小象傳〉解釋六二爻象。

【注　釋】❶中　指六二居下卦之中。

【語　譯】〈象傳〉說：六二爻辭言「以黃色所象徵的中和正直之道附麗於強者，可得大吉」，是因為它得到中正之道。

九三，日昃❶之離，不鼓缶❷而歌，則大耋❸之嗟，凶。

【章　旨】此爻言急躁以求附麗於人，必致衰敗而凶。

【注　釋】❶昃　日斜。❷鼓缶　擊缶。古代秦人有擊缶為節作歌的習俗。❸大耋　言極老。八十為耋。

案：此爻以陽剛處下卦之終，有前明將盡、後明未生之象，亦有過於躁進以求附麗之象，故以日斜附於西天為喻，說明若躁進而不擊缶為歌，以中和之音調節其躁性，則必致盛極而衰，年老嗟歎而凶。

【語　譯】離卦的第三爻，象徵過於躁進而求附麗，就像太陽過了中午而偏斜附於西天，若不敲擊瓦器作歌以調和躁性，必將造成年老衰弱的嗟歎而致凶險。

〈象〉曰：日昃之離，何可久也？

【章　旨】此則〈小象傳〉解釋九三爻象。

【語　譯】〈象傳〉說：九三爻辭言「太陽過了中午而偏斜附於西天」，怎麼可能依附長久呢？

九四，突如❶其❷來如，焚❸如，死❹如，棄❺如。

【章　旨】此爻言以不正的方式急於求附於上，將遭滅絕的厄運。

【注　釋】❶突如　突然。如，語尾助詞，無義。本爻辭中「如」字均同。❷其　指早上日出時的霞光。❸焚　焚燒。❹死　散滅。❺棄　捨棄。案：此爻以陽剛處上卦之初，此時前明已盡，後明初生，而九四陽剛失正，急於上進以附於六五，故以日出時霞光的突然出現，在短暫的強焰之後又很快消失為喻，說明以不正的方法急於附麗，就像霞光一樣，終不能附於高天而很快歸於滅絕。此爻與九三有類似的情形，因兩爻同以陽剛處兩陰之間、上下卦之間。其不同處在於：九三以躁進為主患，九四則更兼不正。

【語　譯】離卦的第四爻，象徵以不正的方式急於附麗於上，就像日出時的霞光突然到來，如同烈焰在焚燒，但很快就散滅、捨棄了。

〈象〉曰：突如其來如，无所容❶也。

【章　旨】此則〈小象傳〉解釋九四爻象。

【注　釋】❶容　容身。

【語　譯】〈象傳〉說：九四爻辭言「像日出時的霞光一樣突然來到」，說明它這樣急躁必將無處依附安身。

六五，出涕❶沱若❷，戚❸嗟若，吉。

【章　旨】此爻言以中和柔順之德附麗於尊位，可獲吉祥。

【注　釋】❶涕　眼淚。❷沱若　流淚很多的樣子。若，語尾助詞，無義。❸戚　憂傷。案：此爻以陰柔處上卦之中，有柔順中和之性，又居尊位，故雖因上下陽剛的逼迫而流淚憂歎，卻終獲吉。

【語　譯】離卦的第五爻，象徵以中和柔順之德附麗於尊位，故雖流淚不止，憂傷嗟歎，而終獲吉祥。

〈象〉曰：六五之吉，離王公❶也。

【章　旨】此則〈小象傳〉解釋六五爻象。

【注　釋】❶王公　指六五居於君王的尊位。王公，猶言王。

【語　譯】〈象傳〉說：六五爻辭言「可獲吉祥」，是因為它附麗於君王的尊位。

上九，王用出征❶，有嘉❷折首❸，獲匪❹其醜❺，无咎。

【章　旨】此爻言為人所依附者，可征討異己而無咎。

【注　釋】❶出征　出師征討。❷嘉　嘉獎。❸折首　低頭。指改過臣服、願意依附者。❹匪　通「非」。❺醜　類；同類。案：此爻以陽剛居離卦的最上位，為眾所親附者，此時若有不願親附的異己，可興師征討；當然，征討時亦須武力、懷柔而兼用，低頭認錯者予以嘉獎，堅持背逆者則俘獲予以懲罰，如此可得無咎。舊說多謂折首為「砍頭」，未免太殘酷，不合《易》之大理，故不取。

【語　譯】離卦的上爻，象徵為人所附麗的君王出師征討，對於低頭臣服者予以嘉獎，對不願親附的異己者則俘獲予以懲罰，沒有禍害。

〈象〉曰：王用出征，以正邦也。

【章　旨】此則〈小象傳〉解釋上九爻象。

【語　譯】〈象傳〉說：上九爻辭言「君王出師征討」，是為了使國家走上正道啊！

周易下經

咸卦第三十一

【卦　旨】此卦卦名「咸」，義為交感，揭示男女相互感應的各種不同情狀、是非得失，以及感應當立足於貞正的道理。其中亦有天地感而萬物化生、聖人感人心而天下和平的引申發揮，乃將交感的原則擴大到了自然與社會領域。

䷞　咸❶，亨，利貞，取❷女吉。

【章　旨】此卦辭言男女由貞正而交感，可獲吉祥。

【注　釋】❶咸　卦名。下卦為艮，上卦為兌。詞義為交感、感應。孔穎達《周易正義》曰：「此卦明人倫之始，夫婦之義，必須男女共相感應，方成夫婦。」《周易》鄭康成注云：「咸，感也。艮為山，兌為澤，山氣下，澤氣上，二氣通而相應，以生萬物，故曰咸也。」可見，咸卦言男女交感而又不僅於此。❷取通「娶」。案：咸卦為《周易・下經》之始，或云：〈上經〉以創始宇宙萬物的天地開始，〈下經〉則以人倫發端的夫婦男女開始，可備一說。咸卦下艮為陽卦，上兌為陰卦，卦中初六與九四、六二與九五、九三與上六，無論卦體或諸爻，均構成陰陽對應的關係，且卦辭亦以娶女為喻。此卦言男女、陰陽互相感應的主旨是十分明白的。

【語譯】咸卦象徵交感，亨通，守持貞正將有利，娶妻可獲吉祥。

〈彖〉曰：咸，感也。柔上❶而剛下❷，二氣❸感應以相與❹，止而說❺，男下女❻，是以亨，利貞，取女吉也。天地感而萬物化生，聖人感人心而天下和平。觀其所感，而天地萬物之情可見矣。

【章旨】此〈彖〉辭闡釋咸卦卦名、卦辭、卦象及交感在自然與社會領域的重大意義。

【注釋】❶柔上　指上兌為陰卦而柔。❷剛下　指下艮為陽卦而剛。❸二氣　陽氣與陰氣。❹相與　猶言相通。❺止而說　指下艮為止，上兌為悅。言卦象有靜止而悅慕之義。說，同「悅」。❻男下女　指下艮為少男之象，上兌為少女之象（見〈說卦傳〉），男在女下，猶男以禮下求女。

【語譯】〈彖傳〉說：咸，是指交感。陰柔往上而陽剛向下，陰陽二氣交感互應而相溝通，靜止而悅慕，就如少男下求少女，因此卦辭言「亨通，守持貞正將有利，娶妻可獲吉祥」。天地交感而萬物化育生長，聖人感化人心而使天下和睦平安。觀察那交感的情狀，天地萬物的性情就可以明白了。

〈象〉曰：山上有澤❶，咸；君子以虛❷受❸人。

【章旨】此〈象〉辭勉勵君子虛懷以容納眾人。

【注釋】❶山上有澤　指咸卦下艮為山，上兌為澤，山上有澤。❷虛　虛懷。❸受　接受；容納。案：澤在山上，山承載澤，澤滋潤山，兩相交感，〈大象傳〉由此而引申出君子容納感化眾人的義理。

【語譯】〈象傳〉說：山上有大澤，這就是交感的象徵，君子效此而虛己之懷，容納感化眾人。

初六，咸其拇❶。

【章旨】此爻言交感之始，所感尚微，未知吉凶。

【注釋】❶拇　腳大趾。案：腳趾為人體最下方，故以感腳趾為喻，言初六以陰柔處咸卦之始，上應九四而感應，但所感十分微弱，情況未明，故難以知吉凶而不言。

【語譯】咸卦的初爻，象徵交感的開始，就像感應尚在腳趾。

〈象〉曰：咸其拇，志在外❶也。

【章旨】此則〈小象傳〉解釋初六爻象。

【注釋】❶外 指外卦的九四爻。

【語譯】〈象傳〉說：初六爻辭言「感應尚在腳趾」，說明它感應的心志在於外面。

六二，咸其腓❶，凶；居❷吉。

【章旨】此爻言急於求感必凶，安居靜守則吉。

【注釋】❶腓 小腿肚。❷居 安居不進。案：小腿肚為躁動者，故以「咸其腓」為喻，言此爻以陰居下卦之中，體性柔順，不可違性躁動，急於交感於九五，而當安居靜處，待其前來，則可獲吉。

【語譯】咸卦的第二爻，象徵如同感應在小腿肚一樣的急於求感，必致凶險；安居靜處，將獲吉祥。

〈象〉曰：雖凶居吉，順❶不害也。

【章旨】此則〈小象傳〉解釋六二爻象。

【注釋】❶順　指六二陰柔，亦指順其柔正中和之道。

【語譯】〈象傳〉說：六二爻辭雖然言「有凶險，但安居靜處可獲吉祥」，是說若順其柔正中和的本性，則可免禍害。

九三，咸其股❶，執❷其隨❸，往吝。

【章旨】此爻言交感隨意而不專一，將造成憾惜。

【注釋】❶股　大腿。❷執　執意。❸隨　隨泛不專。案：此爻以陽剛處下卦的極位，而股亦為下體之最上者，故以股為象。又此爻的正應為上六，卻為下之初六與六二所惑，隨泛不專，如此前往，必有憾惜。

【語譯】咸卦的第三爻，象徵感應在大腿，執意交感，隨泛而不專一，如此前往必致憾惜。

〈象〉曰：咸其股，亦不處❶也；志在隨人，所執下❷也。

【章旨】此則〈小象傳〉解釋九三爻象。

【注釋】❶處　靜處。❷下　指其下的初六與六二。

【語譯】〈象傳〉說：九三爻辭言「感應在大腿」，是說它不能靜處；其心志在於隨意而感應於人，是說它執意於下。

九四，貞吉，悔亡❶，憧憧❷往來，朋❸從爾❹思。

【章旨】此爻言以貞正之道交感於下，可得朋而獲吉。

【注釋】❶亡　消失。❷憧憧　心神不定之狀。❸朋　指初六。❹爾　指九四。案：此爻失正而有悔，但陽居陰位，能守持貞正而使悔亡；與初六為正應，但中有九三阻隔，故憂慮重重、心神不定地徘徊；但因其能貞正專一地下感於初六，故終得遂其所思。

【語譯】咸卦的第四爻，象徵以貞正之道交感於下，可獲吉祥，悔恨亦將消失，心神不定地往來徘徊，朋友終將順從你的思念而應合。

〈象〉曰：貞吉，悔亡，未感害❶也；憧憧往來，未光❷大也。

【章旨】此則〈小象傳〉解釋九四爻象。

【注釋】❶感害　有害於感。❷光　廣博。

【語譯】〈象傳〉說：九四爻辭言「以貞正之道交感於下可獲吉祥，悔恨亦將消失」，是因為它並未以不正的手段而有害於交感；言「心神不定地往來徘徊」，是因為它的德行尚未廣博弘大啊！

九五，咸其脢❶，无悔。

【章旨】此爻言在上者與在下者交感遲鈍，僅得無悔。

【注釋】❶脢　背肉。案：脢之位置在心的反面，反應遲鈍，不敏感，此爻陽剛居尊位，與六二有應，卻不能大有所感而使心相通，故僅得無悔而已。

【語譯】咸卦的第五爻，象徵與下交感時反應遲鈍，就像感應於背肉一樣，當然也不至於有所悔恨。

〈象〉曰：咸其脢，志末❶也。

【章　旨】此則〈小象傳〉解釋九五爻象。

【注　釋】❶末　淺末。

【語　譯】〈象傳〉說：九五爻辭言「感應於背肉」，是說它處於尊位，心志卻太過淺末。

上六，咸其輔頰舌❶。

【章　旨】此爻言交感不可僅僅停留在口頭上。

【注　釋】❶輔頰舌　即顎、頰、舌，說話的器官。此指口頭語言。案：此爻以陰處咸卦的極位，交感之道將轉，故其感應缺乏誠意，祇在口頭而已，爻辭誡之。

【語　譯】咸卦的上爻，象徵交感僅僅停留在口頭上。

〈象〉曰：咸其輔頰舌，滕❶口說也。

【章　旨】此則〈小象傳〉解釋上六爻象。

【注　釋】❶滕　通「騰」。騰揚。

【語　譯】〈象傳〉說：上六爻辭言「交感僅停留在口頭上」，是說它缺乏誠意，祇不過騰揚空話而已。

恆卦第三十二

【卦旨】此卦卦名「恆」，義為恆久，揭示立身處世應當堅持正道、持之以恆，不可急於求成，以及恆久之道在自然與社會領域中具有重要意義的道理。

䷟ 恆❶，亨，无咎，利貞，利有攸往。

【章旨】此卦辭言堅持正道，持之以恆，可得亨通。

【注釋】❶恆　卦名。下卦為巽，上卦為震，詞義為恆久。案：卦辭強調貞正與恆久，兩者不可偏廢，方得亨。

【語譯】恆卦象徵恆久，亨通，沒有禍害，守持貞正將有利，有所前往求發展亦將有利。

〈彖〉曰：恆，久也。剛上❶而柔下❷，雷風相與❸，巽而動❹，剛柔皆應❺，恆。恆，亨，无咎，利貞，久於其道❻也。天地之道，恆久而不已❼也。利有攸往，終則有始也。日月得天而能久照，四時變化而能久成，聖人久於其道而天下化成。觀其所恆，而天地萬物之情可見矣。

【章旨】此〈彖〉辭闡釋恆卦卦名、卦辭、卦象及恆久之道在自然與社會領域中的重要意義。

【注釋】❶剛上　指上震為陽卦而剛。❷柔下　指下巽陰卦而柔。❸雷風相與　指上震為雷，下巽為風，兩者相隨相助，是恆常的自然現象。❹巽而動　指下巽為順，上震為動。巽，遜順。❺剛柔皆應　指此卦中初六與九四、九二與六五、九三與上六均陰陽相應合。❻道　正道。❼已　停止。

【語譯】〈彖傳〉說：恆，是指恆久。陽剛在上而陰柔在下，震雷與巽風恆常相隨相助，遜順而能動，陽剛與陰柔均相應合，所以說恆久。卦辭言「恆久，亨通，沒有禍害，守持貞正將有利」，是說要長久地保持其正道。天地運行的規律，是恆久而永不停止的。卦辭言「有所前往將有利」，是說事物的發展總是恆久地循環不已，終而復始的。日月順行天道而能恆久照耀天下，四季更迭變化而能恆久生成萬物，聖人恆久堅守正道而使天下服從教化以成盛世。觀察那恆久的情狀，天地萬物的性情就可以明白了。

〈象〉曰：雷風❶，恆；君子以立❷不易❸方❹。

【章旨】此〈象〉辭勉勵君子樹立恆久不變之道。

【注釋】❶雷風　指恆卦下巽為風，上震為雷，猶雷與風相隨。❷立　樹立。❸不易　恆久不變。❹方道。案：雷與風相隨相助，恆常相伴而生，〈大象傳〉因此引申出樹立恆久不變之道的義理。

【語譯】〈象傳〉說：震雷與巽風恆常相隨相助，這就是恆久的象徵，故君子效此而樹立恆久不變之道。

初六，浚恆❶，貞凶❷，無攸利。

【章旨】此爻言急於深求恆道，將欲速不達而無利。

【注釋】❶浚恆　深求恆道。浚，深。❷貞凶　守持貞正以防凶險。案：此爻居恆卦的初位，上與九四相應，欲急進應之而求恆道，但柔弱位卑，中有九二、九三相隔，故欲速反而不達，唯守正靜處方可防凶。

【語譯】恆卦的初爻，象徵急於深求恆道，當守持貞正以防凶險，否則將無所利。

〈象〉曰：浚恆之凶，始求深也。

【章旨】此則〈小象傳〉解釋初六爻象。

【語譯】〈象傳〉說：初六爻辭言「急於深求恆道」的「凶險」，是由於剛開始時過於深切求取而造成的。

九二，悔亡❶。

【章旨】此爻言中和以求恆道，可使悔恨消失。

【注釋】❶亡　消失。案：此爻陽居陰位失正，不以正道而上應六五以求恆久之道，將造成悔恨，但因它又處下卦的中位，若能恆久守中不偏，則可使悔恨消失。

【語譯】恆卦的第二爻，象徵以中和的態度以求恆道，如此可使悔恨消失。

〈象〉曰：九二悔亡，能久中❶也。

【章旨】此則〈小象傳〉解釋九二爻象。

【注釋】❶中　指九二居下卦的中位。

【語譯】〈象傳〉說：九二爻辭言「將使悔恨消失」，是因為它能夠恆久地守中不偏啊！

九三，不恆其❶德，或承❷之羞❸，貞吝。

【章　旨】此爻言不恆守貞正美德，或將受到羞辱。

【注　釋】❶其　指九三爻。❷承　承受。❸羞　羞辱。案：此爻陽居陽位得正，本有貞正之德，但處下卦的最上位，上應上六，有躁進求上、不恆其正德之象，故爻辭誡之或將蒙羞，當久守貞正。

【語　譯】恆卦的第三爻，象徵不能恆久地保持它貞正的美德，或許將承受羞辱，當守持貞正以防憾惜。

〈象〉曰：不恆其德，无所容也。

【章　旨】此則〈小象傳〉解釋九三爻象。

【語　譯】〈象傳〉說：九三爻辭言「不能恆久地保持它貞正的美德」，是說它如此必將無處容身。

九四，田❶无禽❷。

【章　旨】此爻言恆久地居於不正之位，將一無所獲。

【注　釋】❶田　田獵。❷禽　泛指禽獸。案：此爻陽居陰位失正，長居不正之位，則將如打獵不得獵物，徒勞而無功。

【語譯】恆卦的第四爻，象徵久居於不正之位，必將如田獵得不到禽獸一樣，終究一無所獲。

〈象〉曰：久非其位，安得禽也？

【章旨】此則〈小象傳〉解釋九四爻象。

【語譯】〈象傳〉說：九四恆久地居於不正之位，田獵怎能獲得禽獸呢？

六五，恆其❶德，貞，婦人吉，夫子❷凶。

【章旨】此爻言恆久地保持柔順之德，婦人吉，男子則凶。

【注釋】❶其　指六五爻。❷夫子　男子。案：此爻以陰柔處上卦之中，下應九二陽剛，有恆其柔順中和之德、守貞從夫之象。然此為婦德，對於處於輔助地位的婦女固然吉祥，但對於居主導地位、擔當大業的男子來說，過於軟弱、優柔寡斷則將造成凶險。女以柔弱為美，男以勁健為美，正是《周易》的重要思想之一。

【語譯】恆卦的第五爻，象徵恆久地保持它柔順的美德，並能守持貞正，這樣婦女可獲吉祥，但男子如此必有凶險。

〈象〉曰：婦人貞吉，從一而終也；夫子制義❶，從婦凶也。

【章　旨】此則〈小象傳〉解釋六五爻象。

【注　釋】❶制義　制裁事宜。

【語　譯】〈象傳〉說：六五爻辭言「婦女恆久守持貞正可獲吉祥」，是說她能順從一個丈夫而終身不變；而男子必須裁定事宜，所以若順從婦道必致凶險。

上六，振恆❶，凶。

【章　旨】此爻言不安於恆久之道，必致凶險。

【注　釋】❶振恆　表動不安於恆久之道。振，振動。案：此爻居恆卦的極位，恆道將衰，且此爻所處的上震為動，性動則不能持之以恆，故凶。

【語　譯】恆卦的上爻，象徵振動而不安於恆久之道，如此必致凶險。

〈象〉曰：振恆在上❶，大❷无功也。

【章旨】此則〈小象傳〉解釋上六爻象。

【注釋】❶上 指上六居此卦最上位。❷大 極大。

【語譯】〈象傳〉說：上六爻辭言高居在上位卻又「振動不安於恆久之道」，是說它必然大大地沒有功效啊！

遯卦第三十三

【卦旨】此卦卦名「遯」，義為退避，揭示事物發展受到挫折與阻礙之時，應當認清時勢，暫時退避，以待轉機的道理；同時也告誡小人守持貞正，不要妄動。

䷠ 遯❶，亨，小❷利貞。

【章旨】此卦辭言君子退避則亨，小人亦當守正。

【注釋】❶遯 卦名。下卦為艮，上卦為乾。詞義為退避、隱退。❷小 指卦中初六、六二兩個陰爻。

案：〈序卦傳〉曰：「物不可以久居其所，故受之以遯。遯者，退也。」此卦二陰爻由下漸長，有小人漸盛、君子受阻而退避之象；又上乾為天而高遠，下艮為山而止息，亦有遯止不進之象。當此之時，陽剛者宜退避，而柔小者亦當守正以防凶險。

【語　譯】遯卦象徵退避，君子識時而退可得亨通，小人亦當守持貞正方得有利。

〈彖〉曰：遯，亨，遯而亨也。剛當位而應❶，與時❷行也。小利貞，浸❸而長❹也。遯之時義大矣哉！

【章　旨】此〈彖〉辭闡釋遯卦卦辭與卦象，並贊其意義。

【注　釋】❶剛當位而應　指本卦九五陽居君位，得中得正，並與下之六二相應合。❷與時　隨順時勢。❸浸　漸。❹長　增長。

【語　譯】〈彖傳〉說：卦辭言「退避，亨通」，是說君子能識時而退可得亨通。陽剛者中正居尊位而能與陰柔相應合，所以能隨順時勢而行退避。言「小人當守持貞正方得有利」，是說陰氣雖已漸漸增長而不可妄動。退避之時的意義是多麼重大啊！

〈象〉曰：天下有山❶，遯；君子以遠小人，不惡❷而嚴❸。

【章　旨】此〈象〉辭勉勵君子疏遠小人，恭敬莊重以別之。

【注　釋】❶天下有山　指遯卦下艮為山，上乾為天，猶天下有山。❷惡　憎惡。❸嚴　恭敬莊重。案：天在上而山在下，兩不相接，如天遠避山，〈大象傳〉乃引申出君子疏遠小人，不惡而嚴的義理。然君子之避小人，不是以憎惡的淺薄態度，而是以自身恭敬莊重的行止遠避小人，不與其苟同，以示區別。

【語　譯】〈象傳〉說：高天之下有山，如天遠避山，這就是退避的象徵，君子當效此而疏遠小人，不顯出憎惡的態度，而以自身恭敬莊重的行止表示區別。

初六，遯尾❶，厲，勿用有攸往。

【章　旨】此爻言退避太遲，將有危險。

【注　釋】❶遯尾　退避時落在末尾。案：此爻居本卦之初，陰氣已至於二，有退避不及而落於後之象。退避之時，在前為安，居後則厲。

【語　譯】遯卦的初爻，象徵退避而落在末尾，必有危險，此時不宜有所前往。

〈象〉曰：遯尾之厲，不往何災也？

【章　旨】此則〈小象傳〉解釋初六爻象。

【語　譯】〈象傳〉說：初六爻辭言「退避而落在末尾必有危險」，但此時若不前往，怎會有災禍呢？

六二，執❶之用黃牛之革❷，莫之勝說❸。

【章　旨】此爻言緊隨在上者一起退避，無人能分開它。

【注　釋】❶執　束縛。❷革　皮。❸莫之勝說　猶言「莫勝說之」。即無人能解脫它。莫，無人。勝，能。說，同「脫」。解脫。案：此爻陰柔而居下卦之中，得正而與九五相應，有心繫九五，緊隨其退避之象，其意志之堅定，猶如用黃牛皮束縛，無法使其分離。黃為中央正色，牛為性情柔順之物，喻此爻的中正與對九五的柔順。這正是卦辭所言貞正之小者。不言吉凶，亦因其為陰柔小者也。

【語　譯】遯卦的第二爻，象徵堅定地與在上者一起退避，就像用黃牛皮將它們束縛在一起，無人能使它解脫開來。

〈象〉曰：執用黃牛，固❶志也。

【章　旨】此則〈小象傳〉解釋六二爻象。

【注釋】❶固　堅固；堅定。

【語譯】〈象傳〉說：六二爻辭言「如同用黃牛皮束縛在一起」，是說它有著堅定的決心啊！

九三，係遯❶，有疾❷厲，畜臣妾❸吉。

【章旨】此爻言因牽繫而不退避，將致危險。

【注釋】❶係遯　心有所牽繫而不退避。❷疾　疾病。❸臣妾　臣僕與侍妾。案：此爻陽剛，與上無應，親比鄰近的六二與初六兩陰爻，因其牽累而不退避，故有疾厲。畜臣妾，意指處阻難之世，可以逍遙於家庭生活，不可亢進，干預軍國大事，此雖不如退避，猶可防凶，故言吉。

【語譯】遯卦的第三爻，象徵心有所牽繫而不退避，必將有疾患危險，畜養臣僕侍妾或可獲吉祥。

〈象〉曰：係遯之厲，有疾憊❶也；畜臣妾吉，不可大事也。

【章旨】此則〈小象傳〉解釋九三爻象。

【注釋】❶憊　疲弱。

【語譯】〈象傳〉說：九三爻辭言「心有所牽繫而不退避，將致危險」，是說它將遭疾患而疲弱；言「畜養臣僕侍妾可獲吉祥」，是說不能干預軍國大事啊！

九四，好遯❶，君子吉，小人否❷。

【章旨】此爻言捨棄所好毅然退避，可獲吉祥。

【注釋】❶好遯　雖有所好而能退避。❷否　做不到。案：此爻陽剛，下應初六，猶心有所愛，卻能毅然割斷戀情，全身而退，故獲吉祥，若小人則難以割捨，故言否。

【語譯】遯卦的第四爻，象徵捨棄所好毅然退避，君子必獲吉祥，而小人卻是做不到的。

〈象〉曰：君子好遯，小人否也。

【章旨】此則〈小象傳〉解釋九四爻象。

【語譯】〈象傳〉說：九四爻辭言君子「捨棄所好毅然退避」，這對小人來說是做不到的。

九五，嘉遯❶，貞吉。

【章旨】此爻言盡善盡美及時地退避，可獲吉祥。

【注釋】❶嘉遯　盡善盡美地退避。案：此爻陽剛居尊位，得中得正，能高瞻遠矚，深思熟慮，及時退避以待轉機，且下之六二亦與其心心相印，堅定地隨它一起行動，此可謂至嘉至善的退避，故吉。

【語譯】遯卦的第五爻，象徵盡善盡美及時地退避，守持貞正可獲吉祥。

〈象〉曰：嘉遯，貞吉，以正❶志也。

【章旨】此則〈小象傳〉解釋九五爻象。

【注釋】❶正　指九五陽居陽位得正。

【語譯】〈象傳〉說：九五爻辭言「盡善盡美及時地退避，守持貞正可獲吉祥」，是因為它有端正的心志啊！

上九，肥遯❶，无不利。

【章旨】此爻言高飛遠避，無所不利。

【注釋】❶肥遯　高飛遠避。肥，通「蜚」。飛。案：此爻居遯卦之終，處無位之位，下亦無應，故能無牽無掛，擺脫世俗，高蹈遠舉，置身世外，因得無不利。

【語譯】遯卦的上爻，象徵高飛遠避塵世，無所不利。

〈象〉曰：肥遯，无不利，无所疑❶也。

【章旨】此則〈小象傳〉解釋上九爻象。

【注釋】❶疑　疑慮；疑惑。

【語譯】〈象傳〉說：上九爻辭言「高飛遠避塵世，無所不利」，是因為它沒有什麼疑慮啊！

大壯卦第三十四

【卦旨】此卦卦名「大壯」，義為大為強盛，揭示事物處於全面強盛之時，應當堅持正道、謙退持中，而不可恃強自負、急進妄動的道理。

䷡　大壯❶，利貞。

【章　旨】此卦辭言大為強盛之時，仍須堅持正道。

【注　釋】❶大壯　卦名。下卦為乾，上卦為震。詞義是大為強盛。案：此卦卦形由初至四皆為陽爻，陽爻多，且正在向上增長發展，呈強盛之勢，陽剛稱大，大者強盛，故曰大壯。又此卦下乾為剛健，上震為動，剛健而動，亦為盛壯之勢。君子之道壯盛，乃得亨通，然強盛之時，更須堅守貞正，否則將流於橫暴而失其盛，故曰利貞。劉沅曰：「不用壯而彌壯，此大壯之義也。」正見此旨。

【語　譯】大壯卦象徵大為強盛，守持貞正將有利。

〈彖〉曰：大壯，大者❶壯❷也。剛以動❸，故壯。大壯，利貞，大者正也。正大而天地之情可見矣。

【章　旨】此〈彖〉辭闡釋大壯卦卦名、卦辭與卦象及「正大」的義理。

【注　釋】❶大者　剛大者。指陽剛。❷壯　強盛。❸剛以動　指大壯卦下乾為剛，上震為動。

【語　譯】〈彖傳〉說：大壯，是說剛大者強盛。剛健而動，所以強盛。卦辭言「大為強盛，守持貞正將有利」，是說剛大者必須堅持正道。堅持正直與剛大，那麼，天地的性情也就可以明白了。

〈象〉曰：雷在天上❶，大壯；君子以非禮弗履❷。

【章旨】此〈象〉辭勉勵君子勿行非禮之事。

【注釋】❶雷在天上　指大壯卦下乾為天，上震為雷，猶雷動於天上。❷非禮弗履　猶言「弗履非禮」。即不行非禮的事。履，施行。案：震雷響於天上，其威力之強盛，使天下震懾，如刑法之在朝廷，天下服從，故〈大象傳〉引申出君子非禮弗履的義理。

【語譯】〈象傳〉說：震雷響於天上，這就是大為強盛的象徵，君子當因此而不施行不合禮法的事。

初九，壯于趾，征❶凶，有孚。

【章旨】此爻言大為強盛時，不可躁動，當誠信自守。

【注釋】❶征　前行；前往。案：足趾為躁動之象，此爻為本卦之始，與上無應，若壯于趾而躁動前往，必有凶險；又此爻居正位，能誠信守正，或可不進而避凶。

【語譯】大壯卦的初爻，象徵強盛在腳趾而躁動，如此前往必有凶險，應當心懷誠信而自守。

〈象〉曰：壯于趾，其孚窮❶也。

【章　旨】此則〈小象傳〉解釋初九爻象。

【注　釋】❶孚窮　心懷誠信以擺脫困窘。窮，困窘。

【語　譯】〈象傳〉說：初九爻辭言「強盛在腳趾而躁動」，是說它應當誠信自守以防止困窘啊！

九二，貞吉❶。

【章　旨】此爻言大為強盛時，守持貞正可獲吉祥。

【注　釋】❶貞吉　守正可獲吉。案：此爻雖不得正，但處下卦之中，陽居陰位，有謙順不躁之德，上得正應六五之援，故趨正自養而獲吉。

【語　譯】大壯卦的第二爻，象徵大為強盛時能守持貞正，如此可獲吉祥。

〈象〉曰：九二貞吉，以中❶也。

【章　旨】此則〈小象傳〉解釋九二爻象。

【注　釋】❶中　指九二居下卦之中。

【語　譯】〈象傳〉說：九二爻辭言「守持貞正可獲吉祥」，是因為它居中不偏啊！

九三，小人用壯❶，君子用罔❷，貞厲。羝羊❸觸藩❹，羸❺其角。

【章　旨】此爻言小人濫用強力，必將陷入困境。

【注　釋】❶用壯　濫用強力。❷用罔　猶言「罔用」。即不用壯。罔，無。❸羝羊　公羊。❹觸藩　抵撞藩籬。藩，籬笆。❺羸　纏繞；卡住。案：此爻以陽剛處下卦的極位，強健過甚，有恃強妄動、盛氣凌人之象，君子絕不會如此。羝羊為剛狠之物，觸藩羸角，陷入困境。

【語　譯】大壯卦的第三爻，象徵小人濫用強力，君子是不會濫用的，守持貞正以防危險。如果剛狠妄進，必將如公羊觸撞藩籬而羊角被卡住一樣，陷入困境。

〈象〉曰：小人用壯，君子罔也。

【章　旨】此則〈小象傳〉解釋九三爻象。

【語　譯】〈象傳〉說：九三爻辭言「小人濫用強力」，而君子是不會這樣濫用的。

九四，貞吉，悔亡❶，藩決❷不羸，壯于大輿之輹❸。

【章　旨】此爻言堅持正道而前往，其強盛之勢無可阻擋。

【注　釋】❶亡　消失。❷決　沖開。❸輹　通「輻」。這裡指車輪。案：此爻居四個陽爻的最上位，強盛充沛，上面祇有兩個陰爻，有可以積極施為之象，雖然它失正無應而有悔，但終能使悔亡，並決藩籬，如車輪滾滾順利前行。

【語　譯】大壯卦的第四爻，象徵大為強盛時，守持貞正可獲吉祥，悔恨亦將消失，前行就像藩籬被沖開了口子，羊角不會被卡住一樣的順利，其盛壯之勢，必將如大車之輪滾滾向前，無可阻擋。

〈象〉曰：藩決不羸，尚❶往也。

【章　旨】此則〈小象傳〉解釋九四爻象。

【注　釋】❶尚　通「上」。向上。

【語　譯】〈象傳〉說：九四爻辭言「藩籬被沖開口子，羊角不會被卡住」，是說它可以向上前行。

六五，喪羊于易❶，无悔。

【章旨】此爻言喪失了強盛之勢，守中不偏可無悔。

【注釋】❶易 通「埸」。田畔。案：羊，即公羊，喻強盛之勢。此言本爻處大壯已過之位，強盛已失，但因它以柔居上卦之中，柔順執中，故可得無悔。

【語譯】大壯卦的第五爻，象徵喪失了強盛之勢，就像在田邊丟失了公羊，但柔順執中仍可沒有悔恨。

〈象〉曰：喪羊于易，位不當❶也。

【章旨】此則〈小象傳〉解釋六五爻象。

【注釋】❶位不當 既指六五陰居陽位失正，亦指四陽已過，處於非壯之位。

【語譯】〈象傳〉說：六五爻辭言「在田邊丟失了公羊」，是因為它所處的位置不適當啊！

上六，羝羊觸藩，不能退，不能遂❶，无攸利，艱❷則吉。

【章　旨】此爻言盛極轉衰時，不量力而行，必進退兩難。

【注　釋】❶遂　達到前進的目的。❷艱　知艱而守。案：此爻居強盛已極將衰之時，處上震妄動之極，盲目亢進，無奈陰柔體弱，如羊觸藩，終不能決之而進，陷入進退兩難境地；然其下應九三，若知艱難而自守，以待強援，則可獲吉。

【語　譯】大壯卦的上爻，象徵盛極轉衰時，不量力而前行，將如公羊觸撞藩籬，既不能後退，又不能成功地前進，無所利，此時若能知艱自守，則或可獲吉。

〈象〉曰：不能退，不能遂，不詳❶也；艱則吉，咎不長也。

【章　旨】此則〈小象傳〉解釋上六爻象。

【注　釋】❶詳　通「祥」。吉祥。

【語　譯】〈象傳〉說：上六爻辭言「既不能後退，又不能成功地前進」，是說這樣不吉祥；言「知艱自守則或可獲吉」，是說禍害不會太長久。

晉卦第三十五

【卦　旨】此卦卦名「晉」，義為進長，揭示前進求發展之時，必須保持光明美德、堅持柔順中正，容眾專一，而不可進長過甚的道理。

䷢ 晉❶，康侯❷用錫❸馬蕃庶❹，晝日❺三接❻。

【章　旨】此卦辭言依附尊者，可獲賞賜晉進。

【注　釋】❶晉　卦名。下卦為坤，上卦為離。詞義為進長、晉升。孔穎達《周易正義》云：「晉者，卦名也。晉之為義，進長之名。此卦明臣之昇進，故謂之晉。」❷康侯　安定國家的公侯，指依附天子、有功於國者。康，安。又或以為康侯即周武王之弟衛康叔。❸錫　通「賜」。賞賜。❹蕃庶　眾多；盛多。此修飾前面的「馬」。❺晝日　白天，猶言一天之內。❻接　接見。案：此卦下坤為地，上離為明為日，有日出大地、天下大明之象；又坤性柔順，離性附麗，故亦有諸侯恭順地依附天子，而獲賞賜晉升之象。

【語　譯】晉卦象徵進長，就像依附天子而安定國家的公侯得到天子賞賜的眾多馬匹，一天之內三次受到接見。

〈彖〉曰：晉，進也。明出地上❶，順而麗乎大明❷，柔進而上行❸，是以康侯用錫馬蕃庶，晝日三接也。

【章　旨】此〈彖〉辭闡釋晉卦卦名、卦辭、卦象。

【注　釋】❶明出地上　指晉卦下坤為地，上離為明，猶明出自地上。❷順而麗乎大明　指晉卦下坤為順，上離為附麗，離又為日，日臨大地為大明。❸柔進而上行　指本卦六五以陰柔上進而居於君位。

【語　譯】〈彖傳〉說：晉，指的是進長。光明出現在大地之上，柔順而附麗於弘大光明的君主，柔順地進長向上發展，因此卦辭言「依附天子而安定國家的公侯得到天子賞賜的眾多馬匹，一天之內三次受到接見」。

〈象〉曰：明出地上，晉；君子以自昭❶明德。

【章　旨】此〈象〉辭勉勵君子自己顯明光輝美德。

【注　釋】❶昭　顯明，用如動詞。案：日出於地而上進於天，並以其光明照耀大地萬物，〈大象傳〉乃引申出自我修養、自昭明德的義理。

【語　譯】〈象傳〉說：太陽上升而光明出現在大地之上，這就是進長的象徵，君子當效此而自己顯明光輝的美德。

初六，晉如❶摧❷如，貞吉。罔孚❸，裕❹无咎。

【章　旨】此爻言進長之初當守持貞正，寬裕緩進。

【注　釋】❶如　語尾助詞，無義。❷摧　摧折挫敗。❸罔孚　尚未見信於君。罔，未。❹裕　寬裕緩進。指不可急求進長。案：此爻以陰柔居晉卦的初位，力弱位卑，初進即遭摧挫；又因其前有六二、六三兩陰爻阻隔，尚未見信於君，而本身基礎不雄厚，此時當寬緩以待其正應九四陽剛的強援，方可無咎。

【語　譯】晉卦的初爻，象徵進長之初受到摧挫，守持貞正可獲吉祥。此時尚未見信於君，當寬裕緩進以待，才能沒有禍害。

〈象〉曰：晉如摧如，獨行正也；裕无咎，未受命❶也。

【章　旨】此則〈小象傳〉解釋初六爻象。

【注　釋】❶命　指君主的任命。因其為晉之初，故未受命。

【語　譯】〈象傳〉說：初六爻辭言「進長之初受到摧折」，是說它應當獨自堅持正道；言「寬裕緩進以待，可免禍害」，是因為它尚未受到君主的任命啊！

六二，晉如愁如，貞吉。受茲❶介福❷，于其王母❸。

【章　旨】此爻言進長之時守正持中，可消愁得福。

【注　釋】❶茲　此。❷介福　大福。❸王母　祖母。指六五爻。案：此爻陰柔，居兩陰之間，上無應而缺援引，故進長時因坎坷而憂愁；但此爻居下卦之中，其位得正，中正柔順，不躁於進，故獲吉；又六五雖與六二不相應，但同其中德，猶六二之王母，乃賜介福於它。

【語　譯】晉卦的第二爻，象徵進長之時產生憂愁，守持貞正可獲吉祥。並將從它的王母那裡，承受到這個大的福分。

〈象〉曰：受茲介福，以中正❶也。

【章　旨】此則〈小象傳〉解釋六二爻象。

【注　釋】❶中正　指此爻居下卦之中，陰居陰位得正。

【語　譯】〈象傳〉說：六二爻辭言「承受到這個大的福分」，是因為它居中得正啊！

六三，眾允❶，悔亡。

【章　旨】此爻言進長時能得眾人信賴，悔恨將消失。

【注　釋】❶允　信允；信賴。案：此爻以陰居下卦之極，失正有悔，然其與初六、六二兩陰均懷上進之心，並為其所信賴，故使悔亡。

【語　譯】晉卦的第三爻，象徵進長之時能得到眾人的信賴，悔恨必將消失。

〈象〉曰：眾允之志，上行也。

【章　旨】此則〈小象傳〉解釋六三爻象。

【語　譯】〈象傳〉說：六三爻辭言「眾人信賴」的心志，是說它可以向上進長。

九四，晉如鼫鼠❶，貞厲。

【章　旨】此爻言進長之時不專一，要謹防危險。

【注　釋】❶鼫鼠　傳說中一種學技不專一的老鼠。據說它有五種技能，但能飛不能過屋，能緣不能窮木，能游不能渡谷，能穴不能掩身，能走不能先人。故《荀子・勸學》言：「鼫鼠五技而窮。」案：此爻陽剛，不中失正，下應初六而又上比六五，有用心不專之象，故言貞厲。

【語　譯】晉卦的第四爻，象徵進長之時不專一，就像有五技而無一專長的鼫鼠一樣，要守持貞正以防險。

〈象〉曰：鼫鼠貞厲，位不當❶也。

【章　旨】此則〈小象傳〉解釋九四爻象。

【注　釋】❶位不當　指九四不得中，又失正。

【語　譯】〈象傳〉說：九四爻辭言「像鼫鼠一樣不專一，當守持貞正以防危險」，是因為它居位不適當啊！

六五，悔亡，失得勿恤❶，往吉，无不利。

【章　旨】此爻言進長之時能持中而不計得失，吉而無不利。

【注　釋】❶失得勿恤　猶言「勿恤失得」。恤，憂慮；計，計較。案：此爻陰居陽位，失正而有悔，但陰處君位而守中道，具離卦明主之德，下者依附，故悔亡；又居尊而任下，廣開進長之道，不計一己得失，故吉而無不利。

【語　譯】晉卦的第五爻，象徵進長之時保持光明中道，使悔恨消失，不計較得與失，如此前往必獲吉祥，無所不利。

〈象〉曰：失得勿恤，往有慶也。

【章　旨】此則〈小象傳〉解釋六五爻象。

【語　譯】〈象傳〉說：六五爻辭言「不計較得與失」，是說如此前往必有喜慶。

上九，晉其角❶，維❷用❸伐邑，厲吉❹，无咎，貞吝。

【章　旨】此爻言進極轉衰時，可行非常之事以立功，但須謹守貞正。

【注　釋】❶角　獸之角。喻進長已達頂端，即將轉衰。❷維　語助詞，無義。❸用　施用。❹厲吉　雖有危險可獲吉祥。案：角為獸體的最上部位，此言本爻處晉卦的極位，當此進長至角、極而轉衰、光明將損之時，剛健陽盛的上九可以用「伐邑」的非常方式建立功業，以求進長；但用戰爭的手段畢竟不如用光明的德行，故言有「厲」，並誡其守正以防吝。

【語　譯】晉卦的上爻，象徵進長已達極至，就像已至獸角，此時可用攻伐城邑的方式建立功業，雖有危險，終可獲吉祥，沒有禍害，但務必守持貞正以防憾惜。

〈象〉曰：維用伐邑，道未光❶也。

【章旨】此則〈小象傳〉解釋上九爻象。

【注釋】❶光 廣博。案：此言用武立功不如以德求進長，故言道未廣。

【語譯】〈象傳〉說：上九爻辭言「可以用攻伐城邑的方式建立功業」，是因為其道未能廣博，不足以德求進長啊！

明夷卦第三十六

【卦旨】此卦卦名「明夷」，義為光明殞傷，揭示處於政治黑暗、光明泯滅的艱難昏亂之世，君子應當自晦其明、堅持正道，等待並爭取光明前景的道理。

䷣ 明夷❶，利艱貞❷。

【章旨】此卦辭言光明殞傷時，當在艱難中堅守正道。

【注釋】❶明夷 卦名。下卦為離，上卦為坤。詞義為光明殞傷。夷，傷也。❷艱貞 在艱難中守持貞正。案：此卦卦形下離為日，上坤為地，日入地中，象徵光明頹落殞傷。推之於人事，則如昏主在上，明臣在下，世道昏亂，不敢顯其明智，但仍須在此艱難之中堅守正道。

【語　譯】明夷卦象徵光明殞傷，此時在艱難中守持貞正將有利。

〈彖〉曰：明入地中❶，明夷。內文明❷而外柔順❸，以蒙大難，文王以之❹。利艱貞，晦❺其明也。內難❻而能正其志，箕子❼以之。

【章　旨】此〈彖〉辭闡釋明夷卦卦名、卦辭、卦象，並以文王、箕子為例，申明君子蒙受艱難時當柔順、晦明、正志的義理。

【注　釋】❶明入地中　指明夷卦下離為明，上坤為地，猶明入地中。❷內文明　指內卦離為明。❸外柔順　指外卦坤為順。❹文王以之　指周文王被紂囚禁於羑里，蒙難事殷，即用文明柔順之德處世。以，用。之，代指文明柔順之德。❺晦　隱晦。❻內難　內部的厄難。因箕子為殷宗室，故言。❼箕子　殷紂王之叔，因見紂王殘暴，乃佯狂為奴，晦藏其明德而不用，守其正道，避禍免身。

【語　譯】〈彖傳〉說：光明隱沒大地之中，這就是光明殞傷的象徵。內涵文明之德而外具柔順之性，以蒙受巨大的患難，周文王就是用這種德性渡過危難的。卦辭言「在艱難中守持貞正將有利」，是說此時當隱晦他的光明。遭受內部的厄難而能堅守他正直的心志，殷商的箕子就是用這種態度處世的。

〈象〉曰：明入地中，明夷；君子以蒞眾❶，用晦而明❷。

【章旨】此〈象〉辭勉勵君子晦明以治眾人。

【注釋】❶蒞眾　蒞臨眾上。指治理眾人。❷用晦而明　指君子治理眾人，施用晦藏明智、無為而治的方式，卻能使其光明更為明顯。案：光明隱入地中，猶君子為政施治，藏其明智，以免過察而傷眾，這正是容物和眾的寬容態度，故〈大象傳〉勉之。

【語譯】〈象傳〉說：光明隱入大地之中，這就是光明殞傷的象徵；君子當效此以治理眾人，能夠晦藏其明智而為治，更能顯其光明美德。

初九，明夷于飛❶，垂其翼；君子于行，三日不食。有攸往，主人有言❷。

【章旨】此爻言光明殞傷之時，君子當遠行避世，不宜有所施為。

【注釋】❶于飛　飛翔。于，語助詞，無義。下文「君子于行」之「于」同。❷言　閒言。案：此爻居明夷卦之初，陽剛明德遭到損傷，如負傷的飛鳥垂其羽翼；此時君子急於遠離昏亂之世，乃至三日無暇進食。爻辭告誡此時切不可施為，若逞志前往，必招來閒言而致禍患。此謂避世之行，如商山四皓之類也。

【語　譯】明夷卦的初爻，象徵光明殞傷，就像飛鳥受傷而垂下它的羽翼；此時君子急切地遠行避世，乃至三日無暇進食。此時若前往有所施為，所遇主人必會有閒言以致帶來禍患。

〈象〉曰：君子于行，義不食❶也。

【章　旨】此則〈小象傳〉解釋初九爻象。

【注　釋】❶不食　不食朝廷的俸祿。

【語　譯】〈象傳〉說：初九爻辭言「君子遠行避世」，是說它堅持正理，不食朝廷的俸祿。

六二，明夷，夷于左股❶，用拯馬壯❷，吉。

【章　旨】此爻言光明殞傷甚重，須待強援方可獲吉。

【注　釋】❶股　大腿。❷用拯馬壯　猶言用壯馬拯之。拯，拯救。壯馬，指九三。案：此爻陰柔，處下離之中，為離明之主，故所遭殞傷甚重，猶傷及左股，無法行走，但它得中正，上比九三，可得強援的救助而避難，故言吉。

【語　譯】明夷卦的第二爻，象徵光明殞傷甚重，就像傷及左邊的大腿，此時若能用強壯的馬來拯救，就可避難而獲吉祥。

〈象〉曰：六二之吉，順以則❶也。

【章旨】此則〈小象傳〉解釋六二爻象。

【注釋】❶順以則　指六二陰柔為順，且能守正則。

【語譯】〈象傳〉說：六二爻辭言「可獲吉祥」，是因為它生性柔順而又能遵守正當的法則啊！

九三，明夷于南狩❶，得其大首❷，不可疾貞❸。

【章旨】此爻言當爭取光明的恢復，但不可操之過急。

【注釋】❶南狩　在南方狩獵征討。狩，有征討之義。❷大首　指殞滅光明的首惡元凶。❸疾貞　急於匡復光明正道。案：光明殞傷、天下黑暗之時，一方面要全身避禍，以待光明，但也要積極行動，爭取光明早日重現。此爻以陽剛居下離的上位，剛強有力，故首先於南方發難，征討而獲元凶；但復明的時機尚未成熟，故誡其不可疾貞。

【語　譯】明夷卦的第三爻，象徵光明殞傷之時，在南方狩獵征討，俘獲作亂的元凶首惡，但此時尚不可急於匡復光明正道。

〈象〉曰：南狩之志，乃大得也。

【章　旨】此則〈小象傳〉解釋九三爻象。

【語　譯】〈象傳〉說：九三爻辭言「在南方狩獵征討」的志向，是說必將大有所獲啊！

六四，入于左腹❶，獲明夷之心❷，于❸出門庭❹。

【章　旨】此爻言了解光明殞傷時的內情，就當出世遠舉。

【注　釋】❶腹　腹部為人體柔軟、隱蔽之處，故涵柔順、隱退之義。❷心　內情；本質。❸于　語助詞，無義。❹出門庭　喻出世，擺脫光明泯滅的昏亂之世。案：此爻陰柔而處陰位，居上坤之始，有柔順之性，故深諳明夷的內情，能自晦其明而出世隱遯。

【語　譯】明夷卦的第四爻，象徵懷有柔順、退隱之心，就像觸及柔軟的左腹部，能了解光明殞傷時的內情，於是走出門庭避世遠去。

〈象〉曰：入于左腹，獲心意也。

【章旨】此則〈小象傳〉解釋六四爻象。

【語譯】〈象傳〉說：六四爻辭言「觸及柔軟的左腹部」，說明它已經了解光明殞傷時的內情。

六五，箕子❶之明夷，利貞。

【章旨】此爻言光明殞傷之時，仍須守正而內存明德。

【注釋】❶箕子　見本卦〈象傳〉注釋。案：此爻柔性得中，居上六昏暗暴君之下，猶明臣而受制於暗主，故以佯狂為奴、自晦其明而守正全身的箕子為喻，誡其守正不移，內存明德而不為黑暗所滅。

【語譯】明夷卦的第五爻，象徵光明殞傷之時，能像殷商的箕子一樣處世，守持貞正必將有利。

〈象〉曰：箕子之貞，明不可息❶也。

【章旨】此則〈小象傳〉解釋六五爻象。

【注釋】❶息　熄滅。

【語譯】〈象傳〉說：六五爻辭言「殷商箕子」的「貞正」，是說內心的光明終歸不可熄滅啊！

上六，不明晦❶，初登于天，後入于地。

【章旨】此爻言殞傷光明而製造黑暗者必然失敗。

【注釋】❶不明晦　猶言不明而晦。案：此爻處明夷卦的極位，為暗主、暴君之象，如殷紂之類，故以日初升於天，終墜於地之象，喻指它夷滅光明，雖能得逞於一時，但必將以失敗告終。作《易》者的告誡不可不深思。

【語譯】明夷卦的上爻，象徵不允許光明存在，反而製造黑暗，起初登臨天上，得逞一時，終必墜落地下，落得個失敗的結局。

〈象〉曰：初登于天，照四國也；後入于地，失則也。

【章旨】此則〈小象傳〉解釋上六爻象。

【語譯】〈象傳〉說：上六爻辭言「起初登臨天上」，是說它當時足以臨照四方各國；言「終必墜落地下」，是因為它喪失了正確的法則啊！

家人卦第三十七

【卦　旨】此卦卦名「家人」，義為一家之人，揭示家庭內部應當男威女順，共同以正道而從嚴為治的道理，並由治家之道推廣到治國平天下的普遍原則。

䷤ 家人❶，利女貞。

【章　旨】此卦辭言一家之中，主婦貞正將有利。

【注　釋】❶家人　卦名。下卦為離，上卦為巽。詞義為一家之人。孔穎達《正義》云：「明家內之道，正一家之人，故謂之家人。」案：此卦的六二與九五兩爻，均得中正而相應，猶女主內而男主外，共以正道治其家。就家庭內部而言，主婦德行尤為重要，故強調女貞。

【語　譯】家人卦象徵一家之人，家中主婦守持貞正，必將有利。

〈彖〉曰：家人，女正位乎內❶，男正位乎外❷，男女正，天地之大義❸也。家人有嚴君❹焉，父母之謂也。父父❺，子子，兄兄，弟弟，夫夫，婦婦，而家道正，正家而天下定矣。

【章　旨】此〈彖〉辭闡釋家人卦卦名、卦象及端正家道，進而安定天下的義理。

【注　釋】❶女正位乎內　指六二陰柔為女，居陰位得正，處內卦離。❷男正位乎外　指九五陽剛為男，居陽位得正，處外卦巽。❸大義　大道理。❹嚴君　嚴正的君長，即家長。❺父父　父親盡為父之道。下文「子子」等句結構同。

【語　譯】〈彖傳〉說：一家之人，女主人守著正道而居於家內，男主人守著正道以處理外務，男女各守正道，這是天地間的大道理啊！一家之人中有嚴正的君長，指的是父母親。父親盡為父之道，兒子盡為子之道，兄長盡為兄之道，弟弟盡為弟之道，丈夫盡為夫之道，妻子盡為妻之道，這樣家道就能端正了，家道端正了，整個天下也就安定了。

〈象〉曰：風自火出❶，家人；君子以言有物❷而行有恆。

【章　旨】此〈象〉辭勉勵君子語言充實，行有常則。

【注　釋】❶風自火出　指家人卦下離為火，上巽為風，猶風從火中吹出。❷有物　充實有內容。案：火出之初，因風方熾；火既炎盛，復又生風，內火喻明德，外風喻風化，故〈大象傳〉引申出君子居家言行當為人表率的義理。

【語譯】〈象傳〉說：風從火中生出，由內吹向外，這就是一家之人的象徵，故君子效此而使自己的日常語言充實有內容，行為符合正常的法則。

初九，閑❶有❷家，悔亡。

【章旨】此爻言家道初立，謹防邪僻，可使悔亡。

【注釋】❶閑　防止。指防止邪僻。❷有　保有。案：此爻居家人卦的初位，猶家道初立，須謹防邪惡，端正家風，方得保家而使悔亡。

【語譯】家人卦的初爻，象徵能謹防邪僻而保有其家，並使悔恨消失。

〈象〉曰：閑有家，志未變❶也。

【章旨】此則〈小象傳〉解釋初九爻象。

【注釋】❶志未變　指初九居位得正，其正志未變。

【語譯】〈象傳〉說：初九爻辭言「謹防邪僻而保有其家」，是說它端正的心志並未改變。

六二，无攸遂❶，在中❷饋❸，貞吉。

【章旨】此爻言家庭主婦柔順中正，可獲吉祥。

【注釋】❶无攸遂　無所成就。❷中　家中。❸饋　進食。指飲食之事。案：此爻陰柔居內卦之中，得正位，有賢慧主婦之象，故在外雖因過柔而無成就，但能主持家中飲食等事務，乃得獲吉。婦女以持家為業，以柔順為德，這一傳統的價值觀念實源於《周易》。

【語譯】家人卦的第二爻，象徵家庭主婦在外雖無所成就，但在家中主管飲食等事務，守持貞正可獲吉祥。

〈象〉曰：六二之吉，順❶以巽❷也。

【章旨】此則〈小象傳〉解釋六二爻象。

【注釋】❶順　指六二陰柔為順。❷巽　謙遜；溫遜。

【語譯】〈象傳〉說：六二爻辭言「可獲吉祥」，是因為它柔順溫遜啊！

九三，家人嗃嗃❶，悔厲吉❷；婦子嘻嘻❸，終吝。

【章　旨】此爻言當嚴正家道，否則將致憾惜。

【注　釋】❶嗃嗃　猶言「嗷嗷」。愁苦之狀。❷悔厲吉　雖有悔厲而終吉。❸嘻嘻　隨意笑鬧之聲。案：此爻以陽剛居下卦的上位，剛健氣盛，故有治家過於嚴厲，以致家人愁苦之象，此時雖有悔厲，但終因嚴正而獲吉；相反，若放縱家人隨意笑鬧，則失家道而終吝。此為治家寧可過嚴而不可放鬆之義。

【語　譯】家人卦的第三爻，象徵治家過嚴，致使一家之人愁苦，雖有悔恨與危險，終獲吉祥；若讓妻子兒女隨意嬉戲笑鬧，終必會有憾惜。

〈象〉曰：家人嗃嗃，未失也；婦子嘻嘻，失家節❶也。

【章　旨】此則〈小象傳〉解釋九三爻象。

【注　釋】❶家節　家中禮節。

【語　譯】〈象傳〉說：九三爻辭言「一家之人愁苦」，說明還未失治家正道；言「妻子兒女隨意嬉戲笑鬧」，是說違反了家中的禮節啊！

六四，富家❶，大吉。

【章　旨】此爻言以正當手段富其家，可獲大吉。

【注　釋】❶富家　使家庭富足。案：此爻陰虛本不富，但性柔居中，處位正，下應初九，上承九五，得陽剛之實，故富。

【語　譯】家人卦的第四爻，象徵能使家庭富足，大獲吉祥。

〈象〉曰：富家大吉，順在位❶也。

【章　旨】此則〈小象傳〉解釋六四爻象。

【注　釋】❶順在位　指六四陰柔為順，居陰位而得正。

【語　譯】〈象傳〉說：六四爻辭言「使家庭富足，大獲吉祥」，是因為它性柔順而居位正啊！

九五，王假❶有家，勿恤❷，吉。

【章　旨】此爻言以中正之道治理而保有其家，必獲吉祥。

【注　釋】❶假　大也。❷恤　憂慮。案：此爻陽剛中正，居君位，下應六二，正有至善至美的家長之象，故大有家而獲吉。

【語譯】家人卦的第五爻，象徵君王能以中正治理而大有其家，無須憂慮，必獲吉祥。

〈象〉曰：王假有家，交相愛❶也。

【章旨】此則〈小象傳〉解釋九五爻象。

【注釋】❶交相愛　互相親愛。

【語譯】〈象傳〉說：九五爻辭言「君王將大有其家」，是因為它能使人人互相親愛啊！

上九，有孚，威如❶，終吉。

【章旨】此爻言以誠信威嚴治家，終獲吉祥。

【注釋】❶威如　威嚴的樣子。如，語尾助詞，無義。案：此爻以陽剛而處家人卦的極位，雖非實際管家者，然居全家之上，具有鑒臨、督察的地位，若以誠信、威嚴為示範，影響於治家，終獲吉祥。

【語譯】家人卦的上爻，象徵能以誠信而有威嚴的態度治家，終可獲吉祥。

〈象〉曰：威如之吉，反身❶之謂也。

【章　旨】此則〈小象傳〉解釋上九爻象。

【注　釋】❶反身　反求自身。

【語　譯】〈象傳〉說：上九爻辭言「威嚴治家」的「吉祥」，是說它能反過來嚴格要求自己，以為示範啊！

睽卦第三十八

【卦　旨】此卦卦名「睽」，義為乖背，揭示處於乖背違逆的情況下，應當柔和大度、求同存異，以逐漸消除隔閡對立，達到和諧一致的道理。

䷥

睽（ㄎㄨㄟˊ）❶，小（ㄒㄧㄠˇ）事（ㄕˋ）❷吉（ㄐㄧˊ）。

【章　旨】此卦辭言乖背之時，小心處事可獲吉。

【注　釋】❶睽　卦名。下卦為兌，上卦為離。詞義本指兩目相背，此為乖背、違逆、背離之義。❷小事　柔順小心地處事。小，陰柔之稱，故涵柔順之義。案：此卦卦形下兌為澤，上離為火，澤向下而火向上，兩相乖背，故曰睽。當睽違之時，須以柔順的態度，小心地對待，方能消睽而求合，故曰小事吉。

【語　譯】睽卦象徵乖背，柔順小心地處事可獲吉祥。

〈彖〉曰：睽，火動而上❶，澤動而下❷，二女❸同居，其志不同行。說而麗乎明❹，柔進而上行，得中而應乎剛❺，是以小事吉。天地睽而其事同也，男女睽而其志通也，萬物睽而其事類❻也。睽之時用大矣哉！

【章　旨】此〈彖〉辭闡釋睽卦卦名、卦辭、卦象以及天地、男女、萬物雖相乖異，卻可同通的義理。

【注　釋】❶火動而上　指睽卦上離為火，火燃向上。❷澤動而下　指下兌為澤，澤流向下。❸二女　指睽上下皆陰卦，下兌為少女，上離為中女。❹說而麗乎明　指下兌為悅，上離為明，上下卦體相合，有以和悅附麗於光明之象。說，同「悅」。麗，附麗。❺柔進而上行二句　指本卦六五以陰柔居君位，處上卦之中，並與下之九二陽剛有應。❻類　相類似。

【語　譯】〈彖傳〉說：乖背違逆，就像火焰燃燒而向上，澤水流動而向下，兩個女人同居一室，她們的志向、行為卻不相同。和悅而附麗於光明，性格柔順而前進上升於尊位，且能居中不偏，與陽剛者相應合，因此卦辭言「柔順小心地處事可獲吉祥」。天地上下乖背，但其生成萬物的事理是相同的，男女陰陽乖背，但其交感求合的心志是相通的；萬物形態乖背，但其生成化育的規律是相類似的。乖背的因時而發揮效用是多麼重大啊！

〈象〉曰：上火下澤❶，睽；君子以同而異❷。

【章旨】此〈象〉辭勉勵君子求大同而存小異。

【注釋】❶上火下澤　指睽卦下兌為澤，上離為火，猶上火下澤。❷同而異　猶言求同而存異。案：火焰向上而澤流向下，兩相乖背，故〈大象傳〉引申出唯求大同，而允許小異存在的義理。其旨在於事物紛紜繁雜，不可強求一律，若無求同存異的氣度，則睽不可合，事不可成。

【語譯】〈象傳〉說：火在上而澤在下，這就是乖背的象徵，君子當因此而求其大同，存其小異。

初九，悔亡；喪馬，勿逐自復❶；見惡人❷，无咎。

【章旨】此爻言乖背之時，靜守寬容，則可免咎。

【注釋】❶復　返回。❷見惡人　指不鄙視有惡行之人，以免乖背加深。案：此爻居睽卦之初，與上無應，故乖睽有悔，但謙虛寬容，廣和於人，乃使悔亡。喪馬不追而靜守，馬終自復；不排拒惡人而見之，心意得以溝通；此兩例均先睽後合之象。睽消合成，全因靜守與寬容，故無咎。

【語譯】睽卦的初爻，象徵乖背之時能靜守而寬容，悔恨消失；就像丟失了馬匹，靜守不追而馬自己將返回；又像寬容地會見有惡行的人而不鄙棄，可免禍害。

〈象〉曰：見惡人，以辟❶咎也。

【章旨】此則〈小象傳〉解釋初九爻象。

【注釋】❶辟 通「避」。避免。

【語譯】〈象傳〉說：初九爻辭言「寬容地會見有惡行的人」，是為了消除乖背，避免禍害啊！

九二，遇主❶于巷，无咎。

【章旨】此爻言乖背之時尋求遇合，可得無咎。

【注釋】❶主 指六五。案：此爻陽剛處中，陽居陰位而謙順，上與六五相應，雖有阻隔而相乖違，但能以謙順中和之志而主動尋求遇合，終得遂願而無咎。

【語譯】睽卦的第二爻，象徵乖背之時能採取求合的行動，終於在巷子中與主人遇合，沒有禍害。

〈象〉曰：遇主于巷，未失道也。

【章旨】此則〈小象傳〉解釋九二爻象。

【語譯】〈象傳〉說：九二爻辭言「在巷子中與主人相遇合」，說明它並未違反消睽求合的正道啊！

六三，見輿❶曳❷，其牛掣❸，其人天❹且劓❺，无初❻有終❼。

【章旨】此爻言乖背之時堅持求合，終可達目的。

【注釋】❶輿　大車。❷曳　拖住。❸掣　牽制。❹天　刺額之刑。《周易集解》引虞翻曰：「黥額為天。」❺劓　割鼻之刑。❻无初　初未合而睽。❼有終　終歸消睽而合。案：此爻以陰居下卦的極位，乖背情形十分嚴重。它本與上九為正應，但如同大車，後有九二拖住，前面的牛又被九四牽制，寸步難行。上九遠在外卦之極，上行求合十分艱難，長期乖違，乃擔心上九尊者降罪以刺額割鼻之刑。然六三情篤意深，堅持上行求合，必能擺脫拖曳牽制，達到目的。

【語譯】睽卦的第三爻，象徵乖違之時，好像看見大車被拖住，拉車的牛亦被牽制，難以前行，擔心那尊者降罪而施以刺額與割鼻的刑罰。但起初乖背，最後必將消睽而相合。

〈象〉曰：見輿曳，位不當❶也；无初有終，遇剛❷也。

【章旨】此則〈小象傳〉解釋六三爻象。

【注釋】❶位不當　指六三居九二、九四兩陽之間，受到牽制。❷剛　指上九陽剛。

【語譯】〈象傳〉說：六三爻辭言「看見大車被拖住」，是因為它居位不恰當；言「起初乖背，最後必將消睽而相合」，是說它將與陽剛相遇合啊！

九四，睽孤❶，遇元夫❷，交孚❸，厲无咎。

【章旨】此爻言誠信相待，方可免乖背的孤獨與禍害。

【注釋】❶孤　孤獨。❷元夫　大丈夫。指初九。❸交孚　互相以誠信相待。案：此爻以陽剛居四，卦中六三、六五兩陰均有所屬，因己孤獨無應，而初九亦無應，兩剛相遇而引為同志，互相以誠相見，乃得無咎。本卦多言陰陽的睽與合，此爻則言陽剛之間的關係，乃朋友之道。

【語譯】睽卦的第四爻，象徵乖背之時深感孤獨，與陽剛大丈夫遇合，互相以誠信相待，雖危而無禍害。

〈象〉曰：交孚无咎，志行也。

【章　旨】此則〈小象傳〉解釋九四爻象。

【語　譯】〈象傳〉說：九四爻辭言「互相以誠信相待必無禍害」，是說它求合的志向可以踐行。

六五，悔亡，厥❶宗❷噬膚❸，往何咎？

【章　旨】此爻言乖背之時，中和柔順，求合必將順利。

【注　釋】❶厥　其。❷宗　宗親。指九二。❸噬膚　咬破皮膚。案：此爻陰居陽位，故有悔，但處尊位，得中道，以柔順中和之性，與其正應九二求合，必將如咬破脆柔的皮膚一樣順利，故言悔亡。

【語　譯】睽卦的第五爻，象徵乖背之時，柔順中和以求遇合，悔恨將消失，其宗親亦必將如咬破脆柔的皮膚一樣，順利地應合，如此前往有何禍害呢？

〈象〉曰：厥宗噬膚，往有慶也。

【章　旨】此則〈小象傳〉解釋六五爻象。

【語　譯】〈象傳〉說：六五爻辭言「其宗親將如咬破脆柔的皮膚一樣順利地應合」，說明如此前往必有喜慶。

上九，睽孤，見豕❶負塗❷，載鬼一車，先張之弧❸，後說❹之弧。匪寇，婚媾，往遇雨則吉。

【章旨】此爻言因乖背造成的猜疑一旦消去，即可陰陽和合而吉。

【注釋】❶豕　豬。❷負塗　背上盡是污泥。塗，泥塗。❸弧　指弓。❹說　通「脫」。放下。案：此爻陽剛居睽卦之極，與下之六三為正應，久待六三，因乖背而產生孤獨狐疑的心理，見六三「輿曳牛掣」，乃疑為豕負泥塗，又疑為鬼車奔馳；張弓欲射，復又放下，狀其狐疑之態。匪寇婚媾，表明猜疑消除，知是良配到來；雨為陰陽交合的產物，象徵睽消合成，故遇雨則吉。

【語譯】睽卦的上爻，象徵乖背至極而感到孤獨狐疑，恍惚看見有豬的背上盡是污泥，又像看見裝滿鬼怪的一輛大車在奔馳，先拉弓欲射，後又放下弓箭。明白前來者不是強寇，而是來求婚配的佳偶，此時前往遇到陰陽和合的甘雨就一定能夠吉祥。

〈象〉曰：遇雨之吉，羣❶疑亡也。

【章旨】此則〈小象傳〉解釋上九爻象。

【注釋】❶羣　多種。

【語譯】〈象傳〉說：上九爻辭言「遇上陰陽和合的甘雨一定能夠吉祥」，是因為各種猜疑全都消失了。

蹇卦第三十九

【卦旨】此卦卦名「蹇」，義為「行走險難」，揭示處於險難之時，應當柔順待時、進退適宜的道理，同時也強調了上下同心、和衷共濟的重要作用。

䷦ 蹇❶，利西南，不利東北，利見大人，貞吉。

【章旨】此卦辭言險難之時，當追隨尊者，避險就夷。

【注釋】❶蹇　卦名。下卦為艮，上卦為坎。詞義為行走險難。案：此卦卦形下艮為止，上坎為險，遇險而止，足不能進，行之難也。西南為平地，東北多山阻，孔穎達《正義》云：「西南順位，平易之方；東北險位，阻礙之所。」故避其不利的險阻，而取有利的平夷。大人，言度過險難，須有領袖人物為中心，指九五。

【語　譯】蹇卦象徵行走險難，向西南方的平地行走將有利，向東北方的山地行走將不利，去謁見大人將有好處，守持貞正可獲吉祥。

〈彖〉曰：蹇，難也，險在前❶也。見險而能止❷，知❸矣哉！蹇，利西南，往得中❹也；不利東北，其道窮❺也；利見大人，往有功也；當位❻貞吉，以正邦也。蹇之時用大矣哉！

【章　旨】此〈彖〉辭闡釋蹇卦卦名、卦辭、卦象，並讚美其時用之大。

【注　釋】❶險在前　指本卦上坎為險。❷止　指下艮為止。❸知　通「智」。❹中　適中；適宜。❺窮　困窮。❻當位　指本卦六二以上諸爻均居於正位，初六雖以陰居陽，但處卑下，其義亦正，故全卦各爻均可謂當位。

【語　譯】〈彖傳〉說：蹇，指的是行走險難，坎險就在前面。見到坎險而能停止，這是很明智的啊！卦辭言「行走險難，向西南方的平地行走將有利」，是因為這樣前往較適宜；言「向東北方的山地行走將不利」，是因為這樣將路途困窮；言「去謁見大人將有好處」，是說如此前往必將成功；言居位適當而「守持貞正可獲吉祥」，是說可以端正邦國。蹇難之時啟迪聖明的功用多麼重大啊！

〈象〉曰：山上有水❶，蹇；君子以反身脩德。

【章旨】此〈象〉辭勉勵君子反求自我，修明美德。

【注釋】❶山上有水　指蹇卦下艮為山，上坎為水，猶山上有水。案：山上有水，山高更兼水深，是為艱險之途，〈大象傳〉由此引申出君子處險難之時當反身修德的義理。

【語譯】〈象傳〉說：高山之上兼有深水，這就是行走險難的象徵；君子此時應當反求自我，修明美德。

初六，往蹇，來❶譽。

【章旨】此爻言行走險難時，識時返回可獲稱譽。

【注釋】❶來　歸來；返回。案：此爻處蹇難之始，陰柔無力，處位卑下，上無應援，前往則蹇，知返則譽。

【語譯】蹇卦的初爻，象徵往前行走必遇險難，識時返回可獲稱譽。

〈象〉曰：往蹇，來譽，宜❶待也。

【章　旨】此則〈小象傳〉解釋初六爻象。

【注　釋】❶宜　應當。

【語　譯】〈象傳〉說：初六爻辭言「往前行走必遇蹇難，識時返回可獲稱譽」，是說它應當等待時機。

六二，王臣蹇蹇❶，匪❷躬❸之故。

【章　旨】此爻言行走險難時，當不顧私利，勤勉濟助。

【注　釋】❶蹇蹇　勤勉艱難地奔走之狀。❷匪　通「非」。❸躬　自己。案：此爻陰柔，上應九五，猶王之臣；九五陷險難之中，蹇蹇劬勞，奔走濟助，非為私己，乃國之忠臣，志在排除險難，以匡王室者也。

【語　譯】蹇卦的第二爻，象徵國家險難之時，君王的臣子勤勉艱難地奔走，不是為了自己的緣故，而是要給王室排憂解難。

〈象〉曰：王臣蹇蹇，終无尤❶也。

【章　旨】此則〈小象傳〉解釋六二爻象。

【注釋】❶尤　過失；災禍。

【語譯】〈象傳〉說：六二爻辭言「君王的臣子勤勉艱難地奔走」，這樣它終必不會有何過失。

九三，往蹇，來反❶。

【章旨】此爻言前行必將有險難，應當返回以待時。

【注釋】❶反　同「返」。返回。案：此爻以陽剛處下卦的上位，前臨坎險，故往必蹇；下據二陰爻，若知險則止而返，二陰喜悅，己亦得其所。

【語譯】蹇卦的第三爻，象徵往前行走必遇險難，當返回原處以待時機。

〈象〉曰：往蹇，來反，內❶喜之也。

【章旨】此則〈小象傳〉解釋九三爻象。

【注釋】❶內　指內卦的兩陰爻。案：九三為內卦的唯一陽爻，故其來反而內陰喜之。

【語譯】〈象傳〉說：九三爻辭言「往前行走必遇險難，當返回原處以待時機」，是說內部陰柔者都因其返回而欣喜。

六四，往蹇，來連❶。

【章　旨】此爻言前行險難時，當返結同志，充實力量。

【注　釋】❶連　連結。案：此爻已入險坎，前行必將更為險惡，然其陰居陰位得正，下鄰之九三亦陽居陽位得正，志同道合，故返回連結同志，方可濟難。

【語　譯】蹇卦的第四爻，象徵往前行走必遇險難，此時當返回連結同志，共度難關。

〈象〉曰：往蹇，來連，位當實❶也。

【章　旨】此則〈小象傳〉解釋六四爻象。

【注　釋】❶位當實　指六四居位得正而態度切實。

【語　譯】〈象傳〉說：六四爻辭言「往前行走必遇險難，當返回連結同志」，說明它居當正位而且態度切實啊！

九五，大❶蹇，朋❷來。

【章　旨】此爻言險難之時，中正堅韌，朋友將來相助。

【注　釋】❶大　很；十分。作副詞。❷朋　朋友。指六二。案：此爻居上坎之中，故言大蹇；因其陽剛中正，高居尊位，下應六二，故有執道中正、堅韌頑強、深得人心的大人之象，乃有朋來助其脫難。

【語　譯】蹇卦的第五爻，象徵行走已入十分險難的境況，因其中正堅韌，將有朋友前來相助。

〈象〉曰：大蹇，朋來，以中節❶也。

【章　旨】此則〈小象傳〉解釋九五爻象。

【注　釋】❶中節　指九五居位中正，能持此節操。

【語　譯】〈象傳〉說：九五爻辭言「行走已入十分險難的境況，將有朋友前來相助」，是因為它能保持中正的節操。

上六，往蹇，來碩❶，吉，利見大人❷。

【章　旨】此爻言險難將通時，仍當謹慎，並依從尊者。

【注　釋】❶碩　大。指大功。❷大人　指九五。案：此爻居蹇卦的終位，險難將通，但此時更須靜守，以防功虧一簣，歸居本位並依靠中正的九五之尊，則可建濟難大功。

【語　譯】蹇卦的上爻，象徵往前行走必生險難，返歸靜守則可建大功，吉祥，此時謁見大人將有利。

〈象〉曰：往蹇來碩，志在內❶也；利見大人，以從貴❷也。

【章　旨】此則〈小象傳〉解釋上六爻象。

【注　釋】❶內　指上六下應九三，下從九五，兩爻均居上六之內。❷貴　尊貴。指九五。

【語　譯】〈象傳〉說：上六爻辭言「往前行走必生險難，返歸靜守則可建大功」，是說它的心志在於連結內部的力量；言「謁見大人將有利」，是說它將附從尊貴的君主啊！

解卦第四十

【卦　旨】此卦卦名「解」，義為解除險難，揭示排患解難，尤其是消除內部隱患應當迅速及時、堅持誠信、根絕後患的道理。

䷧ 解❶，利西南❷；无所往❸，其來復❹吉；有攸往，夙❺吉。

【章　旨】此卦辭言無險難當返回，有險難當及早排除。

【注　釋】❶解　卦名。下卦為坎，上卦為震。詞義為解除險難。〈序卦傳〉曰：「物不可以終難，故受之以解。解者，緩也。」❷利西南　見蹇卦卦辭注釋。❸无所往　指無險難之時則無須前往。❹來復　指歸來而回復原處。❺夙　早。案：此卦下坎為險，上震為動，行動而走出坎險，使險難解除，乃命名為解。西南地平，故前往有利；無險難時，當不再前往，簡易寧靜，與民休息，故言來復獲吉；此時若有險難，則宜前往及早排除，否則將造成後患。

【語　譯】解卦象徵解除險難，向西南方的平地行走將有利；沒有險難則不要有所行動而前往，歸來而回復原處可獲吉祥；此時若有險難，則當迅速前往，及早排除，如此可獲吉祥。

〈彖〉曰：解，險以動❶，動而免乎險，解。解，利西南，往得眾也；其來復吉，乃得中❷也；有攸往，夙吉，往有功也。天地解❸而雷雨作❹，雷雨作而百果草木皆甲坼❺。解之時大矣哉！

【章　旨】此〈彖〉辭闡釋解卦卦名、卦辭、卦象及其義理。

【注釋】❶險以動　指解卦下坎為險，上震為動。❷中　適中；適宜。❸解　解除封閉。❹作　興起；產生。❺甲坼　外殼裂開。指草木種子裂開硬殼發出芽頭。甲，種子的皮殼。坼，裂開。

【語譯】〈彖傳〉說：解除險難。是說身處坎險而能夠有所行動，行動就能避免險難，所以說解除險難。卦辭言「解除險難，向西南方行走將有利」，是因為如此前往可以得到眾人的幫助；言「歸來而回復原處可獲吉祥」，是因為這樣是適宜的；言「迅速前往，及早排除險難，可獲吉祥」，是說如此前往必可建功。天地解除封閉，雷雨就會興起，雷雨興起，各種果子草木就會萌芽生長。解除險難之時的意義多麼重大啊！

〈象〉曰：雷雨作❶，解；君子以赦過❷宥❸罪。

【章旨】此〈象〉辭勉勵君子赦免小民的過失與罪行。

【注釋】❶雷雨作　指解卦下坎為水，上震為雷，猶雷雨並作。❷赦過　赦免過失。❸宥　寬恕。案：雷雨並作，嚴寒解除，萬物承受自然的恩澤而重萌生機，〈大象傳〉乃引申出赦過宥罪、開釋寬懷百姓的義理。

【語譯】〈象傳〉說：雷雨並興，嚴寒消解，這就是解除險難的象徵，君子當效此而赦免過失，寬恕罪行。

初六，无咎❶。

【章旨】此爻言險難初步解除，必無禍害。

【注釋】❶无咎 案：此爻陰柔，處解難之始，居位低下，上應九四，無須承擔解除險難的重任，又可得到排險的助益，故雖無大功大吉，亦可無咎。

【語譯】解卦的初爻，象徵險難初步解除，必無禍害。

〈象〉曰：剛柔❶之際❷，義无咎也。

【章旨】此則〈小象傳〉解釋初六爻象。

【注釋】❶剛柔 指九四陽剛，初六陰柔。❷際 交際；交接。指兩爻相應。

【語譯】〈象傳〉說：初六與九四剛柔相應而交接，自然也就「必無禍害」了。

九二，田❶獲三狐，得黃矢❷，貞吉。

【章旨】此爻言以貞正中和之道解除隱患，可獲吉祥。

【注釋】❶田　田獵。❷黃矢　黃為中央正色，矢有剛直之性，比喻中和剛直之德。案：狐為隱伏狡詐的動物，喻隱患。此言九二陽剛得中，上應六五，具中直之性，必能清除隱藏之患而得吉。

【語譯】解卦的第二爻，象徵解除隱患，就像田獵時擒獲三隻隱伏的狐狸，具有像黃色箭矢一樣中和剛直的德性，守持貞正可獲吉祥。

〈象〉曰：九二貞吉，得中❶道也。

【章旨】此則〈小象傳〉解釋九二爻象。

【注釋】❶中　指九二居下卦之中。

【語譯】〈象傳〉說：九二爻辭言「守持貞正可獲吉祥」，是因為能保持中正不偏之道啊！

六三，負❶且乘❷，致❸寇至，貞吝。

【章旨】此爻言小人得勢，隱患未解，將招致強寇。

【注釋】❶負　背負重物。❷乘　乘車。❸致　招致。案：此爻陰居陽位失正，凌乘九二陽剛，有諂媚九四而竊據高位之象。負物乃小人之事，乘車為君子之舉，小人而行君子之舉，此正為隱患，隱患尚未排解，將致寇至。陳夢雷《周易淺述》認為，此卦六爻之義，均主於解去小人，而六三即為小人之象，九二之獲狐、九四之解拇、上六之射隼，均是針對六三而言，六三即所解除的對象。

【語　譯】解卦的第三爻，象徵隱患尚未解除，就像小人身負重物而乘車，必招致外寇前來，此時當守持貞正以防憾惜。

〈象〉曰：負且乘，亦可醜也；自我致戎❶，又誰咎也？

【章　旨】此則〈小象傳〉解釋六三爻象。

【注　釋】❶戎　兵戎。指外寇的侵略。

【語　譯】〈象傳〉說：六三爻辭言「身負重物而乘車」，這種行為可說是醜惡的了；自己招致外寇的侵略，這又能歸咎於誰呢？

九四，解而❶拇❷，朋❸至斯❹孚。

【章　旨】此爻言解除隱患，則可得朋友誠信相交。

【注　釋】❶而　你，代詞。指九四。❷拇　足大趾。喻六三。❸朋　指初六。❹斯　乃。案：此爻陽剛居上卦，陽居陰位失正，為下鄰的六三所媚惑依附，猶足趾生患，故解除足患，則其正應初六將至而以孚信相應合。

【語　譯】解卦的第四爻，象徵如同消除你的腳趾之疾一樣排除小人依附的隱患，這樣朋友將到來，而以誠信相交接。

〈象〉曰：解而拇，未當位❶也。

【章　旨】此則〈小象傳〉解釋九四爻象。

【注　釋】❶未當位　指九四陽居陰位失正，下鄰六三小人。

【語　譯】〈象傳〉說：九四爻辭言「消除你的腳趾隱患」，是因為它居位不適當啊！

六五，君子維❶有解❷，吉，有孚于小人。

【章　旨】此爻言君子當解除險難隱患，以誠信感化小人。

【注　釋】❶維　語助詞，無義。❷解　指解除險難與隱患。案：此爻居於尊位，有君子之象；處中不偏，下應九二，故能解難排患；有孚于小人，正是〈大象傳〉所言「赦過宥罪」，以誠感化之義。

【語譯】解卦的第五爻，象徵君子能解除險難隱患，吉祥，還能以誠信感化小人。

〈象〉曰：君子有解，小人退也。

【章旨】此則〈小象傳〉解釋六五爻象。

【語譯】〈象傳〉說：六五爻辭言「君子能解除險難隱患」，這樣小人必將退走。

上六，公❶用射隼❷于高墉❸之上，獲之，无不利。

【章旨】此爻言果斷根除險難，無所不利。

【注釋】❶公　王公。指上六。❷隼　惡鳥。喻六三。❸墉　城牆。案：此爻處本卦極位，有根除險難的王公之象；六三居下險的上位，猶據高墉的惡隼；射且獲之，喻徹底根除。

【語譯】解卦的上爻，象徵根除險難，就像王公射下據於高牆之上的惡鳥，並擒獲它，無所不利。

〈象〉曰：公用射隼，以解悖❶也。

【章　旨】此則〈小象傳〉解釋上六爻象。

【注　釋】❶悖　背逆。

【語　譯】〈象傳〉說：上六爻辭言「王公射下惡鳥」，是說解除背逆者造成的險難啊！

損卦第四十一

【卦　旨】此卦卦名「損」，義為減損，揭示損下益上時必須堅持誠信、適時的基本原則，以及損下、益上均不可過濫的義理。

䷨　損❶，有孚，元吉，无咎，可貞，利有攸往。曷之用❷？二簋❸可用享❹。

【章　旨】此卦辭言減損之道，祇要心懷誠信，微薄之物亦可奉獻於上。

【注　釋】❶損　卦名。下卦為兌，上卦為艮。詞義為減損。❷曷之用　猶言「用曷」。曷，何也。之，語助詞。❸簋　盛飯的器皿。❹享　享祀鬼神。案：損卦下兌為澤，上艮為山，猶澤自損而使山增高，故曰損。損，主於損下益上，下卦三爻為自損，上卦三爻均受益，此象徵下民減損而君國增益，民自損而益上，重在誠信而不在實物的多寡，故疏飯兩簋，亦可用享。

【語譯】損卦象徵減損，心懷誠信，大獲吉祥，沒有禍害，可以守持貞正，有所前往必將有利。用什麼來體現自損以益上的心意呢？用兩碗淡飯就可以享祀鬼神了。

〈彖〉曰：損下益上，其道上行❶。損而有孚，元吉，无咎，可貞，利有攸往。曷之用？二簋可用享。二簋應有時❷，損剛益柔有時。損益盈虛，與時偕❸行。

【章旨】此〈彖〉辭闡釋損卦卦名、卦辭及損益有時的義理。

【注釋】❶上行　向上奉獻。即自損以益上。❷有時　適時。即時間上不過長亦不過短的限度，過長則下不堪，過短則上不足。❸偕　一同。

【語譯】〈彖傳〉說：減損，是說減損於下而增益於上，它的道理是自損以奉上。卦辭言「減損，能心懷誠信，大獲吉祥，沒有禍害，可以守持貞正，有所前往必將有利。用什麼來體現自損以益上的心意呢？用兩碗淡飯就可以享祀鬼神了」。即使是用兩碗淡飯也應當適時，減損下之陽剛以增益上之陰柔也要適時。減損、增益、盈滿、虧虛，都要適合時機，跟著時機一同進行的。

〈象〉曰：山下有澤❶，損，君子以懲忿❷窒❸欲。

【章旨】此〈象〉辭勉勵君子懲戒忿怒，窒塞欲望。

【注釋】❶山下有澤　指損卦下兌為澤，上艮為山，猶山下有澤。❷懲忿　懲戒忿怒之氣。❸窒　窒塞；堵塞。案：澤在高山之下，澤自損其水以增山之高，〈大象傳〉引申出減損盛氣與欲望，以益其德的義理。

【語譯】〈象傳〉說：高山之下有深澤，澤自損以增山之高，這就是減損的象徵；君子當效此而懲戒忿怒，堵塞欲望，以增益自己的美德。

初九，已事❶遄❷往，无咎，酌❸損之。

【章旨】此爻言益上須積極，損己要量力適度。

【注釋】❶已事　終止自己的事。已，竟；終止。❷遄　迅速。❸酌　斟酌。案：此爻陽剛居下，上應六四，有自損以益上之象。已事遄往，顯其益上的誠意；酌損之，言自損剛質亦不可過甚。

【語譯】損卦的初爻，象徵終止自己的事，迅速前往以益上，必無禍害，斟酌減損自我剛質。

〈象〉曰：已事遄往，尚❶合志也。

【章旨】此則〈小象傳〉解釋初九爻象。

【注釋】❶尚 通「上」。指六四。

【語譯】〈象傳〉說：初九爻辭言「終止自己的事，迅速前往以益上」，是因為它與在上者的心志相合。

九二，利貞，征❶凶，弗損益之❷。

【章旨】此爻言中和守正，可不自損而益上。

【注釋】❶征 行。指急於前行。❷弗損益之 不自損而益上。案：此爻上應六五，亦為自損以益上之象。然其居下卦之中，陽處陰位，並非「有餘」，若急於自損前往以益上，反而將造成己之不足而致凶，不如守其中和之性，堅持正道，這樣，雖不自損而已益上。

【語譯】損卦的第二爻，象徵守持貞正將有利，急於前行將有凶險，無須自我減損就能增益於上。

〈象〉曰：九二利貞，中❶以為志也。

【章　旨】此則〈小象傳〉解釋九二爻象。

【注　釋】❶中　指九二居下卦之中。

【語　譯】〈象傳〉說：九二爻辭言「守持貞正將有利」，是因為它把堅持中和之性作為自己的志向啊！

六三，三人❶行，則損一人❷；一人❸行，則得其友❹。

【章　旨】此爻言減損下之有餘，增益上之不足。

【注　釋】❶三人　指六三、六四、六五三個陰爻。❷損一人　指其中一人另擇偶而去，故云損一人。實際上，六四、六五均與下有應，據爻辭文義，亦當損二人。或云：天地之道，兩兩相對，三則損一，一則增一，故下文言得其友。❸一人　指六三。❹其友　指上九。案：此爻與上九有應，上九孤陽在上，是其不足，此爻與數陰居下，是其有餘，故損下以益上。

【語　譯】損卦的第三爻，象徵三人一同前行，就減損其中一人；一人前往，就必能獲得朋友。

〈象〉曰：一人行，三則疑❶也。

【章　旨】此則〈小象傳〉解釋六三爻象。

【注　釋】❶疑　疑惑。指三陰同往，使上九感到疑惑。

【語　譯】〈象傳〉說：六三爻辭言「一人前往」必能得到朋友，但若三人同往就會使在上者感到疑惑。

六四，損其疾❶，使❷遄有喜，无咎。

【章　旨】此爻言減損其缺陷，將有喜而無咎。

【注　釋】❶疾　疾病。喻缺陷。❷使　猶言「使之」。案：此爻陰柔，居上下卦之間，本有疾，因下應初九，得到陽剛的增益，故能損其不善，有喜無咎。

【語　譯】損卦的第四爻，象徵能夠減損自我的疾患，使它很快就有喜慶，必無禍害。

〈象〉曰：損其疾，亦可喜也。

【章　旨】此則〈小象傳〉解釋六四爻象。

【語　譯】〈象傳〉說：六四爻辭言「減損自我的疾患」，這也確實應當有喜慶。

六五，或❶益之十朋❷之龜，弗克❸違❹，元吉。

【章旨】此爻言尊者虛中自損，必能受下之益而獲吉。

【注釋】❶或　有人。指九二。❷十朋　二十貝，指價值昂貴。朋，古代貨幣單位，雙貝為朋。❸克　能。❹違　推辭。案：此爻以陰柔居上卦之中，處君位，下應九二，有虛中自我減損，大受下民奉獻增益之象。

【語譯】損卦的第五爻，象徵虛中自損，有人奉獻價值十朋的寶龜給他，不能推辭，大獲吉祥。

〈象〉曰：六五元吉，自上❶祐也。

【章旨】此則〈小象傳〉解釋六五爻象。

【注釋】❶上　上天。

【語譯】〈象傳〉說：六五爻辭言「大獲吉祥」，是因為有來自上天的祐助啊！

上九，弗損益之❶，无咎，貞吉，利有攸往，得臣无家❷。

【章旨】此爻言不損下而能益之，必得臣民擁戴。

【注釋】❶弗損益之　不減損下民，且能增益下民。此文辭雖與九二同，但居位異，涵義亦異。❷得臣无家　指得臣民的忠心，以致忘記他們自己的家。案：此爻居損卦的最上位，損極將轉益，且此爻陽剛充實，受下之益頗多，故能弗損而施益於下，大獲臣民之心。

【語譯】損卦的上爻，象徵不減損下民而能施益於下，必無禍害，守持貞正可獲吉祥，有所前往必將有利，能得到臣民的忠心擁戴，以致忘記了他們自己的家。

〈象〉曰：弗損益之，大得志也。

【章旨】此則〈小象傳〉解釋上九爻象。

【語譯】〈象傳〉說：上九爻辭言「不減損下民而能施益於下」，說明能大大地施展益民的抱負。

益卦第四十二

【卦旨】此卦卦名「益」，義為增益，揭示損上益下時應當心懷誠信、堅持中道，以及自損者必自益、自益者必自缺，因而絕不可過於損人利己、貪益無厭的義理。

䷩ 益❶，利有攸往，利涉大川。

【章　旨】此卦辭言增益於下，可有為而涉險。

【注　釋】❶益　卦名。下卦為震，上卦為巽。詞義為增益。案：〈序卦傳〉曰：「損而不已必益，故受之以益。」益與損，含義相反而相成。益，主於損上益下，下卦三爻均受益，上卦三爻除上九外，則均能施益於下。此象徵君主自損以益下民，得民心，固根本，故能有為而涉險。

【語　譯】益卦象徵增益，有所前往必將有利，像渡過大河一樣涉越險阻亦將有利。

〈彖〉曰：益，損上益下，民說❶无疆，自上下下❷，其道大光❸。利有攸往，中正❹有慶；利涉大川，木道❺乃行。益動而巽❻，日進无疆。天施地生❼，其益无方❽。凡益之道，與時偕行。

【章　旨】此〈彖〉辭闡釋益卦卦名、卦辭、卦象，以及益道廣大的義理。

【注　釋】❶說　同「悅」。❷下下　施益給下民。前一「下」字為動詞。❸光　廣博。❹中正　指本卦九五。❺木道　指上巽為木，木乃船，喻上益於下，則如乘船渡川，可涉險難。❻動而巽　指本卦下震為動，上巽為巽。巽，謙遜。❼天施地生　上天施陽光、雨露於下，使地上萬物生生不已。❽无方　不分方向。指遍及天下萬方。

【語譯】〈彖傳〉說：增益，是說減損於上，增益於下，使下民喜悅無窮，以君上的地位而施益給下民，他的道德必能大為廣被。卦辭言「有所前往必將有利」，是因為在上者中正不偏而有喜慶；言「像渡過大河一樣涉越險難亦將有利」，是說在上者乘船渡河可以前行。增益之時，下震動而上謙遜，因而能天天增進無窮。就像上天施惠於下，使大地萬物受益而生生不已，大自然施益之道遍及萬方。所有增益的道理，都應該與時一同進行。

〈象〉曰：風雷❶，益；君子以見善則遷❷，有過則改。

【章旨】此〈象〉辭勉勵君子向善而改過。

【注釋】❶風雷　指益卦下震為雷，上巽為風，猶風雷並興。❷遷　傾向；嚮往。案：風烈則雷迅，雷激則風怒，風雷並興，互相增益其勢，故〈大象傳〉引申出向善改過，增益美德的義理。

【語譯】〈象傳〉說：風雷並興互增氣勢，這就是增益的象徵，君子當效此而見善行就嚮往，有過錯就改正。

初九，利用為大作❶，元吉，无咎。

【章　旨】此爻言受到增益，可以大有作為而獲吉。

【注　釋】❶大作　作大事。案：此爻居益卦的下位，上應六四，有受上增益之象，故雖地位卑下而能大有作為，並元吉無咎。

【語　譯】益卦的初爻，象徵獲得在上者的增益，故雖位卑而利於大有作為，大獲吉祥，沒有禍害。

〈象〉曰：元吉，无咎，下不厚事❶也。

【章　旨】此則〈小象傳〉解釋初九爻象。

【注　釋】❶厚事　厚重之事。指大事。案：此言初九位卑，本不足為大事，但因獲益而可為之。

【語　譯】〈象傳〉說：初九爻辭言「大獲吉祥，沒有禍害」，是說它居位低下，本不能擔當大事，因獲益而能大有作為。

六二，或益之十朋之龜，弗克違❶，永❷貞吉。王用享于帝❸，吉。

【章　旨】此爻言獲益良多，長守中正可獲吉。

【注釋】❶或益之十朋之龜二句　見損卦六五注釋。❷永　長久。❸帝　天帝。案：此爻陰柔中正，上應九五，猶君上寵榮之臣，獲十朋之龜的賞賜；同時，王出於特別的寵信，還讓他代己享祀天帝，故獲吉。

【語譯】益卦的第二爻，象徵有人賜予價值十朋的寶龜給他，不能推辭，長久地守持貞正可獲吉祥。同時，君王任用他代己享祀天帝，亦吉祥。

〈象〉曰：或益之，自外來❶也。

【章旨】此則〈小象傳〉解釋六二爻象。

【注釋】❶外來　九五處外卦，增益來自九五，故言外。

【語譯】〈象傳〉說：六二爻辭言「有人賞賜增益他」，這是從外部得來的。

六三，益之用凶事❶，无咎。有孚中行，告公用圭❷。

【章旨】此爻言受上之益應當治理凶事，誠信以報。

【注釋】❶用凶事　治理凶險之事。❷圭　圭玉。古代祭祀或朝見君主時，須執之以表誠信。案：此爻以陰柔居下卦的上位，受上之增益甚豐，故受益而知報，能積極平除凶險，並誠敬不苟，執持象徵誠信的玉圭以告公。

【語譯】益卦的第三爻，象徵增益了他，因而能努力地從事平除凶險的事務，沒有禍害。並能心懷誠信，持中行事，手執玉圭而上告王公。

〈象〉曰：益用凶事，固❶有之❷也。

【章旨】此則〈小象傳〉解釋六三爻象。

【注釋】❶固　牢固。❷之　指已獲之益。

【語譯】〈象傳〉說：六三爻辭言「受益而努力從事平除凶險的事務」，是為了牢固地保有已經獲得的助益啊！

六四，中行告公從❶，利用為依❷遷國❸。

【章旨】此爻言當堅持中道，依附君主，施益下民。

【注釋】❶從　聽從。❷為依　依附君主。❸遷國　遷徙國都。案：此爻已處上卦，有增益下民之象，故依附上鄰九五之君，提出建議，促成遷都之事，以施益下民。古代常有遷都以利人民之事，如盤庚遷殷，即屬於益民之舉。

【語　譯】益卦的第四爻，象徵持中行事，上告王公，王公能聽從，利用這種依附相得的關係促成遷徙國都之事，以施益下民。

〈象〉曰：告公從，以益志也。

【章　旨】此則〈小象傳〉解釋六四爻象。

【語　譯】〈象傳〉說：六四爻辭言「上告王公，王公能聽從」，是因為它有施益下民的心志。

九五，有孚惠❶心，勿問元吉，有孚惠❷我❸德。

【章　旨】此爻言誠心施惠於下民，必大獲吉祥。

【注　釋】❶惠　施惠於下。❷惠　受惠於上。❸我　指九五。案：此爻陽剛中正，居於君位，有施惠天下，大益下民之象，故勿問而得元吉。

【語　譯】益卦的第五爻，象徵在上者懷有誠信地施惠於下民的心願，不要問就知道必大獲吉祥，下民亦將誠信地從在上者的益下美德中獲得恩惠。

〈象〉曰：有孚惠心，勿問之矣；惠我德，大得志也。

【章旨】此則〈小象傳〉解釋九五爻象。

【語譯】〈象傳〉說：九五爻辭言「懷有誠信地施惠於下民的心願」，說明不要問就知道必大獲吉祥；言「下民從在上者的益下美德中獲得恩惠」，是說它能大大地施展益下的抱負。

上九，莫❶益之，或擊❷之。立心勿恆❸，凶。

【章旨】此爻言貪益無厭，必轉益為損而致凶。

【注釋】❶莫　無人。❷擊　攻擊。❸勿恆　不常。此猶言「不常善」。案：此爻陽剛而居益卦的極位，陽剛亢盛，求益不已，致益極轉衰，無人益之而反擊之。過於損人益己，居心不常善，故凶。

【語譯】益卦的上爻，象徵無人益助他，反而有人攻擊他。居心不常善，必致凶險。

〈象〉曰：莫益之，偏辭❶也；或擊之，自外來也。

【章旨】此則〈小象傳〉解釋上九爻象。

【注釋】❶偏辭　偏執之辭。指偏執一端、祗求有益於己而不益人的要求。

【語譯】〈象傳〉說：上九爻辭言「無人益助他」，是因為他持有那種偏執一端的要求；言「有人攻擊他」，這是從外部而來的凶險啊！

夬卦第四十三

【卦旨】此卦卦名「夬」，義為決斷，揭示正義消除邪惡、君子制裁小人之時，應當光明公正、勇決果斷而又堅持中道、以德取勝的道理，同時也告誡人們，雖然正義力量強大，仍須警懼慎重，不可掉以輕心。

䷪　夬❶，揚❷于王庭，孚號❸有厲，告自邑❹，不利即戎❺。利有攸往。

【章旨】此卦辭言決斷除去邪惡，當公布其罪，告誡有險，勿用武力。

【注釋】❶夬　卦名。下卦為乾，上卦為兌。詞義為決斷。❷揚　顯明；公布。❸號　公開告誡。❹告自邑　猶言「告于邑」。❺即戎　興兵。案：此卦卦形五陽在下而一陰在上，猶五陽共同決斷除去一陰。孔穎達疏云：「夬，決也。此陰消陽息之卦也，陽長至五，五陽共決一陰，故名為夬也。」此時陽剛君子之道勢盛，陰柔小人之道勢弱，但仍須公布其罪於王庭，以示光明公正、決之有理；並號召內部謹防危厲。施行制裁，消除邪惡，亦當以德為上，故言不利即戎。在我盛彼衰如此懸殊的情勢下，仍要求周密準備、小心戒懼，正可明《易》道審慎之理。

【語　譯】夬卦象徵決斷，應當在王庭之上公布小人的罪行，然後誠信地告誡決斷除去小人時會有危險存在，並通告城邑上下，輕易出兵將不利。如此有所前往才有利。

〈彖〉曰：夬，決也，剛決柔❶也；健而說❷，決而和❸。揚于王庭，柔乘五剛也；孚號有厲，其危乃光❹也；告自邑，不利即戎，所尚❺乃窮也；利有攸往，剛長乃終❻也。

【章　旨】此〈彖〉辭闡釋夬卦卦名、卦辭、卦象。

【注　釋】❶剛決柔　指本卦五陽居下，一陰居上，猶五剛共決一柔。❷健而說　指本卦下乾為健，上兌為悅，有既健而悅之性。說，同「悅」。❸決而和　健而能決，悅而能和。承上句而言。❹光　廣博。❺所尚　指所崇尚的兵戎武力方式。❻終　成。言前往決斷除去陰小，上六消除，亦為陽剛取代，則全卦純陽，君子之道大成。

【語　譯】〈彖傳〉說：夬，意指決斷，是指陽剛決斷除去陰柔；剛健有力而又令人心悅，所以既能決斷除去又能平和。卦辭言「在王庭之上公布小人的罪行」，是因為一個柔小者凌乘於五個剛大者之上；言「誠信地告誡決斷除去小人時會有危險存在」，是說這樣就能使危險廣為人們所警惕；言「通告城邑上下，輕易出兵將不利」，這樣，那種崇尚武力的決去方式就難以施行了；言「有所前往才有利」，是說陽剛盛長，君子之道必能大成。

〈象〉曰：澤上於天❶，夬；君子以施祿❷及下，居德❸則忌❹。

【章旨】此〈象〉辭勉勵君子施恩澤於下，不要居德不施。

【注釋】❶澤上於天　指夬卦下乾為天，上兌為澤，猶澤上於天。❷祿　指恩澤。❸居德　居存其德而不施於下民。❹忌　禁忌。案：澤中水氣蒸發上升於天，決降成雨而惠下，〈大象傳〉乃引申出施祿及下，居德則忌的義理。

【語譯】〈象傳〉說：澤中水氣上升於天，決然降雨以惠下，這就是決斷的象徵，君子當效此而施恩澤於下民，並禁忌自處於有德而不施的毛病。

初九，壯于前趾❶，往不勝❷為咎。

【章旨】此爻言決斷除去小人不可過於急躁，否則將致咎。

【注 釋】❶前趾 足趾前端。❷勝 勝任。案：前趾剛健好動，為過於躁進之象。此言初九居位卑下，處決斷之初，若憑血氣之勇而冒進，必不能勝任而致害。

【語 譯】夬卦的初爻，象徵決斷之始過於急進，就像足趾前端強盛躁進，如此前往必不能勝任其決斷除去小人之職而造成禍害。

〈象〉曰：不勝而往，咎也。

【章 旨】此則〈小象傳〉解釋初九爻象。

【語 譯】〈象傳〉說：初九爻辭言「不能勝任其決斷除去小人之職」而急於前往，這樣必造成禍害。

九二，惕❶號，莫❷夜有戎❸，勿恤。

【章 旨】此爻言決斷除去小人時，若能警惕戒懼，則可保無虞。

【注 釋】❶惕 惕懼。❷莫 同「暮」。❸戎 兵戎；戰事。案：此爻陽剛處中，有勇武果決而又持中惕懼之象，即使夜裡有敵兵來侵，意外發生戰事，亦能免患。

【語譯】夬卦的第二爻，象徵決斷除去小人之時，能惕懼告誡，小心謹慎，即使晚上意外發生戰事，也無須憂慮。

〈象〉曰：有戎勿恤，得中❶道也。

【章旨】此則〈小象傳〉解釋九二爻象。

【注釋】❶中　指九二居下卦之中。

【語譯】〈象傳〉說：九二爻辭言「即使意外發生戰事也無須憂慮」，是因為它能堅持中道啊！

九三，壯于頄❶，有凶。君子夬夬❷，獨行遇雨，若濡❸有慍❹，无咎。

【章旨】此爻言怒形於色將有凶，果毅決斷必無咎。

【注釋】❶頄　顴骨。指臉。❷夬夬　果決之狀。❸濡　霑濕。❹慍　忿怒。案：此爻陽剛居下卦的上位，已過中道，乃有急於上決小人，怒形於頄之象，如此前往，失美善之道而凶；然此爻夬前往，動機純正，仍不失為君子；又因其是唯一與上六有應者，故曰獨行；雨為陰陽交合的產物，比喻九三與上六相應的關係；惟具有此特殊關係，乃擔心別人疑其有私愛隱情，若被濡濕，故感慍忿。此爻雖與小人有特殊關係，且有急於行、怒於色的毛病，但心懷坦蕩、果毅勇決，故終得無咎。

【語　譯】夬卦的第三爻，象徵決斷除去小人時強盛的氣概表現在臉上，這樣怒形於色必有凶險。君子此時心懷果決之志，單獨前行，遇上下雨，就像已被淋濕而受人懷疑，故內心十分忿怒，但最後必無禍害。

〈象〉曰：君子夬夬，終无咎也。

【章　旨】此則〈小象傳〉解釋九三爻象。

【語　譯】〈象傳〉說：九三爻辭言「君子心懷果決之志」，說明它最後必無禍害。

九四，臀❶无膚，其行次且❷。牽羊❸悔亡，聞言❹不信。

【章　旨】此爻言決斷小人時，力弱者當連絡剛健者而行。

【注　釋】❶臀　臀部。❷次且　同「趑趄」。行走困難之狀。❸牽羊　牽繫著羊。羊為強健之物，指九五。❹言　指「牽羊悔亡」的勸告。案：此爻陽居陰位，居上卦之始，有剛決不足，體弱力衰之象，猶如臀無膚而行趑趄；此時當依附強者前往，然此爻居位不正，不信其言，必致悔咎，不言自明。

【語　譯】夬卦的第四爻，象徵決斷除去小人之時，體弱力衰，就像臀部沒有皮膚，他的行動將趑趄難進。此時應當像牽著羊一樣依附強健尊者，必能使悔恨消失，可惜他聽了此言也不會信從。

〈象〉曰：其行次且，位不當❶也；聞言不信，聰❷不明也。

【章旨】此則〈小象傳〉解釋九四爻象。

【注釋】❶位不當　指九四陽居陰位失正。❷聰　聽力。

【語譯】〈象傳〉說：九四爻辭言「他的行動趑趄難進」，是因為居位不適當；言「聽了此言也不會信從」，是說聽力不明啊！

九五，莧陸❶夬夬，中行无咎。

【章旨】此爻言決斷除去小人時，堅持果毅中正，可得無咎。

【注釋】❶莧陸　草名。即馬齒莧，性脆易折。案：此爻陽剛中正，上鄰上六，居於尊位，是決斷除去小人的主角，故能果決地消除陰小，如同折斷莧陸一樣，但這種方式過於剛暴，故誡其中行方得無咎。

【語譯】夬卦的第五爻，象徵如同折斷柔脆的莧陸一樣果毅地決斷除去小人，持中前行必無禍害。

〈象〉曰：中行无咎，中未光❶也。

【章旨】此則〈小象傳〉解釋九五爻象。

【注釋】❶光　廣博。此言九五行動過剛，故言未廣。

【語譯】〈象傳〉說：九五爻辭言「持中前行必無禍害」，是說它的行為過剛，中正之道還不廣大啊！

上六，无號❶，終有凶。

【章旨】此爻言小人終將被決斷清除。

【注釋】❶无號　猶言「勿號」。指號亦無益。案：此爻一陰而居五陽之上，有為五爻共同決斷消除之象。

【語譯】夬卦的上爻，象徵小人被決斷清除，此時無須號咷大哭，最後必致凶險。

〈象〉曰：无號之凶，終不可長也。

【章　旨】此則〈小象傳〉解釋上六爻象。

【語　譯】〈象傳〉說：上六爻辭言「無須號咷大哭而必致凶險」，是說小人得勢終歸不會長久啊！

姤卦第四十四

【卦　旨】此卦卦名「姤」，義為遇合，揭示男女、仕途等的遇合應當堅持中正、順乎自然，而不可輕肆巧佞、強行以求的道理。

䷫　姤（ㄍㄡˋ）❶，女（ㄋㄩˇ）壯（ㄓㄨㄤˋ）❷，勿（ㄨˋ）用（ㄩㄥˋ）取（ㄑㄩˇ）❸女（ㄋㄩˇ）❹。

【章　旨】此卦辭言所遇不正，則不宜與之合。

【注　釋】❶姤　卦名。下卦為巽，上卦為乾。詞義為遇合。❷女壯　女子過於強盛。❸取　通「娶」。❹女　指上文「女壯」之女。案：姤卦一陰在下，五陽在上，猶陰遇陽；以一陰而遇五陽，猶一女遇五男，故言女壯，此非正而違禮，故勿用娶之。

【語　譯】姤卦象徵遇合，女子過於強盛，則不宜娶這個女子。

〈彖〉曰：姤，遇也，柔遇剛❶也。勿用取女，不可與長❷也。天地相遇，品物❸咸❹章❺也；剛遇中正❻，天下大行也。姤之時義大矣哉！

【章旨】此〈彖〉辭闡釋姤卦卦名、卦辭、卦象，以及相遇得通之理。

【注釋】❶柔遇剛　指卦中初六陰柔與其上的五陽剛相遇。❷與長　與之長久相處。❸品物　各類事物。❹咸　都。❺章　通「彰」。彰明。❻剛遇中正　陽剛遇合中正的陰柔。

【語譯】〈彖傳〉說：姤，意指遇合，是說陰柔遇合陽剛。卦辭言「不宜娶這個女子」，是說不可與不正當的女子長久相處。天地相遇合，各類事物就都能彰明美好；陽剛與中正的陰柔相遇合，其志就能在天下大得施展。遇合之時的意義是多麼重大啊！

〈象〉曰：天下有風❶，姤；后❷以施命❸誥❹四方。

【章旨】此〈象〉辭讚美君王發布命令，告於四方。

【注釋】❶天下有風　指姤卦下巽為風，上乾為天，猶天下有風。❷后　君王。❸施命　發布王命。❹誥　傳告。案：風吹於天下，無所不遇，〈大象傳〉由此而引申出君王告命四方，以使上下相遇而溝通的義理。

【語譯】〈象傳〉說：天下有風吹過，無物不遇，這就是遇合的象徵，君王乃效此而發布命令，傳告於四方。

初六，繫于金柅❶，貞吉，有攸往，見❷凶，羸豕❸孚❹，蹢躅❺。

【章旨】此爻言遇合之時，靜處守正可獲吉，輕浮躁往將有凶。

【注釋】❶金柅　金屬製的剎車之物。❷見　通「現」。❸羸豕　瘦弱的豬。喻初六。❹孚　通「浮」。輕浮。❺蹢躅　同「躑躅」。不安徘徊之狀。案：此爻以唯一之陰居全卦之下，當緊繫於剎車之具，柔靜貞正，若同浮躁不安的羸豕一樣急於前往求遇，必有凶。

【語譯】姤卦的初爻，象徵遇合之時，應當像繫在金屬剎車器上一樣的靜處，守持貞正可獲吉祥，若急於有所前往，必將出現凶險，像瘦弱的母豬一樣輕浮躁動不安，是不行的。

〈象〉曰：繫于金柅，柔道牽也。

【章旨】此則〈小象傳〉解釋初六爻象。

【語譯】〈象傳〉說：初六爻辭言「像繫在金屬剎車器上一樣的靜處」，是說陰柔之道總要受到牽制。

九二，包❶有魚❷，无咎，不利賓❸。

【章　旨】此爻言所遇非己屬，則不可據為己有。

【注　釋】❶包　通「庖」。廚房。❷魚　魚為陰物，喻指初六。❸賓　指宴享賓客。案：初六緊承九二，性輕浮，故如魚入庖，不期而至，因九二居下卦之中，能守中道，且初六之至，責任不在九二，乃得無咎；又初六非九二的正應，故不可據為己有而享賓客。

【語　譯】姤卦的第二爻，象徵所遇本非己有，就像廚房中突然出現了一條魚，沒有禍害，但若據為己有，用它宴享賓客，必將不利。

〈象〉曰：包有魚，義不及賓也。

【章　旨】此則〈小象傳〉解釋九二爻象。

【語　譯】〈象傳〉說：九二爻辭言「廚房中突然出現了一條魚」，是不應該用它來宴享賓客的。

九三，臀无膚，其行次且❶，厲，无大咎。

【章　旨】此爻言無所遇合而勉強前往，有險無大咎。

【注　釋】❶臀无膚二句　見夬卦九四注釋。案：此爻與上無應，有無所遇合之象；而此爻又陽剛居下卦的上位，剛而過中，有急躁前行之象；無應而躁進，猶臀無膚而難進，故有厲。無大咎，因其位得正。

【語　譯】姤卦的第三爻，象徵無所遇合而躁進，就像臀部沒有皮膚，他的行動將趑趄難進，有危險，但終究不會有大禍害。

〈象〉曰：其行次且，行未牽❶也。

【章　旨】此則〈小象傳〉解釋九三爻象。

【注　釋】❶牽　牽制。指為陰柔所牽制。

【語　譯】〈象傳〉說：九三爻辭言「他的行動趑趄難進」，是說他行動不受陰柔牽制，因而雖無所遇亦無大禍。

九四，包无魚，起❶凶。

【章　旨】此爻言失其所遇，亦不可興起爭執。

【注釋】❶起　興起。指興起爭執。案：此爻本與初六有應，但初六已違之而承九二，此爻陽剛失正，有性烈而與九二興爭執之象，如此必致凶險。

【語譯】姤卦的第四爻，象徵失去了本應相遇者，就像廚房中失去了一條魚，若興起爭執必有凶險。

〈象〉曰：无魚之凶，遠民❶也。

【章旨】此則〈小象傳〉解釋九四爻象。

【注釋】❶遠民　初六為陰，陰為民，九四在上卦，中有九二、九三相隔，故曰遠民。

【語譯】〈象傳〉說：九四爻辭言「失去了一條魚」而造成的凶險，是因為遠離下民啊！

九五，以杞❶包❷瓜，含章❸，有隕❹自天。

【章旨】此爻言守持中正美德以待遇合，必有好結果。

【注釋】❶杞　一種高大喬木。❷包　包藏。❸章　章美；文彩。❹隕　隕落。案：此爻無應於下，但陽剛中正而居尊位，能守持自己的美德而不強求相遇，就像以杞包瓜，內含章美一樣，必有佳遇自天而降。

此正是聽其自然之義。

【語譯】姤卦的第五爻，象徵守持自己的中正美德以待遇合，就像用杞木枝葉包住甜瓜，內含章美一樣，如此必將有佳遇從天而降。

〈象〉曰：九五含章，中正❶也；有隕自天，志不舍命❷也。

【章旨】此則〈小象傳〉解釋九五爻象。

【注釋】❶中正　指九五居上卦之中，陽居陽位得正。❷舍命　違棄天命。

【語譯】〈象傳〉說：九五爻辭言「內含章美」，是說它能守持中正的美德；言「將有佳遇從天而降」，是說它的心志不違棄天命啊！

上九，姤其角❶，吝，无咎。

【章旨】此爻言遇合之道已達窮極，有吝而無咎。

【注釋】❶角　動物的最上部位。案：此爻居姤卦的極位，高居於上，與下無應，姤道已窮，故言有吝；又因其遠離初六輕浮小人，故可遠禍而無咎。

【語譯】姤卦的上爻，象徵遇合之道已達窮極，就像已進入處於頂端而狹小的角，將有憾惜，但終無禍害。

〈象〉曰：姤其角，上窮❶吝也。

【章旨】此則〈小象傳〉解釋上九爻象。

【注釋】❶上窮　指上九居本卦最上位，姤道已窮。

【語譯】〈象傳〉說：上九爻辭言「遇合之道已進入處於頂端而狹小的角」，是說它居於上位，遇合之道已窮，因而造成憾惜啊！

萃卦第四十五

【卦旨】此卦卦名「萃」，義為會聚，揭示社會生活中羣體的結合應當心懷誠信，長守正道，並常存戒心以防這種結合流於邪僻的道理。

䷬ 萃❶，亨❷。王假❸有廟❹，利見大人，亨，利貞。用大牲❺吉，利有攸往。

【章　旨】此卦辭言以誠信貞正會聚眾人，可得亨通。

【注　釋】❶萃　卦名。下卦為坤，上卦為兌。詞義為聚集、會聚。❷亨　朱熹《周易本義》疑此字為衍文，頗有道理。❸假　大。❹有廟　指進行宗廟祭祀。❺大牲　祭祀時所奉獻的豐厚祭品。案：萃卦下坤為地，上兌為澤，澤潤大地，萬物繁盛而聚集，故曰萃。引申為人事，則君子聚民，當先祭於宗廟，上承先祖遺烈，下示眾人以誠信，並守其貞正，乃可有所為而亨通。用大牲者，言祭祀的誠意，亦表示聚民的誠心。

【語　譯】萃卦象徵會聚，亨通。君王大興宗廟的祭祀以示聚民的誠心，此時拜見大人必將有利，亨通，守持貞正將有利。用豐厚的祭品進行祭祀，可獲吉祥，此時有所前往亦將有利。

〈彖〉曰：萃，聚也；順以說❶，剛中而應❷，故聚也。王假有廟，致孝享❸也；利見大人，亨，聚以正❹也；用大牲吉，利有攸往，順天命也。觀其所聚，而天地萬物之情可見矣。

【章　旨】此〈彖〉辭闡釋萃卦卦名、卦辭、卦象，並讚聚道廣大。

【注　釋】❶順以說　指萃卦下坤為順，上兌為悅。說，同「悅」。❷剛中而應　指本卦九五以陽剛居中，下與六二陰陽相應。❸致孝享　獻上表達孝心的享祀。❹正　正道。

【語　譯】〈彖傳〉說：萃，意指會聚；性柔順而情和悅，在上者陽剛中和又與下相應合，所以能會聚。卦辭言「君王大興宗廟的祭祀」，是為了向先祖獻上表達孝心的享祀；言「拜見大人將有利，亨通」，是說堅持正道以會聚下民；言「用豐厚的祭品進行祭祀，可獲吉祥，此時有所前往必將有利」，是說必須順從上天之命。觀察那會聚的現象，天地萬物的性情就可以明白了。

〈象〉曰：澤上於地❶，萃；君子以除❷戎器❸，戒不虞❹。

【章　旨】此〈象〉辭勉勵君子整修兵器，以防不測。

【注　釋】❶澤上於地　指萃卦下坤為地，上兌為澤，猶澤上於地。❷除　修治。❸戎器　兵器。❹不虞　不測；意外之變。案：澤會聚於大地之上，猶人之相聚集，人久聚而易生亂，〈大象傳〉乃引申出除戎器、戒不虞的義理。

【語　譯】〈象傳〉說：澤彙集於大地之上，這就是會聚的象徵，君子此時當整修兵器，以戒備不測的變亂。

初六，有孚不終，乃亂乃萃❶，若號❷，一握為笑❸，勿恤，往无咎。

【章　旨】此爻言去掉疑惑，誠信前往會聚，可得無咎。

【注　釋】❶乃亂乃萃　猶言「又亂又萃」。即心中惑亂，又想前往會聚。❷號　呼號。❸一握為笑　一經握手，重為歡笑。案：此爻陰柔處下，位卑而多疑，本上應九四，因中有六二、六三相阻，必存疑惑，故對九四的誠心動搖，陷於乃亂乃萃的狀況；此時若去其疑而果斷呼號九四，必能得強援而會遇成，握手言歡，故言往無咎。

【語　譯】萃卦的初爻，象徵心中的誠信不能保持到最後，心中又惑亂，又希望前往會聚，此時若呼號強援必能握手言歡，達到會聚目的，無須憂慮，前往會聚必無禍害。

〈象〉曰：乃亂乃萃，其志亂也。

【章　旨】此則〈小象傳〉解釋初六爻象。

【語　譯】〈象傳〉說：初六爻辭言「心中又惑亂，又希望前往會聚」，是說它的心志有所迷亂。

六二，引❶吉，无咎，孚乃利用禴❷。

【章　旨】此爻言心懷誠信，因人援引而會聚，必可無咎。

【注　釋】❶引　援引。❷禴　殷之春祭。案：此爻陰柔中正，上應九五，猶得陽剛尊者的援引而會聚，故吉而無咎；爻辭又言可用祭天的虔誠方式來表明其會聚的誠信，正與卦辭用大牲祭於宗廟之旨同。

【語　譯】萃卦的第二爻，象徵依靠尊者的援引而會聚，可獲吉祥，沒有禍害，用祭天的虔誠方式來表明誠信必將有利。

〈象〉曰：引吉，无咎，中❶未變也。

【章　旨】此則〈小象傳〉解釋六二爻象。

【注　釋】❶中　指六二居下卦的中位。

【語　譯】〈象傳〉說：六二爻辭言「依靠尊者的援引而會聚可獲吉祥，沒有禍害」，是因為它守中的心未曾改變。

六三，萃如嗟如❶，无攸利，往无咎，小吝。

【章　旨】此爻言會聚無人而勉強前往，將有小吝。

【注釋】❶萃如嗟如　因會聚無人而嗟歎。如，語尾助詞，無義。案：此爻與上無應，陰居陽位，有會聚無人而求聚心切之象，故嗟歎不已；又因其上承九四，往而求聚可無咎，但兩者畢竟非為正應，故有小吝。

【語譯】萃卦的第三爻，象徵會聚無人而嗟歎不已，是無所利的，前往沒有禍害，但有小的憾惜。

〈象〉曰：往无咎，上巽❶也。

【章旨】此則〈小象傳〉解釋六三爻象。

【注釋】❶上巽　向上順從九四。巽，順也。

【語譯】〈象傳〉說：六三爻辭言「前往沒有禍害」，是因為它能向上順從會聚陽剛啊！

九四，大吉❶，无咎。

【章旨】此爻言謙下而求會聚，可大吉而無咎。

【注釋】❶大吉　大獲吉祥。案：此爻陽居陰位失正，本有咎，但有謙下之德，下應初六並兼及下卦三陰，廣聚下民，故大吉而無咎。

【語　譯】萃卦的第四爻，象徵謙下而廣聚下民，大獲吉祥，沒有禍害。

〈象〉曰：大吉，无咎，位不當❶也。

【章　旨】此則〈小象傳〉解釋九四爻象。

【注　釋】❶位不當　指九四陽居陰位不正，本有咎。

【語　譯】〈象傳〉說：九四爻辭言「大獲吉祥，沒有禍害」，是說它居位不適當，本有禍害，但因謙下聚眾，纔能無禍。

九五，萃有位❶，无咎。匪❷孚，元❸永貞，悔亡。

【章　旨】此爻言居於尊位，長守貞正以會聚眾人，可無咎。

【注　釋】❶有位　據有尊位。❷匪　通「非」。❸元　大。案：此爻居於尊位，故言有位；陽剛中正，下應六二，乃得無咎；然與下卦三陰因有九四相隔，尚不能通其誠信而會聚，故言匪孚；然此時當長守貞正，則必能上下會聚，使匪孚之悔消失。

【語譯】萃卦的第五爻，象徵會聚之時據有尊位，沒有禍害。但此時尚未廣泛獲得眾人的誠信，祇要宏大而長期地守持貞正，必將使悔恨消失。

〈象〉曰：萃有位，志未光❶也。

【章旨】此則〈小象傳〉解釋九五爻象。

【注釋】❶光　廣博。

【語譯】〈象傳〉說：九五爻辭言「會聚之時據有尊位」，但它的誠信之心尚未廣及天下啊！

上六，齎咨❶涕洟❷，无咎。

【章旨】此爻言會聚無人以致悲傷，但亦無咎害。

【注釋】❶齎咨　嗟歎聲。❷洟　鼻涕。案：此爻居萃卦之終，與下無應，有求聚無人之象，故嗟歎流淚，傷心不已，但因其悲傷知懼，故能免害而無咎。

【語譯】萃卦的上爻，象徵會聚無人因而嗟歎流淚，但亦沒有禍害。

〈象〉曰：齎咨涕洟，未安上❶也。

【章　旨】此則〈小象傳〉解釋上六爻象。

【注　釋】❶安上　安心居於上位。案：上六居於萃聚之道窮極轉衰時，會聚無人本屬正常，因其不安居此窮上之位，纔有嗟歎流淚之悲。

【語　譯】〈象傳〉說：上六爻辭言「嗟歎流淚」，是因為它未能安居此窮極的上位啊！

升卦第四十六

【卦　旨】此卦卦名「升」，義為上升，揭示向上升進之時，應當循其本性、堅持誠信貞正，依靠陽剛尊者的正大力量以求發展的道理。

䷭　升❶，元亨，用❷見大人，勿恤，南征❸吉。

【章　旨】此卦辭言依靠大人，向光明升進，可獲吉祥。

【注　釋】❶升　卦名。下卦為巽，上卦為坤。詞義為上升。❷用　宜。❸南征　向南方行進。離為南方之卦，象徵光明。案：升卦下巽為木，上坤為地，木生地中，長而漸高，為上升之象。物上升必通，且下巽上坤均性順，乃得元亨；卦中九二陽剛得中，上應六五，必能得尊者援引而上升，故言用見大人；南征，指升進當向著光明，故言吉。

【語　譯】升卦象徵上升，大得亨通，宜於謁見大人，無須憂慮，向著光明的南方升進，必獲吉祥。

〈彖〉曰：柔❶以時❷升，巽而順❸，剛中而應❹，是以大亨❺。用見大人，勿恤，有慶也；南征吉，志行❻也。

【章　旨】此〈彖〉辭闡釋升卦卦辭、卦象。

【注　釋】❶柔　指下巽與上坤均為陰卦，性柔。❷以時　適時。❸巽而順　指本卦下巽為遜，上坤為順。巽，遜。❹剛中而應　指卦中九二爻以陽剛居下卦之中，上應六五。❺大亨　即卦辭中所言「元亨」。❻行　施行。

【語　譯】〈彖傳〉說：以柔順之性適時而上升，謙遜而和順，陽剛處中而與在上者相應合，所以卦辭言「大得亨通」。卦辭又言「宜於謁見大人，無須憂慮」，是說如此上升必有喜慶；言「向著光明的南方升進必獲吉祥」，是說它上升的志向可得施行。

〈象〉曰：地中生木❶，升；君子以順德❷，積小以高大❸。

【章　旨】此〈象〉辭勉勵君子順行美德，漸成大業。

【注　釋】❶地中生木　指升卦下巽為木，上坤為地，猶地中生木。❷順德　順行美德。❸高大　用如動詞，指成就崇高偉大的事業。案：地中有木生，由下而上，由微而巨，〈大象傳〉乃引申出積小以高大的義理。

【語　譯】〈象傳〉說：地中生長出樹木，這就是上升的象徵，君子當效此而順行美德，積聚微小以逐漸成就崇高偉大的事業。

初六，允❶升，大吉。

【章　旨】此爻言誠信依靠陽剛之援而上升，可獲大吉。

【注　釋】❶允　信允；誠信。案：此爻陰柔居卑位，與上無應；僅靠本身力量無法上升；因其上承九二、九三兩陽，乃以柔順誠信之心依附之，故能允升而大吉。

【語　譯】升卦的初爻，象徵誠信地依靠陽剛的幫助而上升，可大獲吉祥。

〈象〉曰：允升，大吉，上❶合志也。

【章　旨】此則〈小象傳〉解釋初六爻象。

【注　釋】❶上　指九二、九三兩陽。

【語　譯】〈象傳〉說：初六爻辭言「誠信地依靠陽剛的幫助而上升，可大獲吉祥」，是說它與上面的陽剛心志相合啊！

九二，孚乃利用禴❶，无咎。

【章　旨】此爻言上升之時以祭天表明誠信，可無咎。

【注　釋】❶禴　見萃卦六二注釋。案：此爻陽剛居下卦之中，上應六五，猶上升期的君子，心懷誠信，堅守中道，此時以祭天的方式表明其誠心，可得到在上者的信任與器重，則可順利上升而無咎。

【語　譯】升卦的第二爻，象徵上升之時，用祭天的虔誠方式來表明誠信，必將有利，沒有禍害。

〈象〉曰：九二之孚，有喜也。

【章　旨】此則〈小象傳〉解釋九二爻象。

【語　譯】〈象傳〉說：九二爻辭言「誠信」，說明它必將有喜慶。

九三，升虛邑❶。

【章　旨】此爻言堅持正道上升，將暢通無阻。

【注　釋】❶虛邑　空虛的城邑。喻上坤。陰中虛，坤卦三陰皆虛，猶虛邑。案：此爻陽剛得正位，上應上六，猶持正道上升，將至上坤的虛邑，暢通無阻。

【語　譯】升卦的第三爻，象徵守持正道而上升，就像進入空虛的城邑一樣暢通無阻。

〈象〉曰：升虛邑，无所疑❶也。

【章　旨】此則〈小象傳〉解釋九三爻象。

【注　釋】❶无所疑　指九三所上升之處，皆為陰，陽遇陽則疑，陰陽相遇，乃無所疑。

【語　譯】〈象傳〉說：九三爻辭言「就像進入空虛的城邑一樣暢通無阻」，是因為前往無所疑惑啊！

六四，王用亨于岐山❶，吉，无咎。

【章　旨】此爻言上升之時得到君王信任，可吉而無咎。

【注　釋】❶王用亨于岐山　猶言「王用之亨于岐山」。之，指六四。亨，同「享」。享祀。岐山，山名。在今陝西，周古公亶父曾在此作城邑。案：此爻陰柔得正，上比六五尊者，猶受王之信任而代王行祭事，故吉無咎。馬其昶曰：「五以四有順德而使之主祭，所以吉无咎也。」

【語　譯】升卦的第四爻，象徵上升之時得到君王信任，就像君王讓他在岐山代行享祀之事，吉祥，沒有禍害。

〈象〉曰：王用亨于岐山，順事❶也。

【章　旨】此則〈小象傳〉解釋六四爻象。

【注　釋】❶順事　柔順事上。

【語　譯】〈象傳〉說：六四爻辭言「君王讓他在岐山代行享祀之事」，是說他能柔順地侍奉在上者。

六五，貞吉，升階❶。

【章　旨】此爻言柔順持中而能守正，必將步步高升。

【注　釋】❶階　臺階。案：此爻陰柔居中，處尊位，下應九二，有不自專權、任用賢能之象，故其上升，必如沿階而上，步步順暢。

【語　譯】升卦的第五爻，象徵柔中守正，可獲吉祥，必能像沿階而上，步步高升。

〈象〉曰：貞吉升階，大得志也。

【章　旨】此則〈小象傳〉解釋六五爻象。

【語　譯】〈象傳〉說：六五爻辭言「柔中守正可獲吉祥，必能像沿階而上，步步高升」，是說它能大遂上升之志啊！

上六，冥❶升，利于不息❷之貞。

【章　旨】此爻言昏昧不明仍然上升，須時刻守持貞正。

【注　釋】❶冥　昏昧不明。❷息　停息。案：此爻居升卦之終，陰柔體衰，處上升將轉之時，頭昏目眩，猶上升不已，故誡其守正不息，不可稍有懈怠，否則將有凶。

【語　譯】升卦的上爻，象徵昏昧不明仍上升不已，此時不停息地守持貞正將較有利。

〈象〉曰：冥升在上❶，消❷不富❸也。

【章　旨】此則〈小象傳〉解釋上六爻象。

【注　釋】❶上　指上六居本卦最上位。❷消　消滅。❸富　富盛。

【語　譯】〈象傳〉說：上六爻辭言「昏昧不明仍上升不已」而居於上位，其上升之勢必將消滅而不可能富盛。

困卦第四十七

【卦　旨】此卦卦名「困」，義為困厄，揭示處於困苦窮厄之時，祇要堅持正理，審慎剛毅，積極進取，必能擺脫困境，獲得亨通的道理。

䷮ 困❶，亨❷，貞，大人吉，无咎。有言不信❸。

【章　旨】此卦辭言守持貞正，沉默隱忍，必可走出困境。

【注　釋】❶困　卦名。下卦為坎，上卦為兌。詞義為困厄。❷亨　指努力脫困可致亨通。❸有言不信　言困厄之時，所言必不能為人所信從。案：困卦下坎為水，上兌為澤，水在澤下，猶澤中無水，為困厄之象。處困境之中，君子當守正以求濟困，故言亨，貞；大人，謂陽剛君子，即卦中九二、九五；有言不信，誡君子處困厄時，應當寡於言語、勤修美德，以堅忍的精神脫出困境。

【語　譯】困卦象徵困厄，努力脫困可致亨通，應當守持貞正，大人可獲吉祥，沒有禍害。此時有什麼言語也必不能為人所信從。

〈彖〉曰：困，剛揜❶也。險以說❷，困而不失其所亨❸，其❹唯君子乎？貞，大人吉，以剛中❺也；有言不信，尚口❻乃窮也。

【章　旨】此〈彖〉辭闡釋困卦卦名、卦辭、卦象。

【注　釋】❶剛揜　陽剛被掩蔽。揜，通「掩」。指本卦下坎為陽卦，上兌為陰卦，陽在陰下，猶被掩蔽。又九二為初六、六三所掩，九四、九五為上六所掩，亦可明陽剛君子被掩之象。❷險以說　指困卦下坎為險，上兌為悅。說，同「悅」。❸亨　即卦辭所言之「亨」。❹其　表揣測的語氣副詞，「大概」之義。❺剛

中　指卦中九二、九五均陽剛居中。❻尚口　崇尚言辭。

【語譯】〈彖傳〉說：困厄，是說陽剛被掩蔽而難以伸展，面對險難而能心中和悅，處於困境而能不失其亨通的前景，大概祇有君子纔能如此吧！卦辭言「守持貞正，大人可獲吉祥」，是因為具有剛健持中的德性；言「有什麼言語也必不能為人所信從」，是說崇尚言辭將更陷窮困。

〈象〉曰：澤无水❶，困；君子以致命❷遂❸志。

【章旨】此〈象〉辭勉勵君子不惜生命以成其壯志。

【注釋】❶澤无水　指困卦下坎為水，上兌為澤，水在澤下，猶澤中無水。❷致命　捨棄生命。❸遂　成就。案：澤中無水而乾涸，是為困境，〈大象傳〉乃引申出君子困頓，仍致命遂志的義理。此即殺身成仁、舍生取義的旨意。

【語譯】〈象傳〉說：大澤中無水而乾涸，這就是困厄的象徵，君子此時當不惜捨棄生命以成就其壯志。

初六，臀困于株木❶，入于幽❷谷，三歲不覿❸。

【章　旨】此爻言處於困厄難安時，當隱忍深藏。

【注　釋】❶株木　樹木砍伐後留下的樹樁。❷幽　深。❸覿　見。案：此爻處困卦之初，位卑體弱，雖與九四有應，但九四失位亦困，無法援助，故如困坐樹樁而不安，此時唯有深藏不露，方可免災。

【語　譯】困卦的初爻，象徵處於困厄，就像臀部坐在乾枯的樹樁之上不能安穩，此時應當隱入深幽的山谷，三年不露面。

〈象〉曰：入于幽谷，幽不明❶也。

【章　旨】此則〈小象傳〉解釋初六爻象。

【注　釋】❶不明　不顯。指不顯其形跡。

【語　譯】〈象傳〉說：初六爻辭言「隱入深幽的山谷」，是說處於困厄，應當深藏而不顯露形跡。

九二，困于酒食，朱紱❶方❷來，利用享祀，征❸凶，无咎。

【章　旨】此爻言持中守信，必能脫出困厄，榮祿到來。

【注釋】❶朱紱　古代公卿所穿的朱紅色服飾。代指高官榮祿。❷方　將。❸征　指急於前行。案：此爻處困厄之時，即酒食亦困乏，但陽剛處中，以享祀表其誠信，以求其福，故能榮祿臨身而無咎；征凶，誡其長久守中，不可急於脫難。

【語譯】困卦的第二爻，象徵處於困厄，連酒食亦感困乏，但榮祿即將到來，此時用宗廟祭祀的方式表誠求福必將有利，急於前往將有凶險，沒有禍害。

〈象〉曰：困于酒食，中❶有慶也。

【章旨】此則〈小象傳〉解釋九二爻象。

【注釋】❶中　指九二居下卦之中。

【語譯】〈象傳〉說：九二爻辭言「連酒食亦感困乏」，但它能守持中道必有喜慶。

六三，困于石❶，據❷于蒺藜❸，入于其宮❹，不見其妻，凶。

【章旨】此爻言不持正而妄動，必加劇困厄而凶。

【注釋】❶石　巨石。指九四。❷據　憑靠。❸蒺藜　有刺的草本植物。喻九二。❹宮　居室。案：此爻雖柔而居下卦之極，位不正，處困之時，有失正妄進、急求脫困之象，但前面九四已與初六有應，如巨石阻擋，下面九二剛強持中，如蒺藜難據，退歸其位，上六陰柔不應，亦終不得其妻，故有凶。

【語譯】困卦的第三爻，象徵困厄於巨石之下，又憑靠在蒺藜之上，進退皆困，走入自己的居室，仍然找不到妻子，必有凶險。

〈象〉曰：據於蒺藜，乘剛❶也；入于其宮，不見其妻，不祥也。

【章旨】此則〈小象傳〉解釋六三爻象。

【注釋】❶乘剛　指六三凌乘九二之上。

【語譯】〈象傳〉說：六三爻辭言「憑靠在蒺藜之上」，是說它凌乘陽剛；言「走入自己的居室，仍然找不到妻子」，是說這不吉祥啊！

九四，來徐徐❶，困于金車❷，吝，有終。

【章旨】此爻言應合之時陷入困厄，保持謙謹可有終。

【注釋】❶徐徐　緩慢行走之狀。❷金車　堅硬之車。指九二。案：此爻與初六有應，徐徐而下，前應初六，卻為九二金車所阻，陷入困境；因此爻陽居陰位失正，故有吝，但其有謙謹之德，不急往而徐行，故終能遇合。

【語　譯】困卦的第四爻，象徵慢慢前來應合，卻為金車所困阻，有憾惜，但終能如其願。

〈象〉曰：來徐徐，志在下❶也；雖不當位❷，有與❸也。

【章　旨】此則〈小象傳〉解釋九四爻象。

【注　釋】❶下　指初六。❷不當位　指九四陽居陰位失正。❸與　猶言「應」。

【語　譯】〈象傳〉說：九四爻辭言「慢慢前來應合」，是說它的心志在下位；它雖然居位不適當，但有應合啊！

九五，劓❶刖❷，困于赤紱❸，乃徐有說❹，利用祭祀。

【章　旨】此爻言因施酷刑而困厄於尊位，改過方可脫困。

【注　釋】❶劓　割鼻之刑。❷刖　砍足之刑。❸赤紱　即朱紱。喻尊位。❹說　通「脫」。案：此爻陽剛居尊位，有剛猛過甚而施用酷刑以治民之象，故困於赤紱；但此爻居上卦之中，能以中道節之，並用祭祀的方式表示其持中改過的誠心，必能漸脫困境。

【語　譯】困卦的第五爻，象徵施用割鼻砍足等酷刑治民，結果在尊位上受到困厄，但可以逐漸脫離困境，此時用祭祀來表示持中改過的誠心必將有利。

〈象〉曰：劓刖，志未得也；乃徐有說，以中直❶也；利用祭祀，受福也。

【章　旨】此則〈小象傳〉解釋九五爻象。

【注　釋】❶中直　中正。指九五居位得中得正。

【語　譯】〈象傳〉說：九五爻辭言「施用割鼻砍足的酷刑」，說明它的心志未有所得；言「可以逐漸脫離困境」，是因為它能持中道守正直；言「用祭祀來表示持中改過的誠心必將有利」，是說這樣必能獲得福祐。

上六，困于葛藟❶，于臲卼❷，曰❸動悔❹有悔❺，征吉。

【章　旨】此爻言處於極困之時，汲取教訓必可獲吉。

【注釋】❶葛藟　蔓藤類植物。❷于臲卼　猶言「困于臲卼」。臲卼，動搖不安之狀。❸曰　語助詞，無義。❹動悔　指陷入極困時，動輒生悔。❺有悔　有所悔恨。案：此爻居困卦之終，下乘兩陽，下無應合，猶處於極端困厄之時，葛藟纏身，臲卼不安；但此時困極將轉，祇要汲取處困時動輒生悔的教訓而有所悔恨，則前行可獲吉。

【語譯】困卦的上爻，象徵處於極端困厄之境，就像困厄於纏身的蔓藤，又像為動搖不安所困擾，此時若能汲取動輒生悔的教訓而有所悔恨，前往必可脫困而獲吉祥。

〈象〉曰：困于葛藟，未當❶也；動悔有悔，吉行❷也。

【章旨】此則〈小象傳〉解釋上六爻象。

【注釋】❶未當　指上六淩乘兩陽，處於極位。❷吉行　猶言「行吉」。

【語譯】〈象傳〉說：上六爻辭言「困厄於纏身的蔓藤」，是因為它居位不適當；言「能汲取動輒生悔的教訓而有所悔恨」，是說如此前往必可脫困而吉祥。

井卦第四十八

【卦旨】此卦卦名「井」，義為水井，以養人的水井為喻，揭示君子應當修養自身美德，無私而恆久地施惠養民的道理。

䷯ 井❶，改❷邑不改井，无喪❸无得❹，往來井井❺。汔❻至❼亦未繘❽井，羸❾其瓶❿，凶。

【章旨】此卦辭言君子當如井水養人，善始善終。

【注釋】❶井 卦名。下卦為巽，上卦為坎。詞義為水井。❷改 改換。❸喪 減少。❹得 增加。❺井井 持續不斷地以井為用。❻汔 接近。❼至 到。指到達井口。❽繘 王弼釋為「出」。❾羸 翻覆。❿瓶 汲水所用之瓶。案：井卦下巽為入，上坎為水，入而求水，乃井之象。卦辭先言井的德性功用，再言汲水之道，均喻君子養民之德。汲水未出井口而羸其瓶，誡君子善始善終，不可中道而廢，功敗垂成。孔穎達《正義》云：「此卦明君子脩德養民。有常不變，終始无改，養物不窮，莫過乎井，故以脩德之卦取譬，名之井焉。」

【語譯】井卦象徵水井，居住的城邑可以改換，水井卻不可改換遷徙，它的水既不減少也不增加，人們來來往往地不斷以井為用。汲水時水瓶即將升到井口但還沒有出井口，若翻覆了水瓶，則必有凶險。

〈彖〉曰：巽乎水❶而上水❷，井養❸而不窮也。改邑不改井，乃以剛中❹也；汔至亦未繘井，未有功❺也；羸其瓶，是以凶也。

【章旨】此〈彖〉辭闡釋井卦卦名、卦辭、卦象。

【注釋】❶巽乎水　指井卦下巽為巽，上坎為水。巽，順也。❷上水　汲水使上。❸養　養人。❹剛中　指卦中九二、九五兩爻均陽剛居中，為剛毅君子之象。❺功　水養人的功效。

【語譯】〈彖傳〉說：順著水的特性蓄水並汲水上來，這就是水井，水井養人的功德是無窮盡的。卦辭言「居住的城邑可以改換，水井卻不可改換遷徙」，是說君子具有剛毅持中的美德；言「汲水時水瓶即將升到井口但還沒有出井口」，是說尚未完成井水養人的功效；言「翻覆了水瓶」，因此就將有凶險啊！

〈象〉曰：木上有水❶，井；君子以勞民❷勸❸相❹。

【章旨】此〈象〉辭勉勵君子為民操勞，勸民互助。

【注釋】❶木上有水　指井卦下巽為木，上坎為水，猶木上有水。❷勞民　為民操勞。❸勸　勸勉。❹相　助。案：樹木體內有水分，由根莖向上運行，猶井水汲上以養人，〈大象傳〉乃引申出勞民勸相，以德養人的義理。

【語　譯】〈象傳〉說：樹木上端有水滲出，這就是水井的象徵，君子當效此而為民操勞，勸勉人民互助。

初六，井泥❶不食❷，舊井无禽❸。

【章　旨】此爻言水井陳舊多泥，將為人所棄。

【注　釋】❶泥　污泥沉積。❷不食　不可食用。❸无禽　指禽鳥亦不願飲於此井。案：此爻陰柔處下，位卑體弱，上無應援，缺乏淘井養民的能力，以致淤泥久積，禽鳥不顧。此非君子養民之道，而為民所棄。

【語　譯】井卦的初爻，象徵水井中污泥沉積而不可食用，陳舊未治的水井連禽鳥也不願光顧。

〈象〉曰：井泥不食，下❶也；舊井无禽，時舍❷也。

【章　旨】此則〈小象傳〉解釋初六爻象。

【注　釋】❶下　指初六居本卦最下位。❷舍　通「捨」。

【語　譯】〈象傳〉說：初六爻辭言「水井中污泥沉積不可食用」，是因為它居位卑下；言「陳舊未治的水井連禽鳥也不願光顧」，是說當時的人都將捨棄它啊！

九二，井谷❶射鮒❷，甕❸敝❹漏。

【章旨】此爻言水井無人汲引而無法養人。

【注釋】❶谷　容水的井穴。❷射鮒　古代有用箭射魚之法，後成為一種遊戲。鮒，小魚。❸甕　汲水的容器。❹敝　破舊。案：此爻陽剛居中，井中本已蓄滿清水，但與上無應，致使蓄滿水的井谷被用於射鮒；且汲水之甕亦已敝漏，不能汲水，水井無法發揮養人的作用。此君子懷才不遇，難展其志之象。

【語譯】井卦的第二爻，象徵容水的井穴卻被用作射魚的遊戲，而且汲水的甕瓶也已破舊漏水。

〈象〉曰：井谷射鮒，无與❶也。

【章旨】此則〈小象傳〉解釋九二爻象。

【注釋】❶與　指應合。此言九二與上無應。

【語譯】〈象傳〉說：九二爻辭言「容水的井穴卻被用作射魚的遊戲」，是因為它與上不應合而無人援引。

九三，井渫❶不食，為我心惻❷，可用汲❸，王明❹，並受其❺福。

【章　旨】此爻言趕快汲用純淨的井水，君臣可並受其福。

【注　釋】❶渫　淘去污泥使井水純淨。❷惻　悲傷。❸用汲　指宜於趕快汲水。❹明　賢明。❺其　指已淘淨的井水，喻指賢臣。案：此爻陽剛得正，有渫井養人之德，但水純淨而無人食，故心惻；然其上應上六，將有君王賢明，汲而用之並受其德之象。此賢臣先不遇而後通達之象。

【語　譯】井卦的第三爻，象徵水井已淘淨卻無人飲用，使人感到內心悲傷，此時宜於趕快汲水飲用，君王賢明而加以任用，必能使君臣同受福澤。

〈象〉曰：井渫不食，行❶惻也；求❷王明，受福也。

【章　旨】此則〈小象傳〉解釋九三爻象。

【注　釋】❶行　指井渫不食的做法。❷求　企盼。

【語　譯】〈象傳〉說：九三爻辭言「水井已淘淨卻無人飲用」，是說這種做法實在令人悲傷；

言企盼「君王賢明」，是說這樣就能受到福澤。

六四，井甃❶，无咎。

【章旨】此爻言整修水井以待養人，必無禍害。

【注釋】❶甃 用磚修井。案：此爻陰柔得正，心雖正而德不足，且下無應援，故修井靜待，可得無咎。此君子勤修其德以待濟世之象。

【語譯】井卦的第四爻，象徵用磚整修井壁以待養人，沒有禍害。

〈象〉曰：井甃无咎，脩井也。

【章旨】此則〈小象傳〉解釋六四爻象。

【語譯】〈象傳〉說：六四爻辭言「用磚整修井壁以待養人，必無禍害」，是說應當及時整修水井。

九五，井洌❶，寒泉❷食。

【章　旨】此爻言井水清涼，可供人民飲用。

【注　釋】❶洌　水清。❷寒泉　清涼的泉水。案：此爻陽剛中正而居尊位，最能體現水井養育眾人的德性，故其水清如寒泉，而眾人食之。此君子德澤深厚，廣施於人之象。

【語　譯】井卦的第五爻，象徵井水清洌，就像清涼的泉水一樣供眾人食用。

〈象〉曰：寒泉之食，中正❶也。

【章　旨】此則〈小象傳〉解釋九五爻象。

【注　釋】❶中正　指九五居位得中得正。

【語　譯】〈象傳〉說：九五爻辭言「像清涼的泉水一樣供眾人食用」，是因為它具有中正之德。

上六，井收❶，勿幕❷，有孚，元吉。

【章　旨】此爻言水井養人之功已成，但仍須誠信施惠。

【注　釋】❶收　成。❷幕　蓋。案：此爻居井卦的最上位，猶水已汲出井口，故言井收；井德雖成，仍須不斷養人施惠，故言勿幕，如此心懷誠信以養人，故得元吉。此君子以德養人，善始善終之象。

【語譯】井卦的上爻，象徵水井養人之功已成，但不要蓋上井口繼續供人飲用，心懷誠信，必大獲吉祥。

〈象〉曰：元吉在上❶，大成也。

【章旨】此則〈小象傳〉解釋上六爻象。

【注釋】❶上　指上六居本卦最上之位。

【語譯】〈象傳〉說：上六爻辭言「大獲吉祥」又居於上位，說明水井養人已大獲成功。

革卦第四十九

【卦旨】此卦卦名「革」，義為變革，揭示實行變革應當把握時機、取信於人，既要堅決果斷、雷厲風行，又要審時度勢、不可妄行的道理。

䷰ 革❶，巳❷日乃孚，元、亨、利、貞❸，悔亡。

【章　旨】此卦辭言把握時機實行變革，纔能取信於人。

【注　釋】❶革　卦名。下卦為離，上卦為兌。詞義為變革。孔穎達疏云：「革者，改變之名也。此卦明改制革命，故名革也。」❷巳　地支的第六位。古代以干支計日。❸元亨利貞　見乾卦卦辭注釋。案：革卦下離為火，上兌為澤，火燥澤濕，相互衝突，衝突的結果必然是變革。變革須把握時機，巳日為十二地支的第六位，此時已至半數，新的一半即將開始，此時變革乃得取信於人。《周易》最重變化，變則通，變則久，變則和，變是事業的起點，故言其有元亨利貞四德；變革是嶄新的事業，總會有不足之悔，但變革代表著前進與未來，故終得悔亡。

【語　譯】革卦象徵變革，當選擇巳日這一最佳時機實行變革，纔能取信於人，它具有初始、通達、和諧、貞正的德性，悔恨必將消失。

〈彖〉曰：革，水火❶相息❷，二女❸同居，其志不相得❹，曰革。巳日乃孚，革而信之；文明以說❺，大亨以正；革而當❻，其悔乃亡。天地革而四時成，湯武革命❼，順乎天而應乎人。革之時大矣哉！

【章　旨】此〈彖〉辭闡釋革卦卦名、卦辭、卦象，並以湯武革命為例，讚美變革的偉大意義。

【注　釋】❶水火　指革卦下離為火，上兌為澤。❷相息　相滅；相克。息，通「熄」。❸二女　指本卦下離上兌皆陰卦，猶二女。❹不相得　不相合。❺文明以說　指下離為火為明，上兌為悅。說，同「悅」。❻當　適當。❼湯武革命　指商湯滅夏桀、周武王滅殷紂，建立新朝代的歷史事件。

【語　譯】〈彖傳〉說：變革，就像水與火相互衝突，又像兩個女人同居一室，她們的心志不相合，因而產生所說的變革。卦辭言「選擇巳日實行變革纔能取信於人」，是說把握時機進行變革可使天下信從；具有文明美德而能使天下喜悅，所以大得「通達」而「貞正」；變革而能適當，所以「悔恨必將消失」。天地變革因而四季形成，歷史上商湯、周武王的革命，順應天道也應合人心。變革之時的意義是多麼重大啊！

〈象〉曰：澤中有火❶，革；君子以治厤❷明時❸。

【章　旨】此〈象〉辭勉勵君子修治曆法以明時令變更。

【注　釋】❶澤中有火　指革卦下離為火，上兌為澤，猶澤中有火。❷治厤　修治曆法。厤，「曆」的古文。❸明時　使時令更迭的情形顯明。案：火在澤中，兩相衝突而必生變，〈大象傳〉乃引申出治厤明時的義理。

【語　譯】〈象傳〉說：水澤中有火，這就是變革的象徵，君子此時當修治曆法，以明四季時令的變更。

初九，鞏❶用黃牛之革。

【章　旨】此爻言欲行變革，首先要固其基礎。

【注　釋】❶鞏　固。案：此爻位卑居革卦之初，上無應援，不可妄行變革，當先固其根本，黃為中央正色，牛革為堅韌之物，用黃牛之革固之，誡其守中固本。

【語　譯】革卦的初爻，象徵變革之始，當用黃牛的皮革束縛以鞏固根本。

〈象〉曰：鞏用黃牛，不可以有為也。

【章　旨】此則〈小象傳〉解釋初九爻象。

【語　譯】〈象傳〉說：初九爻辭言「用黃牛的皮革束縛以鞏固根本」，是說此時尚不可以有所作為。

六二，巳❶日乃革之，征吉，无咎。

【章　旨】此爻言把握時機前往變革，必無咎害。

【注釋】❶巳　見本卦卦辭注釋。案：此爻居位中正，上應九五尊者，故能把握「巳日」最佳時機實行變革，可獲吉而無咎。

【語譯】革卦的第二爻，象徵選擇巳日這一最佳時機實行變革，果敢前往必獲吉祥，沒有禍害。

〈象〉曰：巳日革之，行有嘉也。

【章旨】此則〈小象傳〉解釋六二爻象。

【語譯】〈象傳〉說：六二爻辭言「選擇巳日這一最佳時機實行變革」，是說如此前行必有嘉慶。

九三，征凶，貞厲，革言❶三就❷，有孚。

【章旨】此爻言變革將有曲折，不可急於求成。

【注釋】❶言　語助詞，無義。❷三就　多次纔能成功。三，言多次。就，成功。案：此爻陽居陽位，處下卦的上位，並與上六有應，有變革之時急於求成之象，故誡其征凶，貞厲；變革非易事，多有曲折，歷史上吳起、商鞅、王安石等莫不如此，唯心誠意篤，方可成功。

【語　譯】革卦的第三爻，象徵急於前往必有凶險，須守持貞正以防危厲，變革往往要幾經曲折纔能成功，必須長久地保持誠心。

〈象〉曰：革言三就，又何之❶矣！

【章　旨】此則〈小象傳〉解釋九三爻象。

【注　釋】❶何之　猶言「之何」。去哪裡。意指變革雖多艱，但別無選擇，祇能前往。

【語　譯】〈象傳〉說：九三爻辭言「變革往往要幾經曲折纔能成功」，但除了變革又能走什麼路呢？

九四，悔亡，有孚改命❶，吉。

【章　旨】此爻言心懷誠信革除舊命，可獲吉祥。

【注　釋】❶改命　革除舊命。案：此爻陽居陰位失正，本有悔，但已進入上體，正處天命轉變之時，近九五之君，祇要誠信改命，必能悔亡而獲吉。

【語　譯】革卦的第四爻，象徵悔恨必將消失，心懷誠信，革除舊命，必獲吉祥。

〈象〉曰：改命之吉，信❶志也。

【章旨】此則〈小象傳〉解釋九四爻象。

【注釋】❶信 通「伸」。施展。

【語譯】〈象傳〉說：九四爻辭言「革除舊命必獲吉祥」，是說它可以施展其變革的志向。

九五，大人虎變❶，未占❷有孚。

【章旨】此爻言大膽果斷地實行變革，必可取信於民。

【注釋】❶虎變 勢如猛虎果斷變革。❷未占 勿占。猶言「毫無疑問」。案：此爻陽剛中正而居尊位，下應六二，為變革的主要力量和領導力量，故如大人虎變而可取信於民。

【語譯】革卦的第五爻，象徵大人像猛虎一樣大膽果斷地推行變革，無須占問，一定能取信於民。

〈象〉曰：大人虎變，其文炳❶也。

【章　旨】此則〈小象傳〉解釋九五爻象。

【注　釋】❶文炳　文彩炳煥。

【語　譯】〈象傳〉說：九五爻辭言「大人像猛虎一樣大膽果斷地推行變革」，是說它的美德文彩光耀炳煥。

上六，君子豹變❶，小人革面❷，征凶，居貞吉。

【章　旨】此爻言變革將成之時，尤須穩重貞正。

【注　釋】❶豹變　如豹之變化。豹的花紋極美，含潤色變革事業之義。❷革面　改變舊日面目。案：此爻以陰柔居革卦上位，猶變革之業將成，又如君子協助大人的變革，如豹從猛虎一樣；此時慣於守舊的小人亦紛紛革面而迎合變革，情勢雖好而潛藏著危機，稍有不慎便可能導致變革的失敗，舊勢力的復辟，故言征凶，居貞吉。此可見《周易》作者對歷史的深刻體察與認識。

【語　譯】革卦的上爻，象徵君子像豹一樣協助並潤色變革事業，小人則紛紛改變舊日的面目，此時過於急進將有凶險，靜處守正可獲吉祥。

〈象〉曰：君子豹變，其文蔚❶也；小人革面，順以從君也。

【章　旨】此則〈小象傳〉解釋上六爻象。

【注　釋】❶蔚　文彩燦爛。

【語　譯】〈象傳〉說：上六爻辭言「君子像豹一樣協助並潤色變革事業」，是因為它的文彩燦爛；言「小人紛紛改變舊日的面目」，是說順應時勢以服從君主啊！

鼎卦第五十

【卦　旨】此卦卦名「鼎」，義為鼎器，其主旨一方面從「烹飪器具」的角度，以闡明調和飲食的飴養之義；更重要的是從「革故鼎新」的角度，揭示除舊布新時如何調和各種力量、如何任事執權的道理。

䷱ 鼎(ㄉㄧㄥˇ)❶，元(ㄩㄢˊ)吉(ㄐㄧˊ)，亨(ㄏㄥ)。

【章　旨】此卦辭言製鼎器而明新制，可大吉而亨通。

【注　釋】❶鼎　卦名。下卦為巽，上卦為離。詞義有二：一為烹飪的器具，一為權力與法制的象徵。案：朱熹《周易本義》認為，鼎卦卦形為鼎的形象：初六為鼎足，九二、九三、九四三陽為鼎腹，六五為鼎耳，上九為舉鼎的鼎杠。王弼《周易注》云：「革去故而鼎取新，取新而當其人，易故而法制齊明。」古人常將法律鑄在鼎上，朝代更迭，法亦隨之變化，故法新鼎亦新，改鼎則象徵改制。孔穎達《正義》云：「此卦明聖人革命，示物法象。惟新其制，有鼎之義。」朱熹所言的烹飪之器與王弼、孔穎達所言的革故鼎新之義在本卦均有體現。

【語　譯】鼎卦象徵鼎器，大獲吉祥，亨通。

〈彖〉曰：鼎，象❶也，以木巽火❷，亨飪❸也。聖人亨以享上帝，而大亨以養聖賢。巽❹而耳目聰明。柔進而上行，得中而應乎剛❺，是以元亨。

【章　旨】此〈彖〉辭闡釋鼎卦卦名、卦辭、卦象。

【注　釋】❶象　形象。❷以木巽火　指鼎卦下巽為木，上離為火。巽，順。❸亨飪　烹飪。亨，同「烹」。❹巽　順。❺柔進而上行二句　指本卦六五以柔居上位，得中而與九二相應。

【語　譯】〈彖傳〉說：鼎，是一種烹飪器具的形象，用木順從火燃之性，就是烹飪的情狀。聖人烹飪祭品以享祀天帝，又以豐盛的烹物以奉養聖賢。賢人順從，尊者就能耳聰目明。以柔謙的美德前進向上，居位得中而與陽剛應合，所以卦辭言「大獲吉祥而亨通」。

〈象〉曰：木上有火❶，鼎；君子以正位❷凝❸命。

【章旨】此〈象〉辭勉勵君子端正其位，嚴守使命。

【注釋】❶木上有火　指鼎卦下巽為木，上離為火，猶木上有火。❷正位　端正其所居之位。❸凝　嚴整之狀。案：火在木上燃燒，此以鼎烹飪時的情狀，〈大象傳〉乃引申出除舊布新之時，尤須正位凝命的義理。

【語譯】〈象傳〉說：木上燃燒著火，這就是鼎器烹飪的象徵，君子當效法鼎象而端正其位，嚴守使命。

初六，鼎顛趾❶，利出否❷，得妾以其子❸，无咎。

【章旨】此爻言除舊布新，可得無咎。

【注釋】❶顛趾　顛倒鼎足。猶言將鼎倒翻過來。❷出否　倒出廢舊之物。否，不善。❸得妾以其子　指因妾生了兒子而將其立為正妻。案：此爻處鼎新之始，上應九四，故有顛鼎出否，排除舊穢，扶妾為妻，納布新制之象，如此開創新業，故得無咎。

【語譯】鼎卦的初爻，象徵除舊布新，就像徹底顛倒鼎器，清除舊廢之物必將有利，又像因妾生了兒子將她立為正妻一樣扶納新人，創立新制，必無禍害。

〈象〉曰：鼎顛趾，未悖❶也；利出否，以從貴❷也。

【章　旨】此則〈小象傳〉解釋初六爻象。

【注　釋】❶悖　違背常理。❷貴　指九四。

【語　譯】〈象傳〉說：初六爻辭言「徹底顛倒鼎器」，這並未違背除舊布新的常理；言「清除舊廢之物必將有利」，是說要上從尊貴者。

九二，鼎有實❶，我仇❷有疾❸，不我能即❹，吉。

【章　旨】此爻言除舊布新之時，祇要美德充實，守舊派雖疾恨亦無損於我。

【注　釋】❶實　充實。❷仇　仇敵。即革新的反對者。❸疾　疾恨。❹不我能即　猶言「不能即我」。即，就，指加害。案：此爻陽剛充實，居下卦之中，上應六五，猶推行革新的重臣，美德充實。革新亦有實在的內容，故雖有反對者疾恨而終能免害獲吉。

【語　譯】鼎卦的第二爻，象徵除舊布新之時，革新者就像鼎中裝滿食物一樣有充實的美德，即使有仇敵疾恨，也不能加害於我，吉祥。

〈象〉曰：鼎有實，慎所之❶也；我仇有疾，終无尤❷也。

【章　旨】此則〈小象傳〉解釋九二爻象。

【注　釋】❶所之　所往；所行。❷尤　災害。

【語　譯】〈象傳〉說：九二爻辭言「像鼎中裝滿食物一樣有充實的美德」，是說要謹慎自己的行為；言「即使有仇敵疾恨」，是說終究絕不會造成災害。

九三，鼎耳❶革，其行塞❷，雉膏❸不食。方❹雨虧❺悔，終吉。

【章　旨】此爻言革新因內部矛盾而阻塞，調和後終獲吉。

【注　釋】❶鼎耳　鼎的關鍵部位。喻六五。❷塞　阻塞。❸雉膏　野雞湯。❹方　將。❺虧　損；消失。

案：此爻陽剛勢盛，維新心切，但與六五不應合，以致發生變異而引起矛盾，導致維新受阻，如雉膏般鮮美的維新內容亦無法為人所接受，但必將有陰陽和合之雨降臨，終得矛盾消解而虧悔獲吉。

【語　譯】鼎卦的第三爻，象徵革新者內部產生了矛盾，就像鼎器的耳部發生了變異，它革新的行動受到阻塞，像野雞湯一樣鮮美的革新內容不能為人們所品嘗。將有陰陽和合之雨降臨，消除悔恨，終獲吉祥。

〈象〉曰：鼎耳革，失其義❶也。

【章　旨】此則〈小象傳〉解釋九三爻象。

【注　釋】❶義　通「宜」。指適宜的配合。

【語　譯】〈象傳〉說：九三爻辭言「鼎器的耳部發生了變異」，是說它失去了適宜的配合。

九四，鼎折足，覆❶公餗❷，其形❸渥❹，凶。

【章　旨】此爻言革新分量過重，將受挫折而致凶。

【注　釋】❶覆　傾覆。❷公餗　王公的美食。餗，糝；八珍之膳。❸其形　鼎的外部。指鼎身。❹渥　沾濡之狀。案：此爻緊承六五，又下應初六，所任極重，而陽居陰位，有革新的層面過多，不堪其任之象，故欲速不達，貪多反受其累，以致鼎折足，傾覆了如美餗般珍美的革新內容，沾濡了鼎身，故凶。

【語　譯】鼎卦的第四爻，象徵革新的分量過重，就像鼎器不堪重負而折斷了鼎足，傾覆了王公的美食，並使鼎身受到沾濡，如此必有凶險。

〈象〉曰：覆公餗，信如何❶也！

【章　旨】此則〈小象傳〉解釋九四爻象。

【注　釋】❶如何　怎麼樣。

【語　譯】〈象傳〉說：九四爻辭言「傾覆了王公的美食」，是說它怎麼能信任呢！

六五，鼎黃耳金鉉❶，利貞。

【章　旨】此爻言除舊布新之時，應當持中守正，剛柔相濟。

【注　釋】❶鉉　舉鼎的器具，即鼎杠。案：黃為中央正色，金為剛堅之物，此爻柔居中位，處尊位而下應九二陽剛，它執鼎之耳，握鼎之杠，在維新事業中舉足輕重，能持中守正，剛柔兼備，故必能有利。

【語　譯】鼎卦的第五爻，象徵除舊布新之時，尊者能像執黃色的鼎耳一樣堅持中道，像握剛堅的鼎杠一樣在柔中調以剛強，守持貞正必將有利。

〈象〉曰：鼎黃耳，中❶以為實❷也。

【章　旨】此則〈小象傳〉解釋六五爻象。

【注　釋】❶中　指六五居下卦之中。❷實　陽為實，指得九二陽剛之助。

【語譯】〈象傳〉說：六五爻辭言「黃色的鼎耳」，是說它堅持中道並得陽剛充實之利啊！

上九，鼎玉鉉❶，大吉，无不利。

【章旨】此爻言除舊布新將成之時，溫和施治，無所不利。

【注釋】❶玉鉉　用玉裝飾的鼎杠。案：玉為溫潤之物，此爻居鼎卦之終，猶除舊布新的艱難事業已大體成功，此爻又陽居陰位，猶能以溫潤之性而調和其陽剛之體，溫和施治，如此則必能使新創的事業興旺發達，故無不利。

【語譯】鼎卦的上爻，象徵除舊布新將成之時，像手執以溫潤的美玉裝飾的鼎杠一樣溫和施治，必大獲吉祥，無所不利。

〈象〉曰：玉鉉在上❶，剛柔節❷也。

【章旨】此則〈小象傳〉解釋上九爻象。

【注釋】❶上　指上九居本卦上位。❷節　調節。

【語譯】〈象傳〉說：上九爻辭言「溫潤的美玉裝飾的鼎杠」，是說它體陽剛而能用陰柔適當調和。

震卦第五十一

【卦　旨】此卦卦名「震」，義為震動，揭示施治當嚴明法令，使天下警惕而久安，立身當戒懼謹慎，使自我修身省過而無危的道理。

䷲

震❶，亨。震來虩虩❷，笑言啞啞❸，震驚百里❹，不喪匕鬯❺。

【章　旨】此卦辭言震動戒懼可致福而保有社稷。

【注　釋】❶震　卦名。下卦為震，上卦亦為震。詞義為震動。❷虩虩　恐懼之狀。❸啞啞　笑語之聲。❹百里　形容範圍之廣。❺匕鬯　宗廟祭禮用物，因以指宗廟祭祀。此引申指社稷、國家。匕，勺匙之類盛食物的器具。鬯，祭祀所用的酒。案：震卦上下皆震，震為雷，雷聲震動，故言震。雷震之威猶法令之嚴，使萬民恐懼，慎行守法而得福，故言笑言啞啞；亦能使天下諸侯震驚從命，而長保國家社稷。

【語　譯】震卦象徵震動，亨通。震雷驟起使萬民恐懼，慎行保福因而笑語聲聲，君王的命令如震雷震驚天下，因而不會喪失社稷國家。

〈彖〉曰：震，亨，震來虩虩，恐❶致福❷也；笑言啞啞，後有則❸也；震驚百里，驚遠而懼邇❹也。出❺可以守宗廟社稷，以為祭主❻也。

【章旨】此〈彖〉辭闡釋震卦卦辭及震懼的重要作用。

【注釋】❶恐　恐懼謹慎。❷致福　帶來福分。❸有則　遵守法令。❹邇　近。❺出　指君主外出。❻祭主　祭祀的主持人。指國家社稷的主人。

【語譯】〈彖傳〉說：卦辭言「震動，亨通，震雷驟起使萬民恐懼」，是說恐懼謹慎將會帶來福分；言「笑語聲聲」，是說警懼而後能遵守法令不犯過錯；言「震雷震驚天下」，是說無論遠近都感到驚動而恐懼。能如此，即使君主外出，也可以保守宗廟社稷，長久地成為祭典的主持者。

〈象〉曰：洊雷❶，震；君子以恐懼脩省❷。

【章旨】此〈象〉辭勉勵君子戒懼謹慎，修身省過。

【注釋】❶洊雷　雷再次震動。指震卦上下皆震，震為雷，猶雷再次震動。洊，再。❷脩省　修美自身，省察過錯。案：雷再次震動，即不斷震動，〈大象傳〉由此而引申出君子應當駭於天威，恐懼脩省，以防危殆的義理。

【語譯】〈象傳〉說：雷聲不斷地震動，這就是震動的象徵，君子此時當惶恐戒懼，修美自身，省察過錯。

初九，震來虩虩❶，後笑言啞啞，吉。

【章旨】此爻言慎始懼初，可終笑獲吉。

【注釋】❶虩虩　與下「啞啞」均見本卦卦辭注釋。案：此爻陽剛處下，能恐懼慎守其始，故能免災保福，笑言而獲吉。

【語譯】震卦的初爻，象徵震雷驟起而能惶恐戒懼，然後慎行保福因而笑語聲聲，可獲吉祥。

〈象〉曰：震來虩虩，恐致福也；笑言啞啞，後有則也。

【章旨】此則〈小象傳〉解釋初九爻象。

【語譯】〈象傳〉說：初九爻辭言「震雷驟起而能惶恐戒懼」，是說恐懼謹慎將會帶來福分；言「笑語聲聲」，是說戒懼而後能遵守法令不犯過錯。

六二，震來厲，億喪貝❶，躋❷于九陵❸，勿逐❹，七日❺得。

【章　旨】此爻言面臨禍患戒懼遠避，可消其災。

【注　釋】❶億喪貝　猶言「喪億貝」。億，數量詞，十萬為億。貝，古代貨幣。❷躋　登。❸九陵　高峻的山峰。❹逐　追尋。❺七日　為轉變的週期。參見復卦卦辭注釋。案：此爻以陰凌乘初九陽剛，故有億喪貝之厲；但此爻柔性居中，能戒懼謹慎，不逐其已失之貝而遠避於九陵，故終能失而復得，消禍免災。

【語　譯】震卦的第二爻，象徵震雷驟起而預示危險，丟失了大量貨幣，此時登上高峻的山峰遠避，不去追尋，七天之內必將失而復得。

〈象〉曰：震來厲，乘剛❶也。

【章　旨】此則〈小象傳〉解釋六二爻象。

【注　釋】❶乘剛　指六二凌乘初九。

【語　譯】〈象傳〉說：六二爻辭言「震雷驟起而預示危險」，是因為它凌乘於陽剛之上啊！

六三，震蘇蘇❶，震行❷无眚❸。

【章　旨】此爻言居危險之地，戒懼慎行可無災禍。

【注　釋】❶蘇蘇　恐懼不安之狀。❷震行　因內心震恐而慎行。❸眚　喻災禍。案：此爻陰柔而居多憂慮之位，且失中不正，猶居於危險不當的地位，但此爻未乘剛，能知憂不安，戒懼慎行，故得無眚。

【語　譯】震卦的第三爻，象徵震動之時恐懼不安，因內心震恐而謹慎前行，必無災禍。

〈象〉曰：震蘇蘇，位不當也。

【章　旨】此則〈小象傳〉解釋六三爻象。

【語　譯】〈象傳〉說：六三爻辭言「震動之時恐懼不安」，是因為它以陰爻居陽位，所處之位不適當。

九四，震遂❶泥。

【章　旨】此爻言恐懼過甚而消沉，必墜泥淖而難以自拔。

【注　釋】❶遂　通「墜」。墜落。案：此爻陽居陰位失正，剛德本自不足，又陷於四個陰爻之間，更染柔弱之性，故有震恐墜泥，無力自振之象。

【語譯】震卦的第四爻，象徵震動之時恐懼過甚，以致墜入泥淖，不能自拔。

〈象〉曰：震遂泥，未光❶也。

【章旨】此則〈小象傳〉解釋九四爻象。

【注釋】❶光　廣博。

【語譯】〈象傳〉說：九四爻辭言「震動之時恐懼過甚，以致墜入泥淖而不可自拔」，說明它的陽剛之德尚未廣大。

六五，震往來厲，億无喪❶，有事❷。

【章旨】此爻言戒懼守中，可免禍而長保社稷。

【注釋】❶億无喪　猶言「億無一喪」。即萬無一失。❷有事　春秋時凡祭祀，皆言有事。此指行祭祀，保有社稷。案：此爻陰柔處尊，上往則遇上六相敵，下來則乘九四有失，故言往來厲；但此爻柔性而居中，能以危懼之心慎守中道，故億無一喪而得主祭祀之事。

【語譯】震卦的第五爻，象徵震動之時上下往來均有危險，但能知危懼而慎守中道，可萬無一失，可長行祭祀之事。

〈象〉曰：震往來厲，危行❶也；其事在中❷，大无喪也。

【章旨】此則〈小象傳〉解釋六五爻象。

【注釋】❶危行　在危險中行動。❷中　指六五居上卦之中。

【語譯】〈象傳〉說：六五爻辭言「震動之時上下往來均有危險」，是說它在危險中行動；它處事能慎守中道，所以爻辭言「萬無一失」。

上六，震索索❶，視矍矍❷，征凶。震不于其躬❸，于其鄰❹，无咎。婚媾有言❺。

【章旨】此爻言預先戒懼慎行，可免凶無咎。

【注釋】❶索索　畏縮難行之狀。❷矍矍　旁顧不安之狀。❸躬　自身。❹鄰　近鄰。❺有言　有閒言。

案：此爻陰柔居震卦之極，驚恐極盛，無所安適，乃有雙足索索、兩眼矍矍，前行則凶之象；但此爻若能在震及近鄰而尚未及於己時預先戒懼警惕，謹慎其行，則可得無咎；又此時極懼，不宜急求婚配，否則將有閒言。

【語　譯】震卦的上爻，象徵震動之時極端恐懼，以致畏縮難行，目光不安，此時前行必有凶險。但如果能在尚未震及自身而震及近鄰時就預先戒懼慎行，則沒有禍害。此時若急求陰陽婚配則必引起閒言。

〈象〉曰：震索索，中未得❶也；雖凶无咎，畏鄰戒❷也。

【章　旨】此則〈小象傳〉解釋上六爻象。

【注　釋】❶中未得　指上六未居中位。❷畏鄰戒　畏懼近鄰所受之震動而預先戒備。

【語　譯】〈象傳〉說：上六爻辭言「震動之時極端恐懼以致畏縮難行」，是因為它未能處於適中的位置；言雖有凶險而終「沒有禍害」，是因為它畏懼近鄰所受的震動而能預先戒備啊！

艮卦第五十二

【卦　旨】此卦卦名「艮」，義為抑止，揭示人的行為應當自我節制，力求做到行其所當行、止其所當止，動靜得宜，適可而止的道理。

䷳ 艮❶，艮其背❷，不獲其身❸；行其庭，不見其人❹，无咎。

【章旨】此卦辭言止其妄動，行其自如，必可無咎。

【注釋】❶艮　卦名。下卦為艮，上卦亦為艮。詞義為抑止、停止。案：阮刻本《周易正義》中無此「艮」字，當為後人傳寫所脫，故此補上。❷背　人體背部。❸不獲其身　猶言「不由其身」。即不隨任身體的本能慾望而行動。❹不見其人　指行動自如得體，無須留意別人的評價，如不見其人。案：艮卦上下皆艮，艮為山，山巍然靜止，故曰艮。抑止於背部，則身體欲動亦不能動，故言不獲其身；行於庭，自如得體，故言不見其人；能止其妄行，動而自如，故得無咎。止當止其妄，行當行其正，抑止是為了前行，卦辭正是從止與行兩方面立意的。

【語譯】艮卦象徵抑止，就像抑止於背部，則不會隨任身體的本能慾望而妄行；在庭院中自如得體地行走，無須留意別人的評價，如同不見其人，沒有禍害。

〈彖〉曰：艮，止也。時止❶則止，時行則行，動靜不失其時，其道光❷明。艮其止，止其所❸也；上下敵應❹，不相與也；是以不獲其身，行其庭，不見其人，无咎也。

【章旨】此則〈彖〉辭闡釋艮卦卦名、卦辭、卦象。

【注釋】❶時止 該止之時。❷光 廣博。❸其所 指應當抑止的處所。即卦辭所言之「背」。❹上下敵應 指卦中初與四、二與五、三與上均同性相敵而不應合。

【語譯】〈彖傳〉說：艮，意指抑止。應該抑止的時候就抑止，應該行動的時候就行動，行動或靜止均不違反適時的原則，抑止之道就會廣大而明敞。艮卦的抑止，就是要抑止於該止的地方；卦中諸爻均上下同性相敵對而不應合；所以卦辭言「不會隨任身體的本能慾望而妄行，在庭院中自如得體地行走，無須留意別人的評價，如同不見其人，沒有禍害」啊！

〈象〉曰：兼山❶，艮；君子以思不出其位❷。

【章旨】此〈象〉辭勉勵君子抑止慾望，不越職權。

【注釋】❶兼山 兩山重疊。指艮卦上下皆艮，艮為山，猶兼山。❷思不出其位 所思慮者不超出其職位權限。案：山屹立靜止。兩山重疊，止義更重，〈大象傳〉乃引申出止其慾望，思不出其位的義理。

【語譯】〈象傳〉說：兩山重疊，這就是抑止的象徵，君子當效此而抑止慾望，所思慮的不超出自己的職位權限。

初六，艮其趾❶无咎，利永貞。

【章旨】此爻言及早抑止私欲，守持貞正將無咎。

【注釋】❶趾　腳趾。案：此爻居本卦最下位，腳趾亦人體最下者，故有艮其趾之象；然此爻柔弱，居位失正，難免不能長守正道，故誡其利永貞。

【語譯】艮卦的初爻，象徵抑止於腳趾邁動之初，沒有禍害，長久守持貞正必將有利。

〈象〉曰：艮其趾，未失正❶也。

【章旨】此則〈小象傳〉解釋初六爻象。

【注釋】❶未失正　指能抑止私欲則為未失正。

【語譯】〈象傳〉說：初六爻辭言「抑止於腳趾未邁出之初」，是說它沒有違失正道啊！

六二，艮其腓❶，不拯❷其隨❸，其心不快❹。

【章旨】此爻言抑止不當、該行不行，以致心中不快。

【注釋】❶腓　小腿肚。❷拯　通「承」。上承。❸隨　隨行。❹快　暢快。案：此爻居中得正，雖無正應而可與上承的九三前行，卻抑止於前行的小腿肚，不能承上而隨行，故心中不快。

【語譯】艮卦的第二爻，象徵抑止小腿的行動，未能承上而隨行，以致心中感到不暢快。

〈象〉曰：不拯其隨，未退聽❶也。

【章旨】此則〈小象傳〉解釋六二爻象。

【注釋】❶未退聽　不願退而聽任抑止。

【語譯】〈象傳〉說：六二爻辭言「未能承上而隨行」，是說它不甘願退而聽任抑止，因而心中感到不暢快啊！

九三，艮其限❶，列❷其夤❸，厲薰❹心。

【章旨】此爻言抑止不當，以致眾叛親離而危殆。

【注釋】❶限　界限。指人體上下交界處的腰部。❷列　通「裂」。❸夤　夾脊肉。❹薰　薰灼。案：此爻居全卦的中部，故有艮其限之象；此爻陽剛居下卦的上位，已過中，又陷於四個陰爻之間，猶抑止過於偏激粗暴，以致上下分裂，眾叛親離，故言列其夤；如此抑止不當，則必將危厲薰其心。

【語　譯】艮卦的第三爻，象徵抑止腰部的運動過於偏激粗暴，以致眾叛親離如同使背脊裂開，危險必將像火一樣薰灼它的心。

〈象〉曰：艮其限，危薰心也。

【章　旨】此則〈小象傳〉解釋九三爻象。

【語　譯】〈象傳〉說：九三爻辭言「抑止腰部的運動過於偏激粗暴」，是說這樣危險必將像火一樣薰灼它的心。

六四，艮其身❶，无咎。

【章　旨】此爻言自我抑止而不妄動，必無禍害。

【注　釋】❶身　上身。案：此爻已進入上卦，故有抑止人體上身之象，又柔居柔位得正，能止其所當止，自我控制而不妄動，故得無咎。

【語　譯】艮卦的第四爻，象徵能抑止上身而不妄動，沒有禍害。

〈象〉曰：艮其身，止諸❶躬❷也。

【章旨】此則〈小象傳〉解釋六四爻象。

【注釋】❶諸 之於。❷躬 自身。

【語譯】〈象傳〉說：六四爻辭言「抑止上身而不妄動」，是說它能抑止於自身。

六五，艮其輔❶，言有序❷，悔亡。

【章旨】此爻言抑止其口而不妄言，可使悔恨消失。

【注釋】❶輔 顎。說話的器官。❷序 條理。案：此爻已近上位，故有艮其輔之象，又柔中而處尊位，猶能持中不偏，言語中肯有序而不妄，故悔亡。

【語譯】艮卦的第五爻，象徵抑止其口，使言語有條理而不妄，悔恨必將消失。

〈象〉曰：艮其輔，以中❶正也。

【章旨】此則〈小象傳〉解釋六五爻象。

【注釋】❶中　指六五居上卦之中。

【語譯】〈象傳〉說：六五爻辭言「抑止其口」，是因為它能持中守正。

上九，敦❶艮，吉。

【章旨】此爻言以敦厚之德自我抑止，可獲吉祥。

【注釋】❶敦　敦厚。案：此爻居艮卦之終，陽剛而敦厚，以自我抑止亢進盛行的慾望，故吉。

【語譯】艮卦的上爻，象徵敦厚地抑止亢進的慾望，吉祥。

〈象〉曰：敦艮之吉，以厚終也。

【章旨】此則〈小象傳〉解釋上九爻象。

【語譯】〈象傳〉說：上九爻辭言「敦厚地抑止亢進的慾望，吉祥」，是因為敦厚纔得善終啊！

漸卦第五十三

【卦旨】此卦卦名「漸」，義為漸進，揭示任何事物的發展都必須順乎自然，循序漸進，而不能違反規律，急功冒進的道理。

䷴ 漸❶，女歸❷吉，利貞。

【章旨】此卦辭言循序漸進而守正，可獲吉祥。

【注釋】❶漸　卦名。下卦為艮，上卦為巽。詞義為漸進。孔穎達《正義》云：「凡物有變移，徐而不速，謂之漸也。」❷歸　女子出嫁。古代女子出嫁，從下聘訂親到結婚，須經過許多禮節，這裡比喻漸進的過程。案：漸卦下艮為山，上巽為木，木生山上，逐漸生長，故名漸，並以女子循禮出嫁為喻，說明循序漸進必可獲吉。

【語譯】漸卦象徵漸進，就像女子出嫁循禮漸行，可獲吉祥，守持貞正必將有利。

〈彖〉曰：漸之進❶也，女歸吉也。進得位❷，往有功也；進以正❸，可以正邦也；其位，剛得中❹也；止而巽❺，動不窮也。

【章旨】此〈彖〉辭闡釋漸卦卦名、卦辭、卦象。

【注釋】❶漸之進　朱熹《周易本義》認為「之」字為衍文。此釋卦名。❷得位　指卦中九五得處尊位。❸正　指九五居位得正。❹剛得中　指九五陽剛居上卦之中。❺止而巽　指漸卦下艮為止，上巽為順。巽，順也。

【語譯】〈彖傳〉說：漸，意指漸進，就像卦辭所言「女子出嫁循禮漸行，可獲吉祥」。此時漸進而得處尊位，前往必能建立功績；漸進而得守正道，必能端正邦國；其所處的位置，陽剛而又能持中道；適可而止又能謙遜和順，就能漸行而不致困窮。

〈象〉曰：山上有木❶，漸；君子以居❷賢德善❸俗。

【章旨】此〈象〉辭勉勵君子漸蓄賢德，改善風俗。

【注釋】❶山上有木　指漸卦下艮為山，上巽為木，猶山上有木。❷居　積蓄。❸善　改善。案：山上有木，其進以漸，〈大象傳〉由此引申出漸居賢德、漸化風俗的義理。

【語譯】〈象傳〉說：高山之上有樹木逐漸生長，這就是漸進的象徵，君子當效此而漸蓄賢美品德，漸化民情風俗。

初六，鴻❶漸于干❷，小子❸厲，有言，无咎。

【章　旨】此爻言漸進不躁可免危無咎。

【注　釋】❶鴻　鴻雁。案：鴻雁的羣體排列有序，寒來暑往，其飛行與季節的漸進相合，故本卦六爻均以鴻雁的飛行為喻。❷干　通「岸」。河岸。❸小子　童子。指初六位卑未安，猶小子也。案：此爻陰柔位卑，所進甚淺，上無強援，猶漸進之始，僅漸於河岸，又像無力體弱的小子，將有引人閒言的危厲，但此爻柔順處下，漸進不躁，故終得無咎。

【語　譯】漸卦的初爻，象徵鴻雁漸飛至河岸邊，童子將有危險，引起閒言，但漸進不躁必無禍害。

〈象〉曰：小子之厲，義❶无咎也。

【章　旨】此則〈小象傳〉解釋初六爻象。

【注　釋】❶義　宜也。

【語　譯】〈象傳〉說：初六爻辭言「童子將有危險」，是說祇要漸進不躁，應當是沒有禍害的。

六二，鴻漸于磐❶，飲食衎衎❷，吉。

【章旨】此爻言安穩踏實地漸進，可獲吉祥。

【注釋】❶磐　磐石。指岸邊的巨石，已高於岸。❷衎衎　和樂之狀。案：此爻已上進至二位，故有漸於磐之象；磐石，以喻安穩踏實也。此爻居中得正而上應九五，故得安穩漸進，飲食衎衎而獲吉。

【語譯】漸卦的第二爻，象徵安穩踏實地漸進，就像鴻雁漸飛至磐石之上，和樂地飲食，吉祥。

〈象〉曰：飲食衎衎，不素飽❶也。

【章旨】此則〈小象傳〉解釋六二爻象。

【注釋】❶素飽　白白吃飽。《詩經・伐檀》：「彼君子兮，不素餐兮。」正同此義。

【語譯】〈象傳〉說：六二爻辭言「和樂地飲食」，是說它不會白白地享受俸祿。

九三，鴻漸于陸❶，夫征❷不復，婦孕❸不育❹，凶。利禦寇。

【章旨】此爻言漸進過甚而離羣，將有凶險。

【注釋】❶陸　較平的山頂。指岸邊的小山。❷征　外出遠行。❸孕　懷孕。❹育　生育。案：此爻處下艮之上，故有漸於陸之象；此爻陽剛居三，猶漸進過甚，且與上無應，乃與上鄰的六四結合，然此婚姻非正應，未循禮漸行，故久而情意相乖，以致夫征不復，婦孕不育而凶；又因此爻陽居陽位，孔武有力，故利禦寇。

【語譯】漸卦的第三爻，象徵漸進過甚，就像鴻雁漸飛至小山之上，又如婚姻不循禮而行，以致丈夫遠行不返回，婦人懷孕不能生育，必有凶險。此時若抵禦強寇必將有利。

〈象〉曰：夫征不復，離羣醜❶也；婦孕不育，失其道也；利用禦寇，順相保也。

【章旨】此則〈小象傳〉解釋九三爻象。

【注釋】❶羣醜　羣類。指初六、六二。醜，類也。

【語譯】〈象傳〉說：九三爻辭言「丈夫遠行不返回」，是說它遠離了羣類；言「婦人懷孕而不能生育」，是因為違失了婚姻循禮而行的正道；言「抵禦強寇必將有利」，是說應當和順勿躁而上下相保。

六四，鴻漸于木❶，或得其桷❷，无咎。

【章旨】此爻言平穩安順地漸進，可得無咎。

【注釋】❶木　指九三爻辭所言「陸」上的樹木。❷桷　平展的樹枝。案：此爻已進上卦，故有鴻漸於陸上樹木之象；其又陰柔得正，上承九五，故或能得其桷，平穩安順地漸進，乃得無咎。

【語譯】漸卦的第四爻，象徵平穩安順地漸進，就像鴻雁漸飛至小山的樹木上，或許能找到平穩舒展的樹枝，沒有禍害。

〈象〉曰：或得其桷，順以巽❶也。

【章旨】此則〈小象傳〉解釋六四爻象。

【注釋】❶順以巽　指六四陰柔性順並已進入上巽。

【語譯】〈象傳〉說：六四爻辭言「或許能找到平穩舒展的樹枝」，是因為它柔順而謙遜啊！

九五，鴻漸于陵❶，婦三歲不孕，終莫之勝❷，吉。

【章　旨】此爻言持中守正而漸進，必遂其願而吉。

【注　釋】❶陵　山峰。❷終莫之勝　猶言「終莫勝之」。之，指九五。案：此爻居於尊位，故有漸於陵之象；又此爻下應六二，卻有九三、六四兩爻阻隔，故有暫不得遇合，三歲不孕之象；但其陽剛中正，堅韌漸進，必能克服阻力而應合，故言終莫之勝而吉。

【語　譯】漸卦的第五爻，象徵持中守正而漸進，就像鴻雁漸飛至山峰，儘管由於外力的阻撓不能遂願，就像妻子三年不懷身孕，但終究沒有誰能阻撓它，吉祥。

〈象〉曰：終莫之勝，吉，得所願也。

【章　旨】此則〈小象傳〉解釋九五爻象。

【語　譯】〈象傳〉說：九五爻辭言「終究沒有誰能阻撓它，吉祥」，是說它能實現陰陽應合的願望。

上九，鴻漸于陸❶，其羽可用為儀❷，吉。

【章　旨】此爻言漸進而至於高潔脫俗之境，可獲吉祥。

【注釋】❶陸 朱熹《周易本義》承胡瑗、程頤之說，認為當作「逵」，即雲路。❷儀 儀飾。案：此爻居漸卦的最上位，亦為無位之位，猶漸進而達到一種不謀其功、高潔脫俗的境界，其羽毛亦可為儀飾而被人效法，故吉。

【語譯】漸卦的上爻，象徵漸進而至於高潔脫俗之境，就像鴻雁漸飛至雲路，其羽毛亦可用作儀飾，供人取法，吉祥。

〈象〉曰：其羽可用為儀，吉，不可亂也。

【章旨】此則〈小象傳〉解釋上九爻象。

【語譯】〈象傳〉說：上九爻辭言「其羽毛亦可用作儀飾供人取法，吉祥」，是說它高潔的志向不會被擾亂。

歸妹卦第五十四

【卦旨】此卦卦名「歸妹」，義為少女出嫁，揭示女子婚嫁不可急就強求，而應當堅持正道，保其柔順，幽靜恬淡，順其自然而成之的道理。

䷵ 歸妹❶，征❷凶，无攸利。

【章旨】此卦辭言少女婚嫁急就強求，必有凶而無利。

【注釋】❶歸妹 卦名。下卦為兌，上卦為震。詞義為少女出嫁。歸，女子出嫁。妹，少女。❷征 前行。指急就強求。案：歸妹卦下兌為少女，為悅，上震為長男，為動，猶少女上承長男，欣悅而動，故曰歸妹。少女婚嫁，須遵循禮制，柔順靜守，不可急就強求，故言征凶，無攸利。卦辭所言，並非反對女子婚嫁，而旨在從反面設誡。

【語譯】歸妹卦象徵少女出嫁，若急就強求必致凶險，無所利益。

〈彖〉曰：歸妹，天地之大義也。天地不交，而萬物不興；歸妹，人之終始❶也。說以動❷，所❸歸妹也。征凶，位不當❹也；无攸利，柔乘剛❺也。

【章旨】此〈彖〉辭闡釋歸妹卦卦名、卦辭、卦象，以及女子婚嫁對於人類繁衍的重要意義。

【注釋】❶終始 終而復始地生息。❷說以動 指歸妹卦下兌為悅，上震為動。說，同「悅」。❸所 猶言「可」。❹位不當 指卦中九二、六三、九四、六五均居位不正。❺柔乘剛 指卦中六三以陰乘陽。

【語譯】〈彖傳〉說：少女出嫁，這體現了天地的大義。天地之氣不相交合，萬物就不能產生興旺；少女出嫁，人類就能終而復始地生息繁衍。欣悅而震動，則可以嫁出少女。卦辭言「急就強求必致凶險」，是因為居位不適當；言「無所利益」，是因為陰柔凌乘於陽剛之上。

〈象〉曰：澤上有雷❶，歸妹；君子以永終❷知敝❸。

【章旨】此〈象〉辭勉勵君子永守夫婦之道而不廢。

【注釋】❶澤上有雷　指歸妹卦下兌為澤，上震為雷，猶澤上有雷。❷永終　永久守持夫婦之道。❸知敝　了解夫婦之道的重要而不廢止。案：雷震於上，澤隨之而動，為陰從陽、女從男之象，〈大象傳〉乃引申出君子永終知敝的義理。

【語譯】〈象傳〉說：澤上有震雷，澤隨之而動，這就是少女出嫁的象徵，君子當永守夫婦之道，了解其重要性而不廢止。

初九，歸妹以娣❶，跛能履❷，征吉。

【章旨】此爻言少女出嫁雖為妾，有賢守正可獲吉。

【注釋】❶娣　古代以妹陪姐同嫁一夫，稱妹為娣，即妾。❷履　行走。案：此爻位卑處下，上無正應，猶隨姐同嫁一夫而為娣；然其有陽剛之賢，居位得正，猶能以妾輔妻，成其婦道，故言跛能履而征吉。這裡反映了古代禮教對婦女的規範。

【語譯】歸妹卦的初爻，象徵少女出嫁作為妾，但有賢守正，就像足跛而能行走，如此前往可獲吉祥。

〈象〉曰：歸妹以娣，以恆❶也，跛能履，吉相承❷也。

【章旨】此則〈小象傳〉解釋初九爻象。

【注釋】❶恆　恆常。❷相承　緊隨而來。

【語譯】〈象傳〉說：初九爻辭言「少女出嫁作為妾」，因為這是恆常之道；言「足跛而能行走」，是說這樣將有吉祥緊隨而來。

九二，眇❶能視，利幽❷人之貞。

【章旨】此爻言雖嫁夫不良，幽靜恬淡將有利。

【注釋】❶眇　瞎一隻眼。❷幽　幽靜恬淡。案：此爻上應六五，但六五失正，猶所遇不淑，即使此爻陽剛居中，為女中俊傑，亦難以發揮作用，故言眇能視，處此境況，衹能幽靜守正、潔身自好方得有利。

【語譯】歸妹卦的第二爻，象徵嫁夫不良，就像瞎了一隻眼，衹能勉強瞻視，此時幽靜恬淡的人守持貞正必將有利。

〈象〉曰：利幽人之貞，未變常❶也。

【章旨】此則〈小象傳〉解釋九二爻象。

【注釋】❶常　恒常之道。

【語譯】〈象傳〉說：九二爻辭言「幽靜恬淡的人守持貞正必將有利」，是說它不會改變柔靜的恆常之道。

六三，歸妹以須❶，反歸以娣❷。

【章旨】此爻言少女出嫁過於挑剔，必將不利。

【注釋】❶須　企待。❷反歸以娣　猶言「反歸妹以娣」。反，反而。案：此爻居下卦的極位，失正乘陽，有婚嫁企待過高，挑剔夫君之象，結果正妻不成，反為人之妾。

【語譯】歸妹卦的第三爻，象徵少女出嫁企待過高，結果反而嫁給人作妾。

〈象〉曰：歸妹以須，未當❶也。

【章旨】此則〈小象傳〉解釋六三爻象。

【注釋】❶未當　指六三居位失正、凌乘陽剛。

【語譯】〈象傳〉說：六三爻辭言「少女出嫁企待過高」，是因為它居位不適當。

九四，歸妹愆❶期，遲歸❷有時。

【章旨】此爻言靜處守正而待嫁，必有佳時到來。

【注釋】❶愆　錯過；延誤。❷遲歸　晚嫁。案：此爻陽處陰位，與下無應，猶賢女延期未嫁，靜待良配。六三企待而為娣，九四愆期而有時，可見陰陽、居位的不同與結果的好壞大有關係。

【語譯】歸妹卦的第四爻，少女出嫁超延日期，靜待晚嫁必有良時。

〈象〉曰：愆期之志，有待而行也。

【章　旨】此則〈小象傳〉解釋九四爻象。

【語　譯】〈象傳〉說：九四爻辭言「少女出嫁超延日期」的心志，是在於有所等待而後行啊！

六五，帝乙❶歸妹，其君❷之袂❸，不如其娣之袂良❹；月幾❺望❻，吉。

【章　旨】此爻言少女出嫁有內在美德，必獲吉祥。

【注　釋】❶帝乙　商代帝王。❷君　指正妻。❸袂　衣袖。代指全部衣飾。❹良　好。❺幾　將。❻望　盈滿。案：此爻柔居尊位，下應九二，猶帝乙嫁出少女，雖尊貴而德儉樸，其衣飾反不如其娣；同時，此爻處中，有尊貴能謙、美盛不盈之象，如月幾望之狀，有如此美德，必吉。

【語　譯】歸妹卦的第五爻，象徵帝乙嫁出少女，作為正妻的衣飾，卻不如妾的衣飾那麼好；其內在美德，恰如月亮接近圓滿而不過盈，必獲吉祥。

〈象〉曰：帝乙歸妹，不如其娣之袂良也；其位在中❶，以貴行❷也。

【章　旨】此則〈小象傳〉解釋六五爻象。

【注　釋】❶在中　指六五居上卦之中。❷行　指奉行儉樸之道。

【語　譯】〈象傳〉說：六五爻辭言「帝乙嫁出少女，作為正妻的衣飾卻不如妾的衣飾那麼好」，是因為它居位適中，雖然尊貴卻能奉行儉樸之道啊！

上六，女承❶筐，无實❷；士刲❸羊，无血。无攸利。

【章　旨】此爻言婚嫁難成而終無所利。

【注　釋】❶承　捧。❷无實　沒有什麼東西。❸刲　殺。案：筐本以裝乾果禮品，乃無實；殺羊本以為祭祀犧牲，乃無血。此言上六以陰柔處本卦極位，位窮無所適，且下與六三無應，故筐無實、羊無血，婚嫁之禮難成，乃無所利。

【語　譯】歸妹卦的上爻，象徵少女手捧竹筐，筐中無物；男子宰殺羊，卻無羊血；婚嫁之禮難成，必無所利益。

〈象〉曰：上六无實，承虛筐也。

【章　旨】此則〈小象傳〉解釋上六爻象。

【語　譯】〈象傳〉說：上六爻辭言「筐中無物」，是說她婚嫁難成，捧的是空筐啊！

豐卦第五十五

【卦　旨】此卦卦名「豐」，義為豐大，揭示事物發展處於豐沛盛大之時，應當保持光明誠信的美德，慎行以求豐保泰的道理，同時也揭示了盛極而衰是事物發展的必然規律。

䷶ 豐❶，亨，王假❷之❸，勿憂，宜日中❹。

【章　旨】此卦辭言應當保持豐大狀況而使如日中天。

【注　釋】❶豐　卦名。下卦為離，上卦為震。詞義為豐大、豐盛、豐沛。❷假　至。❸之　指豐大的境界。❹日中　太陽處位正中的位置。案：豐卦下離為明，上震為動，光明而活躍，充滿著生命力，是豐沛充盈的象徵，故名豐。事物豐沛盛大，故得亨，王有德則必可至此境界而得無憂；又豐大之時，當力爭保其不衰，故言宜日中，日臨中天，普照大地，正是最為盛沛的狀況。然而，日中不可永恆，緊接著必是西斜，因此，卦辭雖言「亨」、「勿憂」，實際上已潛藏著憂患與危機。

【語　譯】豐卦象徵豐大，亨通，君王若有德可使事業達到豐沛盛大的境界，無須憂慮，應當像太陽位居中天一樣保持豐大的狀況。

〈彖〉曰：豐，大也，明以動❶，故豐。王假之，尚❷大也；勿憂，宜日中，宜照天下也。日中則昃❸，月盈則食❹，天地盈虛，與時消息，而況於人乎？況於鬼神乎？

【章旨】此〈彖〉辭闡釋豐卦卦名、卦辭、卦象，以及盛極必衰的普遍規律。

【注釋】❶明以動　指豐卦下離為明，上震為動。❷尚　崇尚。❸昃　日斜。❹食　消蝕。

【語譯】〈彖傳〉說：豐，是指豐大，光明而活躍，所以說豐大，卦辭言「君王若有德可使事業達到豐沛盛大的境界」，是說王者崇尚豐大；言「無須憂慮，應當像太陽位居中天一樣保持豐大的狀況」，是說應當以豐沛之德普照天下。太陽位居中天必將西斜，月亮滿盈必將消蝕，天地有盈滿與虧虛，隨著一定的時候更替著消亡與生息，更何況是人呢？何況是鬼神呢？

〈象〉曰：雷電皆至❶，豐；君子以折獄❷致刑❸。

【章旨】此〈象〉辭勉勵君子審理訟獄，動用刑罰。

【注釋】❶雷電皆至　指豐卦下離為電，上震為雷，猶雷電皆至。❷折獄　決斷審理案件。❸致刑　動用刑罰。案：雷電皆至，氣勢豐沛盛大，威明備足，〈大象傳〉由此引申出折獄致刑，以威明施治的義理。

【語　譯】〈象傳〉說：震雷閃電一起到來，這就是豐大的象徵，君子當效此而審理訟獄，動用刑罰。

初九，遇其配主❶，雖旬❷无咎，往有尚❸。

【章　旨】此爻言將豐大保持在一定程度，必受尊尚。

【注　釋】❶配主　相匹配之主。指九四。初九稱九四為配主，九四稱初九為夷主。折中引熊良輔曰：「當豐大之時，以同德相輔為善，不取陰陽之應也。」故初、四雖同為陽而可相輔配。❷旬　十日。古代以十天干計日，一旬為一個週期，旬為滿，過旬則虧。❸尚　尊尚。案：此爻居豐卦之初，與九四陽德相得益彰，若能將此豐大之勢保持在「旬」之內勿使過盈，則可無咎而有尚。

【語　譯】豐卦的初爻，象徵遇合相匹配之主而互相光大，若將此豐大之勢保持在十日之內而不使過盈，則沒有禍害，前往必受尊尚。

〈象〉曰：雖旬无咎，過旬災也。

【章　旨】此則〈小象傳〉解釋初九爻象。

【語　譯】〈象傳〉說：初九爻辭言「若保持在十日之內而不使過盈則沒有禍害」，是說超過了十日這個限度必有災禍。

六二，豐其蔀❶，日中見斗❷，往得疑疾❸；有孚發若❹，吉。

【章　旨】此爻言豐大之時，心懷誠信方能消除猜疑。

【注　釋】❶蔀　日蔽於雲中為蔀。❷斗　北斗七星。❸疑疾　被猜疑的憂患。❹若　語助詞，無義。案：此爻居下離之中，本有光明，但陰居陰位，猶被厚雲遮蔽，故言豐其蔀；日中見斗，是為虛象，喻迷失與心之陰暗，如此往見上之六五，必有被疑之患；唯有孚發於外，方吉。

【語　譯】豐卦的第二爻，象徵豐大之時，雲層厚積遮蔽了光明，心中迷失，彷彿太陽居中時卻見到了北斗七星，如此前往必有被猜疑的憂患。若能心懷誠信的發之於外，則可獲吉祥。

〈象〉曰：有孚發若，信以發志❶也。

【章　旨】此則〈小象傳〉解釋六二爻象。

【注　釋】❶志　心志。

【語　譯】〈象傳〉說：六二爻辭言「心懷誠信而發之於外」，是說要將內心的誠信發揮表現出來。

九三，豐其沛❶，日中見沫❷，折其右肱❸，无咎。

【章旨】此爻言豐大之時，屈己慎守可得無咎。

【注釋】❶沛　日在雲下而不明。❷沫　小星。❸右肱　右臂。案：此爻居下離的極位，本有光明，但所應之上六為陰爻，其陰暗如雲覆於光明之上，故言豐其沛；日中見沫亦為虛象，其喻義與本卦六二同；折其右肱，乃以此為喻，誡九三所趨陰暗，不可大用，宜屈己慎守，但求無咎而已。

【語譯】豐卦的第三爻，象徵豐大之時，雲層厚積於光明之上，心中迷失，彷彿太陽居中時卻見到了小星，此時若能像折斷自己的右臂一樣屈己慎守，不求大用，那就沒有禍害。

〈象〉曰：豐其沛，不可大事也；折其右肱，終不可用也。

【章旨】此則〈小象傳〉解釋九三爻象。

【語譯】〈象傳〉說：九三爻辭言「雲層厚積於光明之上」，是說此時不可做大事；言「像折斷自己的右臂一樣屈己慎守」，是說它終歸不可施其才用。

九四，豐其蔀，日中見斗；遇其夷主❶，吉。

【章　旨】此爻言因豐大而迷失時，結合同志可獲吉。

【注　釋】❶夷主　均等之主。指初九。夷，等也。案：此爻居於陰位，故與六二陰爻之象相類；又因其與初九陽德相類而等，故能相得益彰，消除迷失與陰暗而獲吉祥。

【語　譯】豐卦的第四爻，象徵豐大之時，雲層厚積遮蔽了光明，心中迷失，彷彿太陽居中時卻見到了北斗七星，此時遇合陽德均等之主，可消除迷失而獲吉祥。

〈象〉曰：豐其蔀，位不當❶也；日中見斗，幽不明也；遇其夷主，吉行❷也。

【章　旨】此則〈小象傳〉解釋九四爻象。

【注　釋】❶位不當　指九四陽居陰位。❷行　到來。

【語　譯】〈象傳〉說：九四爻辭言「雲層厚積遮蔽了光明」，是因為它居位不適當；言「彷彿太陽居中時卻見到了北斗七星」，是因為幽暗而不光明；言「遇合陽德均等之主」，是說如此相得益彰，吉祥必定到來。

六五，來❶章❷，有慶譽，吉。

【章旨】此爻言召來賢才以保持豐大狀況，可獲吉祥。

【注釋】❶來　召來。❷章　文采。喻賢才。案：此爻雖為陰柔，但居尊位，下應九二，故能召來天下賢才，共保豐沛盛大局面，故有慶譽而吉。

【語譯】豐卦的第五爻，象徵召來天下賢才，共保豐大局面，必有喜慶美譽，吉祥。

〈象〉曰：六五之吉，有慶也。

【章旨】此則〈小象傳〉解釋六五爻象。

【語譯】〈象傳〉說：六五爻辭所言的「吉祥」，是說它必有福慶。

上六，豐其屋，蔀其家，闚❶其戶，闃❷其无人，三歲不覿❸，凶。

【章旨】此爻言豐大之極，必致衰敗而凶。

【注釋】❶闚　窺視。❷闃　寂靜。❸覿　見。案：此爻以陰柔居豐卦的極位，體柔昏暗，故有「豐其屋、蔀其家」之象；此時祇好深藏於家，三歲不敢露面，自絕於人，故凶。

【語　譯】豐卦的上爻，象徵其房屋豐大已極，但有陰雲遮蔽其家，去窺視它的門戶，卻寂靜無人，長達三年不見它露面，如此深藏孤立，必致凶險。

〈象〉曰：豐其屋，天際❶翔也；闚其戶，闃其无人，自藏也。

【章　旨】此則〈小象傳〉解釋上六爻象。

【注　釋】❶天際　指上六居極高之位。猶在天際。

【語　譯】〈象傳〉說：上六爻辭言「其房屋豐大已極」，是說它處豐大之極猶如飛翔於天際；言「窺視它的門戶，卻寂靜無人」，是說它自己已深藏不露。

旅卦第五十六

【卦　旨】此卦卦名「旅」，義為行旅，揭示無所安居，羈旅在外之時，應當堅持貞正、柔順守中，既不可過卑而自辱，亦不能過亢而見嫉的道理。

䷷ 旅❶，小亨❷，旅貞吉。

【章　旨】此卦辭言行旅在外，守持貞正可獲吉祥。

【注　釋】❶旅　卦名。下卦為艮，上卦為離。詞義為行旅。❷小亨　稍有亨通。案：旅卦下艮為山，上離為火，火在山上，不可安居，匆匆而過，故名旅。羈旅在外，或為避禍，或為求職，將有亨通、轉機，但飄泊在外，尚未安定，猶重耳之出奔、子胥之去國，此時難得大成，故言小亨；而羈旅在外，缺少照應，尤須守持貞正，故言旅貞吉。

【語　譯】旅卦象徵行旅，稍有亨通，羈旅在外，守持貞正，可獲吉祥。

〈彖〉曰：旅，小亨，柔得中乎外❶，而順乎剛❷，止而麗乎明❸，是以小亨，旅貞吉也。旅之時義大矣哉！

【章　旨】此〈彖〉辭闡釋旅卦卦辭、卦象。

【注　釋】❶柔得中乎外　指卦中六五以陰柔居外卦之中。❷剛　指上九。❸止而麗乎明　指旅卦下艮為止，上離為明。麗，附麗。

【語　譯】〈彖傳〉說：卦辭言「行旅，稍有亨通」，是說性謙柔而居位適中於外，且順從剛健者，靜止而能附麗於光明，所以說「稍有亨通，羈旅在外守持貞正可獲吉祥」。行旅之時的意義是多麼重大啊！

〈象〉曰：山上有火❶，旅；君子以明慎❷用刑而不留❸獄。

【章　旨】此〈象〉辭勉勵君子明慎用刑而不滯留訟獄。

【注　釋】❶山上有火　指旅卦下艮為山，上離為火，猶山上有火。❷明慎　明察謹慎。❸留　滯留；拖延。案：火在山上，匆匆而過，迅速蔓延，〈大象傳〉乃引申出明慎用刑，迅速斷案的義理。

【語　譯】〈象傳〉說：山上有火迅速燃燒，這就是行旅的象徵，君子當效此而明察謹慎地施用刑罰，不滯留訟獄。

初六，旅瑣瑣❶，斯❷其所取❸災。

【章　旨】此爻言行旅之時過於卑瑣，必自取其災。

【注　釋】❶瑣瑣　卑賤猥瑣之狀。❷斯　這。❸取　招致。案：此爻陰柔處下，體弱位卑，猶行旅之初舉動過於卑瑣，以致為人小覷而招辱取災，雖有上應亦無濟於事。

【語　譯】旅卦的初爻，象徵行旅之初，行為過於卑賤猥瑣，這是它自己所招致的災禍。

〈象〉曰：旅瑣瑣，志窮❶災也。

【章　旨】此則〈小象傳〉解釋初六爻象。

【注　釋】❶志窮　意志窘迫。

【語　譯】〈象傳〉說：初六爻辭言「行旅之初行為過於卑賤猥瑣」，是因為它意志窘迫而招致災禍。

六二，旅即❶次❷，懷❸其資❹，得童僕，貞。

【章　旨】此爻言行旅之時當有充分的準備。

【注　釋】❶即　就；止宿。❷次　客舍。❸懷　攜帶。❹資　資財。案：此爻柔順居中，猶行旅時安居於客舍；上承九三陽剛，猶攜帶足夠的旅費；下乘初六，猶擁有童僕；客舍、旅費、童僕均已具備，再加上貞正的行為，如此行旅，必無禍害。

【語　譯】旅卦的第二爻，象徵行旅之時止宿於客舍，攜帶了充足的資財，擁有童僕，還應當守持貞正。

〈象〉曰：得童僕，貞，終无尤也。

【章旨】此則〈小象傳〉解釋六二爻象。

【語譯】〈象傳〉說：六二爻辭言「擁有童僕，還應當守持貞正」，是說這樣終將沒有災害。

九三，旅焚❶其次，喪其童僕，貞厲。

【注釋】❶焚 燒毀。案：此爻陽剛居下卦之極，不得中，猶行旅之中行為過於剛亢，與環境不諧，以致客舍被焚，童僕逃亡，故告誡其守正防厲。

【語譯】旅卦的第三爻，象徵行旅之時舉動過亢，止宿的客舍被燒毀，童僕亦逃亡離開，此時當守持貞正以防危險。

【章旨】此爻言行旅之時過亢不中，須謹慎防危。

〈象〉曰：旅焚其次，亦以傷矣；以旅與下❶，其義喪也。

【章　旨】此則〈小象傳〉解釋九三爻象。

【注　釋】❶與下　指以剛亢的態度對待童僕。

【語　譯】〈象傳〉說：九三爻辭言「行旅之時止宿的客舍被燒毀」，這也是令人悲傷的，在行旅之時以過於剛亢的態度對待童僕，他當然會逃亡了。

九四，旅于處❶，得其資斧❷，我❸心不快。

【章　旨】此爻言行旅之時不守正道，必致心中不快。

【注　釋】❶處　暫棲之所，非為安居之「次」。❷斧　斧頭。因未得安居之「次」，乃以斧頭除荊棘而為暫棲之處。❸我　指九四。案：此爻雖陽剛而居位不正，猶行旅之時不得安居，故雖得資斧而心中仍感不快。

【語　譯】旅卦的第四爻，象徵行旅之時不守正道，祇好暫覓棲身之處，雖然擁有資財斧頭，但不得安居，心中仍不暢快。

〈象〉曰：旅于處，未得位❶也；得其資斧，心未快也。

【章　旨】此則〈小象傳〉解釋九四爻象。

【注　釋】❶未得位　指九四陽居陰位失正。

【語　譯】〈象傳〉說：九四爻辭言「行旅之時暫覓棲身之處」，是因為它未居於適當的位置；言「擁有資財和斧頭」，但此時心中仍感不暢快。

六五，射雉，一矢❶亡，終以譽命❷。

【章　旨】此爻言行旅之時謙順守中，終有譽命。

【注　釋】❶矢　箭矢。❷譽命　美譽和爵命。案：此爻陰柔居尊，處上卦中位，猶行旅之時，雖有一矢之亡的微小損失，但終因柔中而得譽命。雉的羽毛鮮明多文彩，六五為上離之主，離為明，故以雉為象。

【語　譯】旅卦的第五爻，象徵行旅之時射取野雞，損失了一枝箭矢，但終因柔順守中而獲得美譽爵命。

〈象〉曰：終以譽命，上逮❶也。

【章　旨】此則〈小象傳〉解釋六五爻象。

【注釋】❶上逮　猶言「逮上」。逮，承及。上，指上九。

【語譯】〈象傳〉說：六五爻辭言「終於獲得美譽爵命」，是因為它能上承尊者啊！

上九，鳥焚其巢，旅人先笑後號咷❶，喪牛于易❷，凶。

【章旨】此爻言行旅之時高亢忘形，必有凶險。

【注釋】❶號咷　大哭。❷易　通「埸」。田畔。案：此爻陽剛居旅卦之極，猶鳥築巢於高枝，因過於高亢而被焚；又旅人先居高位忘形而笑，後因災凶而號咷；喪牛於易，喻此爻遭禍於羈旅之時，猶喪牛於荒遠田畔，無人救援。

【語譯】旅卦的上爻，象徵行旅之時過於高亢忘形，以致高枝上的鳥巢被燒毀，行旅之人先得高位而笑，最後卻遭殃而大哭，就像在荒遠的田畔丟失了牛，必有凶險。

〈象〉曰：以旅在上❶，其義焚也；喪牛于易，終莫之聞也。

【章旨】此則〈小象傳〉解釋上九爻象。

【注釋】❶上　指上九居旅卦最上位。

【語　譯】〈象傳〉說：行旅之時而高居上位，安居之巢自當被燒毀；上九爻辭言「在荒遠的田畔丟失了牛」，是說在外遭殃終歸無人聞知啊！

巽卦第五十七

【卦　旨】此卦卦名「巽」，義為謙順，揭示為人處世應當謙順以致亨通的道理，但也反對盲目順從，優柔寡斷和過於自卑畏縮，主張以謙順而達到有所為。

䷸ 巽❶，小亨❷，利有攸往，利見大人。

【章　旨】此卦辭言謙順可稍有亨通。

【注　釋】❶巽　卦名。下卦為巽，上卦亦為巽。詞義為謙順。❷小亨　稍有亨通。案：此卦上下皆巽，巽一陰在下而兩陽在上，猶柔下順從剛上，故曰巽。以陰從陽，符合自然之理，故得小亨而利有所往；但謙順不等於盲從，要擇善而從，故言利見大人。

【語　譯】巽卦象徵謙順，稍有亨通，有所前往必將有利，謁見大人必將有利。

〈彖〉曰：重巽❶以申❷命，剛巽乎中正❸而志行，柔皆順乎剛❹，是以小亨，利有攸往，利見大人。

【章旨】此〈彖〉辭闡釋巽卦卦名、卦辭、卦象。

【注釋】❶重巽　指此卦上下皆巽。❷申　反覆曉諭。❸剛巽乎中正　指卦中九五陽剛得中居正。❹柔皆順乎剛　指卦中初六、六四兩爻均處陽剛之下。

【語譯】〈彖傳〉說：上下皆謙順而反覆地曉諭命令，陽剛尊者具有謙順而中正的美德，其志得以施行，陰柔者都能順從陽剛者，因此卦辭言「稍有亨通，有所前往必將有利，謁見大人必將有利」。

〈象〉曰：隨風❶，巽；君子以申命行事。

【章旨】此〈象〉辭勉勵君子申曉命令，施行政事。

【注釋】❶隨風　指巽卦上下皆巽，巽為風，猶風連續相隨而吹。案：風連續相隨而吹，萬物被風，無所不順，〈大象傳〉乃引申出申命行事的義理。

【語譯】〈象傳〉說：風連續相隨而吹，這就是謙順的象徵，君子當效此而反覆地曉諭命令，然後施行政事。

初六，進退❶，利武人❷之貞。

【章旨】此爻言謙順不等於優柔寡斷。

【注釋】❶進退 指進退猶豫。❷武人 勇武之人。案：巽卦主於謙順，此爻陰柔，且居最下位，故有過於卑順、進退猶豫之象；爻辭因而勉其勇武果決而行。剛猛者抑之，卑弱者勉之，正是《周易》作者的苦心所在。

【語譯】巽卦的初爻，象徵謙順過甚因而進退猶豫，勇武之人守持貞正必將有利。

〈象〉曰：進退，志疑也；利武人之貞，志治❶也。

【章旨】此則〈小象傳〉解釋初六爻象。

【注釋】❶治 修治。

【語譯】〈象傳〉說：初六爻辭言「謙順過甚因而進退猶豫」，是說它的心志疑懼畏縮；言「勇武之人守持貞正必將有利」，是說它的心志應當修治得堅強一點啊！

九二，巽在牀下，用❶史❷巫❸紛若❹，吉，无咎。

【章旨】此爻言謙順勤敏地奉神事上，可吉而無咎。

【注釋】❶用　指效法。❷史　向神禱告者。❸巫　降神者。❹紛若　勤敏紛繁之狀。若，語助詞，無義。案：此爻陽居陰位，下比初六，乃有過卑畏縮之象，猶巽在牀下，然其畢竟為陽剛之體，且居中位，故能如史巫一樣勤敏奉神事上，終獲吉而無咎。

【語譯】巽卦的第二爻，象徵謙順地卑處於牀下，但能效法祝史、巫覡而謙順勤敏地奉神事上，可獲吉祥，沒有禍害。

〈象〉曰：紛若之吉，得中❶也。

【章旨】此則〈小象傳〉解釋九二爻象。

【注釋】❶得中　指九二居下卦之中。

【語譯】〈象傳〉說：九二爻辭言「謙順勤敏地奉神事上可獲吉祥」，是因為它能守中不偏。

九三，頻❶巽，吝。

【章　旨】此爻言勉為其難地謙順，必致憾惜。

【注　釋】❶頻　通「顰」。即顰蹙不樂。案：此爻陽剛而居下卦的極位，上為六四陰柔所乘，祇好顰蹙地勉為其難，委曲謙順於上，而並非心甘情願，故言吝。

【語　譯】巽卦的第三爻，象徵顰蹙不樂地勉強謙順於上，必有憾惜。

〈象〉曰：頻巽之吝，志窮也。

【章　旨】此則〈小象傳〉解釋九三爻象。

【語　譯】〈象傳〉說：九三爻辭言「顰蹙不樂地勉強謙順於上，必有憾惜」，是因為它的心志困窮。

六四，悔亡，田❶獲三品❷。

【章　旨】此爻言謙順承上，可使悔亡並獲益。

【注　釋】❶田　畋獵。❷三品　古代貴族打獵所獲之物的三種效用：或為祭品，或宴賓客，或自己食用。案：此爻以陰凌乘九三陽剛本有悔，但以陰居陰，上順承九五之尊，故能使悔亡，並建功業而獲益多，猶田獲三品。

【語　譯】巽卦的第四爻，象徵謙順承上，可使悔恨消失，就像畋獵時獲取供祭祀、宴賓客、自己食用的三類物品一樣，必將收益良多。

〈象〉曰：田獲三品，有功也。

【章　旨】此則〈小象傳〉解釋六四爻象。

【語　譯】〈象傳〉說：六四爻辭言「畋獵時獲取供祭祀、宴賓客、自己食用的三類物品」，是說它必將有所成功。

九五，貞吉，悔亡，无不利。无初有終，先庚❶三日，後庚三日，吉。

【章　旨】此爻言謙順中正而有所作為，可獲吉祥。

【注　釋】❶庚　天干的第七位，已過中數，此表示實行變革的週期。參見革卦卦辭「巳」注釋。案：此爻中正，故吉而無不利；陽剛居尊，當巽之時，剛直申命，初難以為人接受，但終得實行，故言無初有終；先庚三日，後庚三日，言其能變革求新、有所作為，並能有步驟地漸行新令，使上下皆能平和地順從，故獲吉。

【語譯】巽卦的第五爻，象徵守持貞正可獲吉祥，悔恨消失，無所不利。謙順持中而能剛直申命，雖然開始不順利，但最後必能暢行無阻，預先在變更的庚日前三天發布新令，然後在庚日的後三天實行，必獲吉祥。

〈象〉曰：九五之吉，位正中❶也。

【章旨】此則〈小象傳〉解釋九五爻象。

【注釋】❶正中　指九五居位得中，陽居陽位得正。

【語譯】〈象傳〉說：九五爻辭所言的「吉祥」，是因為它居位端正，守持中道。

上九，巽在牀下，喪其資斧❶，貞凶。

【章旨】此爻言謙順至極，必有所失。

【注釋】❶資斧　資財與斧頭。案：此爻雖陽剛，但處巽卦的極位，猶謙順至極而成自卑，故與九二一樣，有巽在牀下之象，以致喪失了生活、自衛所賴的資斧，故爻辭誡其守正以防凶。

【語譯】巽卦的上爻，象徵謙順至極而卑處於牀下，以致喪失了資財與斧頭，當守持貞正以防凶險。

〈象〉曰：巽在牀下，上❶窮也；喪其資斧，正乎凶也。

【章旨】此則〈小象傳〉解釋上九爻象。

【注釋】❶上　指上九居本卦最上位。

【語譯】〈象傳〉說：上九爻辭言「謙順至極而卑處於牀下」，是因為它居上位而已窮極；言「喪失了資財與斧頭」，是說此時應當守持貞正以防凶險。

兌卦第五十八

【卦旨】此卦卦名「兌」，義為欣悅，揭示人與人之間應當和悅相處的道理，但也反對諂媚取悅，曲意逢迎，而主張動機純正，誠信為本，力求內剛外柔，和而不同。

䷹　兌❶，亨，利貞。

【章旨】此卦辭言欣悅而守正，可亨通有利。

【注釋】❶兌　卦名。上卦為兌，下卦亦為兌。詞義為欣悅。案：兌卦上下皆兌，兌為澤，澤水滋潤萬物，萬物皆悅，故名兌。萬物欣悅，乃得亨通，但悅不可偏於邪道，故誡其利貞。

【語譯】兌卦象徵欣悅，亨通，守持貞正必將有利。

〈彖〉曰：兌，說❶也。剛中而柔外❷，說以利貞，是以順乎天而應乎人。說以先民❸，民忘其勞；說以犯難❹，民忘其死。說之大，民勸❺矣哉！

【章旨】此〈彖〉辭闡釋兌卦卦名、卦辭、卦象，以及悅以勸民的重要意義。

【注釋】❶說　同「悅」。此〈彖〉辭中的「說」均同。❷剛中而柔外　指本卦九二、九五均陽剛居中，而六三、上六均陰柔居外。❸先民　先於民。❹犯難　不避險難。❺勸　勸勉。

【語譯】〈彖傳〉說：兌，是指的欣悅。剛直守中於內而柔順接物於外，故欣悅而「守持貞正必將有利」，因此能夠順應天道而應合人情。君子若能先於人民而以德政使之欣悅，人民就會忘其勞苦；若能以德政使人民欣悅而去冒險犯難，人民就會忘記其死亡的危險。欣悅之道的意義是如此重大，人民可以從中得到勸勉啊！

〈象〉曰：麗澤❶，兌；君子以朋友講習❷。

【章旨】此〈象〉辭勉勵君子與朋友講習以切磋學問。

【注釋】❶麗澤　指兌卦上下皆兌，兌為澤，猶澤與澤互相附麗。麗，附麗。❷講習　討論研習學問。

案：澤與澤互相附麗、互相滋潤而欣悅，〈大象傳〉乃引申出朋友之間講習學問的義理。

【語譯】〈象傳〉說：澤與澤互相附麗滋潤，這就是欣悅的象徵，君子當效此而與朋友討論研習學問。

初九，和❶兌，吉。

【章旨】此爻言平和欣悅以待人，可獲吉祥

【注釋】❶和　平和。案：此爻陽剛處下，不係應於四，猶不妄求進取，亦不偏於私心，而是以剛健之質，廣泛地和悅待人，故獲吉。

【語譯】兌卦的初爻，象徵平和欣悅以待人，必獲吉祥。

〈象〉曰：和兌之吉，行未疑也。

【章　旨】此則〈小象傳〉解釋初九爻象。

【語　譯】〈象傳〉說：初九爻辭言「平和欣悅以待人必獲吉祥」，是因為其行為正直而不為別人所疑忌。

九二，孚❶兌，吉，悔亡。

【章　旨】此爻言心懷誠信而與人和悅，可獲吉而悔亡。

【注　釋】❶孚　誠信。案：此爻陽居陰位本有悔，但以陽健之體而處中，能孚悅與人，故吉而悔亡。

【語　譯】兌卦的第二爻，象徵心懷誠信而和悅與人，吉祥，悔恨必將消失。

〈象〉曰：孚兌之吉，信志❶也。

【章　旨】此則〈小象傳〉解釋九二爻象。

【注　釋】❶信志　心志誠信。

【語　譯】〈象傳〉說：九二爻辭言「心懷誠信而和悅與人，吉祥」，是因為它心志誠信。

六三，來兌❶，凶。

【章旨】此爻言曲意取悅於人，必致凶險。

【注釋】❶來兌　前來取悅於人。案：此爻陰柔居下卦的上位，陰居陽位而失正，與上無應，乃前來求悅於初九、九二，為邪佞取悅之象，故凶。

【語譯】兌卦的第三爻，象徵前來曲意取悅於人，必致凶險。

〈象〉曰：來兌之凶，位不當❶也。

【章旨】此則〈小象傳〉解釋六三爻象。

【注釋】❶位不當　指六三陰居陽位失正。

【語譯】〈象傳〉說：六三爻辭言「前來曲意取悅於人必致凶險」，是因為它居位不適當。

九四，商❶兌未寧❷，介❸疾❹有喜。

【章旨】此爻言不苟悅而隔絕邪佞，必有喜慶。

【注釋】❶商 忖度；思量。❷寧 安寧。❸介 隔絕。❹疾 疾患。喻指六三。案：此爻陽剛失正，下比六三邪佞，心中思量猶豫，不知是否當與六三欣悅相處，因而商兌未寧；又因此爻上承九五，有陽剛之體，終能拒絕六三的誘惑而與之隔絕，故言介疾有喜。

【語譯】兌卦的第四爻，象徵心中思量是否與六三欣悅相待而不安寧，斷然隔絕如疾患一樣的邪佞之人，必有喜慶。

〈象〉曰：九四之喜，有慶也。

【章旨】此則〈小象傳〉解釋九四爻象。

【語譯】〈象傳〉說：九四爻辭所言的「喜慶」，是說它能隔絕邪佞，故值得慶賀啊！

九五，孚于剝❶，有厲。

【章旨】此爻言欣悅那些諂媚的小人，必有凶險。

【注釋】❶剝 消剝。指消剝陽剛的陰柔小人，即上六。案：此爻陽剛中正而處君位，但上近上六，猶被諂媚小人所包圍引誘，因而孚信小人，以致陽剛氣概遭剝落而厲。

【語譯】兌卦的第五爻，象徵欣悅那些剝落陽剛的諂媚小人，必有危險。

〈象〉曰：孚于剝，位正當❶也。

【章旨】此則〈小象傳〉解釋九五爻象。

【注釋】❶位正當　指九五居尊，正處於容易為諂媚小人所取悅引誘的地位。

【語譯】〈象傳〉說：九五爻辭言「欣悅那些剝落陽剛的諂媚小人」，是說它正處於容易為小人取悅引誘的地位啊！

上六，引兌❶。

【章旨】此爻言要提防小人引誘相悅的危險。

【注釋】❶引兌　引誘別人相與欣悅。案：此爻以陰柔居兌卦的極位，猶不擇手段，取悅於人，引誘九四、九五兩個陽爻與之相悅，對方是否被引誘，就要視其定力如何，結果難以判斷，故爻辭不言吉凶。

【語譯】兌卦的上爻，象徵引誘別人相與欣悅。

〈象〉曰：上六引兌，未光❶也。

【章　旨】此則〈小象傳〉解釋上六爻象。

【注　釋】❶光　廣博。

【語　譯】〈象傳〉說：上六爻辭言「引誘別人相與欣悅」，是說它的德行尚未廣大。

渙卦第五十九

【卦　旨】此卦卦名「渙」，義為渙散，揭示事物發展過程中當散則散、當聚則聚，力求散而不亂、聚而有序，聚散均循理而行的道理。

䷺

渙❶，亨，王假❷有廟，利涉大川，利貞。

【章　旨】此卦辭言渙散之時，君王當祭於宗廟以示聚民的誠心。

【注　釋】❶渙　卦名。下卦為坎，上卦為巽。詞義為渙散。❷假　大。案：渙卦下坎為水，上巽為風，風吹過水面，水波離散，故名渙。引申為人事，則君王於天下渙散之時，承擔起聚民的重任，故得亨通；此時當先祭於宗廟，以示聚民之誠，然後可涉越險阻，開創大業。渙卦與萃卦相對而言，正可見散與聚相對待的關係。

【語　譯】渙卦象徵渙散，亨通，君王大興宗廟的祭祀以示聚民的誠心，像渡過大河一樣涉越險阻必將有利，守持貞正必將有利。

〈彖〉曰：渙，亨，剛來❶而不窮，柔得位乎外而上同❷。王假有廟，王乃在中❸也；利涉大川，乘木❹有功也。

【章　旨】此〈彖〉辭闡釋渙卦卦辭、卦象。

【注　釋】❶剛來　指九二陽剛居下卦，與初六、六三等陰爻相交往。❷柔得位乎外而上同　指六四陰居陰得位，居於外卦，上承九五而與之同心。❸王乃在中　指九五位尊處中，猶聚散之主。❹乘木　乘船。指下坎為水，上巽為木，猶乘木船行於水上。

【語　譯】〈彖傳〉說：卦辭言「渙散，亨通」，是說陽剛者前來處於陰柔之中而不窮困，陰柔者位置正當居於外而與陽剛尊者同心。卦辭言「君王大興宗廟的祭祀以示聚民的誠心」，是說君王位居中正，可聚合眾人；言「像渡過大河一樣涉越險阻必將有利」，是說乘木船同心協力涉越險阻可獲成功。

〈象〉曰：風行水上❶，渙；先王以享于帝立廟。

【章　旨】此〈象〉辭讚美先王享帝建廟以聚合人心。

【注　釋】❶風行水上　指渙卦下坎為水，上巽為風，猶風行水上。案：風吹水上，水波離散，然有散必有聚，故〈大象傳〉引申出先王見此現象而享帝立廟以聚合人心的義理。

【語　譯】〈象傳〉說：風吹拂於水面上，這就是渙散的象徵，先代君王因此享祀天帝、建立宗廟以聚合人心。

初六，用拯馬壯❶，吉。

【章　旨】此爻言渙散之時，有強援相助可獲吉。

【注　釋】❶用拯馬壯　猶言「用壯馬拯」。壯馬，指九二。案：此爻陰柔居下，但上承九二陽剛，可得其相助而拯救渙散，故可獲吉。

【語　譯】渙卦的初爻，象徵渙散之時，能借助強壯的馬來拯救，可獲吉祥。

〈象〉曰：初六之吉，順也。

【章　旨】此則〈小象傳〉解釋初六爻象。

【語　譯】〈象傳〉說：初六爻辭所言的「吉祥」，是因為它能順承陽剛者啊！

九二，渙奔❶其机❷，悔亡。

【章　旨】此爻言渙散之時求取陰陽聚合，可使悔亡。

【注　釋】❶奔　奔向。❷机　通「几」。几案：承物以使安定者。指初六。案：此爻陽居陰位失正，本有悔，但處中位，下比初六，猶得几案互為依憑，陰陽相聚合而使悔亡。

【語　譯】渙卦的第二爻，象徵渙散之時，能奔向陰柔以求聚合，就像據几案為依憑，悔恨必將消失。

〈象〉曰：渙奔其机，得願也。

【章　旨】此則〈小象傳〉解釋九二爻象。

【語　譯】〈象傳〉說：九二爻辭言「渙散之時能奔向陰柔以求聚合，就像據几案為依憑」，是說它將實現陰陽聚合的願望。

六三，渙其躬❶，无悔。

【章旨】此爻言渙散自身而上合尊者，可無悔。

【注釋】❶躬 自身。案：此爻陰居陽位失正，但與上九有應，能渙散自身，拋棄私利，上從上九陽剛，得陰陽聚合而無悔。

【語譯】渙卦的第三爻，象徵渙散自身一己的私利，必無悔恨。

〈象〉曰：渙其躬，志在外❶也。

【章旨】此則〈小象傳〉解釋六三爻象。

【注釋】❶外 指外卦的上九爻。

【語譯】〈象傳〉說：六三爻辭言「渙散自身一己的私利」，是說它的心志是與外在的尊者相合。

六四，渙其羣❶，元吉。渙有丘❷，匪❸夷❹所思。

【章　旨】此爻辭言能散其私黨而聚為大團體的無私行為，必受人敬仰。

【注　釋】❶羣　朋黨；小集團。❷渙有丘　渙散因而有丘。丘，山丘。喻大的團體。❸匪　通「非」。❹夷　平。指平常人。案：此爻陰爻得正，下無應，雖比於六三而能散其私黨，故言渙其羣而元吉；又此爻上承九五，猶能服從公室，散小羣而成大體，故言渙有丘；此種散私成公的行為非一般人所能及，故言匪夷所思。

【語　譯】渙卦的第四爻，象徵渙散其小集團，必大獲吉祥。渙散小集團而聚合成山丘似的大團體，這不是平常人所能想到的行為。

〈象〉曰：渙其羣，元吉，光❶大也。

【章　旨】此則〈小象傳〉解釋六四爻象。

【注　釋】❶光　廣博。

【語　譯】〈象傳〉說：六四爻辭言「渙散其小集團，必大獲吉祥」，是說它的德行十分廣大。

九五，渙汗❶其大號❷，渙王居❸，无咎。

【章　旨】此爻言君王發布號令，散其積蓄，必無禍害。

【注　釋】❶渙汗　散發汗水。汗水散則不可收，以喻號令出則不更改。❷大號　盛大的號令。❸居　積聚的財物。案：此爻陽剛中正而居尊位，猶盛德的君王，號令如山，令出必行，且能廣散積蓄以聚人心，如此恩威並施，必能長保尊位而無咎。

【語　譯】渙卦的第五爻，象徵如同散發汗水一樣發布盛大的號令，並能廣散君王積聚的財物以聚合人心，如此必無禍害。

〈象〉曰：王居无咎，正位❶也。

【章　旨】此則〈小象傳〉解釋九五爻象。

【注　釋】❶正位　正居君王的尊位。

【語　譯】〈象傳〉說：九五爻辭言「廣散君王積聚的財物以聚合人心，必無禍害」，是因為它正居於君王的尊位。

上九，渙其血❶去逖❷出，无咎。

【章　旨】此爻言散極而聚，可脫險而無咎。

【注　釋】❶血　血泊。喻危險。❷逖　通「惕」。憂懼。小畜卦六四爻辭言「血去惕出」當與此同。案：此爻陽剛居渙卦之終，猶散極而重聚，天下歸於一統，故言血去逖出而無咎。

【語　譯】渙卦的上爻，象徵渙散之極而又聚合，因而脫離危險超出憂懼，沒有禍害。

〈象〉曰：渙其血，遠害也。

【章　旨】此則〈小象傳〉解釋上九爻象。

【語　譯】〈象傳〉說：上九爻辭言「渙散之極而又聚合，因而脫離危險」，是說能遠離危害啊！

節卦第六十

【卦　旨】此卦卦名「節」，義為節制，揭示恰當適中的節制有利於事物的發展，節制不當或過度則將導致凶咎，因而必須順乎自然、恰如其分的道理。

䷻　節❶，亨，苦節❷不可貞。

【章旨】此卦辭言節制可亨通，苦節則難以為正。

【注釋】❶節 卦名。下卦為兌，上卦為坎。詞義為節制。❷苦節 過分地節制。案：節卦下兌為澤，上坎為水，水注澤中，過度則溢，須加以節制，故名節。凡事能適當節制，自能亨通，但若苦苦節制而過度，則將有傷事理。諸如物質上的過度節儉必有傷身體，慾望上的過度節制必有傷精神，等等，這樣反而有害於正道，故言苦節不可貞。可見，這裡的節制，強調的是適度與持中。

【語譯】節卦象徵節制，亨通，但過分的節制反而不利於正道。

〈彖〉曰：節，亨，剛柔分❶而剛得中❷。苦節不可貞，其道❸窮也。說以行險❹，當位❺以節，中正❻以通。天地節而四時成，節以制度❼，不傷財，不害民。

【章旨】此〈彖〉辭闡釋節卦卦辭、卦象，以及節以制度的義理。

【注釋】❶剛柔分 指上坎陽卦為剛，下兌陰卦為柔。❷剛得中 指九二、九五均陽剛居中。❸其道 指節制之道。❹說以行險 指下兌為悅，上坎為險。❺當位 指六四、九五兩爻均居正位。❻中正 指九五居中得正。❼制度 典章制度。

【語譯】〈彖傳〉說：卦辭言「節制，亨通」，是因為剛上柔下相區分而陽剛居於中位。言

「過分的節制反而不利於正道」，是說苦節將使其節制之道困窘。欣悅而赴險難，居位適當而能節制，居中守正而得暢通。天地有一定的節制，因而四季形成，君主以典章制度進行節制，既不浪費資財，也不會因苦節而損害人民。

〈象〉曰：澤上有水❶，節；君子以制數度❷，議德行。

【章旨】此〈象〉辭勉勵君子制定數度，評議德行。

【注釋】❶澤上有水　指節卦下兌為澤，上坎為水，猶澤上有水。❷數度　禮數法度。案：澤上有水，水注入澤中，過度將溢，須予以節制，〈大象傳〉由此引申出用制定制度和評議德行的方式加以節制的義理。

【語譯】〈象傳〉說：大澤上有水，水量應適度節制，這就是節制的象徵，君子因此當制定禮數制度，評議德行，以此節制人的行為。

初九，不出戶庭❶，无咎。

【章旨】此爻言自我節制行動言語，可無禍害。

【注釋】❶戶庭　戶外門內的庭院，即家中內院。案：此爻陽剛居初，雖上應六四，但位卑體弱，前有九二阻隔，此時能節制言行，慎守而不出戶庭，故得無咎。此爻並有慎言而守機密的旨意。

【語　譯】節卦的初爻，象徵節制言行不隨意走出戶庭，沒有禍害。

〈象〉曰：不出戶庭，知通塞❶也。

【章　旨】此則〈小象傳〉解釋初九爻象。

【注　釋】❶塞　指九二阻塞於前。

【語　譯】〈象傳〉說：初九爻辭言「節制言行隨意走出戶庭」，是說它明白通暢則行，阻塞則止的道理。

九二，不出門庭❶，凶。

【章　旨】此爻言節制過度，將失去時機而致凶。

【注　釋】❶門庭　門外庭院。即家中外院，比戶庭更接近外面。案：此爻陽居陰位，雖然此時前無阻隔，路途通暢，仍因上無應援而不敢前行，過於節制，貽誤時機，故致凶險。

【語　譯】節卦的第二爻，象徵節制過度而不走出門庭，必將失去時機而致凶險。

〈象〉曰：不出門庭，失時極❶也。

【章旨】此則〈小象傳〉解釋九二爻象。

【注釋】❶時極　適中的時機。極，中也。

【語譯】〈象傳〉說：九二爻辭言「節制過度而不走出門庭」，是說它將失去適中的時機。

六三，不節若❶，則嗟❷若，无咎。

【章旨】此爻言行為不加節制，但知嗟歎改悔，可無禍害。

【注釋】❶若　語助詞，無義。下句「若」同。❷嗟　嗟歎。案：此爻居位不正而凌乘陽剛，有肆意而行，不加節制之象，但若能嗟歎改悔，則可無咎。

【語譯】節卦的第三爻，象徵行動不加節制，但若能嗟歎改悔，則沒有禍害。

〈象〉曰：不節之嗟，又誰咎也！

【章旨】此則〈小象傳〉解釋六三爻象。

【語　譯】〈象傳〉說：六三爻辭言「行為不加節制而能嗟歎改悔」，是說這樣誰能使它受到禍害呢？

六四，安❶節，亨。

【章　旨】此爻言安詳自然地實行節制，可得亨通。

【注　釋】❶安　安詳自然。案：此爻柔順居正，上承九五的感化，因而能安詳自然地節制於己，故得亨。

【語　譯】節卦的第四爻，象徵安詳自然地實行節制，可得亨通。

〈象〉曰：安節之亨，承上❶道也。

【章　旨】此則〈小象傳〉解釋六四爻象。

【注　釋】❶上　指上之九五爻。

【語　譯】〈象傳〉說：六四爻辭言「安詳自然地實行節制可得亨通」，是因為它能順承在上者而守節制之道。

九五，甘❶節，吉，往有尚❷。

【章旨】此爻言甘美適中地實行節制，可獲吉而有尚。

【注釋】❶甘　甘心。❷尚　尊尚。案：此爻陽剛中正居尊位，能以其盛德甘心愉快地節制天下，並以此節制自己，故能暢通無阻而往有尚。

【語譯】節卦的第五爻，象徵甘心適中地實行節制，吉祥，前往必獲尊尚。

〈象〉曰：甘節之吉，居位中❶也。

【章旨】此則〈小象傳〉解釋九五爻象。

【注釋】❶居位中　指九五居上卦之中。

【語譯】〈象傳〉說：九五爻辭言「甘心適中地實行節制，吉祥」，是因為它的地位居中不偏。

上六，苦❶節，貞凶，悔亡。

【章旨】此爻言過分的節制須防凶險。

【注釋】❶苦　過苦。案：此爻居節卦極位，有極端節制以致過苦之象。但此爻柔順，位不失正，故言守正防凶，可使悔亡。

【語　譯】節卦的上爻，象徵過分地節制，當守持貞正以防凶險，方可使悔恨消失。

〈象〉曰：苦節貞凶，其道窮也。

【章　旨】此則〈小象傳〉解釋上六爻象。

【語　譯】〈象傳〉說：上六爻辭言「過分地節制，當守持貞正以防凶險」，是說它的節制之道已走向困窮。

中孚卦第六十一

【卦　旨】此卦卦名「中孚」，義為心中誠信，揭示立身治事應心懷誠信，廣施於人，而不可居心不誠，虛情假意的道理。

䷼　中孚❶，豚❷魚吉，利涉大川，利貞。

【章　旨】此卦辭言誠信而廣施於人，可涉險阻。

【注　釋】❶中孚　卦名。下卦為兌，上卦為巽。詞義為心中誠信。❷豚　小豬。案：中孚卦的卦形上下皆陽，中間為陰，陽實而陰虛，為中心孚信之象。伊川所謂存於心中為孚，表現於事為信，正是此義。豚與魚，皆微小之物，誠信被於微物，喻所施之廣大；以誠信待人並施治，可發展事業，涉越險阻，故言利涉大川；誠信須以正道為前提，否則其誠信為虛妄，故言利貞。

【語　譯】中孚卦象徵心中誠信，所施廣大，甚至能施及小豬小魚，可獲吉祥，像渡過大河一樣涉越險阻必將有利，守持貞正必將有利。

〈彖〉曰：中孚，柔在內❶而剛得中❷，說而巽❸，孚乃化邦❹也。豚魚吉，信及❺豚魚也；利涉大川，乘木舟虛❻也；中孚以利貞，乃應乎天也。

【章　旨】此〈彖〉辭闡釋中孚卦卦名、卦辭、卦象。

【注　釋】❶柔在內　指六三、六四兩個陰爻居卦之內。❷剛得中　指九二、九五皆陽剛處中，如中有誠實。❸說而巽　指下兌為悅，上巽為順。說，同「悅」。巽，順也。❹化邦　教化邦國。❺及　施及。❻乘木舟虛　乘船。指本卦下兌為澤，上巽為木，猶舟行澤中。木、舟、虛，皆指船，三者並列而義同。

【語　譯】〈象傳〉說：心中誠信，是說柔順居內謙虛至誠，而剛健居中懷有誠實，欣悅而和順，誠信而能教化邦國。卦辭言「誠信廣施而及於小豬小魚可獲吉祥」，是說誠信已施及小豬小魚；言「像渡過大河一樣涉越險阻必將有利」，是說乘木船渡川將得暢行；言心中誠信而「守持貞正必將有利」，是因為能應合天道啊！

〈象〉曰：澤上有風❶，中孚；君子以議獄❷緩死❸。

【章　旨】此〈象〉辭勉勵君子審議訟獄，寬緩死刑。

【注　釋】❶澤上有風　指中孚卦下兌為澤，上巽為風，猶澤上有風。❷議獄　審議訟獄。❸緩死　寬緩死刑。案：風行於澤上，將濕潤的空氣吹往四方，猶將恩澤誠信施於天下，〈大象傳〉乃引申出議獄緩死的義理。

【語　譯】〈象傳〉說：大澤上有風吹過，這就是心中誠信的象徵，君子當效此而認真審議訟獄，寬緩死刑。

初九，虞❶吉，有它❷不燕❸。

【章　旨】此爻言安守誠信可獲吉，心懷它意則不安。

【注釋】❶虞 安。❷它 它意。指不誠信之心。❸燕 通「宴」。安樂。案：此爻陽剛處下，上應六四，能夠安守誠信而獲吉，但須專誠於四，若有它意則將不燕。

【語譯】中孚卦的初爻，象徵安守誠信可獲吉祥，但若心懷它意則將不得安樂。

〈象〉曰：初九虞吉，志未變也。

【章旨】此則〈小象傳〉解釋初九爻象。

【語譯】〈象傳〉說：初九爻辭言「安守誠信可獲吉祥」，是因為它誠信的心志並未改變。

九二，鳴鶴在陰❶，其子❷和❸之；我❹有好爵❺，吾與爾❻靡❼之。

【章旨】此爻言相交當以誠信互相溝通。

【注釋】❶陰 山的背陰處。❷其子 其同類。指九五。❸和 應和。❹我 指九二。下文「吾」同。❺爵 酒器。此指酒。❻爾 指九五。❼靡 共。案：此爻陽剛處中，猶心懷誠實，其誠信之德如鶴之鳴而遠揚，因處六三、六四二陰之下，故言鳴鶴在陰；又九五亦陽剛處中，為其同類，亦以誠信之德相應和，故言其子和之；好爵而靡之，言兩爻誠信相交，如以美酒共飲而樂。

【語譯】中孚卦的第二爻，象徵誠信之名遠揚，就像鶴在山的背陰處鳴叫，其同類亦以誠信相應和；兩者誠信相交，就像我有美酒，我與你共飲而樂。

〈象〉曰：其子和之，中心❶願也。

【章旨】此則〈小象傳〉解釋九二爻象。

【注釋】❶中心　內心。

【語譯】〈象傳〉說：九二爻辭言「其同類亦以誠信相應和」，因為這是它內心的願望啊！

六三，得敵❶，或鼓❷或罷❸，或泣❹或歌❺。

【章旨】此爻言心不貞正誠信，必自樹其敵而不知所措。

【注釋】❶敵　指六四。❷鼓　擊鼓進攻。❸罷　止而不前。❹泣　悲傷哭泣。❺歌　歡樂而歌。案：此爻陰柔失正，雖應上九而為六四所阻，故言得敵；因其失正不誠而躁動，故面對勁敵或鼓或罷、或泣或歌，舉止失措，無法應付。

【語譯】中孚卦的第三爻，象徵心不貞正誠信而面臨勁敵，有時擊鼓進攻，有時止而不前，有時悲傷哭泣，有時歡樂歌唱，舉動不知所措。

〈象〉曰：或鼓或罷，位不當❶也。

【章　旨】此則〈小象傳〉解釋六三爻象。

【注　釋】❶位不當　指六三陰居陽位失正。

【語　譯】〈象傳〉說：六三爻辭言「有時擊鼓進攻，有時止而不前」，是因為它居位不適當。

六四，月幾望❶，馬匹❷亡，无咎。

【章　旨】此爻言誠信必須專一。

【注　釋】❶幾望　月將滿未盈。❷匹　匹配。指初九。案：此爻居九五君位之下，地位甚高，故有月幾望之象；此爻本與初九有應，但因上承九五，有非分之念，以致初九匹配亡失；祇因有九五在上，方得無咎。

【語　譯】中孚卦的第四爻，象徵地位甚高如月將盈滿，由於誠信不專一而使馬的匹配亡失，全靠在上者的佑助，方無禍害。

〈象〉曰：馬匹亡，絕類❶上❷也。

【章旨】此則〈小象傳〉解釋六四爻象。

【注釋】❶類　承從。❷上　指上之九五。

【語譯】〈象傳〉說：六四爻辭言「馬的匹配亡失」，是說它誠信不專一，想要斷絕其正應而承從在上者。

九五，有孚攣如❶，无咎。

【章旨】此爻言對下以誠信相繫，可無禍害。

【注釋】❶攣如　牽繫之狀。案：此爻得中得正，陽剛充實，居於尊位，猶具備誠信之德以維繫天下，故無咎。

【語譯】中孚卦的第五爻，象徵在上者以誠信維繫天下，必無禍害。

〈象〉曰：有孚攣如，位正當❶也。

【章旨】此則〈小象傳〉解釋九五爻象。

【注釋】❶位正當　指九五居中得正。

【語譯】〈象傳〉說：九五爻辭言「在上者以誠信維繫天下」，是因為它居位中正適當。

上九，翰音❶登❷于天，貞凶。

【章旨】此爻言虛誠以求名，須守正以防凶。

【注釋】❶翰音　飛鳥的鳴聲。❷登　上達。案：此爻陽剛居中孚卦的最上位，誠之極而虛偽興，猶翰音虛升於天以求名，故爻辭誡其守正防凶。

【語譯】中孚卦的上爻，象徵虛誠以求名，就像飛鳥的鳴聲上達於天，當守持貞正以防凶險。

〈象〉曰：翰音登于天，何可長也？

【章旨】此則〈小象傳〉解釋上九爻象。

【語譯】〈象傳〉說：上九爻辭言「飛鳥的鳴聲上達於天」，但這種虛誠之聲怎能保持長久呢？

小過卦第六十二

【卦　旨】此卦卦名「小過」，義為小有過度，揭示在某些特定的情況下，在一些小事上必須稍有過度，但又不能太為過甚，而應當守正謙恭的道理。

䷽

小過❶，亨，利貞。可小事，不可大事；飛鳥遺❷之音，不宜上，宜下，大吉。

【章　旨】此卦辭言在小事上稍有過度時，宜下不宜上。

【注　釋】❶小過　卦名。下卦為艮，上卦為震。詞義為小有過度。❷遺　遺留。案：小過卦上下共有四個陰爻，中間祇有兩個陽爻，陰為小，陰超過陽，故名小過；又陰柔居於主導，陰柔者祇可為小事而不可為大事，故小過又有小事纔能稍有過度的意思。此卦卦形中二陽為鳥身，外四陰為鳥翼，有鳥之形，故有飛鳥遺音之象；柔小者而小有過度，切不可所過太甚，好高騖遠，應當謙恭謹慎而務實，故言不宜上，宜下，能如此則必得大吉。

【語　譯】小過卦象徵小有過度，亨通，守持貞正必將有利。祇可於小事稍有過度，而不可施行於大事；就像飛鳥飛過後遺留的微小聲音一樣，此時不宜像鳥飛上高空一樣所過太甚，而應當像鳥飛下安棲一樣謙恭務實，如此必大獲吉祥。

〈彖〉曰：小過，小者❶過而亨也。過以利貞，與時行也。柔得中❷，是以小事吉也；剛失位而不中❸，是以不可大事也；有飛鳥之象焉，飛鳥遺之音，不宜上，宜下，大吉，上逆❹而下順也。

【章　旨】此〈彖〉辭闡釋小過卦卦名、卦辭、卦象。

【注　釋】❶小者　小事。❷柔得中　指卦中六二、六五兩陰皆居中位。❸剛失位而不中　指九三不中，九四不正亦不中。❹逆　違逆；違背常理。

【語　譯】〈彖傳〉說：小有過度，是說在小事上稍有過度仍可得亨通。卦辭言小有過度而「守持貞正必將有利」，是說要在一定的時候纔能施行。陰柔居中而不偏，所以說施行於小事可獲吉祥；陽剛失其正位而不持中，所以說「不可施行於大事」；大卦中陽外陰，有飛鳥的形象，卦辭言「像飛鳥飛過後遺留的微小聲音一樣，此時不宜像鳥飛上高空一樣所過太甚，而應當像鳥飛下安棲一樣謙恭務實，如此必大獲吉祥」，是說過於向上將違逆，向下安棲則順利。

〈象〉曰：山上有雷❶，小過；君子以行過乎恭，喪過乎哀，用過乎儉。

【章　旨】此〈象〉辭勉勵君子稍有過度，以正風俗。

【注　釋】❶山上有雷　指小過卦下艮為山，上震為雷，猶山上有雷。案：雷震響於山上，其聲音必超過平時，〈大象傳〉乃引申出在行止、哀喪、費用等小事上稍過常則，以矯枉過正的方式匡正俗弊的義理。

【語　譯】〈象傳〉說：高山之上有雷聲震響，這就是小有過度的象徵，君子當效此而行止稍過恭敬，喪事稍過悲哀，費用稍過節儉。

初六，飛鳥以❶凶。

【章　旨】此爻言所過太甚，好高騖遠，必致凶險。

【注　釋】❶以　而，連詞。案：此爻陰柔居下，本當柔順收斂，卻因上應九四而欲如鳥之高飛逆勢向上，大大超過了本身的地位實力，故凶。

【語　譯】小過卦的初爻，象徵所過太甚而欲如鳥之高飛向上，必致凶險。

〈象〉曰：飛鳥以凶，不可如何❶也。

【章　旨】此則〈小象傳〉解釋初六爻象。

【注　釋】❶不可如何　猶言「無奈其何」。

【語　譯】〈象傳〉說：初六爻辭言「所過太甚而欲如鳥之高飛向上，必致凶險」，這全由自身所致，無法解救。

六二，過其祖❶，遇其妣❷，不及其君❸，遇其臣❹，无咎。

【章　旨】此爻言稍有所過而不過甚，可得無咎。

【注　釋】❶祖　祖父。指九四。❷妣　祖母。指六五。❸君　指六五。❹遇其臣　猶言「君遇其臣」。臣，指六二。案：此爻柔順中正，猶越九三而超過九四，與六五之君相遇，然其過須有限度，君尊不可過，乃適可而止，於是六五之君得有六二為臣，君臣相合，故言無咎。

【語　譯】小過卦的第二爻，象徵稍過而適中，超過其祖父，得遇其祖母，趕不上他的君主而甘居其下，於是君主得遇其良臣，必無禍害。

〈象〉曰：不及其君，臣不可過也。

【章　旨】此則〈小象傳〉解釋六二爻象。

【語　譯】〈象傳〉說：六二爻辭言「趕不上他的君主」，是說做臣子的不可超過君主。

九三，弗過防❶之，從❷或戕❸之，凶。

【章　旨】此爻言不稍過度的嚴加防備，必受害而凶。

【注　釋】❶過防　稍加過度的小心防備。❷從　隨著。❸戕　戕害。案：此爻陽剛得正，居下卦的上位，乃自恃強盛，警懼心不夠，不願稍加過度一點防備，結果將為人所害。王弼認為，上六為小人，九三與之相應而將遇其害；或謂九三與九四相敵，乃為九四所害。

【語　譯】小過卦的第三爻，象徵不能過度一點加以防備，緊隨著便將有人戕害它，必有凶險。

〈象〉曰：從或戕之，凶如何❶也？

【章　旨】此則〈小象傳〉解釋九三爻象。

【注　釋】❶凶如何　猶言「如凶何」。對凶能怎樣。

【語　譯】〈象傳〉說：九三爻辭言「緊隨著便將有人戕害它」，但它不願稍加過度一點防備，對這樣的凶險又能怎樣呢？

九四，无咎，弗過❶遇之❷，往厲必戒，勿用，永貞。

【章旨】此爻言不可過於剛強，當戒危守正。

【注釋】❶過　過剛。❷之　指初六。案：此爻陽居陰位，不為過剛，與初六相應，故言遇之；但其與下的應合，祗能靜守而不可躁動，故誡其往厲必戒，勿用，永貞。

【語譯】小過卦的第四爻，象徵沒有禍害，不過於剛強躁動可與陰柔遇合，急於前往必有危險，一定要有戒心，不要施展才用，要長久守持貞正。

〈象〉曰：弗過遇之，位不當❶也；往厲必戒，終不可長也。

【章旨】此則〈小象傳〉解釋九四爻象。

【注釋】❶位不當　指九四陽居陰位失正。

【語譯】〈象傳〉說：九四爻辭言「不過於剛強躁動可與陰柔遇合」，是說它居位不適當；言「急於前往將有危險，一定要有戒心」，是說終歸不可能長久無禍害。

六五，密雲不雨，自我西郊❶；公弋❷取彼❸在穴❹。

【章　旨】此爻言柔者超過剛者，亦不能成大事。

【注　釋】❶密雲不雨二句　義見小畜卦卦辭注釋。❷弋　帶有細繩的箭，可收回。❸彼　那。❹在穴　藏在洞穴中的野獸。喻危害朝廷者。案：此爻陰居尊位，已超過本卦所有陽爻，下亦無應，陰不遇陽則不成雨，故言密雲不雨，自我西郊。此爻陰盛，猶王公，雖居尊位，以陰柔而不可君臨天下，祇能輔助朝廷除害，以盡臣職，故言公弋取彼在穴。

【語　譯】小過卦的第五爻，象徵陰柔者超過陽剛者，陰不遇陽，就像雲氣從西郊外湧來密集，卻不降雨；王公輔助朝廷除害，就像用帶有細繩的箭射取藏在洞穴中的野獸。

〈象〉曰：密雲不雨，已上❶也。

【章　旨】此則〈小象傳〉解釋六五爻象。

【注　釋】❶已上　指六五已超過陽剛而高居於上位。

【語　譯】〈象傳〉說：六五爻辭言「雲氣湧來密集卻不降雨」，是因為它已超過陽剛而高居於上。

上六，弗遇過之❶，飛鳥離❷之，凶，是謂災眚。

【章旨】此爻言所過甚極，必致凶禍。

【注釋】❶之　指陽剛。❷離　通「罹」。遭受。案：此爻以陰居極高之位，雖下應九三，但已超過九三甚極，陰陽不能遇合，故言弗遇過之；如此高亢過陽，必如飛鳥遭受射殺而致凶災。

【語譯】小過卦的上爻，象徵不能與陽剛遇合而超過陽剛甚極，必如飛鳥遭受射殺，有凶險，這就叫做災禍。

〈象〉曰：弗遇過之，已亢❶也。

【章旨】此則〈小象傳〉解釋上六爻象。

【注釋】❶亢　高亢。指上六已居極位。

【語譯】〈象傳〉說：上六爻辭言「不能與陽剛遇合而超過陽剛甚極」，是說它已經高亢甚極了。

既濟卦第六十三

【卦旨】此卦卦名「既濟」，義為事已成，揭示事業已成之時，必須持中守正、節制戒懼，不可忘形驕縱的道理，其中亦流露出盛極必衰、守成艱難的憂患意識。

䷾ 既濟❶，亨小❷，利貞，初吉終亂。

【章旨】此卦辭言事業已成時當守持貞正以防危亂。

【注釋】❶既濟　卦名。下卦為離，上卦為坎。詞義為事已成。❷亨小　猶言「小亨」。稍有亨通。案：此卦三陽居奇位，三陰居偶位，均得正，且陰陽均相應配合，是為最完整的形象，故名既濟。然事物過於完整，就不可能再有較大的發展與作為，故言亨小，並告誡守正以防初吉終亂。此卦卦辭及六爻爻辭，都含有警懼的語氣。福兮禍之所伏，完滿當中潛藏著危機，這正是《周易》作者的深刻見解。

【語譯】既濟卦象徵事已成，稍有亨通，守持貞正必將有利，否則起初雖吉祥，最後將致危亂。

〈彖〉曰：既濟，亨，小者亨也❶；利貞，剛柔正而位當❷也；初吉，柔得中❸也；終止則亂，其道窮也。

【章　旨】此〈彖〉辭闡釋既濟卦卦辭、卦象。

【注　釋】❶亨二句　依卦辭，此二句當為「亨小，小者亨也」。或曰卦辭中「小」字為衍文。❷剛柔正而位當　指卦中陰陽各爻均居正位。❸柔得中　指卦中六二爻陰柔而處下卦之中。

【語　譯】〈彖傳〉說：卦辭言「事已成，亨通」，是說此時不能再有較大的作為，祇能稍有亨通；言「守持貞正必將有利」是因為陽剛與陰柔都能端正而居位適當；言「起初吉祥」，是因為柔順者得居中位；言「最後將致危亂」，是說事成之道已經困窮了。

〈象〉曰：水在火上❶，既濟；君子以思患❷而豫❸防之。

【章　旨】此〈象〉辭勉勵君子於事業已成之時預防禍患。

【注　釋】❶水在火上　指既濟卦下離為火，上坎為水，猶水在火上。❷思患　思慮事成之時可能產生的禍患。❸豫　預。案：水在火上，為炊煮食物之象，因此飲食成而生命得以保障，然飽食以後易驕縱而致禍患，故〈大象傳〉引申出思患而豫防之的義理。

【語　譯】〈象傳〉說：水在火上而炊煮成食物，這就是事已成的象徵，君子當於事業已成之時思慮可能產生的禍患，並預先防備它。

初九，曳❶其輪，濡❷其尾❸，无咎。

【章　旨】此爻言事成之時仍能謹慎其行，可得無咎。

【注　釋】❶曳　拖曳。❷濡　霑濕。❸其尾　狐貍的尾巴。此爻居下，故以尾為象。案：曳輪則車不急行，濡尾則狐不速往，此言初九陽剛處下，雖上應六四而不急於前行求應，事成之初，能謹守如此，故得無咎。

【語　譯】既濟卦的初爻，象徵事成之初，能像拖曳住車輪一樣不使急行，像狐貍渡河霑濕尾巴一樣不使速往，可無禍害。

〈象〉曰：曳其輪，義无咎也。

【章　旨】此則〈小象傳〉解釋初九爻象。

【語　譯】〈象傳〉說：初九爻辭言「像拖曳住車輪一樣不使急行」，這樣應該是沒有禍害的。

六二，婦❶喪其茀❷，勿逐，七日❸得。

【章　旨】此爻言事成之時持中靜處，可失而復得。

【注　釋】❶婦　指六二。❷茀　婦女頭上的首飾。❸七日　參見震卦六二爻辭及復卦卦辭注釋。案：此爻陰柔中正，上應九五，猶事業成功時君主躊躇滿志，暫未顧及六二之臣，以致六二懷才不遇，就像婦喪其茀，不能打扮，顯露才華；但六二能持中靜處，故七日而復得。

【語　譯】既濟卦的第二爻，象徵事成之時未受重用，就像婦女丟失了她頭上的首飾，不能顯其才華，此時勿須追尋而靜處，七天之後必能失而復得。

〈象〉曰：七日得，以中道❶也。

【章　旨】此則〈小象傳〉解釋六二爻象。

【注　釋】❶中道　指六二居下卦的中位。

【語　譯】〈象傳〉說：六二爻辭言「七天之後必能失而復得」，是因為它能守持中道而不偏啊！

九三，高宗❶伐鬼方❷，三年克之，小人勿用❸。

【章　旨】此爻言事成之時元氣大傷，小人切不可用。

【注釋】❶高宗　殷商君主，名武丁。❷鬼方　國名，當時殷商鄰近的異族。❸用　任用。案：此爻陽居陽位，處下卦之極，故以高宗伐鬼方為象，言經過三年的艱苦努力，纔戰勝鬼方，此時戰事雖成，但國力大傷，百端待舉，須用精幹忠良之臣，小人切不可用。

【語譯】既濟卦的第三爻，象徵事已成，就像高宗討伐鬼方，經過三年的艱苦努力，終於戰勝了一樣，但此時國力大傷，切不可任用小人。

〈象〉曰：三年克之，憊❶也。

【章旨】此則〈小象傳〉解釋九三爻象。

【注釋】❶憊　疲憊。指國力已疲。

【語譯】〈象傳〉說：九三爻辭言「經過三年的艱苦努力纔戰勝」，是說國力已疲，故切不可用小人。

六四，繻❶有衣❷袽❸，終日戒。

【章旨】此爻言事成之時，仍須終日戒懼。

【注釋】❶繻　彩帛。指美好的服飾。❷衣　用如動詞。❸袽　敗絮。指破敗的衣服。案：此爻柔順而居上卦之初，居位得正，猶事成之時，雖有美服，而穿破衣，時刻警省，終日戒懼，以守正防患。

【語譯】既濟卦的第四爻，象徵事成之時，雖有美服卻穿破衣，能終日戒懼以防禍患。

〈象〉曰：終日戒，有所疑❶也。

【章旨】此則〈小象傳〉解釋六四爻象。

【注釋】❶疑　疑懼。指疑懼禍患到來。

【語譯】〈象傳〉說：六四爻辭言「終日戒懼以防禍患」，是說它有所疑懼啊！

九五，東鄰❶殺牛，不如西鄰之禴祭❷，實受其福。

【章旨】此爻言事成之時，當虔誠儉樸地祀神以受福。

【注釋】❶東鄰　與下文的「西鄰」一樣，均是虛設之辭。或言東鄰指殷紂王，西鄰指周文王。❷禴祭　薄祭。案：殺牛而行盛大祭典，不如儉樸行薄祭，更能受鬼神之福。此言九五陽剛中正，居既濟卦的尊位，猶事業成功之鼎盛期，盛極將衰，故誡其敬慎修德，行為儉樸，心存誠意，以受神之福而免災。

【語　譯】既濟卦的第五爻，象徵事成之時須誠敬儉樸，東邊鄰國殺牛盛大祭祀，反不如西邊鄰國用儉樸的薄祭，更能真實地蒙受神的福佑。

〈象〉曰：東鄰殺牛，不如西鄰之時❶也；實受其福，吉大來也。

【章　旨】此則〈小象傳〉解釋九五爻象。

【注　釋】❶時　適時而祭。

【語　譯】〈象傳〉說：九五爻辭言「東邊鄰國殺牛盛大祭祀」，是說如此奢華反不如西邊鄰國適時的薄祭；言「真實地蒙受神的福佑」，是說它的吉慶將大大的到來啊！

上六，濡其首❶，厲。

【章　旨】此爻言事成至極而盲動，必喪其成而致危。

【注　釋】❶首　狐狸的頭部。本爻居上，故以狐首為象。案：此爻處既濟卦的極位，事業至成，反轉未成，此時當謹慎戒懼，或可保無虞，若一味盲動，則必如狐之渡河，濡其首而厲。

【語　譯】既濟卦的上爻，象徵事業至成之時盲目行動，必將像狐狸渡河霑濕頭部一樣招致危險。

〈象〉曰：濡其首，厲，何可久也？

【章旨】此則〈小象傳〉解釋上六爻象。

【語譯】〈象傳〉說：上六爻辭言「狐貍渡河霑濕頭部，將招致危險」，是說如此盲動，事成的局面怎能保持長久呢？

未濟卦第六十四

【卦旨】此卦卦名「未濟」，義為事未成，揭示事業未成之時，應當堅循中正、審慎進取，以逐步促使事物邁向成功的道理。

䷿ 未濟❶，亨，小狐汔濟❷，濡其尾，无攸利。

【章旨】此卦辭言事未成之時，勉力促成可致亨通，處事不慎則無所利。

【注釋】❶未濟　卦名。下卦為坎，上卦為離。詞義為事未成。❷汔濟　渡河接近成功。汔，將近。案：此卦三陽居偶位，三陰居奇位，均不得正，與既濟卦正相反，故名未濟。事未成，卻正潛藏著發展的無限可能，故言亨。然而，要使這種可能變成事實，則須進行審慎切實的努力，否則，將如狐之渡河，將成之時濡其尾而無所利。《周易》的六十四卦，以乾、坤始，以既濟、未濟終，似乎給我們一種啟示：不僅《周易》中許多兩兩排列的組卦，各自在發生著無休止的變化，而且整個六十四卦作為一個更大的系列，也在進行著由乾坤到既濟未濟、復由既濟未濟到乾坤這樣的變易和循環。姚配中《周易姚氏學》云：「日往月來，月往日來，一陰一陽，來往屈伸，而《易》道周，終於既濟未濟。未濟六爻失正，則又陽分為陽，陰分為陰，自乾坤起矣。」在這種排列中，正體現了《周易》物不可窮、變化循環永無休止的深刻見解。

【語譯】未濟卦象徵事未成，勉力促成可得亨通，但若處事不慎，像小狐狸渡河將近成功，卻又被水霑濕了尾巴，則必無所利。

〈彖〉曰：未濟，亨，柔得中❶也；小狐汔濟，未出中❷也；濡其尾，无攸利，不續終❸也。雖不當位❹，剛柔應❺也。

【章旨】此〈彖〉辭闡釋未濟卦卦辭、卦象。

【注釋】❶柔得中　指六五以陰柔居上卦之中。❷未出中　指九二居下卦之中，下坎為險，猶言未出坎險。❸續終　繼續努力，堅持到底。❹不當位　指卦中六爻均居位不正。❺剛柔應　指卦中三陽三陰均相應。

【語譯】〈彖傳〉說：卦辭言「事未成，勉力促成可得亨通」，是因為柔順而能守中不偏；言「小狐狸渡河將近成功」，是說它尚未脫出坎險之中；言「被水霑濕了尾巴，必無所利」，是因為它的努力不能繼續堅持到底。雖然卦中六爻居位都不適當而使事未成，但陽剛陰柔均相應合，因而只要努力亦可促使事成。

〈象〉曰：火在水上❶，未濟；君子以慎辨物居方❷。

【章　旨】此〈象〉辭勉勵君子辨別物類使各居其所。

【注　釋】❶火在水上　指未濟卦下坎為水，上離為火，猶火在水上。❷辨物居方　辨別物類，使各得其所而不致混亂。方，處所。案：火在水上，無法炊煮食物，飲食難成，故〈大象傳〉引申出辨物居方，改變此水火、剛柔居位不當的情狀，以求逐漸恢復正常、促使事成的義理。

【語　譯】〈象傳〉說：火在水上而飲食難成，這就是事未成的象徵，君子此時當審慎地辨別物類使各居其所。

初六，濡其尾❶，吝。

【章　旨】此爻言事未成之時不能適時而進，必致憾惜。

【注　釋】❶濡其尾　見既濟卦初九爻辭注釋。案：此陰爻居下，上應九四，未濟之時，本當勉力而行，以促事成，但位卑體弱，如狐濡其尾而終未成濟河之功，故言吝。既濟初九「濡其尾」而無咎，此爻同象卻有吝，正可見既濟之時須審慎為主、未濟之時當適時而進的深旨。

【語譯】未濟卦的初爻，象徵事未成之時不能適時而進，就像狐狸渡河霑濕了尾巴，必有憾惜。

〈象〉曰：濡其尾，亦不知極❶也。

【章旨】此則〈小象傳〉解釋初六爻象。

【注釋】❶極　準則。

【語譯】〈象傳〉說：初六爻辭言「狐狸渡河霑濕了尾巴」，是說它不明白適時而進的處事準則。

九二，曳其輪❶，貞吉。

【章旨】此爻言事未成之時仍能審慎貞正，可獲吉祥。

【注釋】❶輪　車輪。案：此爻陽剛居於坎險，處未濟之時，雖上應六五而不可輕率前行，又因其居下卦之中，能審慎地自我節制，故有曳輪之象，並守正而獲吉。

【語譯】未濟卦的第二爻，象徵事未成之時，能像拖曳住車輪一樣審慎不使急行，守持貞正可獲吉祥。

〈象〉曰：九二貞吉，中❶以行正也。

【章　旨】此則〈小象傳〉解釋九二爻象。

【注　釋】❶中　指九二居下卦的中位。

【語　譯】〈象傳〉說：九二爻辭言「守持貞正可獲吉祥」，是它能守中不偏而行為正當。

六三，未濟，征❶凶，利涉大川。

【章　旨】此爻言事未成之時雖急進有凶，或可冒險一試。

【注　釋】❶征　急於行進。案：此爻陰柔居坎險之上，體弱失正，故言征凶。但當此即將脫出坎險，可能變未濟為濟的重要時刻，斷然冒險也許能突破困境，找到出路，置之死地而後生，因而有利。或認為爻辭「征凶」與「利涉大川」，其義相矛盾，疑「利」字上當有「不」字。

【語　譯】未濟卦的第三爻，象徵事未成之時，急於行進必有凶險，但此時斷然冒險以求出險，就像渡過大河一樣，或許能突破困境而有利。

〈象〉曰：未濟，征凶，位不當❶也。

【章　旨】此則〈小象傳〉解釋六三爻象。

【注　釋】❶位不當　指六三陰居陽位，處下坎之上。

【語　譯】〈象傳〉說：六三爻辭言「事未成之時，急於行進必有凶險」，是因為它居位不適當啊！

九四，貞吉，悔亡，震❶用伐鬼方❷，三年有賞于大國❸。

【章　旨】此爻言事未成之時，當奮發努力以促其事成。

【注　釋】❶震　動。指勇武果敢的行動。❷鬼方　參見既濟卦九三爻注釋。❸有賞于大國　猶言「以大國賞之」。案：此爻以陽剛居上卦之始，雖失正有悔，但憑其剛質而趨正，則悔亡獲吉；當未濟之時，尤須奮起發揮其陽剛之質，勉力持久地促成君主之事，而成己之功，故以伐鬼方，三年有賞為象。

【語　譯】未濟卦的第四爻，象徵事未成之時，守持貞正可獲吉祥，悔恨必將消失，以勇武果敢的行動討伐鬼方，經過三年的艱苦努力，終於獲得勝利而得以封賞為大國諸侯。

〈象〉曰：貞吉，悔亡，志行也。

【章旨】此則〈小象傳〉解釋九四爻象。

【語譯】〈象傳〉說：九四爻辭言「守持貞正可獲吉祥，悔恨必將消失」，是說促使事成的心志可得實行。

六五，貞吉，无悔，君子之光❶，有孚，吉。

【章旨】此爻言事未成之時，守正誠信可獲吉祥。

【注釋】❶光　光輝。案：此爻居上離之中，離為明，猶體稟文明而光輝，又下應九二，下比九四，得陽剛之助，猶以誠信待人，得賢能之輔，故成事有望而獲吉。

【語譯】未濟卦的第五爻，象徵事未成之時，守持貞正可獲吉祥，沒有悔恨，這是君子的光輝，心懷誠信以待人，吉祥。

〈象〉曰：君子之光，其暉❶吉也。

【章　旨】此則〈小象傳〉解釋六五爻象。

【注　釋】❶暉　光輝；光彩。

【語　譯】〈象傳〉說：六五爻辭言「君子的光輝」，是說它的光輝照耀必獲吉祥啊！

上九，有孚于飲酒，无咎；濡其首❶，有孚失是❷。

【章　旨】此爻言事未成而即將出現轉機時，切不可逸樂過度而有失正道。

【注　釋】❶首　參見既濟卦上六爻辭注釋。❷有孚失是　猶言「有孚是失」。即失有孚之道。案：此爻以陽剛居本卦極位，未濟將轉為既濟，故能誠信待人，心無煩憂，安然飲酒而無咎；但若逸樂過度，如狐之濟河濡其首，則將失有孚的正道，致使事物復反未濟，故爻辭誡之。

【語　譯】未濟卦的上爻，象徵事未成而將轉成之時，誠信待人而安然飲酒，必無禍害；但若逸樂過度，像狐狸渡河霑濕了頭部一樣，那就失去了誠信的正道了。

〈象〉曰：飲酒濡首，亦不知節❶也。

【章　旨】此則〈小象傳〉解釋上九爻象。

【注釋】❶節　節制。

【語譯】〈象傳〉說：上九爻辭言「安然飲酒，逸樂過度，像狐狸渡河霑濕了頭部」，是說這樣也太不知道節制了。

繫辭上傳❶

第一章

天尊地卑，乾坤定矣❷。卑高以陳❸，貴賤位❹矣。動靜有常❺，剛柔斷❻矣。方❼以類聚，物以羣分，吉凶生矣。在天成象❽，在地成形，變化見❾矣。

【章　旨】此節言乾坤剛柔定位之理。

【注　釋】❶繫辭上傳　〈繫辭傳〉又名〈易大傳〉，是對《周易》經文的整體性專論，分上下兩篇。繫，連繫。傳，有解釋、論述之義。〈繫辭傳〉以前祇分上下兩篇，並未分章，古來的學者分章方式亦有所不同，然宋以後，大多依朱熹《周易本義》，上下篇各分十二章，這裡亦用朱子之說。且每章分若干節進行譯注。❷天尊地卑二句　乾為天為陽為尊，坤為地為陰為卑，《周易》以陰陽為核心，乾坤乃純陽純陰之卦，故〈繫辭上傳〉首言乾坤性質。❸陳 陳列。❹位 用如動詞。❺常 恆常的規律。❻斷 分；區分明瞭。❼方 道。指抽象的觀念與道德標準。❽象 現象。❾見 通「現」。顯現。

【語 譯】天在上而尊，地在下而卑，乾為天，坤為地，那麼乾尊坤卑的地位也就確定了。地卑天高的地位一經排列，那麼事物的尊貴與卑賤也就各居其位了。天動地靜有它恆常的規律，那麼陽剛與陰柔也就區分清楚了。天下人各以其道而按類別相聚合，天下的萬物按羣體相區分，那麼吉祥或凶險也就在這相同相異、相聚相分的關係中產生了。在天上體現為日月星辰晦明等現象，在地上構成山川草木鳥獸等形態，那麼事物的變化之理也就從這些現象與形態中顯現出來了。

是故剛柔相摩❶，八卦❷相盪❸。鼓之以雷霆，潤之以風雨，日月運行，一寒一暑。乾道成男，坤道成女。乾知❹大始❺，坤作成物。

【章 旨】此節言剛柔相摩相盪而生成萬物之理。

【注 釋】❶摩 摩擦交感。❷八卦 指乾、坤、震、巽、坎、離、艮、兌八個經卦。❸盪 激盪推移。❹知 為。與下文「作」之義近。❺大始 猶言「太始」。即最初創始。

【語 譯】因此陽剛陰柔互相摩擦交感，八卦所代表的八種基本物質互相激盪推移。用雷霆來鼓動它，用風雨來滋潤它，日月的運動推移，構成寒來暑往的更替。乾道為陽象徵男性，坤道為陰象徵女性。乾陽的作為體現為開始創造萬物，坤陰的作為則體現為孕育生成萬物。

乾以易❶知❷，坤以簡❸能❹。易則易知，簡則易從❺。易知則有親，易從則有功。有親則可久，有功則可大。可久則賢人之德，可大則賢人之業。易簡而天下之理得矣。天下之理得，而成位❻乎其中❼矣。

【章　旨】此節言乾坤易簡之道，賢人當遵循其規律。

【注　釋】❶易　平易。❷知　明白。❸簡　簡約。❹能　功能。❺從　遵從。❻成位　確定人的位置。❼其中　指天地之中。

【語　譯】乾陽的運行以平易而為人所了解，坤陰的運行以簡約而表現出化成萬物的功能。平易就容易為人所了解，簡約就容易為人所遵從。容易了解就會有人親附，容易遵從就會有功效。有人親附就可以長久流傳，有功效就可以擴大作用。可以長久流傳就是賢人的美德，可以擴大作用就是賢人的事業。明白乾坤平易簡約的道理，那麼天下的普遍法則也就懂得了。懂得了天下的普遍法則，那就能在天地之中確定人的位置了。

第二章

聖人設❶卦觀象❷，繫辭❸焉而明吉凶，剛柔相推而生變化。是故吉凶者，失得之象也。悔吝者，憂虞❹之象也。變化者，進退之象也。剛柔者，晝夜之象也。六爻之動，三極❺之道也。

【章　旨】此節言聖人創作《易經》及所涵象徵意義。

【注　釋】❶設　創設。❷象　物象。❸繫辭　連繫於卦爻之後的文辭。即卦辭、爻辭。❹憂虞　憂愁與顧慮。❺三極　指天、地、人三才。

【語　譯】聖人觀察宇宙間的各種物象而創設了八卦與六十四卦，並作了卦爻辭連繫在各卦爻之後以揭示吉祥或凶險，卦中的陽剛與陰柔各爻相互推移激盪而產生無窮的變化。因此，卦爻辭中的吉祥或凶險，是處事或失或得的象徵。悔恨或憾惜，是心中憂愁或顧慮的象徵。各卦爻所反映的變化，是事物或前進或後退的象徵。其中的剛爻與柔爻，是晝夜陰陽的象徵。卦中六爻的變動，包涵著宇宙間天、地、人三才的普遍之理啊！

是故君子所居而安者，《易》之序❶也；所樂而玩❷者，爻之辭也。是故君子居則觀其象而玩其辭，動則觀其變而玩其占❸，是以自天祐之，吉无不利❹。

【章　旨】此節言君子觀象玩辭，可得天祐而吉。

【注　釋】❶序　指六爻的序位。❷樂而玩　喜愛而玩味揣摩。❸占　占筮。❹自天祐之二句　此為大有卦上九爻辭，此引為本章結語。

【語　譯】因此君子平時居處時能獲安穩，是因為符合《周易》所體現的序位條理而不混亂；所喜愛而玩味揣摩的，是《易經》的爻辭。因此君子平時居處就觀察《易經》所用的物象並玩味揣摩《易經》的文辭，行動之時就觀察《易經》的變化規律並玩味揣摩《易經》的占筮，因此就可以像大有卦上九爻辭所言「獲得來自上天的祐助，吉祥而無所不利」。

第三章

彖❶者，言乎象❷者也。爻❸者，言乎變者也。吉凶者，言乎其失得也。悔吝者，言乎其小疵❹也。无咎者，善補過也。

【章　旨】此節釋卦爻辭幾種常見的象徵義例。

【注　釋】❶彖　指每卦的卦辭。❷象　象徵。❸爻　指每一爻的爻辭。❹小疵　小毛病。

【語　譯】卦辭，是總說全卦象徵意義的。爻辭，是分別說明各爻變化規律的。吉祥或凶險，是說明處事或失或得的。悔恨或憾惜，是說明處事小有毛病的。沒有禍害，是說明處事善於補救過錯的情況。

是故列貴賤者存乎位❶，齊❷小大❸者存乎卦❹，辯吉凶者存乎辭，憂悔吝者存乎介❺，震❻无咎者存乎悔。是故卦有小大，辭有險易。辭也者，各指其所之❼。

【章　旨】此節釋爻位、卦體及卦爻辭對人事的意義。

【注　釋】❶位　指爻位。六爻由初至上，由卑到高，故有貴賤的象徵。❷齊　確定。❸小大　陰小而陽大。此言卦體或以陰為主，如否卦；或以陽為主，如泰卦；故有或小或大的象徵。❹卦　卦體。❺介　纖介。指細微。❻震　震懼。❼所之　所往的方向。之，動詞。

【語　譯】因此陳列尊貴卑賤的象徵存在於爻位，確定柔小剛大的象徵存在於卦體，分辨吉祥凶險的象徵存在於卦爻辭，憂慮悔恨憾惜的象徵就在於預防細微的毛病，內心震懼而沒有禍害的象徵就在於心中悔悟。因此卦體有柔小剛大，卦爻辭有險難平易。卦爻辭，就是分別指示人們所應前往的方向。

第四章

《易》與天地準❶，故能彌綸❷天地之道。仰以觀於天文❸，俯以察於地理❹，是故知幽明之故❺。原❻始反❼終，故知死生之說。精氣為物，遊魂為變，是故知鬼神之情狀。

【章旨】此節言《易》道廣大和通曉《易》理的益處。

【注釋】❶準　相等。❷彌綸　普遍地包括。❸天文　天的文彩。指日月星辰等天象。❹地理　地的理致。指山川原野等地形。❺故　緣故；原因。❻原　推究。❼反　反求。

【語譯】《易經》之理與天地之理相等同，因此能普遍地包括天地間的一切道理。用《易經》之理仰觀天上日月星辰的文彩，俯察地面山川原野的理紋，因此就能知曉晝夜光明幽暗的原因。推究萬物的起始並反求萬物的終結，因此就能知曉死亡與生成的道理。精靈之氣聚合而形成生物，遊蕩分散的靈魂也就是物的變化，因此而能知曉鬼神的情狀。

與天地相似，故不違❶。知周❷乎萬物而道濟天下，故不過❸。旁行❹而不流❺，樂天知命，故不憂。安土❻敦❼乎仁，故能愛。範圍❽天地之化而不過，曲成萬物而不遺❾，通乎晝夜之道而知❿，故神无方⓫而《易》无體⓬。

【章　旨】此節言《易》理可以涵蓋天地萬物。

【注　釋】❶不違　不違背天地之道。❷周　周遍。❸過　過頭。❹旁行　普遍地推行。旁，普也。❺流　流佚；流盪。❻安土　安於所處的環境。❼敦　敦厚。❽範圍　包括。❾遺　遺漏。❿知　知曉。⓫神无方　神妙而不拘於一方。⓬體　固定的形體。

【語　譯】《易經》之理與天地相近似，所以不會違背天地之道。能了解《易經》周遍地涵蓋萬物之理而道理又足以匡濟天下，所以行為不會過頭。能普遍地推行於天下而不流佚，樂從天道，謹守本分，所以不會憂愁。安於所處的環境而敦厚地施行仁義，所以能博愛天下之人。《易》道的廣大，可以包舉天地的化育而不過頭，可以曲折地成就萬物而不遺漏，可以通達晝夜陰陽的道理而無所不知，所以《易經》之理神妙而不拘於一方，《易經》的變化也不定於一體。

第五章

一陰一陽之謂道，繼之者❶善也，成之者❷性也。仁者見之❸謂之仁，知❹者見之謂之知，百姓日用而不知，故君子之道鮮❺矣。

【章旨】此節言陰陽之道為萬物之本，卻鮮為人知。

【注釋】❶繼之者　指乾承繼此道，開創萬物。❷成之者　指坤承順此道，成就萬物。❸之　指陰陽化生萬物之理。❹知　通「智」。❺鮮　少。指少有人知。

【語譯】一陰一陽的相互對待與作用就叫做道，繼承此道而開創萬物就叫做善，承順而成就此道以化育萬物就叫做性。仁人看見它就稱之為仁，智者看見它就稱之為智，普通的百姓每天都在使用卻不知曉，所以君子所言的道就很少有人能懂得了。

顯諸❶仁，藏諸用❷，鼓❸萬物而不與聖人同憂❹。盛德大業至❺矣哉！

富有❻之謂大業，日新❼之謂盛德。生生❽之謂易❾，成象❿之謂乾，效法⓫

之謂坤，極數⑫知來⑬之謂占，通變之謂事⑭，陰陽不測⑮之謂神。

【章旨】此節言陰陽之道化生之功和變化之理。

【注釋】❶諸　之於。兼詞。❷用　指化生萬物的功用。❸鼓　鼓動；催生。❹不與聖人同憂　指陰陽之道化生萬物是自然無為的，而聖人卻為濟世利民而憂。❺至　至極。❻富有　指陰陽之道繁多地生有萬物。❼日新　日日更新。指陰陽造化每天都有新的創造。❽生生　生了又生，生生不止。❾易　變易。❿成象　成就天象。⓫效法　仿效地的法則。⓬極數　極盡《易》筮中的蓍策之數。⓭知來　預測未來之事。⓮事　事態。⓯不測　不可測定。

【語譯】陰陽之道顯現在化育萬物的仁德之上，潛藏在生成萬物的功用之中，它催生萬物卻不與聖人一樣的憂慮。它的盛美德行和偉大功業真到了極致啊！繁富地生有萬物叫做偉大功業，每天都有新的創造叫做盛美德行。生生不止叫做變易，形成天象叫做乾，仿效地的法則叫做坤，極盡蓍策之數預知未來叫做占筮，通達變化之道叫做了解事態，陰陽變化不可測定叫做神妙。

第六章

夫❶《易》廣矣大矣，以言乎遠則不禦❷，以言乎邇❸則靜而正❹，以言乎天地之間則備矣。

【章　旨】此節再言《易》道的廣大。

【注　釋】❶夫　發語詞，無義。❷不禦　沒有止境。指天而言。❸邇　近。❹靜而正　靜止而方正。指地而言。

【語　譯】《易經》之道是多麼廣大啊！用它論說高遠的天則永無止境，用它論說近處的地則靜止而方正，用它論說天地之間則萬理都具備了。

夫乾，其靜也專，其動也直❶，是以大❷生焉。夫坤，其靜也翕❸，其動也闢❹，是以廣生焉。廣大配天地，變通配四時，陰陽之義配日月，易簡之善配至德。

【章　旨】此節言乾坤的性質。

【注　釋】❶直　剛直。❷大　剛大。❸翕　閉合；收斂。❹闢　開。

【語　譯】乾象徵陽剛，它靜止時是專一的，運動時是剛直的，因此剛大就產生了。坤象徵陰柔，它靜止時是收斂的，運動時是開展的，因此寬廣就產生了。《易》理中用寬廣剛大配合天地，用變化通達配合四季更替，用陽剛陰柔的意義配合日月運行，用平易簡約的美善原則配合至高的美德。

第七章

子❶曰：「《易》其❷至矣乎！夫《易》，聖人所以崇德而廣業也。知崇禮卑❸，崇效天，卑法地。天地設位，而《易》行乎其中❹矣。成性❺存存❻，道義之門。」

【章　旨】此節引孔子語，言《易》理與修身的關係。

【注　釋】❶子　指孔子。❷其　表揣測的語氣副詞。❸知崇禮卑　智以崇為貴，禮以卑為貴。知，通「智」。❹其中　天地之中。❺成性　成就廣大的善性。❻存存　存了又存。指不斷蘊存積累。

【語　譯】孔子說：「《易經》的道理大概是最偉大的罷！《易經》，是聖人憑以提高道德、擴大事業的。智慧以崇高為貴，禮節以謙下為貴，智慧的崇高是仿效天，禮節的謙下是取法地。天高地卑的地位一經設定，那麼《易經》之理也就運行於天地之中了。理解《易》理而成就廣大的善性，並且不斷蘊存積累，這就是道義產生的門戶啊！」

第八章

聖人有以見天下之賾❶，而擬❷諸❸其形容❹，象其物宜❺，是故謂之象❻。聖人有以見天下之動❼，而觀其會通❽，以行其典禮，繫辭❾焉以斷其吉凶，是故謂之爻。言天下之至賾而不可惡❿也，言天下之至動而不可亂也。擬之而後言，議之而後動，擬議以成其變化。

【章旨】此節言《易經》以物象與文辭揭示事理的方法。

【注釋】❶賾　深奧複雜。❷擬　比擬。❸諸　之於，兼詞。❹形容　形態。❺宜　適宜。❻象　《易》象。❼動　運動變化。❽會通　會合變通。❾繫辭　連繫於卦爻之下的文辭，即卦爻辭。❿惡　厭惡。

【語譯】聖人看到天下萬物之理深奧複雜，因而將它比擬成具體的形態，即八經卦，用來象徵事物適宜的意義，所以叫做「象」。聖人看到天下萬物的運動變化，因而觀察事物的會合變通，用以推行典章禮儀，在六十四卦三百八十四爻之下連繫文辭來判斷事物的吉祥或凶險，所以叫做「爻」。《易經》言說天下極其深奧複雜的道理而不可厭惡，言說天下極其錯綜紛繁的變化而不可混亂。《易經》先比擬物象然後說理，先討論物情然後揭示變動的規律，透過比擬與討論來構成它揭示事物變化規律的學說。

「鳴鶴在陰，其子和之；我有好爵，吾與爾靡之❶。」子曰：「君子居其室，出其言善，則千里之外應之，況其邇者乎？居其室，出其言不善，則千里之外違之，況其邇者乎？言出乎身❷，加乎民；行發乎邇，見乎遠。言行，君子之樞機❸，樞機之發，榮辱之主❹也。言行，君子之所以動❺天地也，可不慎乎？」

【章　旨】此節引孔子釋中孚卦九二語以明《易》象之例。

【注　釋】❶鳴鶴在陰四句　此為中孚卦九二爻辭。❷身　自身。❸樞機　關鍵。❹主　主宰。❺動　指影響。

【語　譯】中孚卦的九二爻辭言「鶴在山的背陰處鳴叫，其同類亦相應和；我有美酒，我與你共飲而樂」。孔子解釋說：「君子平居家中，講出的言論是美善的，那麼千里之外的人也會響應他，何況是近處的人呢？假如平居家中，講出的言論是不善的，那麼千里之外的人也會背離他，何況是近處的人呢？言語出於自身，施加於百姓；行為發於近處，為遠處的人所見。

言語與行為，是君子立身處世的關鍵，關鍵一經發動，就成為榮譽或恥辱的主宰。言語與行為，是君子用來影響天地萬物的，怎能不慎重呢？」

「同人，先號咷而後笑❶。」子曰：「君子之道，或出❷或處❸，或默或語。二人同心，其利❹斷金；同心之言，其臭❺如蘭。」

【章旨】此節引孔子釋同人卦九五語以明《易》象之例。

【注釋】❶同人二句　此為同人卦九五爻辭中的文辭。❷出　出仕為官。❸處　靜處隱居。❹利　鋒利。❺臭　氣味。

【語譯】同人卦的九五爻辭言「與人和同，起先不能達到願望而痛哭，後來如願以償而歡笑」。孔子解釋說：「君子立身處世之道，或出仕為官，或靜處隱居，或緘口沉默，或抒講議論。假如兩人心意相同，其力量就像鋒利的刀一樣可以切斷金屬；心意相同的言語，其氣味猶如蘭草一樣芬芳。」

「初六，藉用白茅，无咎❶。」子曰：「苟錯❷諸地而可矣，藉之用茅，何咎之有？慎之至也。夫茅之為物薄，而用可重也。慎斯術❸也以往，其无所失矣。」

【章旨】此節引孔子釋大過卦初六語以明《易》象之例。

【注釋】❶初六三句　此為大過卦初六爻辭。❷錯　放置。❸斯術　這種方法。

【語譯】大過卦的初六爻辭言「初六，用潔白的茅草襯墊禮器，沒有禍害」。孔子解釋說：「假如直接將禮器放置在地上也是可以的，又用茅草襯墊它，怎會有禍害呢？這是慎重至極啊！茅草作為一種物品是微薄的，但它的作用卻是重大的。慎守這種恭謹虔誠的方法來做事，就不會有過失了。」

「勞謙，君子有終，吉❶。」子曰：「勞而不伐❷，有功而不德❸，厚之至也。語以其功下人者也。德言盛，禮言恭。謙也者，致❹恭以存其位者也。」

【章旨】此節引孔子釋謙卦九三語以明《易》象之例。

【注釋】❶勞謙三句　此為謙卦九三爻辭。❷伐　誇耀。❸不德　不自以為有德。❹致　致力。

【語譯】謙卦的九三爻辭言「勤勞而又謙虛，君子始終堅持如此，可獲吉祥」。孔子解釋說：

「勤勞而不自我誇耀，有功勞而不自以為有德，真是敦厚至極啊！這是說那些雖有功勞而謙下於人的人啊！道德講求隆盛，禮節講求恭謹，所謂謙虛，就是致力於恭謹以保存他的地位的啊！」

「亢龍有悔❶。」子曰：「貴而无位，高而无民，賢人在下位而无輔，是以動而有悔也❷。」

【章旨】此節引孔子釋乾卦上九語以明《易》象之例。

【注釋】❶亢龍有悔　此為乾卦上九爻辭。❷貴而无位四句　見於乾卦〈文言〉。

【語譯】乾卦的上九爻辭言「高飛至極點的龍必將有所悔恨」。孔子解釋說：「尊貴而沒有實權地位，高顯而缺乏百姓擁戴，賢明的人都居於下位而無人輔助，因此，假如盲動就必然會有所悔恨。」

「不出戶庭，无咎❶。」子曰：「亂之所生也，則言語以為階❷。君不密❸則失臣，臣不密則失身，幾事❹不密則害成。是以君子慎密而不出❺也。」

【章　旨】此節引孔子釋節卦初九語以明《易》象之例。

【注　釋】❶不出戶庭二句　此為節卦初九爻辭。❷階　階梯。指亂由言語所引發。❸密　保密。❹幾事　政務之事。❺出　泄漏。

【語　譯】節卦的初九爻辭言「不隨意走出戶庭，沒有禍害」。孔子解釋說：「禍亂之所以產生，往往是言語不慎作為階梯。君主不保密就會失去臣子，臣子不保密就會失去自身性命，政務之事不保密就會危害成功，因此君子慎守機密而不泄漏。」

子曰：「作《易》者其知盜乎！《易》曰：『負且乘，致寇至❶。』負也者，小人之事也；乘也者，君子之器❷也。小人而乘君子之器，盜思奪之矣；上慢❸下暴，盜思伐之矣。慢藏❹誨盜❺，冶容❻誨淫。《易》曰『負且乘，致寇至』，盜之招❼也。」

【章　旨】此節引孔子釋解卦六三語以明《易》象之例。

【注釋】❶負且乘二句　此出自解卦六三爻辭。❷器　車具。❸慢　輕慢。❹慢藏　收藏財物太輕慢隨意。❺誨盜　引人為盜。❻冶容　指女子容貌妖冶。❼招　招引。

【語譯】孔子說：「創作《易經》的人大概知曉招致盜寇的原因罷！《易經》解卦六三爻辭言『小人身負重物而乘車，必招致外寇前來』。身負重物，是小人所為之事；車乘，是君子所乘的交通工具。小人卻乘坐君子的交通工具，盜寇就想來奪取它了；在上者輕慢，在下者暴虐，盜寇就想來攻打他了。在收藏財物上太輕慢就會引人為盜，在容貌打扮上太妖冶就會引人淫亂。《易經》解卦六三爻辭言『小人身負重物而乘車，必招致外寇前來』，是說招引盜寇的原因啊！」

第九章

大衍❶之數五十，其用四十有九❷。分而為二以象兩❸，掛❹一以象三❺，揲❻之以四以象四時，歸奇❼於扐❽以象閏❾，五歲再閏，故再扐而後掛。天數五，地數五❿，五位相得而各有合。天數二十有五，地數三十⓫，凡天地之數五十有五。此所以成變化而行鬼神也。乾之策二百一十有六⓬，坤之策百四十有四⓭，凡三百有六十，當期⓮之日。二篇之策，萬有一千五百二十⑮，當萬物之數也。是故四營⑯而成《易》⑰，十有八變而成卦⑱，八卦而小成⑲。引而伸之，觸類⑳而長之，天下之能事畢矣。顯道神㉑德行，是故可與酬酢㉒，可與祐神㉓矣。子曰：「知變化之道者，其知神㉔之所為乎！」

【章旨】此章言大衍天地之數、揲蓍求卦之法及其意義。

【注釋】❶衍　演繹。❷四十有九　猶言「四十九」。有，通「又」。❸兩　天地兩儀。❹掛　懸掛。❺三天、地、人三才。❻揲　分數蓍策。❼奇　指剩餘的蓍策。❽扐　夾於手指間。❾閏　閏月。❿天數五二句　指一至十的數字中，奇數一、三、五、七、九為天之數，偶數二、四、六、八、十為地之數。⓫天數二十有五二句　指一至十的數字中，五個奇數相加得二十五，五個偶數相加得三十。⓬乾之策二百一十有六　指乾卦由老陽爻組成，凡老陽爻皆從三變揲算過的三十六策而來，故六爻共含二百一十六策。⓭坤之策百四十有四　指坤卦由老陰爻組成，凡老陰爻皆從三變揲算過的二十四策而來，故六爻共含一百四十四策。⓮期　一週年。⓯二篇之策二句　二篇，指《周易》上、下經。其有六十四卦，陰爻、陽爻各一百九十二，陽爻乘以三十六，陰爻乘以二十四，其和即為此數。⓰四營　四次營求。即上文所言分二、卦一、揲四、歸奇這四道揲筮程序。⓱成易　指構成《周易》卦形。⓲十有八變而成卦　指四營為一變，三變得一爻，一卦六爻，故十八變而成一卦。⓳八卦而小成　指九變可成三爻，得八經卦之一。八卦尚未盡萬物情理，故曰小成。⓴觸類　遇上相類的事物。㉑神　用如動詞。㉒酬酢　應對。指與人打交道。㉓祐神輔助神靈。㉔神　神靈。

【語　譯】廣演天地的占筮之數可用五十根蓍策來表示，其中實用四十九根，虛一不用以象徵太極。將四十九策任意分為兩份以象徵天地兩儀，從右手中取一根懸掛於左手小指與無名指之間以象徵天地人三才，每四根為一束地分數蓍策以象徵四季的運行，先以右手四根一束地分數左手之策，將所餘之策夾於左手無名指與中指之間以象徵閏月，再用左手取右手之策四根一束地分數，將所餘之策夾於左手中指與食指之間以象徵五年的再次閏月，而後再別起一掛反覆揲算。天為陽，故天的數字象徵有一、三、五、七、九共五個奇數；地為陰，故地的數字象徵有二、四、六、八、十共五個偶數；五位奇數與偶數相互搭配而和諧。天數的五個奇數相加得二十五，地數的五個偶數相加得三十，天和地的象徵數字總共是五十五。這就是《易經》用數字象徵構成變化體系而奧妙貫通鬼神的方法。乾卦在占筮時要用蓍策二百一十六根，坤卦在占筮時要用一百四十四根，兩者相加共三百六十根，相當於一週年的天數。《周易》上經與下經兩篇六十四卦，占筮時共須用一萬一千五百二十根蓍策，相當於萬物的數目。因此，通過分二、掛一、揲四、歸奇這四次營求的過程就形成了《易經》的卦形，三變成一爻，每卦六爻，十八變而形成一卦，每九變出現的三畫卦即八卦之一是為小成之象。將八卦引申推廣成為六十四卦，遇上相類似的事物便增長發揮，那麼，普天下的能事也就全部涵蓋了。《易經》能顯明深奧的道理，使人的德行神妙，因此可以用來與人應對，也可以用來輔助神靈。孔子說：「懂得變化規律的人，大概也知曉神靈的所作所為吧！」

第十章

《易》有聖人之道四焉：以言者❶尚其辭，以動者尚其變，以制器者尚其象，以卜筮者尚其占。

【章旨】此節言《易經》之用有辭、變、象、占四方面。

【注釋】❶以言者　指以《易》理來指導言論的人。

【語譯】《易經》涵有的聖人之道表現在四個方面：用《易》理來指導言論的人崇尚它的文辭，用《易》理指導行動的人崇尚它的變化，用《易》理指導製作器具的人崇尚它的象徵，用《易》理指導占問決疑的人崇尚它的占筮原理。

是以君子將有為也，將有行也，問焉而以言，其受命也如響❶，无有遠近幽深，遂知來物❷。非天下之至精❸，其孰能與❹於此？參伍❺以變，錯綜其數❻，通其變，遂成天下之文❼；極其數，遂定天下之象。非天下之至變，其孰能與於此？《易》无思也，无為也，寂然不動，感❽而遂通天下之故❾。非天下之至神，其孰能與於此？

【章旨】此節言《易》理有至精、至變、至神之性。

【注釋】❶響　回聲。❷來物　未來的事物。❸至精　至為精深。❹與　及；達到。❺參伍　三番五次。參，三。伍，五。❻數　著數。❼文　文采。指文辭。❽感　陰陽交感。❾故　指事。

【語譯】因此君子將有所作為、將有所行動的時候，就用占語的方式來詢問《易經》，《易經》則接受詢問，就像回聲一樣用卦爻辭來回答。無論是遠的、近的、幽隱的、深奧的事情，終能知曉未來的事物。假如不是天下最精深的道理，又有誰能達到這種地步呢？反覆多次地演變，交錯綜合的蓍數，通達其中的變化，於是能形成天地的文辭；極盡數字的變化，於是能確定天下的物象。假如不是天下最能揭示變化規律的道理，又有誰能達到這種地步呢？《易經》本身沒有思慮，也沒有作為，它寂靜不動，卻能經過陰陽交感而終於能通曉天下萬事萬物。假如不是天下最神妙的道理，又有誰能達到這種地步呢？

夫《易》，聖人之所以極深❶而研幾❷也。唯深也，故能通天下之志；唯幾也，故能成天下之務；唯神也，故不疾❸而速，不行而至。子曰：「易有聖人之道四焉」者，此之謂也。

【章　旨】此節言《易》理之深奧、細密與神妙。

【注　釋】❶極深　極究深理。❷研幾　探研事理之幾。幾，細微；細密。❸疾　急也。

【語　譯】《易經》，是聖人用來極究事物深奧之理、探研事理之細密的。惟其深奧，所以能通曉天下人的心志；惟其細密，所以能成就天下的一切事務；惟其神妙，所以能不急而自然快速，不動而自然達到。孔子說「《易經》涵有的聖人之道表現在四個方面」，正是說的這個意思。

第十一章

天一、地二，天三、地四，天五、地六，天七、地八，天九、地十。❶

【章　旨】此節言天為奇、地為偶的象徵之數。

【注　釋】❶此章《漢書・律曆志》引在第九章「天數五」之上，朱熹《周易本義》則將此連同「天數五」至「成變化而行鬼神」八句，皆移置第九章「大衍之數」之上。此據阮刻本。

【語　譯】天數一，地數二；天數三，地數四；天數五，地數六；天數七，地數八；天數九，地數十。

子曰：「夫《易》何為者也？夫《易》開物❶成務，冒❷天下之道，如斯而已者也。」是故聖人以通天下之志，以定天下之業，以斷天下之疑。

【章旨】此節言《易經》通志、定業、斷疑的功用。

【注釋】❶開物　開創萬物。❷冒　包容。

【語譯】孔子說：「《易經》是做什麼的呢？《易經》是開創萬物，成就事務，包容天下萬事萬物之理的書，如此而已。」所以聖人用《易經》通曉天下人的心志，用《易經》確定天下的大業，用《易經》決斷天下的一切疑難。

是故蓍❶之德圓而神❷，卦之德方以知❸，六爻之義易以貢❹。聖人以此洗心❺，退藏於密❻，吉凶與民同患。神以知來，知以藏往。其孰能與此哉？古之聰明叡知❼、神武❽而不殺者夫！是以明於天之道，而察於民之故，是興神物❾以前民用❿。聖人以此齊戒⓫，以神明其德夫！

【章　旨】此節言聖人可用《易》理治民修德。

【注　釋】❶蓍　蓍數。❷圓而神　圓通而神妙。❸方以知　方正而明智。知，通「智」。❹易以貢　以變易告人。易，變易。貢，告。❺洗心　淨化純潔其心。❻密　深隱祕密之處。❼叡知　叡智。❽神武　指勇武而有仁德。❾神物　神妙之物。指蓍。❿前民用　用作人民行動的先導。⓫齊戒　齋戒；修潔自戒。

【語　譯】因此《易經》蓍數的性質圓通而神妙，卦體的德性方正而明智，六爻的意義是用變化以告諭於人。聖人用此來淨化純潔心靈，退而深藏於隱密之處而不顯其功，無論吉凶均與百姓同憂患。用蓍數的神妙可推知未來，用卦體的明智可蘊藏以往的經驗。又有誰能達到這樣呢？或許祇有古代那些聰明叡智、神武而不嗜濫殺的人纔能這樣吧！因此能夠明察天道，體察百姓的事務，並用蓍占這種神妙之物來作為百姓行動的先導。聖人正是用此來修潔自戒，用此來使其德行神妙顯明的啊！

是故闔戶❶謂之坤，闢戶❷謂之乾；一闔一闢謂之變，往來不窮謂之通；見❸乃謂之象，形乃謂之器❹，制而用之謂之法，利用出入❺，民咸用之謂之神。

【章　旨】此節釋坤、乾、變、通、象、器、法、神。

【注　釋】❶闔戶　關閉門戶。喻閉藏萬物，是為坤德。❷闢戶　打開門戶。喻吐生萬物，是為乾德。❸見　通「現」。❹器　器具。❺利用出入　指出出入入、反覆不斷地利用《易經》之理。

【語　譯】因此關閉門戶叫做坤，打開門戶叫做乾；一關閉一打開叫做變化，來往變化而不窮叫做會通；將變化顯現出來叫做表象，變化成有形的叫做器具；製造器具而使用它叫做效法，反覆不斷地利用它，百姓都在使用它卻不知曉叫做神妙。

是故《易》有太極❶，是❷生兩儀，兩儀生四象❸，四象生八卦，八卦定吉凶，吉凶生大業❹。

【章　旨】此節言八卦之所由來。

【注　釋】❶太極　即太一。指天地陰陽未分時的混沌狀態。❷是　指太極。❸四象　即在陰爻「⚋」與陽爻「⚊」的基礎上重疊而成，即「⚌」、「⚍」、「⚎」、「⚏」。或又稱其為太陽、太陰、少陽、少陰。八卦則在四象的基礎上再加一畫而成。詳見本書導讀中「《周易》的形成過程」一節。❹大業　指涵蓋萬物之理的盛大之業。

【語　譯】因此《易經》的原始有太極，太極產生天地陰陽兩儀，兩儀產生太陽、太陰、少陽、少陰四象，四象生出乾、坤、震、巽、坎、離、艮、兌八經卦，八卦的變化推演形成六十四卦便可以判定吉凶，判定吉凶於是產生了盛大的功業。

是故法象❶莫大乎天地；變通莫大乎四時；縣❷象著明❸莫大乎日月；崇高莫大乎富貴；備物❹致用，立成器❺以為天下利，莫大乎聖人；探賾索隱❻，鉤深❼致遠，以定天下之吉凶，成天下之亹亹❽者，莫大乎蓍龜❾。

【章旨】此節言《易》著索隱鉤深、定吉凶、成功業的作用。

【注釋】❶法象　取法物象。❷縣　同「懸」。❸著明　顯示光明。❹備物　具備器物。❺立成器　創製已成的器具。❻索隱　索求幽隱的事理。❼鉤深　鉤求深奧之理。❽亹亹　勤勉之狀。指功業。❾蓍龜　筮用蓍草，卜用靈龜。

【語譯】因此取法物象沒有比天地更大的；變化會通沒有比四季更大的；懸掛物象顯示光明沒有比日月更大的；尊崇高貴沒有比富裕榮貴更大的；具備器物以作為民用，創製已成的器具以使天下人得益，沒有比聖人更大的；探究複雜的事物，索求幽隱的事理，鉤求深奧的義理，行之於荒遠廣闊的領域，以判定天下萬事萬物的吉凶，以成就天下勤勉不懈的功業，沒有比蓍占與龜卜更大的。

是故天生神物❶，聖人則之；天地變化，聖人效之；天垂象，見吉凶，聖人象❷之；河出圖，洛出書❸，聖人則之。《易》有四象，所以示也；繫辭焉，所以告也；定之以吉凶，所以斷也。

【章旨】此節言聖人效法《易》理，以象、辭定吉凶。

【注釋】❶神物　指蓍龜。❷象　仿效。❸河出圖二句　參見本書導讀中的「幾種重要的易圖」一節。

【語譯】因此上天生出蓍龜這種神妙之物，聖人就取法它；天地生出各種變化，聖人就仿效它；天上垂示各種天象，顯現出或吉或凶的徵兆，聖人就模仿它；黃河裡出現了龍圖，洛水出現了龜書，聖人就效法它。《易經》有太陽、太陰、少陽、少陰四象，是用以顯示變化徵兆的；在卦爻之後連繫文辭，是用以告知變化情狀的；根據象與文辭來確定事物的吉凶，是用以判斷行事得失的。

第十二章

《易》曰：「自天祐之，吉无不利❶。」子曰：「祐者，助也。天之所助者，順也；人之所助者，信也。履信❷思乎順，又以尚賢也，是以『自天祐之，吉无不利』也。」

【章旨】此節引孔子語以解釋大有卦上九爻辭。

【注釋】❶自天祐之二句　此為大有卦上九爻辭。❷履信　履行誠信。

【語譯】《易經》大有卦的上九爻辭言「獲得來自上天的祐助，吉祥而無所不利」。孔子解釋說：「祐，就是祐助。上天所祐助的人，必能順應天道；人所祐助的人，必能待人誠信。履行誠信而能想到順應天道，又能尊崇賢人，因此能『獲得來自上天的祐助，吉祥而無所不利』。」

子曰：「書❶不盡言❷，言不盡意。」然則聖人之意其不可見乎？子曰：「聖人立象❸以盡意，設卦以盡情偽❹，繫辭焉以盡其言，變而通之以盡利，鼓之舞之❺以盡神。」

【章　旨】此節引孔子語以言《易經》立象盡意的特徵。

【注　釋】❶書　文字。❷盡言　指完全表達語言。❸立象　創立象徵。❹情偽　真情與虛偽。❺鼓之舞之　鼓動激揚。

【語　譯】孔子說：「書面文字不能完全地表達語言，語言也不能完全地表達人的思想。」既然這樣，那麼聖人的思想難道就不能表現出來了嗎？孔子又說：「聖人創立象徵來完全地表達思想，設置六十四卦來完全地表現事物的真情與虛偽，在卦爻之下連繫文辭來完全地表達語言，變化會通三百八十四爻來完全地施利於天下，鼓動激揚人們來完全地發揮它神奇的功用。」

乾坤其《易》之縕❶邪？乾坤成列❷，而《易》立乎其中矣。乾坤毀，則无以見《易》，《易》不可見，則乾坤或幾❸乎息矣。

【章　旨】此節言乾、坤兩卦是《易經》的精蘊。

【注釋】❶縕 通「蘊」。精蘊。❷成列 排列已成。❸幾 接近。

【語譯】乾坤兩卦可以說是《易經》的精蘊了吧！乾坤上下陳列已成，《易經》之理也就在其中確立了。假如乾坤兩卦毀滅不存，那就沒有辦法表現《易》理，假如《易》理不能表現，那麼乾坤化育萬物之理或許也接近於止息了。

是故形而上者❶謂之道❷，形而下者謂之器❸，化而裁❹之謂之變，推而行之謂之通，舉而錯❺之天下之民謂之事業。

【章旨】此節釋道、器、變、通等範疇。

【注釋】❶形而上者 指超出具體形態的抽象物。❷道 指主導有形物運動的精神因素。❸器 指表現為一定形態的物質狀態。如《易經》中的卦畫、爻，均為有形之器；而其所表現的《易》理則為形上之道。❹裁 裁制。❺錯 通「措」。置。

【語譯】因此超出於有形物之上的抽象的精神因素就叫做「道」，形象以下的有形物就叫做「器」，化育萬物並加以裁制就叫做「變」，推廣變化之道而行於天下就叫做「通」，將這些道理應用於天下的百姓就叫做事業。

是故夫象，聖人有以見天下之賾，而擬諸其形容，象其物宜，是故謂之象。聖人有以見天下之動，而觀其會通，以行其典禮，繫辭焉以斷其吉凶，是故謂之爻❶。極天下之賾者存乎卦；鼓天下之動者存乎辭；化而裁之存乎變；推而行之存乎通；神而明之存乎其人；默而成之，不言而信，存乎德行。

【章　旨】此節言《易》理指導人的重要作用。

【注　釋】❶聖人有以見天下之賾九句　此與第八章重複，或以為乃有意重之，以引起下文的議論。

【語　譯】因此《易經》所言之象，是聖人看到天下萬物之理深奧複雜，因而將它比擬成具體的形態，用來象徵事物適宜的意義，所以叫做「象」。聖人看到天下萬物的運動變化，因而觀察事物的會合變通，用以推行典章禮儀，在六十四卦三百八十四爻之下連繫文辭來判斷事物的吉祥或凶險，所以叫做「爻」。窮極天下萬事萬物深奧複雜之理的在於卦形；鼓動天下萬事萬物運動變化的在於卦爻辭；促使萬物化育並加以裁制的在於變動；推廣變化之道而行於天下的在於會通；知曉《易》理之神妙並顯明它的在於人對它的運用；學《易》之人靜默潛修而成就其事業，無須言語而使民信從，就在於美好的德行。

繫辭下傳❶

第一章

八卦成列，象在其中矣；因而重之❷，爻在其中矣；剛柔❸相推，變在其中矣；繫辭焉而命之❹，動在其中矣。

【章　旨】此節言《易》之卦、爻、變、動。

【注　釋】❶繫辭下傳　孔穎達《周易正義》分為九章，此從朱熹《周易本義》分為十二章。❷重之　將八個經卦相重。❸剛柔　指剛爻與柔爻。即陽爻與陰爻。❹命之　告諭之。

【語　譯】八卦一經創成而分列，萬事萬物的象徵就包含在其中了；據八卦兩兩相重疊而演成六十四卦，三百八十四爻就包含在其中了；剛爻與柔爻相互推移運動，萬物變化之理就包含在其中了；在卦爻之下連繫文辭以告諭其義，適時行動的規律就包含在其中了。

吉凶悔吝❶者，生乎動者也；剛柔者，立本❷者也；變通者，趣時❸者也。吉凶者，貞勝❹者也；天地之道，貞觀❺者也；日月之道，貞明❻者也；天下之動，貞夫一❼者也。

【章　旨】此節言吉凶剛柔，並強調貞正的重要。

【注　釋】❶吉凶悔吝　此為《易經》卦爻辭中常用之語。❷立本　確立根本。❸趣時　趨合時宜。趣，同「趨」。❹貞勝　貞正方能取勝。❺貞觀　以貞正而為人所觀仰。❻貞明　以貞正而發出光明。❼一　專一。

【語　譯】《易經》卦爻辭中所言的吉祥、凶險、悔恨、憾惜，是在變化行動中產生的；剛爻與柔爻，是確立一卦的根本因素；變化會通，是趨合時宜的行動。或吉或凶的規律，是說守持貞正方能免凶得吉而獲勝；天地的道理，是說明守正運行方能為人所觀仰；日月運行的道理，是說明守持貞正方能發出光明；天下萬事萬物的一切活動，都必須堅守貞正而精誠專一啊！

夫乾，確然❶示人易❷矣；夫坤，隤然❸示人簡❹矣。爻也者，效此者也；象也者，像此者也。爻象動乎內❺，吉凶見乎外❻。功業見乎變，聖人之情見乎辭。

【章 旨】此節言《易》之乾、坤、爻、象。

【注 釋】❶確然 剛健之狀。❷易 平易。❸隤然 柔順之狀。❹簡 簡約。❺內 指卦內。❻外 卦外。指表現於卦外的事物之上。

【語 譯】乾之道，以剛健的特徵昭示於人而又十分平易；坤之道，以柔順的特徵昭示於人而又十分簡約。所謂爻，就是仿效乾坤天地之道的；所謂象，就是象徵乾坤天地之道的。卦爻與卦象在卦體內部運動變化，或吉或凶的徵兆就在卦體之外的具體事物上顯現出來。功績事業體現於事物的變化過程，聖人的思想意旨則體現在卦爻辭中。

天地之大德曰生❶，聖人之大寶❷曰位。何以守位？曰仁。何以聚人❸？曰財。理財正辭❹、禁民為非曰義。

【章 旨】此節言聖人守位治民的要旨。

【注 釋】❶生 指化生萬物。❷大寶 最可珍貴者。❸聚人 聚集吸引百姓。❹正辭 端正言語。

【語 譯】天地最偉大的德性是化生萬物，聖人最可珍貴的是崇高的地位。憑什麼來守住其地位呢？用仁德。憑什麼來聚集吸引百姓呢？用資財。理好財務而端正言辭、禁止百姓做不正確的事就是道義。

第二章

古者包犧氏❶之王❷天下也；仰則觀象於天，俯則觀法於地，觀鳥獸之文❸，與地之宜❹，近取諸身❺，遠取諸物，於是始作八卦，以通神明之德，以類❻萬物之情。作結繩而為罔罟❼，以佃❽以漁，蓋取諸〈離〉❾。

【章　旨】此節言包犧氏仰觀俯察，取象而作八卦。

【注　釋】❶包犧氏　即伏羲氏。傳說中原始社會早期的人物。❷王　為王；治理。用如動詞。❸文　通「紋」。紋理。❹地之宜　指適宜存在於地上的事物。即植物。❺身　一己之身。❻類　按類區分。❼罔罟　罔，同「網」。罟，網的總稱。❽佃　指田。田獵。❾離　六十四卦之一。離卦上下皆離，象徵附麗。又離的卦形「☲」中虛，像孔眼，且有目之象（見〈說卦傳〉）。

【語　譯】遠古的時候伏羲氏治理天下，他仰頭就觀察日月星辰等天象，低頭就觀察地形高下升降的法則，觀察飛禽走獸身上的紋理，以及適宜生長於地上的植物，從近處取法自身，向遠處取法各種物象，因此纔創作了八卦，用來貫通神妙光明的德性，用來按類區分萬事萬物的情狀。伏羲氏發明了編結繩子作為羅網，用來圍獵，用來捕魚，這大概是吸取了離卦網目相連而物成附麗的象徵吧。

包犧氏沒❶，神農氏❷作❸，斲❹木為耜❺，揉木❻為耒❼，耒耨❽之利，以教天下，蓋取諸〈益〉❾。日中❿為市，致天下之民，聚天下之貨，交易而退，各得其所，蓋取諸〈噬嗑〉⓫。

【章　旨】此節言神農氏法《易》象而制器設市。

【注　釋】❶沒　通「歿」。❷神農氏　傳說中原始社會的人物。❸作　興起。❹斲　砍削。❺耜　犁頭。❻揉木　用火烘木使彎曲。揉，通「煣」。❼耒　犁柄。❽耨　除草。❾益　六十四卦之一，象徵增益；又益卦下震為動，上巽為木，為入，猶耒耜等木製農具上入下動，故言之。❿日中　日當中天，即中午。⓫噬嗑　六十四卦之一，象徵咬合。又噬嗑卦下震為動，上離為日，猶日中而動，貿易以合。

【語　譯】伏羲氏死後，神農氏興起，他砍削樹木製成犁頭，用火烘彎樹木而做成犁柄，並將這些耕田除草工具的功用，教給天下的百姓，這大概是取象於益卦吧。他又規定在中午時進行市場買賣。招致天下的百姓，聚集天下的財貨，交相貿易而返，人們各自得到他們所需要的，這大概是取象於噬嗑卦吧。

神農氏沒，黃帝❶、堯❷、舜❸氏作，通其變，使民不倦❹，神而化之，使民宜之。《易》窮❺則變，變則通，通則久，是以「自天祐之，吉无不利❻」。黃帝、堯、舜垂衣裳❼而天下治，蓋取諸〈乾〉、〈坤〉❽。

【章　旨】此節言黃帝、堯、舜效法《易》道，無為而治天下。

【注　釋】❶黃帝　即軒轅氏，為中原各族的共同祖先。❷堯　陶唐氏，名放勳，史稱唐堯。❸舜　有虞氏，名重華，史稱虞舜。❹倦　懈怠。❺窮　窮極。❻自天祐之二句　此為大有卦上九爻辭。❼垂衣裳　喻無為而治。❽乾坤　為六十四卦的首兩卦，象徵天地陰陽，又乾坤有變化易簡而無為之理。

【語　譯】神農氏死後，黃帝、堯、舜相繼興起，他們會通事物與前人所創制的變化，使百姓不至於懈怠，並使其神妙地隨時代而變化，以讓百姓適宜使用。《易經》的基本道理是事物窮極了就發生變化，變化了就能通達，通達了就能持久，因此大有卦上九爻辭言「獲得來自上天的祐助，吉祥而無所不利」。黃帝、堯、舜設文物制度，垂下衣裳無為而天下大治，這大概是取象於乾、坤兩卦吧。

刳❶木為舟，剡❷木為楫❸，舟楫之利，以濟不通，致遠以利天下，蓋取諸〈渙〉❹。服牛❺乘馬，引重❻致遠，以利天下，蓋取諸〈隨〉❼。重門❽擊柝❾，以待暴客❿，蓋取諸〈豫〉⓫。斷木為杵⓬，掘地為臼⓭，臼杵之利，萬民以濟，蓋取諸〈小過〉⓮。弦⓯木為弧⓰，剡木為矢，弧矢之利，以威天下，蓋取諸〈睽〉⓱。

【章旨】此節言聖人法象制器。

【注釋】❶刳　挖空。❷剡　削。❸楫　槳。❹渙　六十四卦之一，象徵渙散。又渙卦下坎為水，上巽為木，猶木舟行於水。❺服牛　用牛駕車。服，駕。❻引重　拉運重物。❼隨　六十四卦之一，象徵隨從。又隨卦下震為動，上兌為悅，猶牛馬下行而乘者上悅。❽重門　設置多重門。❾柝　古代巡夜報更示警的木梆。❿暴客　指盜寇。⓫豫　六十四卦之一，象徵悅樂。又豫卦下坤為地，上震為雷，猶擊柝於地上以為戒備。且豫有豫防之義。⓬杵　搗米的木杵。⓭臼　舂米的容器。⓮小過　六十四卦之一，象徵小有過度。又小過卦下艮為止，上震為動，猶舂米時杵動於上而臼止於下。⓯弦　弓弦。用如動詞。⓰弧　弓。⓱睽　六十四卦之一，象徵乖背。因矢與弓先相乖背而後發出，故言。

【語譯】挖空樹木做成船，砍削樹木做成槳，船槳的功用是可以渡過隔絕不通的江河，可以用來到達遠處而有利於天下的人，這大概是取象於渙卦吧。用牛駕車騎著馬，可以運載重物，到達遠處，以便利天下的人，這大概是取象於隨卦吧。設置多重門戶，巡夜敲擊木柝，以防備盜寇，這大概是取象於豫卦吧。砍斷樹木做成舂杵，挖掘地面做成舂臼，以舂臼舂杵搗米的功用，天下百姓因此而可成其所食，這大概是取象於小過卦吧。彎木上弦而做成弓，砍削樹木做成矢，弓矢的功用，可以威服天下，這大概是取象於睽卦吧。

上古穴居❶而野處，後世聖人易之以宮室，上棟❷下宇❸，以待風雨，蓋取諸〈大壯〉❹。古之葬者，厚衣❺之以薪，葬之中野❻，不封不樹❼，喪期无數❽，後世聖人易之以棺椁❾，蓋取諸〈大過〉❿。上古結繩而治⓫，後世聖人易之以書契⓬，百官以治，萬民以察，蓋取諸〈夬〉⓭。

【章　旨】此節言聖人法象而為宮室、棺、書契。

【注　釋】❶穴居　在洞穴中居住。❷棟　棟樑。❸宇　屋簷。❹大壯　六十四卦之一，象徵大為強盛。又大壯卦下乾為天，天似穹廬，上震為雷，猶房屋在下可避上之雷雨。❺衣　包裹著。❻中野　荒野之中。❼不封不樹　不立墳墓，不植樹木。封，堆土為墳。❽數　限期之數。❾椁　外棺。❿大過　六十四卦之一，象徵大有所過。又大過卦下巽為木，上兌為澤為穴，猶棺木在墓穴之中。⓫結繩而治　指遠古文字產生之前用結繩來記物的數量、事的大小。⓬書契　指文字。契，刻。古代須用刀將字刻在龜甲、獸骨或簡上。⓭夬　六十四卦之一，象徵決斷。書契文字的主要作用就是明於治事，以利決斷，故言。

【語譯】遠古時人們居住在洞穴和野地裡，後代的聖人用房屋來改變這種居住方式，上有棟樑，下有屋簷，用來防備風雨的侵襲，這大概是取象於大壯卦吧。古代的喪葬，用柴草厚厚地包裹著死者，葬在荒野之中，不堆高墳土，也不種植樹木，居喪之期沒有一定的限數，後代的聖人用棺槨來改變這種喪葬方式，這大概是取象於大過卦吧。遠古時人們透過繫結繩子來治理事務，後代的聖人用文字來改變這種治事方式，百官用它辦理政務，百姓用它來明察事理，這大概是取象於夬卦吧。

第三章

是故《易》者，象也。象也者，像❶也。彖❷者，材❸也。爻也者，效天下之動者也。是故吉凶生而悔吝著❹也。

【章旨】此章言《易》之象與卦爻辭可體現人事的吉凶悔吝。

【注釋】❶像　摹像。❷彖　指每卦的卦辭。❸材　通「裁」。裁斷一卦的卦德。❹著　顯明。

【語譯】因此《易經》的內蘊，就是象徵。象徵，就是摹像具體的物事以明理。卦辭，是裁斷一卦的卦德。爻辭，就是仿效天下萬事萬物運動變化的。因此，或吉祥或凶險的結果就產生了，或悔恨或憾惜也就顯明了。

第四章

陽卦多陰，陰卦多陽❶。其故何也？陽卦奇❷，陰卦耦❸。其德行何也？陽一君而二民❹，君子之道也；陰二君而一民❺，小人之道也。

【章　旨】此章言陽卦陰卦及其象徵意義。

【注　釋】❶陽卦多陰二句　八經卦中除乾為純陽、坤為純陰外，其餘六卦亦分陰陽。震☳、坎☵、艮☶三卦為陽，巽☴、離☲、兌☱三卦為陰。陽卦中一陽爻而二陰爻，陰卦則一陰爻而二陽爻，故言。❷奇　奇數。指陽卦皆五畫，為奇數。❸耦　偶數。指陰卦皆四畫，為偶數。❹一君而二民　陽爻為君，陰爻為民，陽卦中一陽爻二陰爻，故言。❺二君而一民　指陰卦二陽爻而一陰爻。

【語　譯】陽卦中陰爻居多，陰卦中陽爻居多。這是什麼緣故呢？因為陽卦的筆畫是奇數，陰卦的筆畫是偶數。它們各自象徵怎樣的德行呢？陽卦象徵一個君主兩個百姓是君子之道；陰卦則象徵兩個君主一個百姓，是小人之道。

第五章

《易》曰：「憧憧往來，朋從爾思❶」。子曰：「天下何思何慮？天下同歸而殊塗❷，一致而百慮❸，天下何思何慮？日往則月來，月往則日來，日月相推而明生焉；寒往則暑來，暑往則寒來，寒暑相推而歲成焉。往者屈❹也，來者信❺也，屈信相感❻而利生焉。尺蠖❼之屈，以求信也；龍蛇之蟄❽，以存身也。精義❾入神❿，以致用也；利用⓫安身，以崇德也。過此⓬以往，未之或知⓭也。窮神⓮知化，德之盛也。

【章　旨】此節引孔子語以闡釋咸卦九四爻辭之義。

【注　釋】❶憧憧往來二句　此為咸卦九四爻辭。❷同歸而殊塗　猶言殊塗而同歸。殊塗，不同的道路。塗，同「途」。❸一致而百慮　猶言「百慮而一致」。百慮，各種各樣不同的思想。❹屈　收縮。❺信　通「伸」。伸展。❻相感　交相感應。❼尺蠖　昆蟲名。北方稱步曲，南方稱造橋蟲，行動時為伸縮之狀。❽蟄　動物冬眠時的狀態。❾精義　精研道義。❿入神　進入神妙的境界。⓫利用　有利於施用。⓬此　指上述境界。⓭未之或知　或未知之。⓮窮神　窮極神妙之理。

【語譯】《易經》咸卦九四爻辭言「心神不定地往來徘徊，朋友終將順從你的思念而應合」，孔子解釋說：「天下之事何須思考，何須憂慮？天下萬事萬物將自然地透過各種不同的道路而走向同一的歸宿，各種各樣不同的思想也會自然地趨向一致，天下之事又何須思考，何須憂慮呢？太陽西下就有月亮東升，月亮西下就有太陽東升，太陽月亮交相推移，光明因而常生；寒冬消失就有暑夏到來，暑夏消失就有寒冬到來，寒冬暑夏交相推移，年歲因而形成。歸去的就是收縮，到來的就是伸展，收縮與伸展交相感應，各種利益好處也就產生了。尺蠖蟲的收縮，是為了求得伸展；龍蛇的冬眠潛伏，是為了保存自身。學者精微地研究道義，進入神妙的境界，是為了進獻才用；有利於施用，使自身安穩，是為了提高美德。超過這種境界再向上發展，或許就難以知曉了。窮究神妙之理而通曉變化之道，那就可以說美德十分充盈了。」

《易》曰：「困于石，據于蒺藜，入于其宮，不見其妻，凶❶。」子曰：「非所困而困焉，名必辱；非所據而據焉，身必危。既辱且危，死期將至，妻其可得見耶？」

【章旨】此節引孔子語以闡釋困卦六三爻辭之義。

【注　釋】❶困于石五句　此為困卦六三爻辭。

【語　譯】《易經》困卦六三爻辭言「困厄於巨石之下，又憑靠在蒺藜之上，進退皆困，走入自己的居室，仍然找不到妻子，必有凶險」。孔子解釋說：「本來不該受困卻遭受困厄，名聲必定受損辱；本來不該憑據的地方卻要憑據，他自身必定有危險。既名聲受辱而且身遭危險，死亡的日期即將到來，他的妻子怎麼能夠見到呢？」

《易》曰：「公用射隼于高墉之上，獲之，无不利❶。」子曰：「隼者，禽也；弓矢者，器也；射之者，人也。君子藏器於身，待時而動，何不利之有❷？動而不括❸，是以出而有獲，語成器❹而動者也。」

【章　旨】此節引孔子語以闡釋解卦上六爻辭之義。

【注　釋】❶公用射隼于高墉之上三句　此為解卦上六爻辭。❷何不利之有　猶言「有何不利」。❸括　阻塞。❹成器　已成的器物。指弓矢之類。

【語　譯】《易經》解卦上六爻辭言「王公射下據於高牆之上的惡鳥，並擒獲它，無所不利」。孔子解釋說：「惡隼，是鳥類；弓矢，是器物；用弓矢射下惡鳥的，是人。君子將器物藏在身上，等待適當的時機而行動，有什麼不利呢？行動而不受阻塞，因此外出而有所收穫，這是說君子應當準備好現成的器物然後纔行動啊！」

子曰：「小人不恥不仁❶，不畏不義❷，不見利不勸❸，不威不懲❹。小懲❺而大誡，小人之福也。《易》曰：『屨校滅趾，无咎❻』，此之謂也。」

【章　旨】此節引孔子語以闡釋噬嗑卦初九爻辭之義。

【注　釋】❶不恥不仁　不以不仁為恥辱。❷不畏不義　不害怕不義的行為。❸勸　勸勉。❹懲　懲戒。❺小懲　小的懲罰。❻屨校滅趾二句　此為噬嗑卦初九爻辭。

【語　譯】孔子說：「小人不會因為行為的不仁愛而感到恥辱，也不會害怕行為的不合道義，他們不看到實際的好處就不會勸勉，不施以威嚴就不會懲戒。假如受到小的懲罰而能大加戒懼，這實在是小人的福分。《易經》噬嗑卦初九爻辭言『給初犯者戴上腳桎，損滅他的足趾以示懲戒，必無禍害』，說的就是這個意思啊！」

「善不積不足以成名，惡不積不足以滅身。小人以小善為无益而弗為也，以小惡為无傷而弗去也，故惡積而不可揜❶，罪大而不可解。《易》

曰：『何校滅耳，凶❷』。」

【章　旨】此節引孔子語以闡釋噬嗑卦上九爻辭之義。

【注　釋】❶揜　掩蓋。❷何校滅耳二句　此為噬嗑卦上九爻辭。案：此則文辭前省略了「子曰」。

【語　譯】孔子說：「不積累善行不足以成就美名，不積累惡行不足以滅亡自身。小人認為小的善行沒有好處因而不做，認為小的惡行沒有害處因而不除去，所以惡行積累多了就不可掩蓋，罪行大了就不可消解。因此《易經》噬嗑卦上九爻辭言『給犯人戴上木枷，甚至毀傷了他的耳朵，必致凶險』。」

子曰：「危者，安其位者也；亡者，保其存者也；亂者，有其治者也。是故君子安而不忘危，存而不忘亡，治而不忘亂，是以身安而國家可保也。《易》曰：『其亡其亡，繫于苞桑❶。』」

【章　旨】此節引孔子語以闡釋否卦九五爻辭之義。

【注　釋】❶其亡其亡二句　此為否卦九五爻辭。

【語　譯】孔子說：「凡是危險的，都是以前過於安居其位的；凡是滅亡的，都是以前自以為能長久存在的；凡是混亂的，都是以前自以為已經太平的。因此君子安居而不忘記危殆，存在而不忘記滅亡，太平而不忘記混亂，因而可以使自身平安而國家得以保存。所以《易經》否卦九五爻辭言『時時提醒自己：或有危亡，或有危亡，就能像繫結於叢生的桑樹一樣安泰』。」

子曰：「德薄而位尊，知❶小而謀大，力小而任重，鮮❷不及❸矣。《易》曰：『鼎折足，覆公餗，其形渥，凶❹。』言不勝其任也。」

【章旨】此節引孔子語以闡釋鼎卦九四爻辭之義。

【注釋】❶知　同「智」。❷鮮　少。❸不及　指不及於禍患。❹鼎折足四句　此為鼎卦九四爻辭。

【語譯】孔子說：「德行淺薄卻地位尊貴，才智短小卻圖謀大事，力量微弱卻擔當重任，這樣很少有不遭到禍患的。《易經》鼎卦九四爻辭言『鼎器不堪重負而折斷了鼎足，傾覆了王公的美食，並使鼎身受到沾濡，必致凶險』。正是說力量不堪其重任的情形啊！」

子曰：「知幾其神乎！君子上交不諂，下交不瀆❶，其知幾乎！幾者，動之微，吉❷之先見❸者也。君子見幾而作❹，不俟❺終日。《易》曰：『介于石，不終日，貞吉❻。』介如石焉，寧用終日？斷❼可識❽矣。君子知微知彰❾，知柔知剛，萬夫之望。」

【章旨】此節引孔子語以闡釋豫卦六二爻辭之義。

【注釋】❶瀆　輕慢。❷吉　此處當指吉凶。❸見　同「現」。❹作　興起；行動。❺俟　等待。❻介于石三句　此為豫卦六二爻辭。❼斷　斷然。❽識　知道；明白。❾彰　明顯。

【語譯】孔子說：「能預知幾微的事理大概可算神妙了吧！君子與尊者交往絕不諂媚，與卑下者交往也絕不輕慢，大概可算預知幾微的事理了吧！幾微，是指事物變動的細微徵兆，是結局或吉或凶的預先顯現。君子察見細微的徵兆就採取行動，無須等待一整天。《易經》豫卦六二爻辭言『品性耿介如堅石，不整天沉溺於安樂之中，守持貞正可獲吉祥』。既然品性耿介如堅石，又怎會要整天地等待呢？應該斷然就可以明白不能沉溺於安樂的道理。君子能察知細微的徵兆，也明白明顯的事理，懂得事物柔弱的一面，也懂得事物剛強的一面，因而是天下萬民所景仰的人啊！」

子曰：「顏氏之子❶，其殆❷庶幾❸乎！有不善，未嘗不知；知之，未嘗復行❹也。《易》曰：『不遠復，无祇悔，元吉❺。』」

【章旨】此節引孔子語以闡釋復卦初九爻辭之義。

【注釋】❶顏氏之子 指孔子的學生顏淵。顏淵，名回，字子淵。❷殆 大概。表揣測。❸庶幾 接近。此指接近於完美。❹復行 再次重犯。❺不遠復三句 此為復卦初九爻辭。

【語譯】孔子說：「顏淵這個人，他的德行大概可以算接近完美了吧！有不善的行為，他沒有不知道的；知道了，他沒有再次重犯的。所以《易經》復卦初九爻辭言『起步不遠就回復正道，這樣必無災病，而且還有大的吉祥』。」

「天地絪縕❶，萬物化醇❷；男女構精❸，萬物化生。《易》曰：『三人行，則損一人；一人行，則得其友❹。』言致一❺也。」

【章旨】此節引孔子語以闡釋損卦六三爻辭之義。

【注釋】❶絪縕 又作「氤氳」。這裡指天地陰陽二氣交感綿密之狀。❷醇 醇厚。指化育的完滿。❸男女構精 指人之男女、萬物之陰陽交合其精。構，交合。❹三人行四句 此為損卦六三爻辭。案：此則文辭前省略了「子曰」。❺致一 達到一致。

【語譯】孔子說：「天地陰陽二氣交感融合，萬物得以化育醇厚完滿；男女陰陽二性交合其精，萬物得以化生。《易經》損卦六三爻辭言『三人一同前行，就減損其中一人；一人前往，就必能獲得朋友』。正是說陰陽交合要達到一致啊！」

子曰：「君子安其身而後動，易❶其心而後語，定其交❷而後求，君子脩❸此三者，故全❹也。危以動，則民不與❺也；懼以語，則民不應也；无交而求，則民不與也。莫之與❻，則傷之者至矣。《易》曰：『莫益之，或擊之，立心勿恆，凶❼。』」

【章旨】此節引孔子語以闡釋益卦上九爻辭之義。

【注釋】❶易　平易；平和。❷定其交　確定了相交往的關係。❸脩　修養；培養。❹全　保全。❺與　配合。❻莫之與　猶言「莫與之」。❼莫益之四句　此為益卦上九爻辭。

【語譯】孔子說：「君子先安定自身然後纔行動，先平和內心然後纔說話，先確定交往的關係然後纔求助，君子能培養樹立這三種美德，所以能保全。假如危險的時候行動，百姓就不會配合他；假如恐懼的時候說話，百姓就不會響應他；假如尚未確定交往的關係而求助，百姓就不會益助他。沒有人益助他，損害他的人也就到來了。因此《易經》益卦上九爻辭言『無人益助他，反而有人攻擊他。居心不常善，必致凶險』。」

第六章

子曰：「〈乾〉、〈坤〉，其《易》之門邪？」〈乾〉，陽物也；〈坤〉，陰物也。陰陽合德而剛柔有體❶，以體❷天地之撰❸，以通神明之德。其稱名❹也，雜而不越❺，於稽❻其類❼，其衰世❽之意邪？

【章旨】此節乾坤象徵陰陽而可體察天地之撰。

【注釋】❶剛柔有體　指陽為剛、陰為柔，各有其體制。❷體　體察。❸撰　創作。即天地化育萬物的功能。❹稱名　指六十四卦的名稱。❺不越　不相逾越而各有界限。❻稽　考查。❼類　事類。指卦爻辭中所用的事類。❽衰世　衰微時代。

【語譯】孔子說：「乾、坤兩卦，大概是《易經》的門戶了吧！」乾卦，是陽性物的象徵；坤卦，是陰性物的象徵。陰與陽德性相交合而陽剛陰柔各有其體制，可以用來體察天地化育萬物的功能，可以用來貫通天地神妙光明的德性。《易經》各卦的名稱，雖然繁雜，卻不相逾越而各有界限，考查卦爻辭中所引用的事類，大概表現的是衰微時代的思想意旨吧！

夫《易》，彰❶往而察來，而微顯❷闡幽❸。開❹而當名❺辨物❻，正言斷辭❼則備矣。其稱名也小，其取類❽也大，其旨遠，其辭文❾，其言曲而中❿，其事肆而隱⓫。因貳⓬以濟民行⓭，以明失得之報⓮。

【章旨】此節言卦爻辭的特點與功用。

【注釋】❶彰　顯明。❷微顯　使細微之理顯明。❸闡幽　闡發幽深的事理。❹開　開卷。指打開《易經》。❺當名　適當的名稱。❻辨物　明辨事物。❼斷辭　決斷的文辭。❽取類　取喻的事類。❾文　有文采。❿曲而中　曲折而切中事理。⓫肆而隱　直接明白而又深奧隱蔽。⓬貳　指或吉或凶兩方面。⓭行　行為處事。⓮報　應驗。

【語譯】《易經》，可以彰明以往的事，並明察未來的變化，可以顯明細微的事理，闡發幽深的奧密。打開《易經》，可以看到各卦均有適當的名稱，有明辨的物象，有周正的言論，有決斷的文辭，可以說萬理都具備了。《易經》卦爻辭中所稱的名物雖然細小，但所取喻的事類卻十分廣大，它的意旨深遠，它的言辭富於文采，它的語言曲折而切中事理，它所用的物事直接明白而又深奧隱蔽。運用或吉或凶的占斷來濟助百姓的行為處事，並用來顯明或失或得的應驗。

第七章

《易》之興也，其於中古❶乎？作《易》者，其有憂患乎？

【章旨】此節推測《易》興於中古，作《易》者心懷憂患。

【注釋】❶中古 指商末周初之時。

【語譯】《易經》的興起，大概是在商末周初的中古時代吧？創作《易經》的人，大概心中懷有憂患吧？

是故〈履〉❶，德之基也；〈謙〉❷，德之柄❸也；〈復〉❹，德之本也；〈恆〉❺，德之固❻也；〈損〉❼，德之脩❽也；〈益〉❾，德之裕❿也；〈困〉⓫，德之辨⓬也；〈井〉⓭，德之地⓮也；〈巽〉⓯，德之制⓰也。

【章旨】此節立義於「德」而首陳九卦。

【注 釋】❶履　此卦象徵小心謹慎，循禮而行。❷謙　此卦象徵謙虛恭敬。❸柄　柯柄。柄可執握，故言。❹復　此卦象徵復善趨仁。❺恆　此卦象徵恆守正道。❻固　堅固。❼損　此卦象徵減損，有自損不善的意思。❽脩　修養；培養。❾益　此卦象徵增益，有增進美善的意思。❿裕　擴大。⓫困　此卦象徵困厄而能守正不亂。⓬辨　分辨。人處困厄時能否守正，適能分辨人的德操，故言。⓭井　此卦象徵君子以德澤養民不窮。⓮地　處所。⓯巽　此卦象徵以謙順而達到有所為。⓰制　制宜。謙順不是盲目順從、過於自卑，而是因機行動，終有所為，故言。

【語 譯】因此，履卦教人小心謹慎，循禮而行，是建立道德的初基；謙卦教人謙虛禮讓，屈己下人，是施行道德的柯柄；復卦教人回復正道，趨向仁善，是遵循道德的根本；恆卦教人堅守貞正，持之以恆，是鞏固道德的保證；損卦教人自損不善，減少過失，是修養道德的途徑；益卦教人增進美德，充實善念，是擴充道德的手段；困卦教人身處困厄而守正不亂，是分辨道德的考驗；井卦教人自廣德澤，養民不窮，是推行道德的處所；巽卦教人謙順有度，終有所為，是運用道德的制宜。

〈履〉，和而至❶；〈謙〉，尊而光❷；〈復〉，小而辨於物❸；〈恆〉，雜而不厭❹；〈損〉，先難而後易❺；〈益〉，長裕而不設❻；〈困〉，窮而通❼；〈井〉，居其所而遷❽；〈巽〉，稱而隱❾。

【章　旨】此節再陳九卦，進一步申明諸卦性質。

【注　釋】❶和而至　指履禮而行，故能和順而達到目的。至，達到。❷尊而光　指謙虛禮讓，故能受人尊敬而德行光大。❸小而辨於物　指復善趨仁，故能見細微的徵兆，辨別事物，迷途知返。小，指細微的徵兆。❹雜而不厭　指於複雜的情況下恆守正道而不厭倦。❺先難而後易　指自損不善而先難，獲益而後易。❻長裕而不設　指長期增益美德而非虛設。設，虛設。❼窮而通　指困厄中守正必先窮困而後通達。❽居其所而遷　指井德養民，雖居常所而其德長新。遷，變動不息。❾稱而隱　指以謙順的方式達到有所為的目的，有所稱道而又隱藏不顯露。

【語　譯】履卦的性質是履禮而行，故能和順而達到目的；謙卦的性質是謙虛禮讓，故能受人尊敬而德行光大，復卦的性質是復善趨仁，故能辨別事物的細微徵兆而復歸正道；恆卦的性質是恆守正道，故能於複雜的情況下恆守正道而不厭倦；損卦的性質是自損不善，故必定是開頭困難而後容易；益卦的性質是增進美善，故能長久廣裕其德而非虛設；困卦的性質是困厄能正，故必能由窮困而走向通達；井卦的性質是養民不窮，故能常居定所而德澤長新；巽卦的性質是謙順有所為，故能稱揚自己而又隱藏不露。

〈履〉以和行❶，〈謙〉以制禮❷，〈復〉以自知❸，〈恆〉以一德❹，〈損〉以遠害❺，〈益〉以興利❻，〈困〉以寡怨❼，〈井〉以辯義❽，〈巽〉

以行權❾。

【章旨】此節三陳九卦，以明諸卦功用。

【注釋】❶行 行動。❷制禮 制約禮節。❸自知 察知自我。❹一德 專一德行。❺遠害 遠離禍患。❻興利 增興福利。❼寡怨 減少怨忿。指知道困卦處困守正則窮而通的道理，就不會於困厄時怨天尤人。❽辯義 辨明道義。指井德養人不窮為義，否則為不義。辯，通「辨」。❾行權 行使權宜。指以謙順而求有為，是為權宜。

【語譯】履卦的道理可以用來和順行動，謙卦的道理可以用來制約禮節，復卦的道理可以用來察知自我，恆卦的道理可以用來專一德行，損卦的道理可以用來遠離禍患，益卦的道理可以用來增興福利，困卦的道理可以用來減少怨忿，井卦的道理可以用來辨明道義，巽卦的道理可以用來行使權宜。

第八章

《易》之為書也，不可遠❶，為道❷也屢遷，變動不居❸，周流❹六虛❺，上下无常，剛柔相易，不可為典要❻，唯變所適❼。

【章　旨】此節言《易》之卦爻變化無常，不可拘於一端。

【注　釋】❶遠　遠離。❷為道　體現的道理。❸居　停止。❹周流　周遍地流動。❺六虛　指六爻。❻為典要　拘執於典要。典要，指定規。❼唯變所適　唯按其所適合的方式不斷變化。

【語　譯】《易經》作為一部經世致用的書，人們是不能遠離它的，《易經》所體現的道理就是不斷地推移運動，變動永不止息，這種變動周遍地流行於各卦六爻之間，或向上或向下沒有一定的法則，陽剛與陰柔也互相變易，不能拘執於某一定規，而祇按其所適合的方式不斷變化。

其出入❶以度❷，外內❸使知懼。又明於憂患與故❹，无有師保❺，如臨❻父母。初率❼其辭，而揆❽其方❾，既❿有典常⓫。苟非其人⓬，道不虛行⓭。

【章　旨】此節言卦爻辭的義理有常，可指導人事。

【注　釋】❶出入　指行為的進退舉止。❷度　法則。❸外內　指處世的或隱或顯。❹故　往昔之事。❺師保　古代教導貴族子弟的師長。❻臨　面臨。❼率　遵循。❽揆　揆度、思索。❾方　道理。❿既　通「即」。⓫典常　規則。⓬其人　指篤信並研習《易》理的人。⓭虛行　憑空推行。

【語　譯】《易經》之理可以啟發人們行為的進退舉止合於法則，使人們處世或隱或顯都知道戒懼禍患。它又使人明察憂患與往昔掌故，這樣，雖然沒有師保的監護，卻也好像面臨父母的教誨一般。學《易》之始先遵循《易經》的卦爻辭，而後揆度思索其中的道理，就會掌握其中一定的規則。假如沒有篤信並認真研習《易》理的人，《易經》的精微之道也是不可能憑空推行的。

第九章

《易》之為書也，原始要終❶以為質❷也。六爻相雜，唯其時物❸也。其初❹難知，其上❺易知，本末❻也。初辭擬❼之，卒❽成之終。

【章　旨】此節言六爻相雜及初、上兩爻的特點。

【注　釋】❶原始要終　推究事物的初始，探求事物的終結。❷質　此指卦體。❸時物　時宜與物象。❹初　指初爻。❺上　指上爻。❻本末　指初爻反映事物之本，上爻為末。❼擬　擬議。❽卒　最後。

【語　譯】《易經》作為一部闡明事理的書，推究事物的初始，探求事物的終結而構成卦體。各卦六爻相互錯雜，惟以反映特定的時宜與物象。其中初爻的意義較難知曉，上爻的意義則較容易明白，因為初爻反映的是事物的根本，上爻反映的是事物的末端。初爻的爻辭比擬事物的起始，而最後完成於終結的上爻。

若夫雜物❶撰德❷，辯❸是與非，則非其中爻❹不備。噫！亦要❺存亡吉凶，則居❻可知矣。知❼者觀其彖辭❽，則思❾過半矣。

【章　旨】此節言中間四爻的重要性。

【注　釋】❶雜物　錯雜物象。❷撰德　撰述陰陽德性。❸辯　通「辨」。分辨。❹中爻　指除初爻、上爻之外的中間四爻。❺要　大要。❻居　平居在家。❼知　通「智」。❽彖辭　指卦辭。❾思　指對《易》理的思索與理解。

【語　譯】至於錯雜物象來撰述陰陽德性，來分辨事物的是非得失，則沒有六爻中間的四爻就不能全面理解。啊！祇要了解中間四爻，那麼事物存亡吉凶的大要，即使平居在家也可以知曉了。明智的人觀察它的卦辭，那麼對《易》理的了解也就超過一半了。

二❶與四❷同功❸而異位，其善❹不同。二多譽，四多懼，近❺也。柔❻之為道，不利遠者❼，其要❽无咎，其用柔中❾也。三❿與五⓫同功而異位。

三多凶，五多功，貴賤之等⑫也。其柔危⑬，其剛勝⑭邪！

【章　旨】此節言中間四爻的特點與區別。

【注　釋】❶二　指第二爻。❷四　指第四爻。❸功　功能。❹善　指吉凶得失。❺近　指第四爻靠近君位，故多懼。或言「二多譽」下當有「遠也」二字。❻柔　陰柔。因第二爻與第四爻均為陰柔之位，故言。❼遠者　指遠大的作為。❽要　要旨。❾柔中　柔順而居中不偏。❿三　指第三爻。⓫五　指第五爻。⓬貴賤之等　指第五爻居上之君位，為貴；第三爻居下卦，為賤。等，等級差別。⓭其柔危　指陰柔處於三或五位則為失位不正，可能有危險。⓮其剛勝　指陽剛處於三或五位則得正，大多能勝任獲吉。

【語　譯】每卦六爻中的第二爻與第四爻同樣具有陰柔的功能，卻處於不同的爻位，它們的吉凶得失也不相同。第二爻居下得中，通常多有稱譽；第四爻通常多含憂懼，因為它靠近君主之位啊！陰柔所體現的道理，過於追求遠大的作為將有不利，它的要旨在於避免禍害，它的施用在於柔順而居中不偏。第三爻與第五爻同樣具有陽剛的功能，卻處於不同的爻位。第三爻通常多有凶險，第五爻通常多獲成功，這是因為它們有尊貴卑賤的等級差別啊！大概說來，陰柔處於三、五的爻位通常將有危險，而陽剛處於三、五的爻位則往往能勝任而獲吉吧！

第十章

《易》之為書也，廣大悉❶備。有天道焉❷，有人道焉，有地道焉。兼三才❸而兩之❹，故六❺。六者非它也，三才之道也。

【章旨】此節言《易經》含有天、地、人三才之道。

【注釋】❶悉 全部。❷焉 於此。兼詞。❸三才 即天、地、人。此指八經卦的每卦三畫象徵三才。❹兩之 將三畫卦兩兩相重疊。意指三畫的八卦象徵三才，重疊而成六畫的六十四卦亦涵三才之道。❺六 指每卦的六畫。

【語譯】《易經》作為一部象徵事理的書，可以說涵蓋廣大完備。有天道包含在其中，有人道包含在其中，也有地道包含在其中。兼合三畫卦天地人三才的象徵而兩兩相重疊，所以形成了六畫的卦。每卦的六畫並沒有其他的意思，體現的是天地人三才的道理。

道有變動，故曰爻❶。爻有等❷，故曰物❸。物相雜，故曰文❹。文不當❺，故吉凶生焉。

【章　旨】此節言《易》之爻象徵變動而顯示吉凶。

【注　釋】❶爻　指以六爻來象徵事物的變動。❷等　類。指陰爻與陽爻及爻位的差別等。❸物　物象。❹文　指不同的物象相錯雜而構成文理。❺不當　指適當與不適當。當如陽居奇位、陰居偶位則吉，反之則不當而凶。

【語　譯】《易經》之道在於變化運動，象徵這種變化運動的就叫做爻。爻有陰陽上下等不同類別，體現這些不同類別的就叫做物象。不同的物象相互錯雜，反映這種錯雜關係的就叫做文理。文理有的適當，有的不適當，所以或吉或凶的結果也就產生了。

第十一章

《易》之興也，其當殷之末世、周之盛德邪？當文王❶與紂❷之事邪？是故其辭危❸。危者使平❹，易者❺使傾❻，其道甚大，百物不廢❼。懼以終始，其要无咎。此之謂《易》之道也。

【章　旨】此章言《易》當作於殷末，故其辭危。

【注　釋】❶文王　周文王，姬姓，商紂時為西伯。舊有文王拘而演《易》並作卦爻辭之說。❷紂　殷商的最後一個君主，歷史上著名的暴君。❸危　危懼。❹平　平安。❺易者　安居簡慢者。❻傾　傾覆。❼廢　廢棄不用。

【語　譯】《易經》的興起，大概正當殷的末世、周的德業十分隆盛的時期吧？大概正當周文王臣事商紂王的時期吧？因此《易經》的卦爻辭多含有危懼警戒之義。危懼警戒可使平安，安居簡慢則可使傾覆，其中所蘊涵的道理十分重大，所有的事物都不能廢棄違背這一原則。從始至終保持危懼警戒，它的要旨在於避免禍害。這就叫做《易經》的道理啊！

第十二章

夫〈乾〉，天下之至健也，德行恆易❶以知險❷；夫〈坤〉，天下之至順也，德行恆簡❸以知阻❹。

【章　旨】此節言乾坤兩卦至健至順之性及易簡之德。

【注　釋】❶恆易　恆久平易。❷險　艱險之事。❸簡　簡約。❹阻　困阻之事。

【語　譯】乾卦，是天下最剛健的象徵，它的德性作用表現在恆久平易，故能透過它知曉艱險之事；坤卦，是天下最柔順的象徵，它的德性作用表現在恆久簡約，故能透過它知曉困阻之事。

能說❶諸❷心，能研❸諸侯之慮❹，定天下之吉凶，成天下之亹亹❺者。是故變化云為❻，吉事有祥。象事知器，占事知來。

【章　旨】此節言《易》理對人的內心與思慮的作用。

【注　釋】❶說　同「悅」。❷諸　之於。兼詞。❸研　研磨。❹諸侯之慮　一般認為「侯之」二字為衍文，當為「諸慮」。或謂「諸侯」為物主。「諸侯之慮」即各種思慮。❺亹亹　勤勉之狀。❻云為　言語和行動。

【語　譯】《易經》之理能使人的內心愉悅，能研判人的思慮，能確定天下之事的或吉或凶，能成就天下人的勤勉之功。因此根據《易經》的變化之理來言語行動，吉祥之事必有祥瑞之兆。觀察《易經》中所取用的物象，就知道各種器具的形成；占問尚未明顯的事物，就能預知未來的結果。

天地設位，聖人成能❶，人謀鬼謀❷，百姓與能❸。八卦以象告，爻象❹以情❺言，剛柔雜居，而吉凶可見矣。

【章　旨】此節言聖人成《易》之功能而百姓可用。

【注釋】❶成能　成就《易》理的功能。❷鬼謀　鬼神的謀慮。指比人謀更神妙而不可測者。❸與能　參與運用其功能。❹爻象　爻辭與卦辭。❺情　物情。指事物的具體情態。

【語譯】天尊地卑一經設置了它們的地位，聖人便創制《易經》而成就了它的功能，無論是人的謀慮還是鬼神的謀慮，普通百姓也能參與運用其功能。八個經卦用卦象來顯示義理，六十四卦的卦爻辭用事物的具體情態來顯示義理，陽剛與陰柔錯雜處於卦中，而事物或吉或凶的結果就可以預見到了。

變動以利❶言，吉凶以情遷，是故愛惡相攻❷而吉凶生，遠近相取❸而悔吝生，情偽相感❹而利害生。凡《易》之情，近而不相得❺則凶；或害之❻，悔且吝。

【章旨】此節言吉凶、悔吝、利害之所生。

【注釋】❶利　指卦爻辭中的「利」與「不利」。❷愛惡相攻　指相愛與相惡互相矛盾。愛則相合而吉，惡則相敵而凶；陰遇陰、陽遇陽相惡而敵，陰遇陽、陽遇陰相愛而合。❸遠近相取　遠而相應或近而相比的取捨不當。遠，指上下卦爻位遠應，如初與四、二與五。近，指相鄰近的爻近比，如初與二、二與三。相取，指取捨不當，如初與四皆陽皆陰，或以陰乘陽等。❹情偽相感　真情相感或虛偽相感。真情則利，虛情則害。❺不相得　不相合。❻或害之　或有外來的傷害。

【語　譯】各爻的變化運動用「利」或「不利」來說明，結果的或吉或凶是根據事物的具體情態而變化，因此愛而相合或惡而相敵的相互矛盾，就導致了或吉或凶的結果產生；遠而相應或近而相比的取捨不當，就導致了或悔或吝的結果產生；真情相感或虛情相感的不同，就導致了或利或害的結果產生。大凡《易經》的情理，爻與爻相鄰近卻不相合就多有凶險；或許有外來的傷害，也就難免悔恨與憾惜。

將叛者其辭慙❶，中心❷疑者其辭枝❸，吉人之辭寡，躁人之辭多，誣善❹之人其辭游❺，失其守❻者其辭屈❼。

【章　旨】此節言心不同者其辭亦不同。

【注　釋】❶慙　同「慚」。❷中心　心中。❸枝　散亂枝蔓。❹誣善　誣害好人。❺游　游移不定。❻守　職守。❼屈　屈曲不直。

【語　譯】將要反叛的人，他的言辭必定慚愧不安；心中疑慮的人，他的言辭必定散亂枝蔓；善良吉祥的人，他的言辭必定少而精練；性情浮躁的人，他的言辭必定雜亂繁多；誣害好人的人，他的言辭必定游移不定；喪失職守的人，他的言辭必定屈曲不直。

說卦傳❶

第一章

昔者聖人之作《易》也，幽贊❷於神明❸而生蓍❹，參天❺兩地❻而倚數❼，觀變於陰陽而立卦❽，發揮於剛柔而生爻，和順於道德而理於義❾，窮理❿盡性⓫以至於命⓬。

【章　旨】此章言聖人生蓍、倚數、立卦、生爻的作《易》過程，以及《易》窮理盡性的重要功用。

【注　釋】❶說卦傳　解說八經卦卦象的一篇專論。詳見本書導讀中的「關於〈易傳〉」一節。又〈說卦傳〉分章頗有不同，此依朱子《周易本義》分為十一章。且根據每章篇幅，分若干節進行譯注。說，即解說。卦，指八經卦。❷幽贊　暗中贊助。幽，幽深。❸神明　神妙光明的造化。❹蓍　一種靈草。此指用蓍草揲筮而占的方法。❺參天　採用天的「三」數來代表陽。參，三。指奇數。乾☰由三個陽爻組成，乾為天，故三為天數。又或云：天一、天三、天五，三數相加為九，故天為陽，陽數用九。❻兩地　採用地的「二」數來代表陰。二，指偶數。坤☷由三個陰爻組成，共六畫，每爻兩畫，坤為地，故二為地數。又或云：地二、地四，兩數相加得六，故地為陰，陰數用六。❼倚數　立數。指創立陰陽數字象徵。❽卦　指八卦的卦形。❾理於義　猶言「理存於義」。指事理蘊涵於卦義之中。❿窮理　窮極萬物之理。⓫盡性　盡括萬物的本性。⓬命　天命。指宇宙萬物的根本屬性與根本規律。

【語譯】從前聖人創作《易經》的時候，由於得到神明的暗中贊助而創造了用蓍草筮占的方法，他採用代表天的奇數與代表地的偶數來建立陰陽奇偶之數的象徵，又觀察陽剛陰柔的作用與變化而確立了八卦卦形，並發揮陽剛與陰柔的道理創立了爻畫，卦爻能應和順從於天地萬物的道理與德性而將事理涵蓋於卦義，能窮極萬事之理，盡括萬物之性，而直至通曉那神祕的天命造化。

第二章

昔者聖人之作《易》也，將以❶順性命之理。是以立天之道曰陰與陽，立地之道曰柔與剛，立人之道曰仁與義❷。兼三才而兩之❸，故《易》六畫而成卦❹；分陰分陽❺，迭用❻柔剛，故《易》六位而成章❼。

【章　旨】此章言《易》之天地人三才與陰陽二體。

【注　釋】❶以　猶言「以之」。❷仁與義　仁為柔，義為剛。❸兼三才而兩之　參見本書〈繫辭下傳〉第十章譯注。❹卦　此指六十四卦。❺分陰分陽　指分為陰爻與陽爻。❻迭用　指交錯運用。❼章　章理。

【語　譯】從前聖人創作《易經》的時候，將要用它來順合性命的道理，因此確立了天的道理叫做陰與陽，確立了地的道理叫做柔與剛，確立了人的道理叫做仁與義。兼合三畫卦天地人三才的象徵而兩兩相重疊，所以《易經》要六畫纔能構成一個完整的卦；六爻中又分為陰爻與陽爻兩類，交錯地運用陽剛與陰柔，所以《易經》六十四卦每卦有六個爻位而陰陽交錯構成章理。

第三章

天地定位，山澤❶通氣，雷風❷相薄❸，水火❹不相射❺，八卦相錯。

數❻往者順❼，知來者逆❽，是故《易》，逆數❾也。

【章　旨】此章言八卦的象徵及其相互作用的關係。

【注　釋】❶山澤　艮為山，兌為澤。❷雷風　震為雷，巽為風。❸薄　迫近。此指應合。❹水火　坎為水，離為火。❺不相射　不相厭棄而相通。❻數　計算；了解。❼順　順著時間計算。❽逆　逆著時間計算。❾逆數　逆著時間推知未來。案：宋人據此章而畫成了「先天八卦圖」。邵子曰：「此伏羲八卦之位。乾南坤北，離東坎西，兌居東南，震居東北，巽居西南，艮居西北。於是八卦相交而成六十四卦，所謂先天之學也。」

【語　譯】乾為天在上，坤為地在下，確定了位置；艮為山，兌為澤，溝通氣息；震為雷，巽為風，互相應和；坎為水，離為火，彼此不相厭棄而相通，八卦就這樣互相錯雜地構成。了解已往的事理要順著時間推算，了解未來的事理則要逆著時間推算，所以《易經》的功用主要是逆著時間推算未來。

第四章

雷以動之❶，風以散之，雨❷以潤之，日❸以烜❹之，艮以止之，兌以說❺之，乾以君之，坤以藏❻之。

【章　旨】此章言八卦的不同功用。

【注　釋】❶之　代指萬物。❷雨　坎為雨。❸日　離為日。❹烜　曬乾；照明。❺說　同「悅」。❻藏　儲藏。案：此章明八卦功用，前四句以卦之象徵物言，後四句則直以卦德言。

【語　譯】震為雷用以鼓動振奮萬物，巽為風用以吹散流通萬物，坎為雨用以潤澤滋養萬物，離為日用以曬乾照耀萬物，艮為山用以阻隔抑止萬物，兌為澤用以調和欣悅萬物，乾為天用以君臨鑒察萬物，坤為地用以涵蓋儲藏萬物。

第五章

帝出乎〈震〉❶，齊乎〈巽〉❷，相見乎〈離〉❸，致役乎〈坤〉❹，說言乎〈兌〉❺，戰乎〈乾〉❻，勞乎〈坎〉❼，成言乎〈艮〉❽。

【章　旨】此節言萬物生長與八卦的關係。

【注　釋】❶帝出乎震　帝，指天地造化的宇宙萬物。震位於東方，日月由此升起；震時為春分，萬物由此萌生，故言。❷齊乎巽　指萬物一齊生長。齊，整齊。巽位於東南，時為立夏，此時天氣和暖，萬物蓬勃生長。❸相見乎離　指萬物生長旺盛而顯現其繁茂之體。離位於南方，時為夏至，此時萬物壯大，各顯其形。❹致役乎坤　致役，指得到役養。坤位於西南，時為立秋，此時萬物已近成熟，正獲取進一步的役養。❺說言乎兌　指萬物欣悅。說，同「悅」。言，語助詞，無義。兌位於西方，時為秋分，此時萬物成熟，盡皆欣悅。❻戰乎乾　指陰陽二氣交接配合。戰，交接。乾位於西北，時為立冬，此時暑往寒來，陰陽交接。❼勞乎坎　指萬物疲倦而息。勞，疲勞。坎位於北方，時為冬至，此時萬物長勢已頹，須止息以待來年。❽成言乎艮　指萬物已完成其一年的生長週期。成，完成。言，語助詞，無義。艮位於東北，時為立春，此時舊歲已成，新年伊始，萬物已成其舊功而將重新萌生。案：此章言萬物一年的生長週期與八卦相配，如此而往，周而復始，較明顯地反映了《周易》循環變化運動的觀念。

【語　譯】天地造化的宇宙萬物產生於象徵春分的震卦，一齊生長於象徵立夏的巽卦，繁茂顯現於象徵夏至的離卦，獲得役養於象徵立秋的坤卦，成熟欣悅於象徵秋分的兌卦，交接配合於象徵立冬的乾卦，疲勞止息於象徵冬至的坎卦，成其舊功而將重新萌發於象徵立春的艮卦。

萬物出乎〈震〉，〈震〉東方也。齊乎〈巽〉，〈巽〉東南也；齊也者，言萬物之絜齊❶也。〈離〉也者，明❷也，萬物皆相見，南方之卦也；聖人南面❸而聽❹天下，嚮明❺而治，蓋取諸此也。〈坤〉也者，地也，萬物皆致養❻焉，故曰致役乎〈坤〉。〈兌〉，正秋也，萬物之所說❼也，故曰說言乎〈兌〉。戰乎〈乾〉，〈乾〉，西北之卦也，言陰陽相薄❽也。〈坎〉者，水也，正北方之卦也，勞卦也，萬物之所歸❾也，故曰勞乎〈坎〉。〈艮〉，東北之卦也，萬物之所成終而所成始也，故曰成言乎〈艮〉。

【章　旨】此節言八卦所象徵的方位與時令。

【注　釋】❶絜齊　整潔齊一。❷明　離為日為明。❸南面　面朝南方。❹聽　聽政。❺嚮明　面嚮光明。

嚮，通「向」。❻致養 獲得滋養。❼說 同「悅」。❽薄 迫近，即「交接」之義。❾歸 歸藏；止息。

案：宋人據此章而畫成「後天八卦圖」。邵子云：「此卦位乃文王所定，所謂後天之學也。」「先天圖」與「後天圖」中，八卦之方位有異，讀者對此當明辨之。

【語譯】萬物產生於震卦，因為震卦象徵日升物萌的東方。一齊生長於巽卦，因為巽卦象徵萬物蓬勃旺盛的東南方；所謂一齊生長，是說萬物的生長整潔齊一。離卦，是光明的象徵，陽光哺育，萬物都得以顯現其繁茂，它是象徵南方的卦；聖人面向南方而聽天下之政，面向光明而施治，大概是取之於這一卦吧。坤卦，是大地的象徵，萬物由此而獲得滋養，所以說獲得役養於坤卦。兌卦，是象徵正秋的卦，是萬物成熟而欣悅的季節，所以說成熟欣悅於象徵秋分的兌卦。交接配合於乾卦，乾，是象徵西北方的卦，這是說陰與陽於此時互相交接啊。坎卦，是水的象徵，是象徵正北方的卦，也是象徵疲勞倦止的卦，萬物此時當歸藏止息，所以說疲勞止息於坎卦。艮卦，是象徵東北方的卦，萬物於此時已完成了一年生長的終結而又完成了新的開始的準備，所以說成其舊功而將重新萌發於艮卦。

第六章

神❶也者，妙❷萬物而為言者也。動萬物者莫疾❸乎雷，橈❹萬物者莫疾乎風，燥萬物者莫熯❺乎火，說❻萬物者莫說乎澤，潤萬物者莫潤乎水，終萬物始萬物者莫盛乎艮❼。故水火相逮❽，雷風不相悖❾，山澤通氣，然後能變化既成萬物也。

【章　旨】此章言八卦象徵自然變化而生成萬物。

【注　釋】❶神　指天地造化萬物的神奇功用。❷妙　神妙。指神妙地化育。❸疾　快速。❹橈　通「撓」。撓動；吹拂。❺熯　同「暵」。熱。❻說　同「悅」。下一「說」字同。❼終萬物始萬物者莫盛乎艮　指艮卦位於東北，時為立春，為萬物終成舊功而始將復萌之時，即前章所言「艮，東北之卦也，萬物之所成終而所成始」之義。❽水火相逮　指水與火雖性質相異而亦相及相濟。逮，及也。❾悖　乖背。案：此章僅言震、巽、離、兌、坎、艮六個子卦，而不言乾、坤者，因六子卦出自乾、坤，其作用與變化始終未脫出乾坤天地的範圍，故雖不言而自在其中。

【語　譯】天地造化的神奇功用，是指它能神妙地化育萬物而言的。鼓動振奮萬物沒有什麼比震卦所象徵的雷更快速的，撓動吹拂萬物沒有什麼比巽卦所象徵的風更快速的，乾燥照耀萬物沒有什麼比離卦所象徵的火更炎熱的，和順欣悅萬物沒有什麼比兌卦所象徵的澤更和悅的，潤澤滋養萬物沒有什麼比坎卦所象徵的水更濕潤的，使萬物終成舊功而始將復萌沒有什麼比艮卦所象徵的山更盛美的。所以水與火相及相濟，雷與風不相乖背，山與澤溝通氣息，這樣纔能構成運動變化而形成萬物啊！

第七章

〈乾〉，健❶也；〈坤〉，順❷也；〈震〉，動❸也；〈巽〉，入❹也；〈坎〉，陷❺也；〈離〉，麗❻也；〈艮〉，止❼也；〈兌〉，說❽也。

【章　旨】此章言八卦的性情。

【注　釋】❶健　孔穎達《正義》云：「乾象天，天體運轉不息，故為健也。」❷順　孔穎達《正義》云：「坤象地，地順承於天，故為順也。」❸動　孔穎達《正義》云：「震象雷，雷奮動萬物，故為動也。」❹入　孔穎達《正義》云：「巽象風，風行无所不入，故為入也。」❺陷　孔穎達《正義》云：「坎象水，水處險陷，故為陷也。」❻麗　附麗。孔穎達《正義》云：「離象火，火必著於物，故為麗也。」❼止　孔穎達《正義》云：「艮象山，山體靜止，故為止也。」❽說　同「悅」。孔穎達《正義》云：「兌象澤，澤潤萬物，故為說也。」案：此八卦的性情揭示了八卦本質的象徵意義，是理解《易》理的重要出發點。

【語　譯】乾卦，代表剛健；坤卦，代表柔順；震卦，代表奮動；巽卦，代表進入；坎卦，代表險陷；離卦，代表附麗；艮卦，代表靜止；兌卦，代表欣悅。

第八章

〈乾〉為馬❶，〈坤〉為牛❷，〈震〉為龍❸，〈巽〉為雞❹，〈坎〉為豕❺，〈離〉為雉❻，〈艮〉為狗❼，〈兌〉為羊❽。

【章　旨】此章言八卦所象徵的動物。

【注　釋】❶乾為馬　孔穎達《正義》云：「乾象天，天行健，故為馬也。」❷坤為牛　孔穎達《正義》云：「坤象地，任重而順，故為牛也。」❸震為龍　孔穎達《正義》云：「震動象，龍動物，故為龍也。」❹巽為雞　孔穎達《正義》云：「巽主號令，雞能知時，故為雞也。」❺坎為豕　孔穎達《正義》云：「坎主水瀆，豕處污濕，故為豕也。」❻離為雉　孔穎達《正義》云：「離為文明，雉有文章，故為雉也。」❼艮為狗　孔穎達《正義》云：「艮為靜止，狗能善守，禁止外人，故為狗也。」❽兌為羊　孔穎達《正義》云：「兌，說也，王廙云『羊者，順之畜』，故為羊也。」

【語　譯】乾卦有馬的象徵，坤卦有牛的象徵，震卦有龍的象徵，巽卦有雞的象徵，坎卦有豬的象徵，離卦有雉的象徵，艮卦有狗的象徵，兌卦有羊的象徵。

第九章

〈乾〉為首❶，〈坤〉為腹❷，〈震〉為足❸，〈巽〉為股❹，〈坎〉為耳❺，〈離〉為目❻，〈艮〉為手❼，〈兌〉為口❽。

【章　旨】此章言八卦所象徵的人體部位。

【注　釋】❶乾為首　孔穎達《正義》云：「乾尊而在上，故為首也。」❷坤為腹　孔穎達《正義》云：「坤能包藏含容，故為腹也。」❸震為足　孔穎達《正義》云：「足能動用，故為足也。」❹巽為股　孔穎達《正義》云：「股隨於足，則巽順之謂，故為股也。」股，大腿。❺坎為耳　孔穎達《正義》云：「坎北方之卦，主聽，故為耳也。」❻離為目　孔穎達《正義》云：「南方之卦，主視，故為目也。」❼艮為手　孔穎達《正義》云：「艮既為止，手亦能止持其物，故為手也。」❽兌為口　孔穎達《正義》云：「兌西方之卦，主言語，故為口也。」

【語　譯】乾卦有頭部的象徵，坤卦有腹部的象徵，震卦有足部的象徵，巽卦有大腿的象徵，坎卦有耳部的象徵，離卦有眼睛的象徵，艮卦有手的象徵，兌卦有口部的象徵。

第十章

〈乾〉，天也，故稱乎父；〈坤〉，地也，故稱乎母。〈震〉一索而得男❶，故謂之長男；〈巽〉一索而得女❷，故謂之長女；〈坎〉再索而得男❸，故謂之中男；〈離〉再索而得女❹，故謂之中女；〈艮〉三索而得男❺，故謂之少男；〈兌〉三索而得女❻，故謂之少女。

【章　旨】此章言八卦所象徵的父母子女。

【注　釋】❶震一索而得男　震☳一陽在下，為陽卦，故言。一索，第一次求合，指乾坤陰陽的求合。男，為陽之象徵。❷巽一索而得女　巽☴一陰在下，為陰卦，故言。女，為陰之象徵。❸坎再索而得男　坎☵一陽在中，為陽卦，故言。❹離再索而得女　離☲一陰在中，為陰卦，故言。❺艮三索而得男　艮☶一陽在上，為陽卦，故言。❻兌三索而得女　兌☱一陰在上，為陰卦，故言。案：乾坤為父母，求合而生六子，六子之長幼則以主爻所居之位的先後順序而定。

【語　譯】乾卦，是天的象徵，所以稱為父親；坤卦，是地的象徵，所以稱為母親。震卦是乾坤第一次求合而得到的陽卦，象徵男兒，且陽爻在初位，所以叫作長男；巽卦是乾坤第一次求合而得到的陰卦，象徵女兒，且陰爻在初位，所以叫作長女；坎卦是乾坤第二次求合而得到的陽卦，陽爻在中位，所以叫作中男；離卦是乾坤第二次求合而得到的陰卦，陰爻在中位，所以叫作中女；艮卦是乾坤第三次求合而得到的陽卦，陽爻在上位，所以叫作少男；兌卦是乾坤第三次求合而得到的陰卦，陰爻在上位，所以叫作少女。

第十一章

〈乾〉為天，為圜❶，為君，為父，為玉，為金，為寒，為冰，為大赤❷，為良馬，為老馬，為瘠❸馬，為駁馬❹，為木果❺。

【章　旨】此節言乾卦所象徵的諸多事物。

【注　釋】❶圜　圓形。❷大赤　大紅色。❸瘠　瘦。❹駁馬　凶猛之馬，據說能食虎豹。❺木果　樹上的果實。案：乾為天，天周環運轉，故為圜；天尊而在上，故為君、為父；乾性剛堅，故為玉、為金；乾為西北之卦，時為立冬，故為寒、為冰；乾純盛之陽，故為大赤；天行健，故為良馬；行健之久，故為老馬；行健之甚，故為瘠馬；其至健而猛，故為駁馬；圓而在上，故為木果。

【語　譯】乾卦象徵天，象徵圓形，象徵君主，象徵父親，象徵玉石，象徵金屬，象徵寒冷，象徵堅冰，象徵大紅色，象徵好馬，象徵老馬，象徵瘦馬，象徵駁馬，象徵樹上的果實。

〈坤〉為地，為母，為布，為釜❶，為吝嗇，為均，為子母牛❷，為大輿❸，為文❹，為眾，為柄❺，其於地也為黑。

【章旨】此節言坤卦所象徵的諸多事物。

【注釋】❶釜 鍋。❷子母牛 多產子的母牛。❸大輿 大車。❹文 文彩。❺柄 器物的把柄。案：坤為地，萬物資之以生，故為母；地平廣，故為布；化生成熟萬物，故為釜；坤為陰性，故為吝嗇；地兼養萬物而不偏心，故為均；地多蕃育而性柔順，故為子母牛；承載萬物，故為大輿；地上草木山川，萬物相雜而成文，故為文；載物眾多，故為眾；地為萬物化育之本，故為柄；坤為純陰，陰為暗，故為黑土。

【語譯】坤卦象徵地，象徵母親，象徵布帛，象徵鍋子，象徵吝嗇，象徵均平，象徵多子的母牛，象徵大車，象徵文彩，象徵眾多，象徵器物的把柄，相對於土地而言則象徵黑土。

〈震〉為雷，為龍，為玄黃❶，為旉❷，為大塗❸，為長子，為決躁❹，為蒼筤竹❺，為萑葦❻。其於馬也，為善鳴，為馵❼足，為作足❽，為的顙❾。其於稼也，為反生❿。其究⓫為健，為蕃鮮⓬。

【章旨】此節言震卦所象徵的諸多事物。

【注　釋】❶玄黃　青黃相雜之色。天玄而地黃。❷旉　花朵。❸大塗　大道。塗，同「途」。❹決躁　剛決急躁。❺蒼筤竹　青嫩的竹子。❻萑葦　蘆葦一類植物。❼馵　左後足長白毛的馬。❽作足　雙足齊舉。作，舉。❾的顙　額上長白毛的馬。顙，額。❿反生　倒著生長。即頂著種子的殼破土萌生。如豆、麻之類作物。⓫究　極。⓬蕃鮮　生長繁盛而鮮明。案：震為雷，為動，動盪不已，故為龍；天地陰陽初交而生，故為玄黃；震為春分之卦，春時花開，故為旉，萬物皆生於春，此所必經，故為大塗；乾坤始交而初生，故為長子；震剛而好動，故為決躁；震位於東方，東方青色，故為蒼筤竹、為萑葦。震好動，故有馬象：善鳴者有好動之性；馵足、作足、的顙亦均涵動而健之義。又震為春卦、為長子，故有作物反生而蕃鮮之象。

【語　譯】震卦象徵雷，象徵龍，象徵青黃相雜之色，象徵花朵，象徵大道，象徵長子，象徵剛決急躁，象徵青嫩的竹子，象徵蒼青的蘆葦。就馬而言，象徵喜歡嘶鳴的馬，象徵左後足長白毛的馬，象徵雙足齊舉的馬，象徵額上長白毛的馬。就禾稼作物而言，象徵倒著生長的作物。震卦動至極點則象徵剛健，象徵植物生長繁盛而鮮明。

〈巽〉為木，為風，為長女，為繩直❶，為工❷，為白，為長，為高，為進退❸，為不果❹，為臭❺。其於人也，為寡髮，為廣顙❻，為多白眼❼，為近利市三倍❽。其究為躁卦。

【章　旨】此節言巽卦所象徵的諸多事物。

【注　釋】❶繩直　指木工所用的墨線。❷工　工巧。❸進退　進退猶豫。❹不果　不果決。❺臭　氣味。❻廣顙　寬額頭。❼多白眼　眼睛白多黑少。形容傲視之狀。❽利市三倍　通過買賣而獲三倍之利。案：巽的卦形是二陽動於上，一陰靜於下，上如木身，下如木根，故為木；根靜而身動，故為風；乾坤始交而初生的陰卦，故為長女；巽性柔，故為繩直；木能循繩使直，亦能煣之使曲，故為工；風吹去塵，故為白；風行甚遠，故為長；風上雲霄，且木生而上長，故為高；風忽進忽退，故為進退；變化不定，故為不果；風吹來各種氣味，故為臭。風吹葉落，樹葉稀少，故為寡髮；髮少則額寬，故為廣顙；巽二陽而一陰，白為陽，黑為陰，故為多白眼；巽為風為入，有多入之義，故為近利市三倍。巽為順，順極而轉躁，故其究為躁卦。寡髮、廣顙、多白眼、利市三倍之人，皆過於思慮、精心算計之象，內心慮極，必有動於外，猶如順極而生躁，則巽反為震矣。

【語　譯】巽卦象徵樹木，象徵風，象徵長女，象徵木工所用的墨線，象徵工巧，象徵白色，象徵長，象徵高，象徵進退猶豫，象徵優柔寡斷，象徵氣味。就人而言，象徵頭髮稀少的人，象徵額頭寬闊的人，象徵眼睛白多黑少的人，象徵做買賣要獲取三倍利潤的商人。巽卦順至極點則將轉變成躁動的卦。

〈坎〉為水，為溝瀆❶，為隱伏，為矯輮❷，為弓輪❸。其於人也，為加憂❹，為心病，為耳痛。為血卦，為赤❺。其於馬也，為美脊❻，為亟心❼，為下首❽，為薄蹄❾，為曳❿。其於輿也，為多眚⓫。為通，為月，為盜。其於木也，為堅多心⓬。

【章　旨】此節言坎卦所象徵的諸多事物。

【注　釋】❶溝瀆　水溝。❷矯輮　指按需要對外物進行加工。矯，將彎曲的東西弄直。輮，將直的東西弄彎曲。❸弓輪　彎弓與轉輪。❹加憂　憂慮重重。❺赤　紅色。❻美脊　馬的背脊很美。❼亟心　性情焦急。亟，急。❽下首　頭下垂。❾薄蹄　用馬蹄踢地。薄，迫。❿曳　拖拉。⓫眚　眼病。喻災禍。⓬多心　多空。案：坎為水，水流溝中，故為溝瀆；水藏地中，故為隱伏；水流可任意曲直，故為矯輮；矯輮樹木使曲，故為弓輪。坎為險陷，憂其險難，故為加憂；慮其險難，故為心病；聽其險難，故為耳痛。遇其險難，故為血卦；血之色為赤，故為赤。又坎的卦形是一陽在中而二陰在外，陽為美，脊在中，故為美脊；陽為急，故為亟心；陰在上而下比陽，故為下首；陷入險難而躁，故為薄蹄；入險欲出，奮力拖拉，故為曳。遇險難行，故為多眚。坎為水，水流通暢，故為通；月為水之精，故為月；水潛行而人不覺，故為盜。坎卦陽爻居中，陽為堅為白，故為堅多心。

【語　譯】坎卦象徵水，象徵水溝，象徵隱藏潛伏，象徵矯輮外物，象徵彎弓與轉輪。就人而言，象徵憂心重重的人，象徵內心有病的人，象徵耳痛的人。它還是象徵鮮血的卦，象徵紅色。就馬而言，它象徵背脊很美的馬，象徵性情焦急的馬，象徵頭向下垂的馬，象徵不斷用蹄子踢地的馬，象徵拚命拖拉的馬。就車而言，它象徵車行多有災禍。它也象徵通暢，象徵月亮，象徵偷盜。就樹木而言，它象徵堅硬而多空心的樹木。

〈離〉為火，為日，為電，為中女，為甲冑❶，為戈兵❷。其於人也，為大腹，為乾❸卦。為鱉，為蟹，為蠃❹，為蚌，為龜。其於木也，為科上槁❺。

【章旨】此節言離卦所象徵的諸多事物。

【注釋】❶甲冑　盔甲。戰士以為防身之用。❷戈兵　指兵器。❸乾　乾燥。❹蠃　同「螺」。❺科上槁　科，指木中空。上槁，木的上部枯槁。案：離乃南方之卦，故為火；火性熱，故為日；閃電而火生，故為電；乾坤二索所得的陰卦，故為中女；離之卦形上下皆陽，陽性剛，故為甲冑、為戈兵。離中陰，陰為虛，中空虛，故為大腹；火燥物，故為乾卦；外陽中陰，猶外有堅甲而內柔弱，故為鱉、為蟹、為蠃、為蚌、為龜，五者皆有甲殼；離中虛而性火燥，故於木為科上槁。

【語譯】離卦象徵火，象徵太陽，象徵閃電，象徵中女，象徵盔甲，象徵兵器。就人而言，象徵大腹的人，又是象徵乾燥的卦。又象徵鱉，象徵蟹，象徵螺，象徵蚌，象徵龜。就樹木而言，它象徵中間空而上部枯槁的樹木。

〈艮〉為山，為徑路❶，為小石，為門闕❷，為果蓏❸，為閽寺❹，為指❺，為狗，為鼠，為黔喙之屬❻。其於木也，為堅多節。

【章旨】此節言艮卦所象徵的諸多事物。

【注釋】❶徑路　小路。❷闕　高大的門。❸果蓏　樹上之實為果，瓜類之實為蓏。❹閽寺　守門人。閽，看門人。寺，守宮人。❺指　手指。❻黔喙之屬　黑嘴之類的鳥。黔，黑。喙，鳥嘴。案：艮卦卦形一陽居二陰之上，猶山頂為陽而下蘊陰質，故為山；山路狹窄，故為徑路；山多碎石，故為小石；艮之卦形如門闕狀，故為門闕；果蓏生長山中，故為果蓏；又艮為山，山性靜止，有止義，守門者以止人為職司，故為閽寺；以指止人，故為指；狗看門以防止盜竊，故為狗；鼠居止於穴，故為鼠；鳥棲止於山中，故為黔喙之屬；山地堅而多石，猶樹堅而多節，故為木堅多節。

【語譯】艮卦象徵山，象徵小路，象徵小石頭，象徵門闕，象徵果蓏，象徵守門人，象徵手指，象徵狗，象徵老鼠，象徵黑嘴的鳥類。就樹木而言，象徵堅硬多節的樹。

〈兌〉為澤，為少女，為巫❶，為口舌，為毀折❷，為附決❸。其於地也，為剛鹵❹。為妾，為羊。

【章　旨】此節言兌卦所象徵的諸多事物。

【注　釋】❶巫　巫師。❷毀折　毀滅摧折。❸附決　附從決斷。❹剛鹵　剛硬多鹼的土地。案：兌之卦形一陰在上，令下濕，故為澤；乾坤二索所生的陰卦，故為少女；兌為澤，澤潤萬物而物皆欣悅，故有悅義，巫以口舌取悅於人，故為巫、為口舌；又兌為西方之卦，時為正秋，物成熟而後枯折，故為毀折；兌卦一陰下附於陽，故為附決；兌主西方，西方之地多堅硬的鹼鹵地，故為剛鹵。兌為少女，從姊出嫁，故為妾；兌陰柔，羊性柔順，故為羊。

【語　譯】兌卦象徵水澤，象徵少女，象徵巫師，象徵口舌，象徵毀滅摧折，象徵附從決斷。就土地而言，它象徵堅硬鹹鹵的瘠地。它又象徵妾，象徵羊。

序卦傳❶

有天地❷然後萬物生焉，盈❸天地之間者唯萬物，故受之❹以〈屯〉。屯者，盈❺也；屯者，物之始生也；物必生蒙❻，故受之以〈蒙〉。蒙者，蒙也，物之穉❼也；物穉不可不養也，故受之以〈需〉。需者，飲食之道也；飲食必有訟❽，故受之以〈訟〉。訟必有眾起❾，故受之以〈師〉。

【章　旨】此章言乾、坤、屯、蒙、需、訟、師等卦之順序的內在關係。

【注　釋】❶序卦傳　此為分析《易經》六十四卦編排順序內在關係的一篇專論。全文按《易》之上經與下經分成兩大部分，此為方便讀者對照原文與譯注，將每一部分又分成若干章節進行譯注，但讀者仍應將其當作一個整體來理解，千萬不可割裂其聯繫關係。其次要著重說明的是：〈序卦傳〉本就篇幅不大，要詳盡闡述六十四卦順序的內在聯繫自然有困難；況且，〈序卦傳〉的分析解說，往往僅據卦名，或僅取卦之名義的某一方面，這祇是作者的一己之見。因此，〈序卦傳〉的解說或有與本書對原卦的解說不盡相同之處，其完整的涵義仍應以前面對原卦的解釋為準。在〈序卦傳〉的譯注中遇到此類情況，不再一一加以說明。序，義指順序。❷天地　乾為天，坤為地。❸盈　充盈。❹受之　繼承之。之，代指乾、坤。❺盈　指天地始交將生萬物時，陰陽和合之氣充盈。❻蒙　蒙昧。❼穉　幼稚。❽訟　爭訟。❾眾起　眾人起來。

【語　譯】乾卦象徵天，坤卦象徵地，有了天和地，然後纔有萬物產生，充滿在天與地之間的唯有萬物而已。所以在乾、坤兩卦之後，接著是屯卦。屯，是指陰陽二氣和合孕育之時十分充盈；屯，也是指萬物開始萌生；萬物剛生之時必定蒙昧，所以接著是蒙卦。蒙，是指蒙昧，即指萬物尚且幼稚；萬物幼稚不可不加以養育，所以接著是需卦。需，是講需待飲食的道理，需待飲食必然會引起爭訟，所以接著是訟卦。爭訟太甚必將導致眾人的興起，所以接著是師卦。

師者，眾也；眾必有所比❶，故受之以〈比〉。比者，比也；比必有所畜❷，故受之以〈小畜〉。物畜然後有禮，故受之以〈履〉❸。履者，禮也。履而泰❹然後安，故受之以〈泰〉。泰者，通也；物不可以終通，故受之以〈否〉。

【章　旨】此章上承師卦，言比、小畜、履、泰、否等卦之順序的內在關係。

【注　釋】❶比　親比。❷畜　畜養。❸履　履卦有履踐行走之義，又有循禮而行的意思。❹泰　通泰。

【語　譯】師，是指眾人；人眾多必定有所親比，所以接著是比卦。比，是指親比；互相親比必定有所畜養，所以接著是小畜卦。事物在小有畜養之後須有禮制，所以接著是履卦。履，是指循禮而行。循禮而行得以通泰，然後纔能平安，所以接著是泰卦。泰，是指通泰；但事物不可能永遠通泰，所以接著是否卦。

物不可以終否❶，故受之以〈同人〉❷。與人同者，物必歸焉❸，故受之以〈大有〉❹。有大者不可以盈❺，故受之以〈謙〉。有大而能謙必豫❻，故受之以〈豫〉。豫必有隨❼，故受之以〈隨〉。

【章　旨】此章上承否卦，言同人、大有、謙、豫、隨等卦之順序的內在關係。

【注　釋】❶否　閉阻。❷同人　義指和同於人。❸歸焉　歸附於他。焉，於此，兼詞。❹大有　義指大獲所有。❺盈　過滿；自滿。❻豫　悅樂。❼隨　隨從；隨順。

【語　譯】事物不可能永遠閉阻，所以接著是同人卦。能夠與人和同的人，萬物必定歸附於他，所以接著是大有卦。大獲所有的人不可以自滿，所以接著是謙卦。大獲所有而又能夠謙虛的人必定會悅樂，所以接著是豫卦。悅樂必定有人隨順，所以接著是隨卦。

以喜❶隨人者必有事❷，故受之以〈蠱〉。蠱者，事也；有事而後可大，故受之以〈臨〉。臨者，大❸也；物大然後可觀❹，故受之以〈觀〉。可觀而後有所合❺，故受之以〈噬嗑〉。嗑者，合也；物不可以苟合❻而已，故受之以〈賁〉。

【章　旨】此章上承隨卦，言蠱、臨、觀、噬嗑、賁等卦之順序的內在關係。

【注　釋】❶喜　取悅於人。❷事　指匡正惑亂之事。蠱之本義為惑亂，蠱卦則涵有匡正惑亂之義。其惑亂，即指「以喜隨人者」。❸大　盛大。臨卦揭示監臨以治理事物的道理，治事有方，因得有盛大功業，故言大。❹觀　觀仰。❺合　上下相合。❻苟合　苟且相合。

【語　譯】用取悅於人的態度去隨順別人的人必定會生出事端，所以接著是蠱卦。蠱，是指匡正惑亂之事；有匡正惑亂之事然後纔可以使功業盛大，所以接著是臨卦。臨，是指監臨治事而功業盛大；功業盛大然後就可以供人觀仰，所以接著是觀卦。可以供人觀仰然後上下纔能相合，所以接著是噬嗑卦。嗑，是指咬合；事物不可以只是苟且相合，所以接著是賁卦。

賁者，飾❶也；致飾❷然後亨則盡❸矣，故受之以〈剝〉。剝者，剝❹也；物不可以終盡，剝窮上反下❺，故受之以〈復〉。復❻則不妄❼矣，故受之以〈无妄〉。有无妄然後可畜❽，故受之以〈大畜〉。物畜然後可養❾，故受之以〈頤〉。

【章　旨】此章上承賁卦，言剝、復、无妄、大畜、頤等卦之順序的內在關係。

【注　釋】❶飾　文飾。❷致飾　文飾到極致。❸盡　窮盡。❹剝　剝落。❺窮上反下　指剝落至極，上則將復反於初始而重生。❻復　回復。❼不妄　不妄為。❽畜　畜聚。❾養　頤養。

【語　譯】賁，是指文飾；文飾到極致然後將亨通而又歸於窮盡，所以接著是剝卦。剝，是指剝落；但事物不可能永遠剝落殆盡，剝落至極上則將復反於初始而重生，所以接著是復卦。事物回復初始則不會隨意妄為，所以接著是无妄卦。不隨意妄為然後可以畜聚，所以接著是大畜卦。事物大為畜聚然後可得頤養，所以接著是頤卦。

頤者，養也；不養則不可動，故受之以〈大過〉❶。物不可以終過，故受之以〈坎〉。坎者，陷❷也；陷必有所麗❸，故受之以〈離〉。離者，麗也。

【章　旨】此章上承頤卦，言大過、坎、離等卦之順序的內在關係。

【注釋】❶大過　其詞義為大有所過。❷陷　險陷。❸麗　附麗。

【語譯】頤，是指頤養；事物得不到頤養就不能興動，所以接著是大過卦。事物不可能永遠過甚，所以接著是坎卦。坎，是指險陷；遇到險陷必定要有所附麗纔能脫險，所以接著是離卦。離，就是指附麗。

有天地然後有萬物，有萬物然後有男女，有男女然後有夫婦，有夫婦然後有父子，有父子然後有君臣，有君臣然後有上下，有上下然後禮義有所錯❶。夫婦之道❷不可以不久也，故受之以〈恆〉。恆者，久也；物不可以久居其所，故受之以〈遯〉。遯者，退❸也；物不可以終遯，故受之以〈大壯〉。

【章旨】此章言咸、恆、遯、大壯等卦之順序的內在關係。

【注釋】❶錯　通「措」。措置。❷夫婦之道　指咸卦象徵男女交感，明人倫之始，夫婦之義，故為《周易》下經之首。❸退　退避。

【語譯】有了天地然後纔有萬物，有了萬物然後纔有男女，有了男女然後纔有夫妻，有了夫妻然後纔有父子，有了父子然後纔有君臣，有了君臣然後纔有尊卑上下，有了上下尊卑的秩序，然後禮制道義等規範纔能有所措置。夫妻之道不可以不長久地存在，所以在象徵男女交感、夫婦之義的咸卦之後，接著是恆卦。恆，是指恆久；事物不可能恆久地處於同一地位，所以接著是遯卦。遯，是指退避；事物不可能永遠退避，所以接下來是大壯卦。

物不可以終壯❶，故受之以〈晉〉。晉者，進也；進必有所傷❷，故受之以〈明夷〉。夷者，傷也；傷於外者必反其家，故受之以〈家人〉。家道窮❸必乖❹，故受之以〈睽〉。

【章　旨】此章上承大壯卦，言晉、明夷、家人、睽等卦之順序的內在關係。

【注　釋】❶壯　強盛。❷傷　殞傷；損傷。❸家道窮　指家人之道走向窮極。❹乖　乖背。

【語　譯】事物不可能不進取而永遠強盛，所以接著是晉卦。晉，是指長進；向前長進必定會有所挫折而受到損傷，所以接著是明夷卦。夷，是指損傷；在外面受到損傷必定會返回家中以求安慰，所以接著是家人卦。家人之道走向窮極必定會生出互相乖背的事，所以接著是睽卦。

睽者，乖也；乖必有難❶，故受之以〈蹇〉。蹇者，難也；物不可以終難，故受之以〈解〉。解者，緩❷也；緩必有所失❸，故受之以〈損〉。損而不已❹必益❺，故受之以〈益〉。益而不已必決❻，故受之以〈夬〉。夬者，決也；決必有所遇❼，故受之以〈姤〉。姤者，遇也；物相遇而後聚❽，故受之以〈萃〉。

【章　旨】此章上承睽卦，言蹇、解、損、益、夬、姤、萃等卦之順序的內在關係。

【注　釋】❶難　行走險難。❷緩　緩解。指緩解險難。❸失　損失；減損。❹已　止。❺益　增益。❻決　決斷。❼遇　遇合。❽聚　會聚。

【語　譯】睽，是指乖背；互相乖背必定會走上險難之路，所以接著是蹇卦。蹇，是指走險難之路；事物不可能永遠走險難之路，所以接著是解卦。解，是指險難的緩解；險難緩解之後的鬆懈必定會導致有所損失，所以接著是損卦。減損不止，窮極而反，必定會有所增益，所以接著是益卦。增益不止而過於滿盈，必定會被斷然決去，所以接著是夬卦。夬，是指決斷；決斷邪惡之後必定會有所遇合，所以接著是姤卦。姤，是指遇合；事物祗有在遇合之後纔能會聚，所以接著是萃卦。

萃者，聚也；聚而上❶者謂之升❷，故受之以〈升〉。升而不已必困❸，故受之以〈困〉。困乎上者必反下❹，故受之以〈井〉。井道❺不可不革❻，故受之以〈革〉。革物者莫若鼎❼，故受之以〈鼎〉。主器❽者莫若長子❾，故受之以〈震〉。

【章旨】此章上承萃卦，言升、困、井、革、鼎、震等卦之順序的內在關係。

【注釋】❶上　上進。❷升　上升。❸困　困厄。❹下　因井居於下，故言。❺井道　井水養人之道。❻革　變革。井之養人須有純淨之水，時間過久而不清淘，則水將污濁，故當清淘變革，以成其養人之功。❼革物者莫若鼎　鼎作為烹飪之器，將所盛的食物變生為熟；作為法制的象徵，則改鼎乃改制，法新鼎亦新。故言「革物者莫若鼎」。詳見本書鼎卦譯注。❽主器　主持鼎器。此亦為主持國政、掌握權力之義。❾長子　古代以長子繼承王位。在八卦中，震卦象徵長子。

【語譯】萃，是指會聚；會聚必然壯大而上進，這就叫做上升，所以接著是升卦。上升不止而發展到極致，必定會走向困厄，所以接著是困卦。在上面遭遇困厄必定會反歸於下面，所以接著是井卦。水井養人之道不可能不歷久而不變革，所以接著是革卦。變革事物沒有什麼比鼎器更具有代表性的，所以接著是鼎卦。主持鼎器沒有什麼比長子更合適的，而震卦代表長子，所以接著是震卦。

震者，動也；物不可以終動，止❶之，故受之以〈艮〉。艮者，止也；物不可以終止，故受之以〈漸〉。漸者，進❷也；進必有所歸❸，故受之以〈歸妹〉。得其所歸者必大❹，故受之以〈豐〉。豐者，大也；窮大❺者必失其居，故受之以〈旅〉。旅❻而无所容，故受之以〈巽〉❼。

【章　旨】此章上承震卦，言艮、漸、歸妹、豐、旅、巽等卦之順序的內在關係。

【注　釋】❶止　抑止。❷進　漸進。❸歸　歸宿。歸妹卦象徵少女出嫁，女嫁則有歸宿，故言。❹大　豐大。❺窮大　豐大至極。❻旅　行旅。❼巽　此卦象徵謙順，又有「入」之義。此言無處容身時，能謙順待人，方可進入而得到容身之所。

【語　譯】震，是指震動；事物不可能永遠震動，須適時抑止它，所以接著是艮卦。艮，是指抑止；事物不可能永遠被抑止，總會有所發展，所以接著是漸卦。漸，是指漸進；能漸進必定能有個歸宿，所以接著是歸妹卦。事物能獲得歸宿必定能豐大，所以接著是豐卦。豐，是指豐大；但豐大至極必定會喪失其居所而飄泊在外，所以接著是旅卦。行旅在外而沒有容身之處，須謙順於人，方可進入而得以棲身，所以接著是巽卦。

巽者，入也；入而後說❶之，故受之以〈兌〉。兌者，說也；說而後散❷之，故受之以〈渙〉。渙者，離也；物不可以終離，故受之以〈節〉。節❸而信❹之，故受之以〈中孚〉❺。有其信者必行之，故受之以〈小過〉❻。有過物者必濟❼，故受之以〈既濟〉。物不可窮也，故受之以〈未濟〉❽終焉。

【章旨】此章上承巽卦，言兌、渙、節、中孚、小過，既濟、未濟等卦之順序的內在關係。

【注釋】❶說　同「悅」。本節「說」字均同此義。❷散　渙散；離散。❸節　節制。❹信　誠信。❺中孚　此卦象徵心中誠信。❻小過　此卦象徵小有過度。❼濟　成功。❽未濟　此卦象徵事未成，《易》道變動不止、物不可窮，故以未濟為六十四卦之終。

【語譯】巽，是指謙順方能進入；進入適宜的居所，然後就會欣悅，所以接著是兌卦。兌，是指欣悅；欣悅之情過了一段時間之後將會渙散，所以接著是渙卦。渙，是指離散；事物不可能永遠離散，所以接著是節卦。有所節制必能誠信待人，所以接著是中孚卦。心存誠信必定能果決地推行自己的意志，所以接著是小過卦。祇要行為美善，事物雖稍有過度也必定能成功，所以接著是既濟卦。事物的發展變化不可能窮盡，所以接著是未濟卦作為《易經》六十四卦的終結。

雜卦傳❶

〈乾〉剛〈坤〉柔❷，〈比〉樂❸〈師〉憂❹。〈臨〉〈觀〉之義，或與❺或求❻。〈屯〉見而不失其居❼，〈蒙〉雜而著❽。〈震〉起❾也，〈艮〉止也，〈損〉〈益〉盛衰之始❿也。〈大畜〉時⓫也，〈无妄〉災⓬也；〈萃〉聚而〈升〉不來⓭也。

【章旨】此章精釋乾、坤等八組十六卦的卦義。

【注釋】❶雜卦傳　此篇不依六十四卦本來的順序，將六十四卦兩兩相對而分成三十二組，用十分精練的語言來解釋每卦之義。篇中每組的兩卦，一般在卦形上或相錯或相綜（參見本書導讀中「《周易》的結構」一節），在卦義上大多亦相反。〈雜卦傳〉本不分章，然篇中前三十卦以乾坤始，後三十四卦以咸卦始，此與〈序卦傳〉相合，且自然地成為上下兩部分的結構。此處為閱讀的方便，則將上下部分再各分為二進行譯注。雜，義為錯雜。❷乾剛坤柔　乾坤為《易》之本，故此仍以其為首。❸樂　指比卦象徵親比友好，故歡樂。❹憂　指師卦象徵兵眾興起，故憂慮。❺與　給與；賜予。指臨卦象徵居尊監臨，故施與於下。

❻求　索求。指觀卦象徵觀察瞻仰，故有所索求。❼見而不失其居　指屯卦象徵初生草創，此時生機呈現並能順利生長。見，通「現」。不失其居，本指屯卦䷂初、五兩個陽爻皆當正位，陽不失其位，則物必能生長順利。❽雜而著　指蒙卦象徵蒙昧幼稚，啟蒙雖繁雜而終可使明曉事理。雜，繁雜。著，明。❾起　興起。❿盛衰之始　指損卦損而不已則益，為盛之始，益卦益而不已則損，為衰之始。⓫時　指大為畜聚當合於時宜。⓬災　指無妄之災，即飛來之禍。⓭不來　指升卦象徵上升，上升之時不下來。

【語　譯】乾卦剛健，坤卦柔順，比卦親比友好而歡樂，師卦興起兵眾而憂慮。臨卦與觀卦的意義，或為施與，或為索求。屯卦生機呈現而不會失掉其所居之處，蒙卦啟發蒙昧雖繁雜而可使明理。震卦興動，艮卦抑止；損卦與益卦是興盛或衰敗的開始。大畜卦講究畜聚的時宜，无妄卦謹防意外的災禍；萃卦為會聚，升卦上升而不下來。

〈謙〉輕❶而〈豫〉怠❷也。〈噬嗑〉食❸也，〈賁〉无色❹也；〈兌〉見❺而〈巽〉伏❻也。〈隨〉无故❼也，〈蠱〉則飾❽也。〈剝〉爛❾也，〈復〉反也。〈晉〉晝❿也，〈明夷〉誅⓫也；〈井〉通⓬而〈困〉相遇⓭也。

【章　旨】此章精釋謙、豫等七組十四卦的卦義。

【注　釋】❶輕　指謙虛者輕己而重人。❷怠　指豫卦象徵豫樂，豫樂至極將生懈怠之心。❸食　指噬嗑卦的卦象為口中咬合食物。❹无色　指賁卦象徵文飾，而飾以淳樸自然為美，無色為最美之飾。❺見　通

「現」。指兌卦象徵欣悅，其情現於外。❻伏　指巽卦象徵謙順，其性伏於內。又巽為入，故伏於下。❼无故　指隨卦象徵隨順，隨順故無意外的變故。❽飾　整治。蠱卦象徵整治惑亂。❾爛　剝落而爛。❿晝　指晉卦下坤為地，上離為日，猶日出地上，故為晝。⓫誅　指明夷卦下離為日，上坤為地，猶日落地中，光明夷滅，故為誅。⓬通　指井水養人不乏，故得通暢。⓭相遇　指困厄之時而遭遇艱難。

【語譯】謙卦主於謙虛故輕己重人，豫卦告誡豫樂至極必生懈怠。噬嗑卦為口中咬合食物，賁卦文飾以淳樸無色為美；兌卦欣悅之情顯現於外，巽卦謙順之性藏伏於內。隨卦性情隨順而無變故，蠱卦則用心整治惑亂。剝卦言剝落而爛，復卦言復反於正。晉卦進展如日出地上的白晝，明夷卦光明殞傷如日落地中的暮夜，井卦養人而通暢，困卦困厄而遇難。

〈咸〉速❶也，〈恆〉久也。〈渙〉離❷也，〈節〉止❸也。〈解〉緩❹也，〈蹇〉難也。〈睽〉外❺也，〈家人〉內❻也；〈否〉〈泰〉反其類❼也。〈大壯〉則止❽，〈遯〉則退也。〈大有〉眾❾也，〈同人〉親❿也。〈革〉去故⓫也，〈鼎〉取新⓬也。

【章旨】此章精釋咸、恆等八組十六卦的卦義。

【注釋】❶速　指咸卦象徵交感，事物相感不行而至，故言。❷離　散。❸止　節止；制約。❹緩　緩解。❺外　指睽卦象徵乖背違反，故在外。❻內　指家人卦象徵一家人，家人同居一處，故在內。❼反其類　指否卦象徵否閉，泰卦象徵通泰，兩者是相反的事類。❽止　指大壯卦象徵大為強盛，此時當適可而止。❾眾　眾多。❿親　親近。⓫去故　消除舊物。⓬取新　創立新物。

【語　譯】咸卦交感不行而速至，恆卦為恆久。渙卦為離散，節卦為制約。解卦為緩解，蹇卦為蹇難。睽卦乖背而在外，家人卦團聚而在內；否卦閉阻，泰卦通泰，兩者屬不同的事類。大壯卦強盛當知適可而止，遯卦隱遯而知退避。大有卦大獲所有而眾多，同人卦與人和同而親近。革卦為革除舊物，鼎卦為創立新物。

〈小過〉，過❶也，〈中孚〉信也。〈豐〉多故❷也，親寡❸〈旅〉也；〈離〉上❹而〈坎〉下❺也。〈小畜〉寡❻也，〈履〉不處❼也。〈需〉不進❽也，〈訟〉不親❾也。〈大過〉顛❿也，〈姤〉遇也，柔遇剛⓫也。〈漸〉女歸待男行⓬也。〈頤〉養正⓭也，〈既濟〉定⓮也。〈歸妹〉女之終⓯也，〈未濟〉男之窮⓰也。〈夬〉決也，剛決柔⓱也，君子道長，小人道憂⓲也。

【章　旨】此章精釋小過、中孚等九組十八卦的卦義。

【注　釋】❶過　過度。指小有過度。❷多故　指豐卦象徵豐大而多故交。❸親寡　指旅卦象徵旅行在外而少親朋。❹上　指離卦附麗於上。又離為火，火向上。❺下　指坎卦象徵險陷，險陷在下。又坎為水，水潤下。❻寡　指所畜不多。❼不處　指履卦象徵循禮而行，不敢安處。❽不進　指需卦象徵需待，不可冒險而進。❾不親　指訟卦象徵爭訟，故不相親。❿顛　顛覆。指大過象徵大有所過，如此將致顛覆。⓫柔遇剛　指姤卦䷫象徵遇合，一陰遇五陽，故言柔遇剛。⓬女歸待男行　漸卦卦辭「女歸吉」，以女子出嫁應待男子禮備而後行，比喻漸進的事理，故言。⓭養正　頤養以正道。⓮定　指既濟卦象徵事已成，事成則天下安定。⓯女之終　指歸妹卦象徵女子出嫁，女嫁則得其終身。⓰男之窮　指未濟卦象徵事未成，故為男子困窮之時。⓱剛決柔　指夬卦䷪象徵決斷，五陽決除一陰，故言剛決柔。⓲憂　或云當為「消」。

案：此〈雜卦傳〉以乾始而以夬卦「剛決柔」復為君子之道長的乾剛，確為渾成一體而頗見安排的匠心。又或以為「大過顛也」以後當為「大過顛也，頤養正也。既濟定也，未濟男之窮也。歸妹女之終也，漸女歸待男行也。姤遇也，柔遇剛也；夬決也，剛決柔也，君子道長，小人道消也」。這樣的次序正合於兩兩相綜或相錯的原則，可為參考。

【語譯】小過卦為小有過度，中孚卦為心中誠信。豐卦豐大而多故交，旅卦行旅而少親友；離卦附麗於上，坎卦險陷在下。小畜卦所畜甚少，履卦循禮而行不敢安居。需卦需待不冒進，訟卦爭訟不相親。大過卦大有所過以致顛覆，姤卦為遇合，為陰柔遇合陽剛。漸卦以女子出嫁應待男方禮備而後行來比喻漸進之理。頤卦闡明頤養須遵循正道，既濟卦事已成而天下安定。歸妹卦女出嫁而終身有依，未濟卦事未成而男子困窮。夬卦為決斷，為陽剛決去陰柔，此時君子之道盛長，而小人之道困憂。

後記

記得當年在福建師範大學攻讀碩士學位的時候，由於業師黃壽祺先生是著名易學家的緣故，我對《周易》發生了濃厚的興趣。畢業後任教於湖南師範大學中文系，瑣事冗雜，研究亦偏重於辭賦，其間雖也曾寫過有關《周易》的論文，但終未能對全書作整體性的探索。夙願未償，心常耿耿。蒙三民書局編輯同仁厚愛，我欣然承擔了《周易》譯注的工作。九一年五月肇始，進展頗順，誰料七月初，家父郭光鈞先生溘然長逝，料理完喪事，數日間精神恍惚，萬念俱灰，幾至輟筆，待一月後從混沌狀況中恢復，纔又繼續斯事。懷願數載，營作數月，總算完成了這項工作。儘管譯注中必然還存在不少疏漏與謬誤，但畢竟了卻了我的一樁心願，亦可聊以作為對養育、教誨我的先父、先師的一個紀念。但如果進而能對讀者諸君初涉《周易》有所裨益的話，則將令我感到十分欣慰了。

郭建勳

一九九五年三月補記

新譯傳習錄	李生龍注譯
新譯呻吟語摘	鄧子勉注譯
新譯明夷待訪錄	李廣柏注譯

【文學類】

新譯詩經讀本	滕志賢注譯
新譯楚辭讀本	林家驪注譯
新譯楚辭讀本	傅錫壬注譯
新譯文心雕龍	羅立乾注譯
新譯六朝文絜	蔣遠橋注譯
新譯世說新語	劉正浩等注譯
新譯昭明文選	周啟成等注譯
新譯古文觀止	謝冰瑩等注譯
新譯古文辭類纂	黃　鈞等注譯
新譯樂府詩選	溫洪隆注譯
新譯古詩源	馮保善注譯
新譯千家詩	邱燮友等注譯
新譯詩品讀本	成　林等注譯
新譯花間集	朱恒夫注譯
新譯南唐詞	劉慶雲注譯
新譯絕妙好詞	聶安福注譯
新譯唐詩三百首	邱燮友注譯
新譯宋詩三百首	陶文鵬注譯
新譯宋詞三百首	汪　中注譯
新譯宋詞三百首	劉慶雲注譯
新譯元曲三百首	賴橋本等注譯
新譯明詩三百首	趙伯陶注譯
新譯清詩三百首	王英志注譯
新譯清詞三百首	陳水雲等注譯
新譯唐人絕句選	卞孝萱等注譯
新譯唐才子傳	戴揚本注譯
新譯拾遺記	石　磊注譯
新譯搜神記	黃　鈞注譯
新譯唐傳奇選	束　忱等注譯
新譯宋傳奇小說選	束　忱注譯
新譯明傳奇小說選	陳美林等注譯
新譯容齋隨筆選	朱永嘉等注譯
新譯明散文選	周明初注譯
新譯明清小品文選	鄭　婷注譯
新譯人間詞話	馬自毅注譯
新譯白香詞譜	劉慶雲注譯
新譯幽夢影	馮保善注譯
新譯菜根譚	吳家駒注譯
新譯小窗幽記	馬美信注譯
新譯圍爐夜話	馬美信注譯
新譯郁離子	吳家駒注譯
新譯歷代寓言選	黃瑞雲注譯
新譯賈長沙集	林家驪注譯
新譯揚子雲集	葉幼明注譯
新譯曹子建集	曹海東注譯
新譯建安七子詩文集	韓格平注譯
新譯阮籍詩文集	林家驪注譯
新譯嵇中散集	崔富章注譯
新譯陸機詩文集	王德華注譯
新譯陶淵明集	溫洪隆注譯
新譯江淹集	羅立乾等注譯
新譯庾信詩文選	歸　青注譯
新譯初唐四傑詩集	李福標注譯
新譯駱賓王文集	黃清泉注譯
新譯王維詩文集	陳鐵民注譯
新譯孟浩然詩集	楊　軍注譯
新譯李白詩全集	郁賢皓注譯
新譯李白文集	郁賢皓注譯
新譯杜甫詩選	張忠綱等注譯
新譯杜詩菁華	林繼中注譯
新譯高適岑參詩選	孫欽善等注譯
新譯昌黎先生文集	周啟成等注譯
新譯劉禹錫詩文選	閻　琦注譯
新譯柳宗元文選	卞孝萱等注譯
新譯白居易詩文選	陶　敏等注譯
新譯元稹詩文選	郭自虎注譯
新譯李賀詩集	彭國忠注譯

新譯杜牧詩文集　張松輝注譯
新譯李商隱詩選　朱恒夫等注譯
新譯范文正公選集　王興華等注譯
新譯蘇洵文選　羅立剛注譯
新譯蘇軾文選　滕志賢注譯
新譯蘇軾詞選　鄧子勉注譯
新譯蘇軾詩選　鄧子勉注譯
新譯蘇轍文選　朱　剛注譯
新譯曾鞏文選　高克勤注譯
新譯王安石文選　沈松勤注譯
新譯唐宋八大家文選　鄧子勉注譯
新譯柳永詞集　侯孝瓊注譯
新譯李清照集　姜漢椿等注譯
新譯陸游詩文集　韓立平注譯
新譯辛棄疾詞選　聶安福注譯
新譯歸有光文選　鄔國平注譯
新譯唐順之詩文選　馬美信注譯
新譯徐渭詩文選　周　群等注譯
新譯袁宏道詩文選　孫立堯注譯
新譯薑齋文集　平慧善注譯
新譯顧亭林文集　劉九洲注譯
新譯納蘭性德詞　馮　乾注譯
新譯方苞文選　鄔國平等注譯
新譯閒情偶寄　馬美信注譯

新譯鄭板橋集　朱崇才注譯
新譯袁枚詩文選　王英志注譯
新譯李慈銘詩文選　潘靜如注譯
新譯聊齋誌異選　任篤行等注譯
新譯閱微草堂筆記　嚴文儒注譯
新譯浮生六記　馬美信注譯
新譯弘一大師詩詞全編　徐正綸編著

歷史類

新譯史記　韓兆琦注譯
新譯漢書　吳榮曾等注譯
新譯後漢書　魏連科等注譯
新譯三國志　吳樹平等注譯
新譯資治通鑑　張大可等注譯
新譯史記—名篇精選　韓兆琦注譯
新譯尚書讀本　吳　璵注譯
新譯尚書讀本　郭建勳注譯
新譯周禮讀本　賀友齡注譯
新譯逸周書　牛鴻恩注譯
新譯左傳讀本　郁賢皓等注譯
新譯公羊傳　雪　克注譯
新譯穀梁傳　顧寶田注譯
新譯春秋穀梁傳　周　何注譯
新譯戰國策　溫洪隆注譯

新譯國語讀本　易中天注譯
新譯說苑讀本　左松超注譯
新譯說苑讀本　羅少卿注譯
新譯新序讀本　葉幼明注譯
新譯吳越春秋　黃仁生注譯
新譯西京雜記　曹海東注譯
新譯列女傳　黃清泉注譯
新譯越絕書　劉建國注譯
新譯燕丹子　曹海東注譯
新譯東萊博議　李振興等注譯
新譯唐六典　朱永嘉等注譯
新譯唐摭言　姜漢椿注譯

宗教類

新譯金剛經　徐興無注譯
新譯高僧傳　朱恒夫等注譯
新譯碧巖集　吳　平注譯
新譯百喻經　顧寶田注譯
新譯楞嚴經　賴永海等注譯
新譯梵網經　王建光注譯
新譯圓覺經　商海鋒注譯
新譯法句經　劉學軍注譯
新譯六祖壇經　李中華注譯
新譯禪林寶訓　李中華注譯

新譯維摩詰經　陳引馳等注譯
新譯經律異相　顏洽茂注譯
新譯阿彌陀經　蘇樹華注譯
新譯無量壽經　邱高興注譯
新譯無量壽經　蘇樹華注譯
新譯妙法蓮華經　張松輝注譯
新譯景德傳燈錄　顧宏義注譯
新譯大乘起信論　韓廷傑注譯
新譯釋禪波羅蜜　蘇樹華注譯
新譯八識規矩頌　倪梁康注譯
新譯永嘉大師證道歌　蔣九愚注譯
新譯華嚴經入法界品　楊維中注譯
新譯地藏菩薩本願經　李承貴注譯
新譯悟真篇　劉國樑等注譯
新譯无能子　張松輝注譯
新譯坐忘論　張松輝注譯
新譯列仙傳　張金嶺注譯
新譯抱朴子　李中華注譯
新譯神仙傳　周啟成注譯
新譯性命圭旨　傅鳳英注譯
新譯老子想爾注　顧寶田等注譯
新譯周易參同契　劉國樑注譯
新譯道門觀心經　王　卡注譯
新譯養性延命錄　曾召南注譯
新譯樂育堂語錄　戈國龍注譯
新譯冲虛至德真經　張松輝注譯
新譯長春真人西遊記　顧寶田等注譯
新譯黃庭經・陰符經　劉連朋等注譯

軍事類

新譯司馬法　王雲路注譯
新譯尉繚子　張金泉注譯
新譯三略讀本　傅　傑注譯
新譯六韜讀本　鄔錫非注譯
新譯吳子讀本　王雲路注譯
新譯孫子讀本　吳仁傑注譯
新譯李衛公問對　鄔錫非注譯

教育類

新譯爾雅讀本　陳建初等注譯
新譯顏氏家訓　李振興等注譯
新譯聰訓齋語　馮保善注譯
新譯曾文正公家書　湯孝純注譯
新譯三字經　黃沛榮注譯
新譯百家姓　馬自毅等注譯
新譯幼學瓊林　馬自毅注譯
新譯增廣賢文・千字文　馬自毅注譯
新譯格言聯璧　馬自毅注譯

政事類

新譯商君書　貝遠辰注譯
新譯鹽鐵論　盧烈紅注譯
新譯貞觀政要　許道勳注譯

地志類

新譯山海經　楊錫彭注譯
新譯水經注　陳橋驛等注譯
新譯佛國記　楊維中注譯
新譯大唐西域記　陳　飛等注譯
新譯洛陽伽藍記　劉九洲注譯
新譯徐霞客遊記　黃　珅注譯
新譯東京夢華錄　嚴文儒注譯

◎新譯莊子內篇解義

吳怡／著

《莊子》內篇為《莊子》一書的精華，最能代表莊子的思想。很多人讀《莊子》都以為莊子是懷疑論者，主張宿命思想和玩世不恭的人生觀。其實那不是莊子的本色，而是讀者們拿莊子的言論為藉口，來掩飾自己行為上的偏差。莊子的思想乃是要我們去發現真我，進而體認萬物的真實存在，這樣便能轉變這個世間為美麗的世外桃源。且看吳怡教授如何探本溯源，帶領讀者洞澈莊子的人生智慧。

◎新譯老子解義

吳怡／著

有關《老子》的注解與著述，自古至今少說也有幾百種，對後人而言確實是一筆豐富的資產，但其中許多紛紜複雜的考證和妙絕言詮的玄談，又往往使人望而卻步。本書跳脫一般古籍的注釋形式，吳怡教授以語譯和豐富的解義，透過不斷自問的方式，把問題一層層地剝開。有些問題也許並非老子所料及，但卻是通過老子的提示，用現代人的思考，面對現代人的環境而開展出來的。本書希望能成為想了解《老子》真義，而能用之於自己生活、思想上的讀者的最佳選擇。

◎新譯傳習錄

李生龍／著

王陽明不但是有明一代文韜武略兼備的人物，更是最具代表性的思想家。他所提倡以「尊德行」、「致良知」、「知行合一」為核心的心學，在中國、日本、韓國以及東南亞國家都有重要而深遠的影響。《傳習錄》一書則是由其弟子輯錄整理陽明之論學語及論學書簡而成，是研究王陽明哲學思想及心學發展的重要著作。本書不僅注譯詳贍精當，對於王陽明的心學亦頗多闡發，能幫助讀者深入了解王陽明

◎新譯易經繫辭傳解義

吳怡／著

〈繫辭傳〉是《易經》十翼中最純粹、最有系統的一篇，可說是《易經》哲學的靈魂。沒有它登堂入室，直探義理，我們幾乎無法突破包圍在《易經》外面的許多占卜的濃霧。吳怡教授用現代人的思辨方法，藉儒道佛三家思想的印證，把《易經·繫辭傳》的義理，有系統的開展出來，深入淺出的介紹給一般讀者，使深者不覺其淺，淺者不感其深。

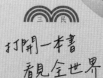

國家圖書館出版品預行編目資料

新譯易經讀本／郭建勳注譯;黃俊郎校閱.－－三版一刷.－－臺北市：三民，2024
面；　公分.－－(古籍今注新譯叢書)

ISBN 978-957-14-7765-7（平裝）
1.易經 2.注釋

121.12　　113002094

古籍今注新譯叢書
新譯易經讀本

注 譯 者　郭建勳
校 閱 者　黃俊郎

創 辦 人　劉振強
發 行 人　劉仲傑
出 版 者　三民書局股份有限公司(成立於1953年)

三民網路書店
https://www.sanmin.com.tw

地　　址　臺北市復興北路386號　(復北門市)　(02)2500-6600
　　　　　臺北市重慶南路一段61號(重南門市)　(02)2361-7511

出版日期　初版一刷 1996年1月
　　　　　二版十四刷 2022年4月
　　　　　三版一刷 2024年3月
書籍編號　S030800
I S B N　978-957-14-7765-7